月次情報で
"伸びる前" に買う

割安成長株
投資入門

「持続的に成長を続ける企業」を探して、
「割安な時期」に買い、長く保有する方法

GROWTH
INVESTING

投資家Vtuber
著 はっしゃん

Pan Rolling

はじめに

はじめまして、はっしゃんです。

　本書を手にとっていただきありがとうございます。この本は、わたしが「スロートレード」と呼んでいる割安成長株への長期投資について解説した本です。それは、わたしがサラリーマン生活を送りながら、兼業投資家として本業の負担にならず、できるだけ楽にできる投資法として追求してきたものです。

　株式市場では、企業の業績をはじめ、国際情勢や社会環境の変化など、さまざまな要因によって株価が大きく変動しますが、そのなかで「持続的に成長を続ける成長株」を探し出して「割安な時期」に購入し、「長期投資」を続けていく考え方を体系化しました（次ページ図参照）。

　本書の１章、２章では、スロートレードの体験フェーズとして、月次ゲームを通じた長期投資の疑似体験や 10 倍株の成功事例を学びます。
　メイン部分の３章から７章は、スロートレードの３要素「成長株の探し方」「割安株の見極め方」「長期投資の考え方」をわかりやすい順序で章構成しました。

　「成長株の探し方」では、「月次情報」で業績変化を読んだり、「決算書」をポイントを絞って速読したり、「マーケティング手法」を使って定性分析をしたり、Excel を使った演習的内容も含まれています。これらは投資家はもちろん、起業家や就活生、ビジネスパーソンとしてのスキルアップにも有用なものです。

スロートレード＝割安成長株への長期投資

―― 割安な成長株を探して長期保有する投資法 ――

本書の特徴トピック

・月次情報分析
・経営学、兵学、マーケティング
 手法による定性分析
・はっしゃん式理論株価
・はっしゃんの
 Web分析ツール

体験学習フェーズ

1章 月次ゲーム
長期投資、業績を見る
投資の疑似体験

2章 10倍株の事例学習
割安成長株の成功事例を知る
はっしゃんコラム①④⑦
業績を読む

10倍株の成功事例分析

ファーストリテイリング
ワークマン
スノーピーク
ペッパーフード
ゼンショーHD
モノタロウ
神戸物産

成長株の探し方 ｜ 割安株の見極め方 ｜ 長期保有の考え方

定量分析を使う

3章 月次情報分析で探す
4章 月次Webを使う
業績変化、同業他社比較
6章 決算書から探す
PL、BS、CF、ROA、ROE、
理論株価、中期経営計画
7章 Excel分析で探す

土台

定性分析を使う

5章 マーケティング分析

ドラッカー・
イノベーション理論
アンゾフのマトリックス
ランチェスターの法則
ブルーオーシャン戦略
キャズム理論
パラダイムシフトの考え方

根拠

企業価値の計算

未来の企業価値と理論株価
3章4章 月次情報と業績変化
6章 決算書と中期経営計画
7章 Excelテンプレート

はっしゃんコラム②
成長率と未来の株価の話

はっしゃんコラム③
売上、利益、株価の比例の話

投資

長期保有ルール

利大損小で長期保有

損小：1円損切りルール
（はっしゃんコラム③）

利大：3年保有ルール
（はっしゃんコラム⑧）

投資難易度チェック
（はっしゃんコラム⑥）

利大損小サイクル10年で10倍
（はっしゃんコラム⑩）

はっしゃんのWeb分析ツール

・月次Web
・決算書見える化分析ツール（PL、BS、CF分析ツール）
 Excel分析テンプレート（月次予想シート、同業他社比較シート）
・理論株価Web ・理論株価チャート ・理論株価電卓

ビッグデータ分析

はっしゃんコラム⑨

決算書XBRLと
Pythonの話

「割安株の見極め方」では、月次情報や決算書、中期経営計画なども参照しながら、PERや理論株価を使って未来の企業価値を計算する方法を学びます。

　「長期投資の考え方」は、コラムを中心に利大損小のルールや3年保有ルールなど、株式投資で長期的な資産形成に役立つ考え方を紹介します。

　また、本書では「はっしゃんのWEB分析ツール」を活用して月次情報や決算書を見える化したり、ランキング機能や同業他社比較を活用する方法も紹介します。これらのツールは、兼業投資家にとって時間のかかる面倒な作業を効率化するために作成したもので、投資情報の読み方の理解や時短の助けになるでしょう。

　最終章のコラムでは、プログラミングを活用して本書で書いてきた内容をさらに効率化する次ステップへの進路にも触れました。
　はっしゃんは、投資家とサラリーマンの兼業生活を20年以上続けた後、現在は独立起業して、個人投資家の視点から理論株価や決算情報などの客観的な投資データを各種メディアで発信するビジネスをしています。

　最初に書いた「楽にできる投資法」というと誤解があるかもしれません。本書の役割は、投資に必要な知識をポイントを絞って効率的に学習し、実践を積み重ねていくことで、自分をスキルアップすることです。投資成果は後からついてくるでしょう。
　未来の進路を自ら切り開く礎として本書をご活用いただければ幸いです。

本書の特長（ポイント紹介）

文責：パンローリング編集部

　本書では、月次情報の分析から始めることで、"これから伸びる会社"を大きく伸びる前（＝割安なうち）にいち早くキャッチして投資し、時間を味方にしながら持続的な成長を追いかけよう、という投資法を紹介しています。詳しい話は本文に譲るとして、ここでは、主なポイントを紹介します。

●

1）第1章：月次ゲーム

　この章では**月次ゲーム**というものにチャレンジしていただきます。

　月次（情報）とは、ひと言で言うと、企業が毎月開示する決算情報のことです。月次の開示は、小売・飲食・サービス業など、私たち消費者にとって身近な企業に多いです（※すべての企業が月次情報を開示しているわけではありません）。

　この月次を、何の知識も持たずに、株価とともに数字を追いかけながら**「どこで仕掛けて、どこで決済するか」**を体験していただきます。

　月次についての知識が特になくても、ゲームのルール（後述）通りに上手に立ち回るだけで結果がついてくるという、**月次の威力を体験**してください。

2）第2章：成功事例の事前学習

　この章では、月次情報を公開しながら株価10倍を達成したスター株をピックアップして、成功モデルを事例学習します。

　学ぶの語源は“真似ぶ”にあるというように（※諸説あります）、成功企業の事例（月次や決算がどのように変化して、株価がどのように上昇したかなど）を学ぶことで、**似たような場面に遭遇したときに真似することができる**ようにしてください。

3）第3章：月次情報投資の教科書

　この章では、月次（情報）について、具体的な知識を学びます。

◎月次は、どこを調べればわかるのか？
◎月次は、いつ、発表されるのか？
◎月次には、どのような情報が載っているのか？
◎月次だけを見ていればよいのか？
◎月次に注目するメリットは何か？　　　　　　など

　月次についての基礎的な情報はもちろん、実戦的なものまで紹介しています。

4）第4章：銘柄選び

　この章では、「どうやって投資対象企業を探していくのか」という具体的な話を解説しています。

著者が開設・運営している「月次Web」を中心に、次のような情報を紹介しています。

◎どの業界が強いのか
◎（強い業界の中での）同業他社比較について
◎各業界の基本情報やコロナ禍以降の見通し、注目銘柄について
　（2022年6月現在）
◎個別銘柄の株価や月次の推移のチェック（株価が適正水準と比べて
　割安か割高かや理論株価の確認）を通して、未来の企業価値も考え
　ることの重要性について

5）第5章：定性分析（持続的な成長を遂げる企業を探す）

　月次を利用した投資のひとつとして、徹底した資金管理を前提に、「月次の業績が好調で、かつ、株価も上がっている企業を、（上方修正狙い等で）短期トレードする」という方法もあります。

　ただ、短期トレードは、専業以外の方が取り組むには敷居が高いでしょう。

　その点、本書で展開している**「月次の業績分析をスタートとして、持続的な成長を遂げる企業を割安なときに仕込む」**という長い目で見ていく方法（長期投資）なら、投資する時間を確保しにくい人（例：サラリーマンなど）でも取り組めます。

　この長期投資に必要なのが、以下のようなマーケティングやイノベーション理論を取り入れ、定性分析に応用する考えです。

◎ドラッカーのイノベーション理論
◎アンゾフの成長マトリックス

◎ランチェスターの法則
◎ブルーオーシャン戦略
◎キャズム理論

　マーケティングやイノベーション理論は、一見、遠回りのように見えるかもしれませんが、**「企業が成長の意志を持って戦略的、かつ、合理的な行動をしているのか」**を探るうえでは欠かせません。

　長期投資においては、月次（情報）は、あくまでも"きっかけ"です。月次で発見した企業が、そのあとに大きく伸びそうかどうかは、投資家自身が分析しないといけません。そのためのヒントとなる情報を紹介しています。

6）第6章：定量分析（企業の通信簿を見る）

　この章では、第5章とは対照的な「定量分析」について学びます。
　定量分析で必要になる資料が「決算書」です。以下のように、その読み方をポイントを絞って紹介しています。

◎**決算書1ページ目の読み方**
◎**損益計算書（PL）の読み方**
◎**バランスシート（BS）の読み方**
◎**キャッシュフロー計算書（CF）の読み方**
◎ **ROA や ROE についての知識**
◎**理論株価と企業価値**
◎**中期経営計画と将来の企業価値**

７）第７章：Excel 分析（自分自身で取り組む）

　この章では、第６章の定量分析について、自分自身で実践するための話を紹介しています。

　今回、企業を分析するためのシート（月次予想シート）と、同業他社を比較するためのシート（同業他社比較シート）を用意しました（445ページの QR コードからダウンロードできます）。実際に、自分で数字を入力することで、本書で紹介しているような分析をすることができます。

●

　ここまでが、本文の簡単な解説です。そのほか、コラムでは、長期保有の考え方など、スロートレード流の話を展開しています。

　急ぎ足で読む必要はありません。じっくり、内容を噛みしめながら、**月次から始まる割安成長株投資**について学び、興味を持っていただけたら幸いです。

CONTENTS

はっしゃんコラム

第3章　月次情報分析入門

はっしゃんコラム

第4章 月次Webと月次情報で銘柄探し

その1 アパレル業界の勝ち組・負け組・注目株

その2 食品・スーパー業界の勝ち組・負け組・注目株

その3 コンビニ業界の勝ち組・負け組・注目株

その4 ドラッグストア業界の勝ち組・負け組・注目株

その5 生活雑貨・家電業界の勝ち組・負け組・注目株

その6 外食チェーン業界の勝ち組・負け組・注目株

その7 通販・EC業界の勝ち組・負け組・注目株

その8 百貨店業界の勝ち組・負け組・注目株

その9 サービス業界の勝ち組・負け組・注目株

その10 ネットサービス業界の勝ち組・負け組・注目株

はっしゃんコラム

第5章　マーケティング・イノベーション投資法

はっしゃんコラム

はっしゃんコラム

第1章

月次ゲーム

月次情報だけで投資するゲーム

　株式投資では、「決算書」や「四季報」が必要になる、と考えている人が多いと思います。

　もちろん、それは間違いではありませんが、絶対というわけではありません。例えば、「月次情報」だけにフォーカスしても、株式投資は可能です。

　本書では「月次情報」や「マーケティング手法」を通じて「株価」や「決算書」を補完し、「理論株価」や「Excel 分析」を採り入れて、株式投資の幅を広げる考え方や手法を紹介します。

　最初となる本章では、ノイズのない状態でシンプルに「月次業績」と「株価」だけを見て株式投資を体験できる「月次ゲーム」に取り組んでいただきます。ゲームでは、A社、B社という2つの会社の「月次情報」を手掛かりに「株価の値上がり」を予測します。条件は以下の通りです。

◎データは3年間の実在小売業2社（ライバル企業です）
◎売買は「買い」「売り（決済）」3回ずつ

A社、B社の企業名を秘密にしているのは、一方だけが大きくなった会社とわからないようにするためです。投資家は「将来成功するかまだ確信できない状態」から投資していきますし、初心者の方は「決算書」の読み方も知りません。それに近い状況からゲームをスタートします。

　「買い」と「売り」の判断は、「ここで投資したい」と思った企業（A社＆B社）に対して各3回ずつ、実行できます。「買いたい」「売りたい」と思ったら、「何年目の何月にA社（またはB社）を買った」と、以下の表にメモしておきましょう。

◆A社

	買い	売り（決済）	損益
1回目	**年目　月** （株価　　　円）	**年目　月** （株価　　　円）	（株価　　　円）
2回目	**年目　月** （株価　　　円）	**年目　月** （株価　　　円）	（株価　　　円）
3回目	**年目　月** （株価　　　円）	**年目　月** （株価　　　円）	（株価　　　円）

◆B社

	買い	売り（決済）	損益
1回目	**年目　月** （株価　　　円）	**年目　月** （株価　　　円）	（株価　　　円）
2回目	**年目　月** （株価　　　円）	**年目　月** （株価　　　円）	（株価　　　円）
3回目	**年目　月** （株価　　　円）	**年目　月** （株価　　　円）	（株価　　　円）

~第2節~
月次情報の見方

ゲームを始めるにあたって、月次情報の見方を簡単に紹介します。

◎株価には、将来の業績期待で動く性質があります
・月次情報は好調不調の重要なバロメーターです

◎月次売上とは、前年同月と比べた月ごとの売上成績です
・月次売上には全店と既存店があります
・全店はすべての店舗のこと。新店を含みます
・既存店は新規開店から1年以上経過した店舗のことです
・全店の売上は新店オープンでも上がりますが、
　既存店の売上はリピーターに支持されないと上がりません

◎月次売上の数字は前年同月比で100%が基準です
・100%で前年並み。150%なら1.5倍売れたということ
・数字が大きいほど好調で、逆に小さいほど不調です
・100%以上が続くほど好調です
　逆に、100%割れが続くときは注意です

◎コツは業績変化のタイミングと継続性
・業績が良くなると思ったときに買い
・業績が悪くなると思ったときに売り
・良い状態や悪い状態の継続性の見極めも大事です

　上記を意識しながら、月次情報を確認していきましょう。

　これからゲームを通じて体験する「3年間」という時間は、株式投資では、長期投資の範疇になります。3年間というのは、小学校から中学校に上がった子どもが卒業するまでの期間です。子どもの成長は言うまでもありませんが、同様に、企業が「小さな成功」をきっかけに「大きな飛躍」を遂げていくまでにも十分な時間だと言えます。
　そしてまた、投資家が小さな元手を5倍、10倍と大きく増やすチャンスを持てる時間であるとも言えるでしょう。

～第3節～
月次ゲームを始めよう

それでは、さっそく月次ゲームを始めてみましょう。

1) 1年目

①1年目1月

まずは、以下の月次を見てください。先述したように、この数字は、企業から発表された前年同月比のものです。

A社1年目			B社1年目	
	1月			1月
全店売上	133.8%		全店売上	133.8%
既存店売上	105.7%		既存店売上	98.6%
株　価	610円		株　価	350円

　A社もB社も、偶然にも全店売上の数字が一緒になっています。ともに、前年同月比で33%以上のプラスになっているので好調だとわかります。
　A社は既存店の数字も良いです。B社の既存店の数字は若干前年割れです。株価は、A社が610円でB社が350円からスタートします。
　さて、**「ここで買いますか？」**というゲームです。もちろん、まだ最初ですから、しばらく様子見でも構いません。

② 1年目2月

A社1年目			B社1年目	
	2月			2月
全店売上	95.4%		全店売上	119.1%
既存店売上	75.4%		既存店売上	97.6%
株　価	583円		株　価	330円

A社：全店マイナス転落、既存店マイナス転落
B社：全店2カ月連続プラス、既存店2カ月連続マイナス
株価：A社583円（－4.5%）B社330円（－5.7%）

　A社の数字はかなり落ちました。B社の数字も落ちていますが、A社ほどではありません。

③1年目3月

A社1年目	
	3月
全店売上	100.7%
既存店売上	84.2%
株　価	317円

B社1年目	
	3月
全店売上	82%
既存店売上	72.8%
株　価	266円

<u>A社：全店プラス転換、既存店2カ月連続マイナス</u>
<u>B社：全店マイナス転落、既存店3カ月連続マイナス</u>
<u>株価：A社 317円（ー45.6%）B社 266円（ー19.4%）</u>

　A社の全店売上は回復しました。逆に、B社の全店はマイナスで80％台まで落ち込みました。既存店はどちらもマイナスです。株価のほうは、A社が大暴落。B社も大きく下げています。

④1年目4月

A社1年目		B社1年目	
	4月		4月
全店売上	94.6%	全店売上	80.5%
既存店売上	83%	既存店売上	75.4%
株　価	236円	株　価	258円

A社：全店はマイナス転落、既存店は3カ月連続マイナス

B社：全店は2カ月連続マイナス、既存店は4カ月連続マイナス

株価：A社 236円（－25.6%）B社 258円（－3.0%）

　A社は全店がマイナス転落で、既存店も連続マイナス。B社も、全店、既存店ともマイナスであまり良くない数字です。株価は、A社が2カ月連続の暴落。このように、「悪くなっているときに買う」のは、勇気がいるかもしれません。

⑤ 1年目5月

A社1年目	
	5月
全店売上	76.1%
既存店売上	64.8%
株　価	320円

B社1年目	
	5月
全店売上	84.6%
既存店売上	79.1%
株　価	258円

A社：全店は2カ月連続マイナス、既存店は4カ月連続マイナス
B社：全店は3カ月連続マイナス、既存店は5カ月連続マイナス
株価：A社320円（+35.6%）B社258円（+7.0%）

　A社の月次はかなり悪いです。既存店の「64（％）」はあまりない数字です。B社も、かなり悪化してきました。
　ただし、暴落が続いていたA社の株価は大幅反発しています。

⑥1年目6月

A社1年目	
	6月
全店売上	74%
既存店売上	64%
株　価	342円

B社1年目	
	6月
全店売上	85%
既存店売上	84.2%
株　価	281円

A社：全店は3カ月連続マイナス、既存店は5カ月連続マイナス
B社：全店は4カ月連続マイナス、既存店は6カ月連続マイナス
株価：A社 342円（+6.9%）B社 281円（+1.8%）

　両社とも、月次は良くありません。株価は若干のプラス。買いづらい状況が続きます。

⑦1年目7月

A社1年目	
	7月
全店売上	78%
既存店売上	67.1%
株　価	335円

B社1年目	
	7月
全店売上	104.9%
既存店売上	100.2%
株　価	334円

A社：全店は4カ月連続マイナス、既存店は6カ月連続マイナス
B社：全店はプラス転換、既存店もプラス転換
株価：A社 335円（－2.0%）B社 334円（+18.9%）

　A社の月次は、相変わらず不調ですが、B社は回復してきました。転換点になるかもしれない局面です。株価のほうはB社が大幅高。

　A社とB社が同業であることを考えると、ベクトルが違ってきたかもしれません。同じ業界のライバル企業は、共通した外的要因（例えばコロナウィルスの蔓延で非常事態宣言が出たなど）を理由に、よく似た月次動向を示すことがありますが、ヒット商品の有無など本質的な競争力から大きな差異が生じることもあります。そして、片方に大ヒットが生まれたようなケースでは、一方が勝ち組になり、もう一方が負け組になることもあります。

⑧1年目8月

A社1年目	
	8月
全店売上	65.7%
既存店売上	57.1%
株　価	260円

B社1年目	
	8月
全店売上	112.3%
既存店売上	106.7%
株　価	354円

A社：全店は5カ月連続マイナス、既存店は7カ月連続マイナス
B社：全店は2カ月連続プラス、既存店も2カ月連続プラス
株価：A社260円（－22.4%）B社354円（＋6.0%）

　A社の月次は悪化が続きます。既存店50%台はめったに見られない数字です。B社は2カ月連続で良くなってきたので、流れが良くなりました。A社の株価は再び大幅安で4月に次ぐ安値になりました。

⑨1年目9月

A社1年目	
	9月
全店売上	62.4%
既存店売上	55.8%
株　価	315円

B社1年目	
	9月
全店売上	99.2%
既存店売上	94.2%
株　価	445円

A社：全店は6カ月連続マイナス、既存店は8カ月連続マイナス
B社：全店はマイナス転落、既存店もマイナス転落
株価：A社315円（+21.2%）B社445円（+25.7%）

　A社の月次は相変わらず底で厳しい状況です。B社も復活しそうでしたが、また下がってしまいました。難しい局面ですが、それでもB社の数字は全店、既存店とも90%台なのでA社と比べるとかなり良い数字です。株価はA社、B社とも +20% 以上と大幅に上昇しました。

⑩ 1年目10月

A社1年目	
	10月
全店売上	74.7%
既存店売上	67%
株　価	343円

B社1年目	
	10月
全店売上	122.4%
既存店売上	116.4%
株　価	592円

A社：全店は7カ月連続マイナス、既存店は9カ月連続マイナス
B社：全店はプラス転換、既存店もプラス転換
株価：A社 343円（+8.9%）B社 592円（+33.0%）

　A社の月次はやや良くなりましたが底這い状態が続いています。B社は1カ月悪かっただけで再びプラス転換。全店120%超、既存店110%超と数字も良くなり、転換点を超えた感じになりました。株価は両社ともプラス。特にB社は9月に続いて大幅高になりました。

⑪ 1 年目 11 月

A社1年目	
	11月
全店売上	67.5%
既存店売上	60.1%
株　価	314円

B社1年目	
	11月
全店売上	117.8%
既存店売上	111.8%
株　価	686円

A社：全店は8カ月連続マイナス、既存店は10カ月連続マイナス
B社：全店は2カ月連続プラス、既存店も2カ月連続プラス
株価：A社314円（－8.5%）B社686円（+15.9%）

　A社の月次は相変わらず低迷しています。B社は好調で全店、既存店ともに2桁のプラスをキープしています。株価は、弱いA社、強いB社で明暗が分かれました。

⑫ 1年目 12月

A社1年目	
	12月
全店売上	78.5%
既存店売上	70.1%
株　価	379円

B社1年目	
	12月
全店売上	120.2%
既存店売上	119.3%
株　価	790円

A社：全店は9カ月連続マイナス、既存店は11カ月連続マイナス
B社：全店は3カ月連続プラス、既存店も3カ月連続プラス
株価：A社 379円（+20.7%）B社 790円（+15.2%）

　B社の月次は3カ月連続でプラスと、すっかり良くなりました。A社は、まだまだダメですが、最悪の時期と比べると若干回復したように見えます。株価は、A社、B社とも大幅に上昇。特にB社は、4カ月連続の2桁上昇となり、本格的な上昇相場になってきました。

それでは、ここまで1年間の動きをまとめてみましょう。

後半から業績が回復してきたB社は年初比で株価2倍になっています。うまく買うことはできましたか？　まだ様子見の方も多いかもしれません。損失になってしまった場合は、すぐに売ってしまうか、待つべきか難しい判断になります。

このように、毎月発表される月次情報の数字だけを見て、買うべきかを判断していきます。2年目以降も同じように進めます。

1年目

		1月	2月	3月	4月	5月	6月
A社	全店売上	133.8%	95.4%	100.7%	94.6%	76.1%	74%
	既存店売上	105.7%	75.4%	84.2%	83%	64.8%	64%
	株価	610円	583円	317円	236円	320円	342円
B社	全店売上	133.8%	119.1%	82%	80.5%	84.6%	85%
	既存店売上	98.6%	97.6%	72.8%	75.4%	79.1%	84.2%
	株価	350円	330円	266円	258円	258円	281円

		7月	8月	9月	10月	11月	12月
A社	全店売上	78%	65.7%	62.4%	74.7%	67.5%	78.5%
	既存店売上	67.1%	57.1%	55.8%	67%	60.1%	70.1%
	株価	335円	260円	315円	343円	314円	379円
B社	全店売上	104.9%	112.3%	99.2%	122.4%	117.8%	120.2%
	既存店売上	100.2%	106.7%	94.2%	116.4%	111.8%	119.3%
	株価	334円	354円	445円	592円	686円	790円

はっしゃんコラム①　月次売上がパーセント単位の理由

　月次売上は前年同月比のパーセント単位で公開されていますが、なぜパーセント単位なのでしょうか？　企業によっては、月次売上の金額が公開される場合もありますが、そうであってもパーセント単位もセットで公開されることが多くなっています。理由を考えてみましょう。

1）業績変化を把握しやすい

　以下の表は売上金額とパーセント単位を並べたものです。いかがでしょうか？　パーセントのほうが、業績変化を把握しやすくなっていますね。

		1月	2月	3月
売上金額表示	2021年	99万円	95万円	100万円
	2022年	103万円	100万円	101万円
パーセント表示	2021年	100.0％	99.5％	100.5％
	2022年	104.0％	105.3％	101.0％

　表は3カ月分ですが、パーセント単位では2月が105.3%と好調だったことがすぐわかります。

　一方の売上金額はどうでしょうか？　売上金額では、ベースになる前年の数字や月間の営業日数（例えば2月は少ない）

などの影響を受けるため、実は簡単には評価できません。そのため、わかりやすいパーセント単位が利用されていると言えるでしょう。

2）売上目標と比較しやすい

　月次ゲームでは売上目標は使いませんが、パーセント単位のほうが、今期予想の売上目標の数字と比較しやすいのも特徴です。

　例えば、以下の表のように1～3月の月次売上が推移しているとします。このとき、今期目標が105%だったとしたら、目標超えは2月だけなので少し出遅れているという判断になります。

1月	2月	3月	売上目標
104%	105.3%	101%	105%

　投資家は、期初に発表される本決算の今期予想をベースに好調か不調かを判断しますので、月次売上は、今期予想に対する「進捗バロメーター」の役割を果たします。

3）同業他社と比較しやすい

　月次売上をパーセント単位にすることで同業他社との比較も容易になります。次ページの表のようにA社、B社、C

社の売上金額だけを見ても各社の企業規模が異なりますから単純に好不調は比較できませんが、パーセント単位で見ることで捉えやすくなります。

	売上金額	前年同月比
A社	100万円	101.00%
B社	350万円	95.50%
C社	210万円	105.50%

　この3社の中ではC社が一番好調だったことがわかりますが、多くの投資家が投資したいと思う企業は、売上規模が大きいだけではなく、**業績が好調で伸びしろのあるところ**です。このような観点からも月次情報は投資するうえで貴重な判断材料と言えます。

2）2年目

　それでは、月次ゲームの2年目を始めましょう。

①2年目1月

A社2年目	
	1月
全店売上	83.5%
既存店売上	75.7%
株　価	439円

B社2年目	
	1月
全店売上	131.3%
既存店売上	128.2%
株　価	734円

A社：全店は10カ月連続マイナス、既存店は12カ月連続マイナス
B社：全店は4カ月連続プラス、既存店も4カ月連続プラス
株価：A社439円（＋15.8%）B社734円（－7.1%）

　B社の月次はついに全店が130%超になりました。好調で、いよいよ成長軌道に乗ったように見えます。
　株価はA社が2カ月連続の2桁上昇。B社は上昇しすぎたのか調整しました。A社は月次のマイナスがまだ大きいですが少しずつ持ち直しつつあります。仮に最悪期を過ぎたとすると、こういうときに買うと安く買えるかもしれませんね。
　当たり前のことになりますが、株式投資というのは、高く売ることと同時に、安く買うことも大切です。

②2年目2月

A社2年目		B社2年目	
	2月		2月
全店売上	75.6%	全店売上	104%
既存店売上	69.3%	既存店売上	103.1%
株　価	418円	株　価	648円

A社：全店は11カ月連続マイナス、既存店は13カ月連続マイナス
B社：全店は5カ月連続プラス、既存店も5カ月連続プラス
株価：A社418円（－4.8%）B社648円（－11.7%）

　A社の月次は、残念ながら再び悪化傾向。既存店が13カ月連続で
マイナスというのは、1年前のマイナス時よりさらにマイナスという
厳しい状況です。B社は少し落ち着いてきました。
　株価はA社、B社ともマイナスでした。

③2年目3月

A社2年目	
	3月
全店売上	84.9%
既存店売上	79.8%
株　価	329円

B社2年目	
	3月
全店売上	133.1%
既存店売上	128.5%
株　価	582円

A社：全店は12カ月連続マイナス、既存店は14カ月連続マイナス
B社：全店は6カ月連続プラス、既存店も6カ月連続プラス
株価：A社329円（－21.3％）B社582円（－10.2％）

　B社は再び強くなり全店130％超え。ひと月くらい弱いときがあっても、翌月には挽回してきます。強い証拠です。A社は、マイナスから脱出できません。
　株価はA社、B社とも2桁の大幅なマイナスです。特にA社の下げ幅は20％を超えました。

④2年目4月

A社2年目	
	4月
全店売上	76.5%
既存店売上	70%
株　価	315円

B社2年目	
	4月
全店売上	122.7%
既存店売上	119.6%
株　価	673円

A社：全店は13カ月連続マイナス、既存店は15カ月連続マイナス
B社：全店は7カ月連続プラス、既存店も7カ月連続プラス
株価：A社315円（－4.3%）B社673円（+15.6%）

　　B社の月次は、相変わらず好調。A社は不振が続いています。
株価でもA社はマイナス、B社は大幅プラスになりました。

⑤2年目5月

A社2年目	
	5月
全店売上	77.6%
既存店売上	71.5%
株　価	292円

B社2年目	
	5月
全店売上	120.5%
既存店売上	118.1%
株　価	704円

A社：全店は14カ月連続マイナス、既存店は16カ月連続マイナス
B社：全店は8カ月連続プラス、既存店も8カ月連続プラス
株価：A社292円（－7.3%）B社704円（+4.6%）

　A社の月次はまだ低迷している一方、B社は好調を維持。このように月次業績には、良い業績でも悪い業績でも比較的「連続しやすい」傾向があります。
　人気のお店にはどんどん人が集まって、人気のないお店にはまったく客が入らない。こうした現実を月次情報という数字で表すと、このようになるということですね。

⑥2年目6月

A社2年目	
	6月
全店売上	81.5%
既存店売上	74.2%
株　価	347円

B社2年目	
	6月
全店売上	121.5%
既存店売上	118.9%
株　価	988円

A社：全店は15カ月連続マイナス、既存店は17カ月連続マイナス
B社：全店は9カ月連続プラス、既存店も9カ月連続プラス
株価：A社 347円（+18.8%）B社 988円（+40.3%）

　A社の月次は少し上向いてきたかもしれませんが低迷中。B社は、2桁プラスが当たり前になっています。
　株価はA社、B社とも大幅高でした。特にB社は+40%の大幅急騰です。

⑦2年目7月

A社2年目	
	7月
全店売上	87.3%
既存店売上	80.7%
株　価	405円

B社2年目	
	7月
全店売上	109.9%
既存店売上	105.4%
株　価	882円

A社：全店は16カ月連続マイナス、既存店は18カ月連続マイナス
B社：全店は10カ月連続プラス、既存店も10カ月連続プラス
株価：A社405円（+16.7%）B社882円（－10.7%）

　B社の月次は2桁プラスこそ止まりましたが好調キープ。A社は既存店が久しぶりに80％台まで回復しましたが、数字的にはまだまだ。復活の兆しになるでしょうか。
　株価は、A社が大幅プラスで、B社は反落しました。

⑧2年目8月

A社2年目	
	8月
全店売上	99.3%
既存店売上	92.4%
株　価	371円

B社2年目	
	8月
全店売上	121.1%
既存店売上	115.1%
株　価	1127円

A社：全店は17カ月連続マイナス、既存店は19カ月連続マイナス
B社：全店は11カ月連続プラス、既存店も11カ月連続プラス
株価：A社371円（－8.4%）B社1127円（+27.8%）

　月次が連続マイナスのA社ですが、ようやく全店売上、既存店売上が90％台まで回復し、100％目前まで来ました。B社も2桁プラスと強さを取り戻しました。
　株価のほうは、A社は反落。B社は＋27％と再び力強い上昇で節目の1000円を超えました。

⑨２年目９月

A社2年目	
	9月
全店売上	98.5%
既存店売上	91.3%
株　価	387円

B社2年目	
	9月
全店売上	111.8%
既存店売上	105.2%
株　価	1223円

A社：全店は 18 カ月連続マイナス、既存店は 20 カ月連続マイナス
B社：全店は 12 カ月連続プラス、既存店も 12 カ月連続プラス
株価：A社 387 円（+4.3%）B社 1223 円（+8.5%）

　B社の月次連続プラスが１年に到達しました。既存店がやや低下していますが堅調です。A社はマイナス続きであるものの、90% 台を維持と健闘しています。

⑩ 2 年目 10 月

A社2年目	
	10月
全店売上	101.4%
既存店売上	93.7%
株　価	485円

B社2年目	
	10月
全店売上	112.4%
既存店売上	98.6%
株　価	1276円

A社：全店はプラス転換、既存店は 21 カ月連続マイナス
B社：全店は 12 カ月連続プラス、既存店はマイナス転落
株価：A社 485 円 (+25.3%) B社 1276 円 (+4.3%)

　A社の全店が 19 カ月ぶりにプラスになりました。既存店はマイナ
ス継続ですが 90% 台を続けていて転換点の可能性があります。逆に
B社は 1 年間続いた既存店プラスが途切れてマイナス転落。こちらは
悪いほうに転換したかもしれません。
　株価は両社とも上昇です。なかでも、A社は + 25% の大幅高にな
りました。

⑪2年目11月

A社2年目	
	11月
全店売上	97.9%
既存店売上	91.3%
株　価	526円

B社2年目	
	11月
全店売上	109.4%
既存店売上	102.5%
株　価	1159円

A社：全店はマイナス転落、既存店は22カ月連続マイナス
B社：全店は13カ月連続プラス、既存店はプラス転換
株価：A社526円（+8.5%）B社1159円（－9.2%）

　A社の全店のプラスは1カ月だけで再びマイナスに。既存店は連続マイナスが継続と転換判断は先送りになりました。
　逆にB社は既存店のマイナスを1カ月でプラスに持ち直して好調をキープしました。
　株価のほうはマチマチでした。

⑫2年目12月

A社2年目	
	12月
全店売上	114.6%
既存店売上	106.7%
株　価	668円

B社2年目	
	12月
全店売上	112.8%
既存店売上	104.1%
株　価	1664円

A社：全店はプラス転換、既存店もプラス転換
B社：全店は14カ月連続プラス、既存店は2カ月連続プラス
株価：A社668円（+27.0%）B社1664円（+43.6%）

　A社はついに全店、既存店ともプラス転換となりました。流れが変わってきました。B社もプラスを維持しましたが、月次の数字ではA社のほうがB社を上回っています。主役が入れ替わるサインかもしれませんね。
　株価も好調で、A社は4カ月連続の大幅高となり、B社は40％超の大幅な上昇を記録しました。

最後に、１年間の流れも見ておきましょう。

２年目も月次好調だったＢ社は株価２倍超。ずっと不振だったＡ社は最後にようやくプラスになりました。しかし、月次売上は前年同月比であるため、悪かった次の年は、悪い年の数字が基準となり、反動でよく見えやすい傾向があります。逆に、Ｂ社は良い数字が１年ずっと続いたため、その後は良い年の数字が基準になり、ハードルが上がりました（１年目の月次テーブルと比べてみるとよいでしょう）。

ただ、このような条件でも何年も連続プラスの成長が続くことがあります。そういう場合は、高成長していると言えるでしょう。

2年目

		1月	2月	3月	4月	5月	6月
A社	全店売上	83.5%	75.6%	84.9%	76.5%	77.6%	81.5%
	既存店売上	75.7%	69.3%	79.8%	70%	71.5%	74.2%
	株価	439円	418円	329円	315円	292円	347円
B社	全店売上	131.3%	104%	133.1%	122.7%	120.5%	121.5%
	既存店売上	128.2%	103.1%	128.5%	119.6%	118.1%	118.9%
	株価	734円	648円	582円	673円	704円	988円

		7月	8月	9月	10月	11月	12月
A社	全店売上	87.3%	99.3%	98.5%	101.4%	97.9%	114.6%
	既存店売上	80.7%	92.4%	91.3%	93.7%	91.3%	106.7%
	株価	405円	371円	387円	485円	526円	668円
B社	全店売上	109.9%	121.1%	111.8%	112.4%	109.4%	112.8%
	既存店売上	105.4%	115.1%	105.2%	98.6%	102.5%	104.1%
	株価	882円	1127円	1223円	1276円	1159円	1664円

はっしゃんコラム②　成長率と未来の株価の話

　月次売上は、前年同月比の売上成績を表す数字であり、同時に月度の売上成長率を算出する元になる数字でもあります。
　売上成長率は、決算書にも記載されています。企業が成長しているか、あるいは衰退しているかを判断する目安となり、企業価値や株価に大きな影響を与えます。

売上成長率（%）＝（今期の売上高 ÷ 前期の売上高）×100 － 100

　例えば、前期の売上高が1000万円から今期1200万円に増えた場合は、

売上成長率 20% ＝（1200万円 ÷ 1000万円）×100 － 100

　逆に、前期の売上高が1000万円から今期700万円に減少した場合、

売上成長率 － 30% ＝（700万円 ÷ 1000万円）×100 － 100

と計算することができます。本書では、月次情報を100%基準で統一していますが、売上成長率の場合は、0%を基準にプラス・マイナスになります。

　売上成長率が株価にとってなぜ重要なのかというと、成長

率を複数年に適用して複利計算すると、**ざっくりと未来を予
測できる**からです。

　例えば、売上が 100 万円の会社があったとします。成長率
別に 5 年後までの売上をシミュレーションしてみましょう。

　◆成長率テーブル

	現在	1年後	2年後	3年後	4年後	5年後
成長率0%	100万円	100万円	100万円	100万円	100万円	100万円
成長率5%	100万円	105万円	110万円	115万円	121万円	127万円
成長率10%	100万円	110万円	121万円	133万円	146万円	161万円
成長率15%	100万円	115万円	132万円	152万円	174万円	201万円
成長率20%	100万円	120万円	144万円	172万円	207万円	248万円
成長率25%	100万円	125万円	156万円	195万円	244万円	305万円
成長率30%	100万円	130万円	169万円	219万円	285万円	371万円
成長率50%	100万円	150万円	225万円	337万円	506万円	759万円

　成長率が 0 ％の場合は、 3 年後でも 5 年後になっても売
上は変わりません。
　一方で成長率が 5 ％の場合は、 2 年後に 1.1 倍になり、 5
年後では 1.27 倍です。

さらに、成長率10%では5年後に1.61倍になります。成長率が高いほど大きく成長することがわかります。

> ◆成長率と売上成長の目安
> 　成長率10%：5年で1.5倍
> 　成長率15%：3年で1.5倍、5年で2倍
> 　成長率25%：3年で2倍、5年で3倍
> 　成長率50%：2年で2倍、4年で5倍

　例えば、5年で1.5倍以上の成長を期待するとすれば、成長率で10%以上、月次売上では110%が目安になります。

　月次売上が株価に大きな影響を与える理由がわかってきましたね。月次売上の数字は売上成長率の1カ月分に過ぎません。

　しかし、その変化によって、不確実性を伴う未来の話ではあるものの、**企業の決算結果に影響を及ぼしたり、3年後、5年後への成長期待や企業価値が変わる**こともある、投資家が注目する指標なのです。

3）3年目

①3年目1月

A社3年目	
	1月
全店売上	94.7%
既存店売上	88.6%
株　価	646円

B社3年目	
	1月
全店売上	105.1%
既存店売上	95.8%
株　価	1718円

A社：全店はマイナス転落、既存店もマイナス転落
B社：全店は15カ月連続プラス、既存店はマイナス転落
株価：A社646円（－3.3%）B社1718円（+3.2%）

　A社、B社ともに月次は不調でした。良くなってきたように見えた
A社は再びマイナス転落で数字もB社を下回りました。
　一方のB社も既存店が再度マイナスとなり、連続プラスを続けて
いた全店の数字も低下傾向なのが気になります。

②3年目2月

A社3年目	
	2月
全店売上	116.2%
既存店売上	109.1%
株　価	651円

B社3年目	
	2月
全店売上	123.3%
既存店売上	113.1%
株　価	1851円

A社：全店はプラス転換、既存店もプラス転換
B社：全店は16カ月連続プラス、既存店はプラス転換
株価：A社651円（+0.8%）B社1851円（+7.7%）

　A社の月次は不調から1カ月で復活。B社も数字を伸ばして再び
A社より好調な数字をキープしました。

③3年目3月

A社3年目	
	3月
全店売上	90.4%
既存店売上	84.9%
株　価	685円

B社3年目	
	3月
全店売上	105.7%
既存店売上	97.7%
株　価	2010円

A社：全店はマイナス転落、既存店もマイナス転落
B社：全店は17カ月連続プラス、既存店はマイナス転落
株価：A社685円（+5.2%）B社2010円（+8.6%）

　3年目の月次は、A社、B社とも好不調が交互に来るようで、今月はともに不調で、既存店が再びマイナスに転落しました。B社の全店は悪いときでも連続プラスが続いています。数字もB社がA社を上回っています。
　株価は3年目に入ってから堅調で、B社の株価は、ついに2000円を超えました。

④3年目4月

A社3年目	
	4月
全店売上	119.5%
既存店売上	112.4%
株　価	745円

B社3年目	
	4月
全店売上	117.2%
既存店売上	108.1%
株　価	2185円

A社：全店はプラス転換、既存店もプラス転換
B社：全店は18カ月連続プラス、既存店はプラス転換
株価：A社745円（+8.8%）B社2185円（+8.7%）

　月次の好不調が交互にやってくるパターンが続きます。今月はA社、B社ともに好調でした。また、A社を見ると、全店・既存店ともにB社を4カ月ぶりに抜き返し、かなり好調だったようです。
　株価は、両社ともプラス傾向が続いています。

⑤3年目5月

A社3年目	
	5月
全店売上	117.7%
既存店売上	110.8%
株　価	851円

B社3年目	
	5月
全店売上	109.3%
既存店売上	100.2%
株　価	2874円

A社：全店は2カ月連続プラス、既存店も2カ月連続プラス
B社：全店は19カ月連続プラス、既存店は2カ月連続プラス
株価：A社851円（+14.2%）B社2874円（+32.0%）

　A社、B社とも月次の数字は4月より落としましたが、好不調が交互に来る状況から脱して連続プラスになりました。数字はA社がB社を引き離し始めました。
　今月はA社、B社とも2桁プラスとなり、株価が大きく動きました。好調のB社は+32%とまたまた記録的な上昇となりました。

⑥３年目６月

Ａ社３年目	
	6月
全店売上	124.5%
既存店売上	118.4%
株　価	860円

Ｂ社３年目	
	6月
全店売上	114.6%
既存店売上	108.4%
株　価	2762円

Ａ社：全店は３カ月連続プラス、既存店も３カ月連続プラス
Ｂ社：全店は20カ月連続プラス、既存店は３カ月連続プラス
株価：Ａ社 860円（＋1.1%）Ｂ社 2762円（－4.2%）

　Ａ社、Ｂ社とも月次連続プラスを伸ばし好調でしたが、数字では
Ａ社の伸びが目立ちます。

⑦3年目7月

A社3年目	
	7月
全店売上	99.8%
既存店売上	93.4%
株　価	811円

B社3年目	
	7月
全店売上	135.8%
既存店売上	122.8%
株　価	2615円

A社：全店はマイナス転落、既存店もマイナス転落
B社：全店は21カ月連続プラス、既存店は4カ月連続プラス
株価：A社811円（－5.7%）B社2615円（－5.3%）

　今月の月次は明暗が分かれました。3カ月ほど好調が続いていた
A社は急ブレーキ。
　一方、B社は再び絶好調といってよい数字でした。全店が21カ月
連続プラスを続け、今月135%となった点に加え、既存店122%台と
強い数字を残しました。

⑧3年目8月

A社3年目			B社3年目	
	8月			8月
全店売上	110%		全店売上	104.3%
既存店売上	103.3%		既存店売上	93.2%
株　価	883円		株　価	2955円

A社：全店はプラス転換、既存店もプラス転換
B社：全店は22カ月連続プラス、既存店はマイナス転落
株価：A社 883円（+8.9%）B社 2955円（+13.0%）

　7月とは逆でA社の月次が再び盛り返して優勢に立ちました。B社は数字を落としてA社に及ばず。既存店は5カ月ぶりマイナスに転落しました。
　株価はA社、B社とも堅調でした。

⑨3年目9月

A社3年目	
	9月
全店売上	124.4%
既存店売上	116.6%
株　価	785円

B社3年目	
	9月
全店売上	116.6%
既存店売上	103.9%
株　価	2980円

A社：全店は2カ月連続プラス、既存店も2カ月連続プラス
B社：全店は23カ月連続プラス、既存店はプラス転換
株価：A社785円（－11.1％）B社2980円（+0.8％）

　A社、B社、両方とも月次好調でした。数字については、A社の
ほうが優勢でB社を8月に続いて上回りました。
　株価では、A社がやや大きく下げました。

⑩3年目10月

A社3年目		B社3年目	
	10月		10月
全店売上	104.9%	全店売上	118.6%
既存店売上	98.2%	既存店売上	105.6%
株　価	790円	株　価	2464円

A社：全店は3カ月連続プラス、既存店はマイナス転落
B社：全店は24カ月連続プラス、既存店も2カ月連続プラス
株価：A社 790円（+0.6%）B社 2464円（－17.3%）

　A社は既存店がマイナスに転落し波に乗り切れません。逆にB社は先月より数字を伸ばし全店のプラスが2年間も続きました。数字でもA社を上回りました。
　株価はB社が大幅安となっています。

⑪3年目11月

A社3年目	
	11月
全店売上	120.5%
既存店売上	112%
株　価	749円

B社3年目	
	11月
全店売上	111.5%
既存店売上	98%
株　価	2472円

A社：全店は4カ月連続プラス、既存店はプラス転換
B社：全店は25カ月連続プラス、既存店はマイナス転落
株価：A社 749円 (－5.2%) B社 2472円 (＋0.3%)

　A社は、全店、既存店とも2桁プラスと持ち直しました。B社は既存店がマイナス転落で、数字はA社がB社を上回っています。

⑫3年目12月

A社3年目	
	12月
全店売上	95.7%
既存店売上	89.4%
株　価	674円

B社3年目	
	12月
全店売上	102.9%
既存店売上	92.4%
株　価	2552円

A社：全店はマイナス転落、既存店もマイナス転落
B社：全店は26カ月連続プラス、既存店は2カ月連続マイナス
株価：A社 674円（－10.0%）B社 2552円（+3.2%）

　両社とも業績不振でした。A社は全店、既存店ともマイナス転落。
B社も全店こそプラスが続いているものの数字を落とし、既存店は1
年目以来の2カ月連続マイナスです。
　株価は、A社が2桁マイナスでした。

3年目流れは以下の通りです。

ここまででゲーム終了となります。お疲れさまでした。

3年目

		1月	2月	3月	4月	5月	6月
A社	全店売上	94.7%	116.2%	90.4%	119.5%	117.7%	124.5%
	既存店売上	88.6%	109.1%	84.9%	112.4%	110.8%	118.4%
	株価	646円	651円	685円	745円	851円	860円

		1月	2月	3月	4月	5月	6月
B社	全店売上	105.1%	123.3%	105.7%	117.2%	109.3%	114.6%
	既存店売上	95.8%	113.1%	97.7%	108.1%	100.2%	108.4%
	株価	1718円	1851円	2010円	2185円	2874円	2762円

		7月	8月	9月	10月	11月	12月
A社	全店売上	99.8%	110%	124.4%	104.9%	120.5%	95.7%
	既存店売上	93.4%	103.3%	116.6%	98.4%	112%	89.4%
	株価	811円	883円	785円	790円	749円	674円

		7月	8月	9月	10月	11月	12月
B社	全店売上	135.8%	104.3%	116.6%	118.6%	111.5%	102.9%
	既存店売上	122.8%	93.2%	103.9%	105.6%	98%	92.4%
	株価	2615円	2955円	2980円	2464円	2472円	2552円

～第4節～
月次ゲームを終えて

　　ゲームの結果はいかがだったでしょうか？　ここで、秘密にさせ
ていただいていた A 社、B 社の企業名を発表します。

　　A 社はファーストリテイリング（9983）です。ユニクロや GU を国
内外で展開しているグローバル・アパレル企業です。ただし、月次ゲ
ームでは初期のユニクロブームの反動で不振だったころからスタート
しています。
　　B 社はライトオン（7445）という、ジーンズやカジュアル衣料を販
売するアパレル大手です。
　　月次ゲームの期間では、ファーストリテイリングの株価は 6000 円
くらいから始まって、業績不振により一時 2600 円くらいまで落ちて
います。その後は反発しましたが、3 年後の株価はほぼ同じ水準です。
なお、月次ゲームでは、株価を実際の 10 分の 1 で記載していました。
　　一方、今はファーストリテイリングと比べると見劣りするライトオ
ンは、この期間は高成長期だったこともあり、株価はピーク時には安
値から約 10 倍以上になりました。こちらの株価はそのままです。

　　また、ゲームの進行をわかりやすくする関係上、最初の「2001 年
の 10 月」を「1 年目の 1 月」としました。68 ページと 70 ページに
チャートを載せておきます。

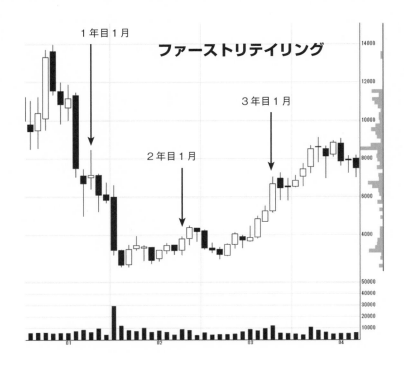

ファーストリテイリング

1年目1月

2年目1月

3年目1月

1年目

	1月	2月	3月	4月	5月	6月
全店売上	133.8%	95.4%	100.7%	94.6%	76.1%	74%
既存店売上	105.7%	75.4%	84.2%	83%	64.8%	64%
株価	610円	583円	317円	236円	320円	342円

	7月	8月	9月	10月	11月	12月
全店売上	78%	65.7%	62.4%	74.7%	67.5%	78.5%
既存店売上	67.1%	57.1%	55.8%	67%	60.1%	70.1%
株価	335円	260円	315円	343円	314円	379円

2年目

	1月	2月	3月	4月	5月	6月
全店売上	83.5%	75.6%	84.9%	76.5%	77.6%	81.5%
既存店売上	75.7%	69.3%	79.8%	70%	71.5%	74.2%
株価	439円	418円	329円	315円	292円	347円

	7月	8月	9月	10月	11月	12月
全店売上	87.3%	99.3%	98.5%	101.4%	97.9%	114.6%
既存店売上	80.7%	92.4%	91.3%	93.7%	91.3%	106.7%
株価	405円	371円	387円	485円	526円	668円

3年目

	1月	2月	3月	4月	5月	6月
全店売上	94.7%	116.2%	90.4%	119.5%	117.7%	124.5%
既存店売上	88.6%	109.1%	84.9%	112.4%	110.8%	118.4%
株価	646円	651円	685円	745円	851円	860円

	7月	8月	9月	10月	11月	12月
全店売上	99.8%	110%	124.4%	104.9%	120.5%	95.7%
既存店売上	93.4%	103.3%	116.6%	98.4%	112%	89.4%
株価	811円	883円	785円	790円	749円	674円

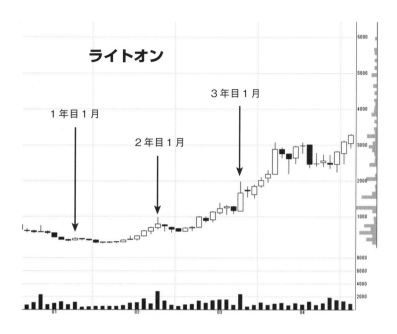

ライトオン

1年目1月
2年目1月
3年目1月

1年目

	1月	2月	3月	4月	5月	6月
全店売上	133.8%	119.1%	82%	80.5%	84.6%	85%
既存店売上	98.6%	97.6%	72.8%	75.4%	79.1%	84.2%
株価	350円	330円	266円	258円	258円	281円

	7月	8月	9月	10月	11月	12月
全店売上	104.9%	112.3%	99.2%	122.4%	117.8%	120.2%
既存店売上	100.2%	106.7%	94.2%	116.4%	111.8%	119.3%
株価	334円	354円	445円	592円	686円	790円

2年目

	1月	2月	3月	4月	5月	6月
全店売上	131.3%	104%	133.1%	122.7%	120.5%	121.5%
既存店売上	128.2%	103.1%	128.5%	119.6%	118.1%	118.9%
株価	734円	648円	582円	673円	704円	988円

	7月	8月	9月	10月	11月	12月
全店売上	109.9%	121.1%	111.8%	112.4%	109.4%	112.8%
既存店売上	105.4%	115.1%	105.2%	98.6%	102.5%	104.1%
株価	882円	1127円	1223円	1276円	1159円	1664円

3年目

	1月	2月	3月	4月	5月	6月
全店売上	105.1%	123.3%	105.7%	117.2%	109.3%	114.6%
既存店売上	95.8%	113.1%	97.7%	108.1%	100.2%	108.4%
株価	1718円	1851円	2010円	2185円	2874円	2762円

	7月	8月	9月	10月	11月	12月
全店売上	135.8%	104.3%	116.6%	118.6%	111.5%	102.9%
既存店売上	122.8%	93.2%	103.9%	105.6%	98%	92.4%
株価	2615円	2955円	2980円	2464円	2472円	2552円

皆さんは、いつ買って、いつ売りましたか？　そして「株価」は上昇しましたか？　冒頭の売買メモに結果を記入してみましょう。上手に売買できれば、株価10倍もあり得た3年間だったはずです。

　「決算書」や「四季報」のような詳しい企業情報を見なくても、単純に「月次情報」だけでもある程度は投資判断できること、「月次情報」が良ければ基本的には株価も上がり、逆に悪ければ下がることが体験できたかと思います。

　そして、ゲームではありますが、3年分の月次情報を見続けて、業績に着目して投資判断する長期投資も疑似体験しました。

　ゲームを進めていく過程で、業績と株価がまったく逆に動いたときが何回かあったことを覚えている方もいるかもしれません。株価を動かす要因は、月次情報だけではなく、決算発表であったり、新製品の発表だったり、ウィルスの流行や戦争などさまざまです。

　本書を通じて「月次情報」の使い方や「マーケティング手法」の考え方を学べば、もっと上手に立ち回ることができるようになるでしょう。「決算書」はポイントを絞って利用することもできますし、「決算書」と「月次情報」を組み合わせたり、「理論株価」やExcelを使って本格的な「データ分析」にチャレンジすることで投資の幅も広がります。
　それでは、次章から、本格的に学んでいきましょう。

はっしゃんコラム③
売上、利益、株価は店舗数に比例する法則

　小売業や飲食店、サービス業などの店舗型企業に投資する場合、その店舗数を目安に売上や利益、未来の株価をシミュレーションできます。例えば、次のような企業があったとします。

店舗数	10 店舗
売上	5 億円
利益	1 億円
株価	500 円

　この企業が売上好調な成長企業で店舗数を2倍まで増やす計画だったとします。店舗数が2倍になると、

店舗数	10 店舗 x 2 = 20 店舗
売上	5 億円 x 2 =10 億円
利益	1 億円 x 2 = 2 億円
株価	500 円 x 2 = 1000 円

というような計算ができます。

1）店舗数が2倍になることで売上も2倍になり
2）売上が2倍になることで利益も2倍になり
3）利益が2倍になることで株価も2倍になる

という成長シナリオの出来上がりです。

　これが**「売上、利益、株価は店舗数に比例する法則」**です。
実際は、売上や利益の予測にはもっと詳細なデータが必要に
なりますし、株価は売上や利益以外の要因（需給や地合、理
論株価と比べて割安かなど）でも変動しますので、ここまで
単純ではありませんが、ざっくりと３年後、５年後を予測す
る場合には有効です。

　そして、コラム②で紹介した成長率テーブルを使うと何年
で２倍になるかの目安も計算できます（２倍になる部分を編
みかけ）。

◆成長率テーブル

	現在	1年後	2年後	3年後	4年後	5年後
成長率0%	100万円	100万円	100万円	100万円	100万円	100万円
成長率5%	100万円	105万円	110万円	115万円	121万円	127万円
成長率10%	100万円	110万円	121万円	133万円	146万円	161万円
成長率15%	100万円	115万円	132万円	152万円	174万円	201万円
成長率20%	100万円	120万円	144万円	172万円	207万円	248万円
成長率25%	100万円	125万円	156万円	195万円	244万円	305万円
成長率30%	100万円	130万円	169万円	219万円	285万円	371万円
成長率50%	100万円	150万円	225万円	337万円	506万円	759万円

月次売上が +15%（115%）なら 5 年後、+20% なら 4 年後、+25% では 3 年後、+50% なら 2 年後です。

◆**売上 2 倍になる目安**
　成長率 10%：7 年後
　成長率 15%：5 年後
　成長率 20%：4 年後
　成長率 25%：3 年後
　成長率 50%：2 年後

　そして、**成長率の高い会社のほうが売上や利益の増加スピードも速い**ので、月次売上の数字が高ければ高いほど株価も上がりやすくなります。
　逆に、月次売上が悪化して、成長が鈍化したと捉えられると、株価は下がることになります。

　「売上、利益、株価は店舗数に比例する法則」は、本書に何回も登場するので、覚えておきましょう。

第2章

10倍株の
成長の軌跡から学ぶ

月次情報で 10 倍株

第 1 章では月次ゲームで 3 年分の業績と株価の変化を疑似体験しました。本章では、月次情報を公開しながら株価 10 倍を達成したスター株をピックアップして、成功モデルを事例学習します。

実際に月次情報を公開している銘柄から 10 倍株はたくさん出現しています。その特徴として挙げられるのは、業績と株価が連動して右肩上がりに上昇する業績株価連動タイプという点です（次ページ参照）。

実際に株価が 10 倍以上になったスター株の成功プロセスを学習することで、月次や決算がどのように変化して、株価が上昇したかを知ることができます。このような成功事例を知らないと、成功までのシナリオを想像できませんから、同じようなチャンスに遭遇したとしても気づけなかったり、大きく上昇する前に売却してチャンスを逃すことになりかねません。

これから紹介するのは、平成から令和にかけて躍進した代表的なスター株です。これら成功モデルには共通点があります。それは、投資チャンスが誰もが記憶しているような象徴的な出来事や、そのころの「月次情報」にあったということ。そして、多くは 10 倍まで長い時間がかかっていることです。

月次情報公開 10倍 リスト

2722	アイケイ
2782	セリア
3038	神戸物産
3053	ペッパーフードサービス
3064	モノタロウ
3085	アークランドサービスHD
3097	物語コーポレーション
3349	コスモス薬品
3391	ツルハHD
3397	トリドールHD
3547	串カツ田中HD
3923	ラクス
4666	パーク24
4776	サイボウズ
6036	ＫｅｅＰｅｒ技研
7532	パン・パシフィック・インターナショナルHD
7550	ゼンショーHD
7564	ワークマン
7816	スノーピーク
8273	イズミ
9843	ニトリHD
9983	ファーストリテイリング

～第２節～
ファーストリテイリング
～世界企業ユニクロ最初の成功～

１）製造小売モデル

　最初に紹介するのは、第１章の月次ゲームでも取り上げたファーストリテイリングです。

　ファーストリテイリングがユニクロ１号店を広島市にオープンしたのは 1984 年 6 月 2 日。同社が米国 GAP 社を参考に構築した SPA（製造小売モデル。以下、SPA）は、画期的なものでした。

　製造面では、中国に工場を作ることで大幅なコスト削減に成功しました。また、在庫管理と生産システムをリンクさせることで生産効率を改善し、売れ筋商品を欠品させずに売り続けるスタイルを確立させていきました。

　そして、ベーシックデザインを採用、老若男女を問わず全国民をターゲット層とし、大量生産メリットを最大化します。こうして最も高品質・高機能な商品を、最も低価格で大量販売することを実現したユニクロは、空前の大ブームとなって社会現象を巻き起こしました。それが、1998 年から 2000 年にかけてのフリースブームです。

　このブームに乗った当時、ファーストリテイリングの株価は、わずか２年で 60 倍以上にまで上昇しています。

◆ファーストリテイリングの月足チャート

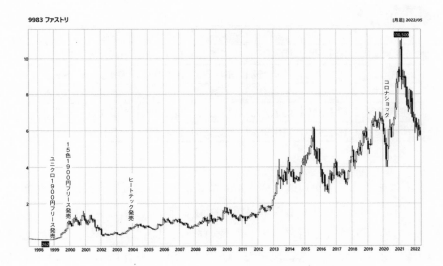

9983 ファストリ   [月足] 2022/05

2）ファーストリテイリング成長の軌跡

① 1998 年（ブーム 1 年目）

◆ファーストリテイリングの月次推移（1998 年）

1998年	1月	2月	3月	4月	5月	6月
直営店	104.6%	103.0%	101.6%	124.5%	109.1%	103.1%
既存店	86.9%	84.1%	84.5%	104.9%	90.6%	85.2%
	7月	8月	9月	10月	11月	12月
直営店	123.8%	132.7%	112.3%	122.4%	132.1%	120.1%
既存店	101.3%	110.9%	85.3%	112.0%	118.9%	104.7%

　月次売上は年初から既存店 100% 割れが続き、株価も冴えない動き
で、6 月には 262 円の上場来安値を記録します。

　一方の月次は既存店マイナスが続いた後、4 月にプラスを記録。そ
の後、2 カ月マイナスに戻った後、7 月に再び既存店 101.3% のプラ
ス転換。株価は反転し、既存店は 10 月に 112.0%、11 月には 118.9%
と 2 桁成長を記録。

　また、直営店の売上は 7 月に 123.8%、8 月に 132.7% と大きく伸張し、
9 月が 110% 台となった後、11 〜 12 月に 120% 〜 130% 台を維持しま
した。12 月は既存店も 104.7% を記録し、株価も安値比 1.9 倍まで上
昇しています。ただし、このときでも株価はまだ 500 円でした。

　この年のユニクロのように既存店が 100% 割れから 100% 超、110%
超と急回復したり、全店（ユニクロの場合は直営店）が 100% 台から
120%、130% へと伸張することは、その後に業績が躍進していく前兆

■月足チャート（1997年9月ー2000年12月）
　第一次ブーム時のユニクロの株価チャート

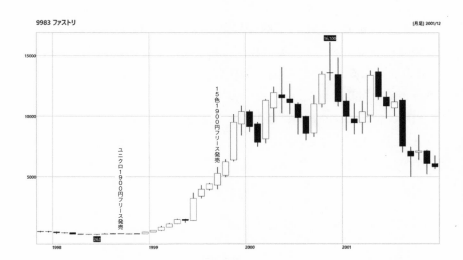

9983 ファストリ

[月足] 2001/12

ユニクロ1900円フリース発売

15色1900円フリース発売

16,100

262

<table>
<tr><th colspan="2">ユニクロの株価推移</th></tr>
<tr><td>1998年 6月</td><td>262円（1部上場後安値）</td></tr>
<tr><td>1998年12月</td><td>501円（ブーム1年目 安値比 1.9倍）</td></tr>
<tr><td>1999年12月</td><td>10,875円（ブーム2年目 安値比 41.3倍）</td></tr>
<tr><td>2000年11月</td><td>16,100円（ブーム3年目 安値比 61.2倍）</td></tr>
</table>

※分割後の株価に補正されています

現象です。

　もちろん、良い流れの中でも落ち込む月もあります。ユニクロの場合は9月にいったん落ち込んでいますが、すぐに回復して強い流れになったことがわかります。

　ユニクロが売り出した1900円フリースは、この年、11/28 オープンの原宿店で1階すべてをフリース売り場にしたことが話題となり、200万枚を売る大ヒット商品となりましたが、まだまだ社会現象というほどではありません。

　当時、他社のフリースは数千円から1万円くらいで、ユニクロで買うと3分の1程度でした。

　他では、ジーンズも半額以下で買えるなど、若者を中心にヒットしていました。

② 1999 年（ブーム 2 年目）

◆ファーストリテイリングの月次推移（1999 年）

1999年	1月	2月	3月	4月	5月	6月
直営店	143.8%	161.2%	135.3%	118.8%	146.9%	149.5%
既存店	125.3%	138.7%	118.1%	110.1%	136.3%	133.7%
	7月	8月	9月	10月	11月	12月
直営店	155.8%	141.1%	151.3%	183.5%	167.5%	182.3%
既存店	138.2%	126.9%	132.8%	160.6%	140.8%	157.1%

　フリース人気が急拡大し、月次売上も絶好調になります。2 月、5 月、6 月、7 月、9 月に既存店 130% 以上を記録。直営店は 1 月に 143.8%、2 月には 161.2% と 150% 超えも記録、このあたりから株価も本格的に上昇し始めます。全店売上が 150% を超えるというところも、多くの 10 倍株に共通する前兆現象です。もっとも 150% を超えたときには、株価はかなり上昇していることでしょう。

　この年、店舗には 1900 円で 15 色ものバリエーションが揃ったフリースを求めて長蛇の列ができ、10 月には直営店 183.5%、既存店 160.6% という驚異的な月次を記録。12 月にも直営店 182.3%、既存店 157.1% と快走を続けました。

　業績の躍進で株価は上昇カーブを強め、12 月には 10,875 円。なんとブーム前の 40 倍超まで上昇しました。この年、ユニクロは前年比 4 倍超の 850 万枚ものフリースを販売しています。

③ 2000 年（ブーム 3 年目）

◆ファーストリテイリングの月次推移（2000 年）

2000年	1月	2月	3月	4月	5月	6月
直営店	173.5%	224.5%	225.9%	259.8%	243.8%	236.8%
既存店	149.3%	189.3%	184.7%	201.7%	183.4%	180.1%
	7月	8月	9月	10月	11月	12月
直営店	227.0%	190.5%	308.4%	247.9%	242.4%	193.4%
既存店	176.5%	144.2%	231.2%	187.2%	184.5%	145.7%

　月次売上はユニクロブーム 3 年目も年初から大幅プラスが続きます。
　特に後半の冬商戦は、あれだけ大量のフリースを売った後だから、さすがに今年は売れないだろうと思われていましたが、前年を上回る 51 色のバリエーションで新作フリースを発売。
　これが大きな話題となって、ユニクロ現象はさらに過熱。あまりの人気ぶりに入場制限となる店舗が出たり、周辺道路の交通渋滞がテレビで報じられるなど、ブームは社会現象を巻き起こしました。

　月次業績は、 2 月から 7 月まで 6 カ月連続で直営店合計が 200% 超を達成。ピークとなった 9 月の月次では、直営店 308.4%、既存店 231.2% を記録します。
　この年、ユニクロのフリースはヒット商品番付の 1 位となり、2600 万枚を完売する空前の大ヒットを樹立しました。
　株価は 11 月にピークとなる 16,100 円を付け、60 倍超まで膨張しましたが、10 月の月次が直営店 247.9%、既存店 187.2% と低下すると急落。その後の月次は徐々に落ち着き、ユニクロ現象はようやくピークアウトへ向かいました。

④ 2001 年（ブーム 4 年目）

◆ファーストリテイリングの月次推移（2001 年）

2001年	1月	2月	3月	4月	5月	6月
直営店	207.5%	177.2%	183.6%	151.4%	134.9%	159.3%
既存店	157.9%	135.3%	142.6%	122.3%	111.5%	128.4%
	7月	8月	9月	10月	11月	12月
直営店	141.2%	123.0%	133.8%	95.4%	100.7%	94.6%
既存店	112.8%	98.1%	105.7%	75.4%	84.2%	83.0%

　さすがのユニクロブームも 4 年目に入ると、月次売上が少しずつ低下してきます。

　8 月にはついに既存店売上が 100% 割れとなり、それ以降は、ブームの反動でしばらく苦戦が続きました。

　ちなみに、第 1 章の月次ゲーム A 社は、この年 2001 年の 9 月の直営店 133.8%、既存店 105.7% からスタートしています。

⑤まとめ

　格安フリースブーム、ユニクロ現象の 4 年間の月次をまとめました。飛躍した 1999 年。頂点を極めた 2000 年。小売業界の歴史に残る最強ムーブメントのひとつだったと言えるでしょう。

１）作業服店からの転換

　現在こそ、ホームセンター「カインズ」を展開するベイシアグループの中核企業と位置づけられるワークマンですが、知名度といえばSNSやテレビでブームとなるまでゼロに近かったのではないでしょうか。

　知名度の低かったころから増収増益基調の割安成長株でしたが、月次や成長率が特に高い企業ではなかったので、投資家にもそれほど注目されていなかったと記憶しています。

　そもそも職人向け作業服店ですから知る人ぞ知るお店だったわけですが、高機能＋低価格の面白いアイテムが揃っているショップということで、（実際には戦略的なマーケティングの結果）SNSなどで少しずつ話題となっていき、2018年9月5日、ららぽーと立川立飛にオープンした新業態ワークマンプラスからブレイク。さらにコロナ禍に入った2020年11月にも「＃ワークマン女子」を新業態として展開して話題になった経緯は、みなさんもご存知でしょう。

２）ワークマン成長の軌跡

　株価を長期で見ると、ワークマンプラスのヒットで業績拡大の期待が高まった2018年から急上昇となっていて、2012年の安値から7年

◆ワークマンの月足チャート

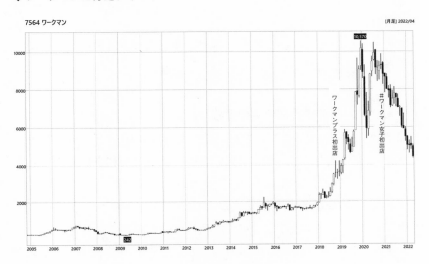

7564 ワークマン　　　　　　　　　　　　　　　　　　　　　　　　　[月足] 2022/04

ワークマンプラス初出店

#ワークマン女子初出店

10,570

ワークマンの予想経常利益の推移

2005年 3月期	3,114百万	
2006年 3月期	3,375百万	
2007年 3月期	4,278百万	600 店舗
2008年 3月期	5,300百万	
2009年 3月期	5,670百万	
2010年 3月期	4,850百万	
2011年 3月期	4,750百万	700 店舗
2012年 3月期	5,820百万	
2013年 3月期	8,440百万	
2014年 3月期	9,060百万	
2015年 3月期	10,170百万	
2016年 3月期	9,900百万	800 店舗
2017年 3月期	10,450百万	
2018年 3月期	11,290百万	ワークマンPlus1号店オープン
2019年 3月期	12,380百万	
2020年 3月期	16,300百万	ワークマン女子1号店オープン
2021年 3月期	23,346百万	900 店舗
2022年 3月期	27,200百万	ワークマンPro1号店オープン

で20倍になりました。

　新型コロナショック後は先行期待で上昇し過ぎた株価が調整に入っていますが、業績拡大はその後も続いています。

①ワークマンの予想経常利益の推移

　株価20倍のワークマンですが、はっしゃんがデータ分析をしはじめた2005年3月期からの18年分の業績と株価の推移を見てみましょう（前ページ参照）。

　18年間で減益が3回ありますが、リーマンショックなどによる一時的なもので、それ以外は安定した利益成長が続いています。

　ちなみに、ワークマンも第1節で紹介したファーストリテイリングと同様、SPAで商品提案力や価格競争力をアップさせたことが成長につながりました。

　最初は得意分野の職人向けSPAからスタートして、カジュアル衣料やレディース衣料、靴、スーツ、アウトドア用品へと品目を拡大しています。

　ワークマンの店舗は、夫婦2人モデルの小規模フランチャイズ制を基本としており、徹底した低コスト運営で収益力ではファーストリテイリングを上回っています。

②ワークマンの月次業績推移

　次ページは、ワークマンが成長ピークを迎える少し前の2017年からの全店の月次業績推移です。

　月次業績が次第に好調になり、ブームとなって株価が高値のころには月次も130%以上を連発していたことがわかります。

　ワークマンの場合、さすがに第1節のファーストリテイリングほどではありませんが、以下のような共通点があります。

◆ワークマンの月次推移

2017	1月	2月	3月	4月	5月	6月
	99.1%	102.0%	100.6%	104.8%	105.2%	102.6%
	7月	8月	9月	10月	11月	12月
	110.3%	103.1%	97.1%	118.1%	105.6%	114.5%

2018	1月	2月	3月	4月	5月	6月
	102.9%	104.8%	114.8%	108.7%	104.8%	112.4%
	7月	8月	9月	10月	11月	12月
	118.1%	108.6%	130.2%	105.5%	124.1%	136.1%

2019	1月	2月	3月	4月	5月	6月
	116.6%	114.0%	116.8%	121.9%	136.1%	140.2%
	7月	8月	9月	10月	11月	12月
	119.8%	159.5%	120.6%	130.1%	129.3%	136.5%

2020	1月	2月	3月	4月	5月	6月
	127.5%	132.9%	123.4%	107.8%	122.2%	144.0%
	7月	8月	9月	10月	11月	12月
	127.9%	116.3%	115.7%	143.2%	108.6%	113.8%

2021	1月	2月	3月	4月	5月	6月
	117.7%	102.4%	117.9%	135.4%	118.9%	87.2%
	7月	8月	9月	10月	11月	12月
	110.9%	99.3%	108.7%	103.7%	110.4%	103.3%

◎ 2017 年：100% 前後だった月次が、後半には 110% 台を 3 回記録しています

◎ 2018 年：100 〜 110% だった月次が、後半には 120 〜 130% 台を 3 回記録しています

◎ 2019 年：120 〜 130% を上回ることが多く、ピークでは 150% を超えています

◎ 2020 年：120 〜 130% を上回ることが多いものの、少しずつピークアウトしました

◎ 2021 年：前半の 110% 台中心から後半は 100% 前後まで戻りました

◎全店売上 100% 前後から 110%、120%、130% と段階的に上昇

◎ピーク時に 150% 超の月次を記録

◎ピークを過ぎると月次と株価も下落に転じる

③ユニクロが捨てた高機能・低価格の穴

　ワークマン躍進の大きな要因は、当初は職人向けだった高機能かつ低価格の商品が一般消費者に受け入れられたことにあります。第2節で紹介したユニクロのフリースブームと共通点があるとわかります。

　ユニクロは当初、ワークマンと同様に高機能かつ低価格の商品で国内市場を席巻しましたが、少しずつ高機能を前面に出しつつ、ファッション要素を取り込むことで、価格を上げていきました。

　また、低価格向けには「GU」というサブブランドを作って、機能性で差別化する戦略を採りました。

　そして、低価格から中価格帯までを広く獲得し、売上・利益の最大化に成功します。

　その結果、残ったのが高機能かつ低価格という、かつてユニクロがいた場所です。ワークマンは、ここの需要をうまく掘り起こすことで、ユニクロの捨てた穴を埋めたと言えるでしょう。

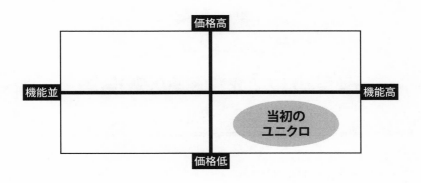

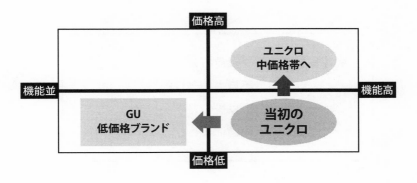

～第4節～
スノーピーク
～新型コロナと企業価値の深い関係～

　スノーピークは、日本においてオートキャンプの先駆けとなったイノベーティブな企業です。

> ◎オートキャンプ以前のアウトドア
> 　　→　非日常や不自由を楽しむ
> ◎オートキャンプ以後のアウトドア
> 　　→　非日常を快適に楽しむ（高価格志向）

　当初はマニアックな趣味だったアウトドアは、快適さを取り入れたオートキャンプの普及により、飛躍的に拡大しました。

１）上場後のスノーピークの成長の軌跡

　上場後のスノーピークは、キャンプ用品からアパレルなどへ展開し、人気アウトドアブランドとして国内外で認知されていきます。韓国、中国、台湾などのアジア圏で人気なほか、2018 年、2019 年には欧州と米国に海外拠点を設立し、海外進出を本格化しました。

スノーピークもファーストリテイリングやワークマンと同様に
SPA というビジネスモデルで成長してきた企業です。ファーストリ
テイリングをカジュアル SPA、ワークマンを職人向け SPA とすると、
スノーピークはアウトドア SPA という棲み分けになっています。

◆スノーピークの月足チャート

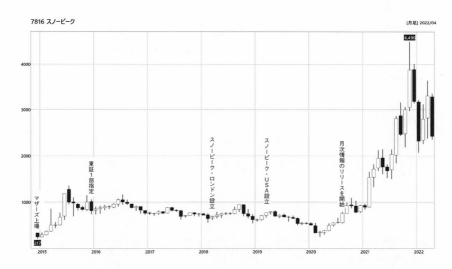

スノーピークの上場後推移	
2014年 9月	アパレル事業を開始
2014年12月	マザーズ上場
2015年12月	東証1部指定
2018年 3月	スノーピーク・ロンドン設立
2019年 7月	スノーピーク・USA設立
2020年 8月	月次情報のリリースを開始

２）新型コロナショックとスノーピークの急成長

　2020年に世界を襲った新型コロナウィルスの脅威により、アウトドア人気は加熱します。

　ウィルス感染リスクの高い旅行やインドア系の娯楽が控えられるようになり、人混みを避けた娯楽・レジャーとしてアウトドア人気が高まりました。

　2018年に欧州、2019年に米国と海外拠点を設立してグローバルを視野に据えていたスノーピークには最高のタイミングで追い風が吹いたと言えるでしょう。

①月次テーブル

　スノーピークは、2020年7月分から自社サイトで月次を公開するようになりました。その直後から目を見張る高成長を記録します（下記参照）。

(%)

全 店	1月	2月	3月	4月	5月	6月	7月	8月	9月	10月	11月	12月
2020年							120.7	145.3	131.2	157.1	139.2	133.1
2021年	164.7	159.3	163.3	232.2	214.6	153.7	151.9	126.6	138.5	145.2	146.6	119.3

◎ 2020年 120％台からスタートして
　　130〜140％台からピーク時に150％超を記録
◎ 2021年 ピーク時に200％超を記録したものの
　　後半は落ち着き、12月は119.3％へ

スノーピークの場合、コロナ禍という背景があることや、急成長の直前から月次が公開されるようになったため数字が急峻になっていますが、以下のように、ファーストリテイリングやワークマンに共通する点があるとわかります。

◎全店売上が120%、130%、140%と段階的に上昇していく
◎ピーク時に150%超（232.2%）の月次を記録
◎ピークを過ぎると月次と株価も下落に転じる

　次ページは、スノーピークの業績推移です。株価が急上昇していったのは2020年のコロナショック後ですが、業績推移からは2017年を底に、（業績は）V字回復していたことがわかります。

　特に、コロナショック時の300円割れの安値は絶好の投資チャンスだったと言えますね。株価はそこから約1年で10倍になりました。

②中期経営計画から将来の成長を読む

　スノーピークは、投資家向け情報として月次のほかに中期経営計画も公表しています。これを参考に将来の成長を予測することができます。

　2018年12月期の期初には下記の中期経営計画を公表していました。ほぼ予定通り、達成しています。

2018年12月期 売上115億 営業利益2.0億
2019年12月期 売上134億 営業利益10.1億
2020年12月期 売上153億 営業利益15.5億 ※新型コロナショック

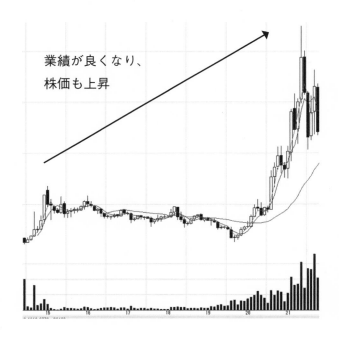

スノーピークの業績推移

2014年 12月期	売上 55億	営業利益2.3億	経常利益2.7億
2015年 12月期	売上 78億	営業利益5.8億	経常利益5.1億
2016年 12月期	売上 92億	営業利益8.5億	経常利益8.0億
2017年 12月期	売上 99億	営業利益-1.4億	経常利益 -0.3億
2018年 12月期	売上120億	営業利益9.2億	経常利益8.8億
2019年 12月期	売上142億	営業利益9.1億	経常利益9.6億
2020年 12月期	売上167億	営業利益14.9億	経常利益15.5億
2021年 12月期	売上257億	営業利益38.1億	経常利益40.3億

新型
コロナ
ショック

業績が良くなり、
株価も上昇

コロナショックについては、プラス・マイナス両面があったでしょうが、結果として売上は計画以上の超過となり、営業利益は若干の未達（15.5億目標で14.9億）で着地しました。

　もちろん、新型コロナ以前に海外へ投資し、しっかりと成長の準備をしていたことが2020年12月期の成長につながったわけです。

　また、2020年の結果を踏まえて策定した2023年12月までの新中期計画では、さらなる成長を掲げました。

◎ 2020年12月期実績 売上167億 営業利益14.9億
◎ 2021年12月期予想 売上205億 営業利益20.5億
◎ 2022年12月期予想 売上245億 営業利益30.0億
◎ 2023年12月期予想 売上290億 営業利益40.0億

　中期計画通りに成長すると3年後には「売上：1.74倍　営業利益：2.68倍」となる意欲的な目標でした。

　その新中期計画から1年後に発表した2021年12月期決算では、

◎ 2021年12月期 売上257億 営業利益38.1億
◎ 2022年12月期 売上327億 営業利益52.3億 ※ 会社予想

とコロナの追い風もあって、目標を大幅な前倒しで達成し、2022年12月期には従来の新中期計画を大幅に上回る目標を再設定しました。3年後は「売上：1.93倍　営業利益：2.62倍」の目標です。

◎ 2022 年 12 月期 売上 327 億 営業利益 52.3 億
◎ 2023 年 12 月期 売上 402 億 営業利益 70.4 億
◎ 2024 年 12 月期 売上 495 億 営業利益 100.0 億

　スノーピークは月次情報を公開しているので、売上成長を細かく監視しつつ、「年4回の決算で利益がしっかり付いてきているか」をチェックしながら業績を予測して投資しやすい特徴があります（成長加速や成長倒れを判断しやすい）。

③海外成長がポイント

　懸念材料としては「コロナ禍での企業価値向上」にどこまで持続性があるかという点でしょう。2022 年 2 月にはロシアがウクライナに軍事侵攻するなど、グローバル企業の地政学リスクも出てきました。

　絶好調の現在は一時的な特需の追い風のプラスもあると考えられますし、アウトドア用品の多く（特に高額商品）は耐久消費財ですから、初期投資は大きいとしても毎年の購入は限られます。

　したがって、今後も成長を続けるためには、現在 23.9％の海外売上比率をどんどん増やしていく必要があるでしょう。中期計画でも「3年後に海外 40％以上」を前提とした目標を掲げています。

　アパレル SPA で海外進出の先駆者といえばユニクロのファーストリテイリングです。ファーストリテイリングの海外比率は 46％ですが、これは 2001 年のロンドン出店から 20 年掛かって辿り着いた数字になります。

スノーピークはロンドン進出から4年。短期間でユニクロに次ぐ成功が可能なのかは注目です。

~第5節~
ペッパーフードサービス
～いきなり！ステーキの成功と失敗～

第2節から第3節までは、アパレルSPA企業の月次物語を見てきました。第5節からは、外食チェーンを見てみましょう。外食業界からもたくさんの10倍株が輩出されていますが、新型コロナ以降は逆風下にあります。

1）「ペッパーランチ」から「いきなり！ステーキ」へ

ペッパーフードは2006年にマザーズ上場。当初はペッパーランチ業態が人気で成長しましたが、2007年、心斎橋店で店長らによる女性客強姦監禁事件が発生。さらに、2009年に佐波川SA店で病原性O‐157食中毒事件が発生すると、イメージ悪化で客が離れ、低迷を余儀なくされます（次ページのチャート参照）。

転機となったのは、2010年にペッパーランチで開発したステーキを店内でカットするワイルドカットステーキのヒット。2013年12月には、ステーキ専業形態の「いきなり！ステーキ1号店」をオープンさせ、大量出店に舵を切って急成長がスタートします。

2）いきなり！ステーキの成長と頂点

大量出店を開始した「いきなり！ステーキ」業態が中心のレスト

■ペッパーフードの月足チャート

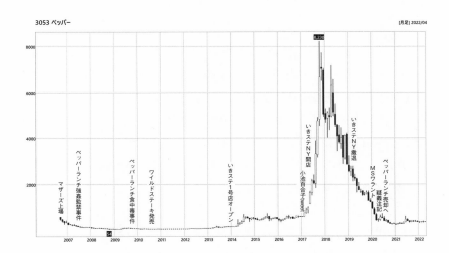

3053 ペッパー　　　　　　　　　　　　　　　　　　　　　　　　　　　　　　　　　　　　　[月足] 2022/04

ペッパーフードの上場後推移

2006年　9月　　マザーズ上場

2007年　5月　　女性客強姦監禁事件

2009年　9月　　病原性O-157食中毒事件

2010年　6月　　ワイルドカットステーキ発売

2013年12月　　いきなり！ステーキ1号店オープン

2016年12月　　小池百合子都知事いきなり！ステーキ食事風景tweet

2017年　2月　　いきなり！ステーキNY開店

2019年　2月　　いきなり！ステーキNY撤退

2019年11月　　赤字転落。いきなり！ステーキ大量閉店

ラン事業の全店売上は、前年同月比で200%、300%を超えるペースで急激に売上を伸ばしていき、ピークの2014年11月には全店売上402.2%を記録します。

しかし、既存店売上は2014年から2015年2月までは100%を超えていたものの、大量出店から1年が経過した2015年3月からは12カ月連続で100%割れ。月によっては70%台、80%台まで低迷するなど、新店が牽引する全店と比較して既存店の集客力に当初から問題があったことがわかります（次ページ参照）。

このような既存店の連続マイナスは全店がプラスであったとしても成長倒れの前兆現象になります。

既存店不調の流れが変わったのは、2016年12月。6月に当選を果たし、当時は人気絶頂だった小池百合子都知事が「いきなり！ステーキ池袋店」で立ち食いスタイルの食事風景をツイート。

これをきっかけに量り売り、立ち食い、低価格などの斬新な営業スタイルがテレビなどで話題となり、普段はステーキを食べない層にまでリーチすることに成功します。

ここから既存店売上も回復して100%超え15回の絶頂期を迎え、ピーク時の2017年9月には既存店141.6%を記録しました。

その後、次第にブームがピークアウトしていくと、既存店売上が少しずつ悪化し始めているにもかかわらず、経営判断で大量出店を継続したことで、後に業績が急転悪化する原因となります。

ブームが去った2回目のピークアウト時は、全店売上も200%台から180%、160%、130%、120%、100%割れまで段階的に落ちていきました。月次と同様、株価も大幅下落になりました。

◆ペッパーフードのレストラン事業、いきなり！ステーキ事業の月次テーブル

(%)

2014年	1月	2月	3月	4月	5月	6月	7月	8月	9月	10月	11月	12月
全店	158.0	187.0	219.7	226.9	215.5	225.1	256.4	306.2	331.5	357.6	402.2	367.9
既存店	105.1	102.3	109.2	111.4	113.0	109.4	107.3	115.5	108.9	112.1	115.0	111.3

(%)

2015年	1月	2月	3月	4月	5月	6月	7月	8月	9月	10月	11月	12月
全店	379.7	348.5	277.2	306.1	343.2	342.3	334.5	270.0	256.3	271.0	213.9	216.0
既存店	106.0	105.5	89.8	89.3	89.0	77.2	84.3	84.5	85.3	90.1	85.2	95.3

(%)

2016年	1月	2月	3月	4月	5月	6月	7月	8月	9月	10月	11月	12月
全店	214.0	224.5	242.7	204.5	194.0	175.5	175.5	156.4	143.0	139.7	148.5	170.2
既存店	83.1	96.5	109.8	92.0	87.7	86.1	91.0	87.1	87.5	89.8	94.7	112.5

(%)

2017年	1月	2月	3月	4月	5月	6月	7月	8月	9月	10月	11月	12月
全店	178.6	153.4	147.9	180.1	177.9	195.7	182.7	206.8	237.2	226.9	229.6	181.9
既存店	118.6	102.6	97.1	121.5	127.6	137.2	127.1	133.9	141.6	130.8	136.4	108.1

(%)

2018年	1月	2月	3月	4月	5月	6月	7月	8月	9月	10月	11月	12月
全店	189.3	222.7	249.9	217.4	201.0	199.8	203.7	217.2	192.1	198.7	178.5	180.0
既存店	107.0	117.0	116.8	98.3	90.2	90.5	89.8	97.2	90.7	96.8	86.9	86.2

(%)

2019年	1月	2月	3月	4月	5月	6月	7月	8月	9月	10月	11月	12月
全店	163.3	147.6	134.3	126.2	125.4	122.5	108.1	95.4	93.3	80.1	87.9	82.3
既存店	80.5	75.1	73.3	75.2	73.4	77.1	70.4	64.8	66.4	58.6	67.2	67.3

(%)

2020年	1月	2月	3月	4月	5月	6月	7月	8月	9月	10月	11月	12月
全店	78.2	67.5	54.3	31.5	23.1	42.1	44.9	42.8	45.7	50.6	47.5	43.5
既存店	66.5	61.3	51.1	37.4	49.4	57.6	64.0	62.0	67.1	74.6	71.1	67.6

3）ペッパーフードが株価150倍になった理由

　いきなり！ステーキ業態の大成功により、ペッパーフードの売上や利益は10倍、15倍へ急成長しました。株価が15倍になるのは、「売上や利益が2倍になれば株価も2倍になる」の通りですが、さらにバブル的に上昇していき、頂点では最安値から150倍となる8,230円まで記録しました。

ペッパーフードの業績推移

2013年 12月期　**売上 56億　経常利益2.0億**

> 12月、いきなり！ステーキ1号店オープン

2014年 12月期　**売上 87億　経常利益5.7億**

2015年 12月期　**売上161億　経常利益7.6億**

2016年 12月期　**売上223億　経常利益9.7億**

2017年 12月期　**売上362億　経常利益23.2億**

2018年 12月期　**売上635億　経常利益38.7億**

2019年 12月期　**売上675億　経常利益-0.3億**

　株価が急騰を開始したのは、小池百合子氏のツイート後に、NY店の開店と米ナスダック市場上場を発表してからです。

　これ以降、株価はブームで堅調な国内の成長と「米国での成功期待」を織り込んで上昇しますが、既存店がマイナスに転じるとじり安となり、決算が伸び悩むと急落していきます。残念ながら、NY店は2年で撤退となり、ナスダック市場への上場も廃止となりましたが、個人

的にチャレンジ自体は賞賛されることだと思います。

　もっとも、その後は転落の一途で、2019年11月には赤字転落を発表し、大量閉店することになってしまいました。

4）いきなり！ステーキが失速した理由

　当初は行列ができるほど人気があった「いきなり！ステーキ」がなぜ失速したのかを考えてみましょう。

①顧客満足度が低かったこと
　一番大きな理由は顧客満足度が低く、人気が一時的ブームに終わったことです。

◎ 2017年をピークとするブームが去った（新規来店の減少）
◎ ブーム時に来店した新規客のリピート率が低かった

　ブームは大きなチャンスでしたが、リピーターの育成が失敗に終わりました。

◎定期的にステーキを食す人は限られていた
◎ステーキにハレの食事を求める顧客層がリピートしなかった

　ペッパーフードの2021年12月期決算書（損益計算書）を見ると、売上原価率は54%を占めていました。コストパフォーマンスの高いステーキ提供を実現していることがわかりますが、顧客スペースや店舗サービスなど、それ以外のところを徹底的に合理化して、利益を上げる構造であったため、ステーキに高級感を期待する一般消費者の満足度とマッチングしなかったようです（サラリーマンのランチ向け店

舗作りとしては問題なかったかもしれませんが……)。

②需要を供給が上回ったこと

　ブームの結果、ステーキ愛好者の需要を供給が上回ったことも大きいでしょう。「やっぱりステーキ」「やっぱりあさくま」「ステーキ屋松」など、新たなカジュアルステーキ店との競争が激化しました。いわゆるレッドオーシャン化です（第5章のブルーオーシャン戦略を参照）。

◎大量新規出店による自社競合の発生
◎競合他社による類似店との競合の発生

　一時的なブームが終わったことで、市場パイは縮小し、従来のステーキ愛好者や時短指向のサラリーマンがメイン顧客に戻りましたが、大量出店や競合他社の参戦の影響を受け、拡大戦略は修正を余儀なくされることになります。

いきなり！ステーキの店舗数	
2014年12月	30店舗
2015年12月	77店舗
2016年12月	115店舗
2017年12月	186店舗
2018年12月	386店舗
2019年12月	490店舗
2020年12月	287店舗
2021年12月	226店舗

限られた市場パイから売上を増やすためには、来店回数を増やすか、客単価を上げるしかありません。

　「いきなり！ステーキ」の場合もビジネスモデル特許の取得や肉マイレージの開始など何もやっていなかったわけではありませんが、需要以上の数の店舗を作ってしまっては、どうしようもないということです。

　また、投資家としての視点で、ペッパーフードサービスの月次情報が公開されていたことを考えると、成長倒れを見極めることは容易な部類であったと言えます。

　このように月次情報を知っているか知らないかは大きな差となることでしょう。

ゼンショーホールディングス
~牛丼戦争の勝者~

　今回は、吉野家との牛丼戦争を制した「すき家」のゼンショーホールディングス（以下、ゼンショー）を見てみましょう。

　現在、牛丼チェーンは3社が上場しています。

◎吉野家
◎すき家
◎松屋

　当初は、元祖・牛丼チェーンの吉野家が先行していましたが、BSE事件で流れが変わることになります。

1）BSE 事件

　BSE事件は狂牛病事件とも呼ばれ、2003年から2008年にかけて米国でBSE（牛海綿状脳症）に感染した牛が確認されたのをきっかけに、日本が米国産牛肉の輸入停止措置に踏み切るなど、食の安全を揺るがす大問題となった事件です。

　BSE事件を受けて、牛丼チェーン各社は、米国産牛肉を使っていた牛丼の販売を停止し、豚丼やカレー丼を代替商品として販売。牛丼

■ゼンショーの月足チャート

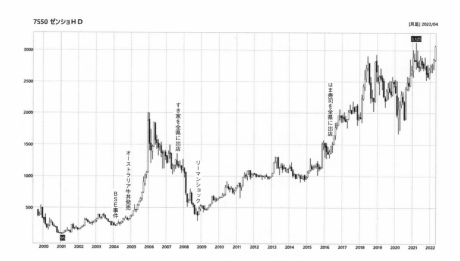

BSE 事件禍でのゼンショーの売上・利益の推移

	売 上	経常利益
2003年3月期	742億（+23.5%）	52億（+50.2%）
2004年3月期	1121億（+51.0%）	38億 （-35.4%）
2005年3月期	1253億（+11.8%）	42億 （+10.8%）
2006年3月期	1492億（+19.1%）	109億（+185.9%）
2007年3月期	2045億（+37.1%）	131億 （+97.5%）
2008年3月期	2824億（+38.1%）	141億 （-15.9%）

屋のメニューに牛丼がない状態に陥りました。

　その後、すき家は2004年9月からオーストラリア産牛丼での販売を再開。業界トップの吉野家が米国産にこだわって販売停止を続けたこともあり、株価も急騰しました。

　最終的には、吉野家もオーストラリア産牛丼に追随するわけですが、このときの危機管理への対応が消費者のブランドイメージに変化を与えたと言われています。

吉野家 ....味への強いこだわり、コスト志向
すき家、松屋................消費者目線、安全志向

　これらの捉え方は、人それぞれだと思いますが、消費者の選択はゼンショーに追い風となりました。BSE事件禍でゼンショーの株価は、BSE前の安値95円から2005年には2000円まで急上昇。一気に20倍株になったものの、成長が落ち着いてきたころにリーマンショックが発生したこともあり、300円台へと逆戻りしました。

　それでも、BSE事件をきっかけに成長軌道に乗ったゼンショーは、吉野家型のカウンター店舗とは差別化された、家族で座れるテーブル多めの店舗を強みとして、全国各地へと多店舗展開を加速。2007年に全県出店を達成し、その後も拡大していきました。

２）牛丼戦争の勝者

①株価の比較

　リーマンショック後の日本市場は、東日本震災後の低迷を経て、アベノミクスによる長い上昇相場が続きますが、ゼンショーは301円から3125円まで上昇し続け、再び株価10倍を達成します。ライバル吉

野家の株価が最大で４倍程度の上昇にとどまったのと比べると、その優位がうかがえます。

②店舗数の比較

　松屋を含めた牛丼チェーン大手３社の店舗数（国内牛丼店のみ）を比較します。

すき家　1941店舗

吉野家　1189店舗

松屋　　982店舗

　１位すき家、２位吉野家、３位松屋の順になっています。BSE事件当時は３位だった「すき家」は、2006年に松屋、2008年には吉野家を抜いてトップに立ち、現在、さらにその差を広げています。

一方、かつてトップだった吉野家は低迷が続いて3位の松屋にも迫られています。

③月次既存店の比較

2016年から2021年まで6年間の月次既存店の推移です。2016年から2019年にかけては両社拮抗していて2勝2敗ですが、コロナ禍となった2020年と2021年は、すき家が吉野家に圧勝しています。

(%)

		1月	2月	3月	4月	5月	6月	7月	8月	9月	10月	11月	12月	平均
2016	すき家既存店	104.9	99.5	104.0	99.4	98.7	101.5	108.4	101.8	103.4	95.3	104.1	100.3	101.8
	吉野家既存店	97.7	102.5	97.0	106.7	100.1	104.7	102.3	86.9	97.2	115.1	100.8	98.9	100.8
2017	すき家既存店	96.9	101.3	100.2	105.2	105.4	102.5	99.0	99.5	98.8	97.9	101.3	105.5	101.1
	吉野家既存店	97.7	95.4	101.1	91.6	100.6	94.5	98.8	98.8	101.6	84.9	105.7	104.5	97.9
2018	すき家既存店	107.5	104.9	104.0	101.2	98.7	102.6	102.5	105.6	106.9	104.8	105.0	102.0	103.8
	吉野家既存店	106.3	136.3	103.3	107.0	102.1	106.3	103.3	102.1	104.7	99.3	97.0	98.8	105.5
2019	すき家既存店	103.7	103.0	103.8	104.8	104.0	103.3	98.6	103.5	103.9	100.8	103.1	102.8	102.9
	吉野家既存店	96.7	92.6	108.1	104.8	105.2	107.1	102.6	113.9	104.6	108.2	107.3	111.3	105.2
2020	すき家既存店	101.9	110.0	92.2	88.1	90.8	91.3	102.7	98.8	98.4	104.9	100.5	101.3	98.4
	吉野家既存店	109.5	97.9	98.2	96.0	92.7	87.7	94.3	83.2	90.8	100.4	93.4	88.8	94.4
2021	すき家既存店	99.7	92.1	104.6	114.2	118.1	108.9	108.7	100.5	103.0	105.4	104.6	118.2	106.5
	吉野家既存店	90.5	82.9	89.5	89.9	99.4	99.6	95.9	107.3	102.2	98.7	108.7	107.4	97.7

このように、同じ条件下で同業他社の月次業績に差がある場合、一方が勝ち組になり、一方が負け組になる傾向があります。

④決算の比較

売上規模は、「すき家」を中核に「なか卯」「はま寿司」「ココス」などを傘下に収めて多角化したゼンショーが吉野家を圧倒しています。経常利益にも数倍の差があります。

また、コロナショック後の２年間を見ると、2021 年の１年だけの落ち込みでコロナ前水準を回復したゼンショーと比較して、吉野家は２年連続で売上が大幅減少、月次既存店の数字と同様に厳しい状況にあることがわかります。

	ゼンショー		吉野家	
	売 上	経常利益	売 上	経常利益
2016年3月期	5118億	2.8億	1857億	39億
2017年3月期	5257億	113億	1886億	23億
2018年3月期	5440億	180億	1985億	27億
2019年3月期	6076億	182億	2023億	3億
2020年3月期	6304億	199億	2162億	33億
2021年3月期	5950億	122億	1703億	−19億
2022年3月期	6585億	231億	1536億	156億

　ちなみに、2022 年３月期に関しては、吉野家の経常利益が 156 億円とゼンショーに迫っていますが、そのうち 131 億円はコロナ助成金によるもので、ゼンショーについても経常利益の半分以上を補助金収入が占めていて、実力比較が難しくなっています。

	ゼンショー		吉野家	
	経常利益	補助金	経常利益	助成金
2022年3月期	231億	150億	156億	131億

　このような助成金や補助金、協力金といった一時的な収入は、経営危機への抑制効果はあるものの、持続的な成長という視点で企業価値にプラスにならないので注意してください。本書では、決算書につい

て第6章で学習します。

　さて、このゼンショーHDは、はっしゃん自身が何回か売買しなが
ら2008年から2022年まで14年がかりで10倍株を達成した銘柄でも
ありますので、参考までに経緯を紹介しておきます。

保有期間	買 値	売 値	上昇率	倍 数
2008.10 ～ 2008.12	342	522	53%	1.5
2009.02 ～ 2009.12	437	640	46%	2.2
2009.12 ～ 2010.12	643	801	25%	2.8
2010.12 ～ 2013.12	803	1,058	32%	3.7
2013.12 ～ 2022.04(※)	1,078	3,070	185%	10.4

※2022年4月末時点でも保有中です

　年末に税金対策として何回か売買していますが、基本的には14年
間ずっと保有し続けて（1回だけ運良く安く買い戻しできたこともあ
り）、10倍株（テンバガー）を達成しています。
　次ページはゼンショーHDのチャートと業績推移です。14年間で
売上2.1倍、利益3.7倍ですが、株価は10倍。売上はコロナショック
時の2021年を除いて増加し続けました。

　このように、右肩上がりの成長企業に長く投資することで、株価を
意識しすぎることなく、時間を利用して大きな投資成果を狙うのがス
ロートレード流です。

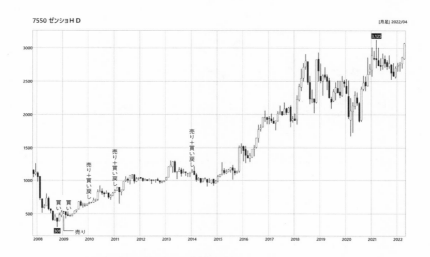

7550 ゼンショHD [月足] 2022/04

ゼンショーの業績推移

2009年 3月期	売上3101億	経常利益 61億
2010年 3月期	売上3341億	経常利益111億
2011年 3月期	売上3707億	経常利益157億
2012年 3月期	売上4029億	経常利益193億
2013年 3月期	売上4175億	経常利益138億
2014年 3月期	売上4683億	経常利益 79億
2015年 3月期	売上5118億	経常利益 28億
2016年 3月期	売上5257億	経常利益113億
2017年 3月期	売上5440億	経常利益180億
2018年 3月期	売上5791億	経常利益176億
2019年 3月期	売上6076億	経常利益182億
2020年 3月期	売上6304億	経常利益199億
2021年 3月期	売上5950億	経常利益122億
2022年 3月期	売上6585億	経常利益231億

～第7節～
モノタロウ
～オンリーワン戦略で株価100倍～

　今節では、2006年12月にマザーズに上場し、現在は東証プライムで活躍しているモノタロウを事例に月次情報と成長株投資、長期投資について考察します。

1）モノタロウ成長の軌跡

　モノタロウは、2000年に住友商事と米国グレンジャー社の出資により設立された、工場や工事現場向けの工具や資材などをネット通販する会社です。ニッチ分野に特化することでamazonや楽天などのガリバー企業との差別化を図り、オンリーワン企業として飛躍を遂げました。

　はっしゃんも「モノタロウ」で、ポリカーボネート板を注文した経験があります。種類も豊富でカットサイズを細かく指定できるなど、近くの大型ホームセンターよりも細かい配慮がされていて、よく出来たサービスだと思った記憶があります。

　東証1部上場後は海外にも進出しました。売上比率こそまだ高くありませんが、韓国やインドで成長しつつあるようです。

　今後の成長持続の観点では、海外市場での伸張に加え、利益面で物流の効率化や利益率の高いプライベートブランド（PB）比率の拡大が課題でしょうか。

◆モノタロウの月足チャート

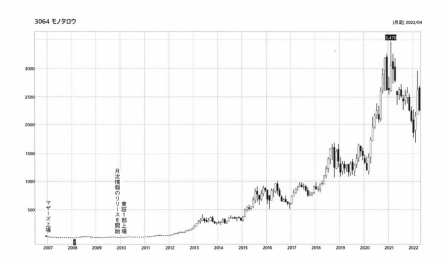

3064 モノタロウ　　　　　　　　　　　　　　　　　　　　　　　　　　　　　　　　[月足] 2022/04

モノタロウの上場後推移

2006年12月　マザーズ上場

2009年10月　月次情報のリリーススタート

2009年12月　東証1部上場

2013年 1月　韓国進出

2016年10月　インドネシア進出

2018年 2月　中国進出

2020年 9月　インド進出

２）月次テーブル

モノタロウが月次情報のリリースを開始したのはリーマンショック後の 2009 年 10 月からです。

最初の月次開示（1 月〜 9 月）はリーマンショックの影響も残り、月次売上も 90% 台という平凡なものでした。その 2009 年 10 月末時点の株価は、その後の分割を補正するとわずか 22 円でした。

(%)

	1月	2月	3月	4月	5月	6月	7月	8月	9月	10月	11月	12月	平均
2009年	112.0	103.1	103.6	103.0	92.7	95.1	96.3	105.4	91.3	102.5	109.5	101.9	101.4
2010年	117.7	122.7	130.7	128.7	122.1	120.1	122.9	120.5	123.1	118.0	132.8	133.4	124.4
2011年	127.0	126.0	122.9	121.3	128.6	132.8	121.2	127.2	126.0	127.1	123.7	125.0	125.7
2012年	128.2	136.9	126.7	130.7	134.3	122.9	134.6	129.8	125.8	132.1	125.7	121.6	129.1
2013年	117.8	113.9	116.7	122.0	119.6	113.3	124.4	114.7	124.0	123.4	122.1	127.7	120.0
2014年	134.2	129.4	151.8	122.8	121.0	131.3	123.8	121.6	134.4	123.8	117.7	125.5	128.1
2015年	121.4	125.8	117.6	130.7	123.9	135.7	130.7	134.2	123.0	125.0	127.3	122.1	126.5
2016年	121.9	124.7	122.5	117.2	122.5	120.8	111.5	124.2	122.7	114.9	125.5	121.7	120.8
2017年	123.5	121.9	123.5	123.9	129.2	125.8	128.3	127.5	128.1	129.8	125.0	126.9	126.1
2018年	121.9	121.5	122.3	125.5	130.7	122.8	129.8	125.3	115.1	132.7	127.3	118.4	124.4
2019年	130.5	126.5	117.4	122.2	122.6	114.4	125.3	116.0	129.5	110.1	114.4	117.9	120.6
2020年	116.2	118.0	122.6	120.9	110.4	131.1	115.4	121.0	116.6	123.3	117.1	126.6	119.9
2021年	127.4	118.7	127.8	120.1	118.8	117.8	112.6	119.1	120.9	114.6	125.4	120.5	120.3

ところが、翌年からは業績が復活して 120% を超える月次売上を連発します。

これは第 3 節で紹介したスノーピークと似ている点です。それまで月次情報を公開していなかった企業が満を持して月次情報を公開し始めた場合、やがて急成長に転換することがあるので覚えておくとよい

でしょう。

月次情報を新たに公開し始めた企業は、急成長することがある

　モノタロウは、その後も毎年 2 桁成長を続けるようになり、月次テーブルの平均 120% 以上の安定成長が 2010 年から 2019 年まで 10 年間も続きました。

　2022 年 4 月末現在の株価は、2259 円ですから 2009 年の月次リリース直後からは、株価 100 倍です。

　モノタロウも、ファーストリテイリングやワークマンを始め、ここまで紹介した成功事例企業と同様に月次売上の数字をランクアップさせました。

90% 台から 100% 台へ
100% 台から 110% 台へ
110% 台から 120% 台へ
120% 台から 130% 台へ

　ただし、モノタロウだけの特徴としては 150% を超えるような急成長には至っていない点です。正確には 2014 年 3 月に 1 回だけ 151.8% を記録していますが、これは前年同月が悪かった反動もあっての数字であり、翌月以降は 120 〜 130% 台に戻っています。
　急成長がない代わりに 120% 台の成長が 10 年以上もの長い期間にわたって続いている点にモノタロウの特色があります。急成長には成長倒れのリスクが付きまとうものですが、モノタロウが長期安定成長

を実現しているのは、競合と差別化したオンリーワン企業だからこそと言えるでしょう。

3）20% 成長を 12 年間続けて株価 100 倍

以下は月次業績をリリースし始めた 2009 年から 2020 年までのモノタロウの売上と経常利益の推移です。月次売上とほぼ同様に +20% 〜 +30% の売上成長が続いていることがわかります。

モノタロウの業績推移		
2009年 12月期	**売上142億**（+1.0%）	**経常利益8.7億**（-26.5%）
2010年 12月期	**売上176億**（+24.5%）	**経常利益13.2億**（+50.9%）
2011年 12月期	**売上222億**（+26.1%）	**経常利益20.4億**（+54.5%）
2012年 12月期	**売上287億**（+29.2%）	**経常利益29.4億**（+43.8%）
2013年 12月期	**売上345億**（+20.2%）	**経常利益39.0億**（+32.6%）
2014年 12月期	**売上449億**（+30.0%）	**経常利益43.5億**（+11.6%）
2015年 12月期	**売上575億**（+28.1%）	**経常利益71.2億**（+63.6%）
2016年 12月期	**売上696億**（+21.0%）	**経常利益95.1億**（+33.6%）
2017年 12月期	**売上883億**（+26.9%）	**経常利益118.5億**（+24.6%）
2018年 12月期	**売上1095億**（+24.0%）	**経常利益137.8億**（+16.3%）
2019年 12月期	**売上1314億**（+20.0%）	**経常利益158.8億**（+15.2%）
2020年 12月期	**売上1573億**（+19.7%）	**経常利益196.7億**（+23.8%）
2021年 12月期	**売上1897億**（+20.6%）	**経常利益243.0億**（+23.5%）

また、業績が復活した 2010 年以降の 12 年間の伸び率を平均すると

売上増収率：24.2%　　経常増益率：32.8%

となっていて、バラツキはあるものの、売上以上に利益の伸びが大きいこともわかります。

同様に 2021 年と 2009 年を株価も含めて比較すると、

売上：13.6 倍　　経常：27.9 倍　　株価：164.1 倍（12 月末）

となっており、売上や利益の伸びを株価の上昇が大幅に上回っています。安定成長を続けることで将来の企業価値への信頼や期待が高まり、株価を押し上げる原動力になったと言えそうです。

４）売上が２倍になれば、利益も２倍になり、株価も２倍

　コラム③でも書いたように、割安成長株への長期投資では、「売上が２倍になれば、利益も２倍になり、株価も２倍になる」の法則が基本になります。「売上よりも利益の伸びが大きい優良企業の場合、より大きな株価上昇が期待できる」ということの好例がモノタロウです。

　さらにモノタロウのケースでは、極端に言えば、第１章の月次ゲームのように決算書も必要なく、月１回、月次業績をチェックするだけでも株価 100 倍まで到達可能なことが示されています。

　成長株投資の視点では、+50% などの高成長株にどうしても目を奪われがちですが、高成長企業は成長が鈍化したり、成長倒れになってしまうことも少なくありません。

　安定した割安成長株への長期投資。10 年単位の時間が必要になることもありますが、夢のある話ではないかと思います。

～第8節～
神戸物産
～成長を続ける業務スーパー～

　神戸物産は、業務スーパーを全国で展開している会社で、2006年に大証2部上場。2012年には1部上場となり、2014年ごろから株価の上昇が加速していきました。

1）成長の軌跡

　業務スーパーの強みは、冷凍食品や加工食品を主力とし、国内外に工場を保有してプライベートブランド（PB）を自社生産している点にあります。商品は業務用に特化しているわけではなく、低価格を武器に一般消費者へも販売しています。

　アパレル業界でSPAというビジネスモデルを紹介しました。神戸物産は食品SPAに特化したスーパーマーケット業態だと言えます。PB商品を自社生産することで流通コストをカットし、手間のかかる生鮮食品を除外して、冷凍食品や加工食品に特化することで店舗コスト（人材コストや管理コスト）を削減して、低価格を実現しているわけです。

　株価は、2014年から2015年後半にかけて10倍となった後、急落して200円割れの4分の1に下落。その後は、タピオカブームや新型

コロナショックも追い風となって、上場後の安値から 100 倍以上まで
上昇しました。

◆神戸物産の月足チャート

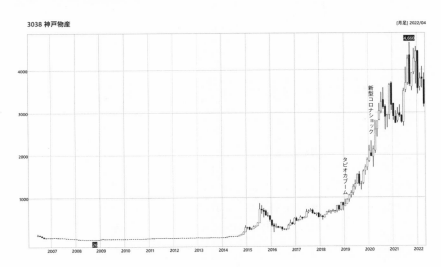

神戸物産の上場後推移

2006年6月　　　大証2部上場

2012年12月　　大証1部

2013年7月　　　東証1部

2019年1月〜　タピオカブームによる特需

2020年3月〜　新型コロナショックによる特需

２）月次テーブル

　以下の「神戸物産の 2014 年から 2021 年にかけての月次テーブル」を見ると、2019 年から月次が 110% を突破し、成長が加速していったことがわかります。その 2019 年の成長を牽引したのが台湾由来のタピオカドリンクのブームでした。

(%)

	1月	2月	3月	4月	5月	6月	7月	8月	9月	10月	11月	12月	平均
2014年	111.4	106.7	120.1	107.3	112.8	113.4	114.3	105.5	112.0	108.8	103.2	109.7	110.4
2015年	107.5	110.1	99.0	112.8	105.4	110.8	106.1	108.3	111.0	112.2	106.9	107.5	108.1
2016年	108.8	109.3	110.0	107.1	104.2	106.9	103.1	108.5	103.4	99.3	111.2	103.9	106.3
2017年	103.9	103.3	109.8	102.9	107.8	106.2	105.9	108.7	108.6	105.9	110.6	108.3	106.8
2018年	110.5	110.4	106.7	106.8	110.1	109.9	108.3	110.8	107.7	114.1	107.3	105.7	109.0
2019年	109.9	110.2	110.3	117.7	109.6	110.8	115.9	112.3	116.7	114.2	114.8	114.3	113.1
2020年	119.5	125.2	133.7	134.8	130.0	120.6	114.0	112.1	115.9	113.9	110.9	120.3	120.9
2021年	115.0	112.2	104.1	99.9	102.8	112.4	111.6	111.5	121.0	114.9	119.2	111.3	111.3

　神戸物産の月次 IR ニュースにタピオカが登場するのは、2019 年 1 月 24 日の IR ニュースからで、関連商品が前年実績を大きく上回ったことが紹介されています（次ページ上段参照）。このころの株価は 800 円前後でした。その後、月次 IR ニュースに「タピオカドリンク（ミルクティー）」や「インスタントタピオカ」が 9 カ月連続で登場し、2019 年の業績を牽引していきました。

　一方で、月次 IR ニュースに新型コロナウィルスの記載があったのは 2020 年 3 月 25 日の IR ニュースから。感染拡大を受けた買いだめ需要の高まりが売上拡大に寄与したことが報告されています（次ページ下段参照）。

　月次売上は、その 2020 年 3 月から 5 月にかけて緊急事態宣言が発

126

4. 概況

　2018 年 12 月度における月次業績につきましては、個別売上高は前年同期比 **105.7%**の **240 億 5 百万円**、売上総利益は同 **106.4%**の **19 億 6 百万円**、営業利益は同 **100.6%**の **12 億 64 百万円**、経常利益は同 **77.4%**の **11 億 37 百万円**となりました。

　12 月度は、業務スーパーの新規出店が 5 店舗あったことで、店舗数が 2018 年 12 月末で 818 店舗となり、前年同期より 24 店舗増加したことによる新店効果で売上高が増加いたしました。
　また、直轄エリア既存店への商品出荷実績は前年同期比 **101.1%**、直轄エリア全店への商品出荷実績は同 **104.8%**、全国全店への商品出荷実績は同 **105.5%**となりました。

　商品動向につきましては、主要都市の平均気温が昨年と比較して 1〜2℃程度高かったことにより冬物商材の販売が苦戦いたしました。一方、タピオカドリンク人気により当社のタピオカ関連商品も前年実績を大きく上回る結果となりました。
　経常利益につきましては、円高が進んだことによりデリバティブ評価損が計上されたため、前年実績を下回りました。しかしながら、円高によるデリバティブへの影響は限定的なもので、長期的には輸入品の仕入コスト軽減につながると考えております。

　今後も「食の製販一体体制」の強化を推し進め、価値のある商品をベストプライスでご提供することで、業績の拡大を目指してまいります。

4. 概況

　2020 年 2 月度における月次業績につきましては、個別売上高は前年同期比 **125.2%**の **254 億 60 百万円**、売上総利益は同 **122.1%**の **23 億 22 百万円**、営業利益は同 **117.1%**の **15 億 63 百万円**、経常利益は同 **106.2%**の **16 億 69 百万円**となりました。

　2 月度は、業務スーパーの新規出店が 5 店舗あったことで、店舗数が 2020 年 2 月末で 856 店舗となり、前年同期より 34 店舗増加したことによる新店効果で売上高が増加いたしました。
　また、直轄エリア既存店への商品出荷実績は前年同期比 **119.6%**、直轄エリア全店への商品出荷実績は同 **124.4%**、全国全店への商品出荷実績は同 **124.9%**となり、堅調に推移いたしました。引き続き多くのメディアで業務スーパーを取り上げていただいていることが集客に繋がった他、新型コロナウイルスの感染拡大を受けた買いだめ需要の高まりが、売上の拡大に寄与したと考えております。

　商品動向につきましては、「揚げなす乱切り」「冷凍ブルーベリー」をはじめとした、利便性の高い冷凍野菜や冷凍果物が伸長いたしました。

　なお、業務スーパーでは 3 月 1 日（日）から 4 月 30 日（木）までの 2 ヵ月間、「業務スーパー20 周年記念セール」を開催いたしております。本セールにより、業務スーパーの魅力をより多くの皆様にお伝えしたいと考えております。

　今後も「食の製販一体体制」の強化を推し進め、価値のある商品をベストプライスでご提供することで、業績の拡大を目指してまいります。

令された時期に130%台を3カ月連続で記録。その後も110%台から120%台の業績が続きました。

　業績は、2021年に入るといったん落ち着くものの、変異ウイルスによる感染拡大で再び好調となり、株価は、2021年9月に高値4660円まで上昇。タピオカブームのころからでも5倍までの上昇になりました。

3）中期経営計画

　神戸物産は、2021年12月期に中期経営計画を公表しています。それによると、3年後の2024年10月期までに、売上を13.2%、営業利益を17.2%増やすことを計画しています。また、ROEを経営目標のKPI（重要業績評価指標で、経営側が何を目標としているかの参考になる指標）として掲げている点も特徴です。ROEは持続的成長に極めて重要な指標で、詳しくは、第6章 第5節で学習します。

3. 中期経営計画数値目標（連結）

	2021年10月期（実績）	2024年10月期（目標）
売上高	362,064百万円	410,000百万円
営業利益	27,311百万円	32,000百万円
ROE	29.2%	毎期20%以上

　本資料に記載の将来に関わる一切の内容は、発表時現在において入手可能な情報に基づき推計したものであり、様々な要因により、実際の施策・業績と異なる可能性があります。

　中期経営計画は、スノーピークでも触れたように、企業が成長の意志を持っているかについて、未来の計画を経営視点から確認できる重要な項目です。神戸物産の場合は、スノーピークほど野心的な目標ではありませんが、2020年末には、前回の中期経営計画を上方修正した実績もあります。月次情報とともに未来の業績を図るバロメーターとなります。中期経営計画については、第6章の第8節で学習します。

はっしゃんコラム④
前年同月比と前々年同月比の話

　月次売上は前年同月比で表される指標ですが、前年が特別な要因で特別に良かったり悪かったりした場合には、その影響を考慮しなければならないケースもあります。

　わかりやすいのは、消費税の増税で駆け込み需要が発生したときや、新型コロナウィルスの流行などで外出が制限される場合です。

1）消費税の増税

　消費税増税のケースでは、増税前に駆け込み需要が発生して売上が増加する一方で、その後は、反動で売上が減少します。

増税前の月次：150%（前年同月比）
増税1年後の月次： 60%（前年同月比）

　この例では、増税後の月次は60%と非常に悪くなっていますが、増税前が150%と駆け込み需要であった点も大きいと考えられますね。

　このような場合は、前々年同月比を計算することで特需がなかった年と比較します。

前々年同月比（90%）
＝ 前年同月比（60%）× 前年の前年同月比（150%）

　前年に駆け込み需要で +50% になった反動で − 40% になっているものの、前々年同月と比べると 90% なので反動減は − 10% 程度だとわかります。

２）コロナ禍での人流抑制

　同様に新型コロナウィルスの流行で非常事態宣言やまん延防止措置が出ていたケースを考えてみましょう。

コロナ禍の月次： 30%（前年同月比）
コロナ禍１年後の月次：200%（前年同月比）

　前年同月比の数字はコロナ禍の反動で 200% と非常に好調に見えますが、前年同月が非常に悪かったことを考慮しないと、本当に良いのか、わかりにくくなっています。

前々年同月比（60%）
＝ 前年同月比（200%）× 前年の前年同月比（30%）

　この例では、前年同月比 200% になっていますが、それは、前年 30% からの２倍ですから、前々年比でまだ 30%×2 =60% となっており、まだまだコロナ禍前の水準まで回復していないと判断することができます。

このように株価や市場評価は、表面的な月次売上数字だけではなく、より本質的な業績を評価して動きますので、月次売上の背景についても、ある程度は把握して数字を見る必要があります。

　月次情報分析については次の「第3章」で、コロナショックについては「第5章 第8節」で、詳しく説明します。

第3章

月次情報分析入門

　第2章では、月次情報視点からの成功事例について学習しました。本章から、いよいよ月次情報分析を採り入れた投資方法について具体的に解説していきます。

　月次情報分析に関しては「投資判断に月次情報を使う」という点に特徴があるだけで、特別な投資方法ではありません。したがって、あらゆる投資方法と組み合わせることが可能です。

　次ページは、月次情報分析に関する流れです。各ステップの詳細は、次節以降で紹介します。ここでは、どういう流れで進めていくのか、全体像を把握してください。

◆月次情報分析の流れ

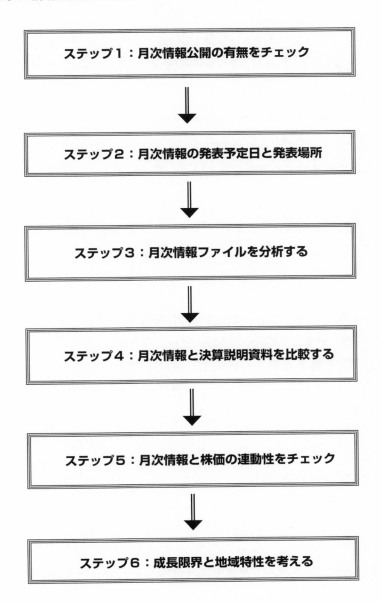

ステップ１：月次情報公開の有無をチェック

ステップ２：月次情報の発表予定日と発表場所

ステップ３：月次情報ファイルを分析する

ステップ４：月次情報と決算説明資料を比較する

ステップ５：月次情報と株価の連動性をチェック

ステップ６：成長限界と地域特性を考える

ステップ1
月次情報公開の有無をチェック

１）月次情報公開の有無をチェック

　月次情報分析は、投資家向け情報（IR情報）として**月次情報を公開する企業を投資対象とする投資法**ですので、月次情報の公開有無を確認することが最初のステップになります。

　チェック方法は３つあります。

① 企業の WEB サイトで投資家向け情報（IR 情報）をチェック
② TDnet の適時開示情報閲覧サービスをチェック
③ 月次情報まとめサイト（月次 Web）をチェック

　なお、月次情報はすべての企業から発表されているわけではありません。月次情報を発表していない企業の場合は、残念ながら月次情報分析の対象外になりますが、第４節の土日祝日数の影響を知ることや、第７節の成長限界や地域特性の考え方などは参考になるでしょう。

２）各チェック方法の詳細

①企業の WEB サイトで投資家向け情報（IR 情報）をチェック
　検索エンジンなどを「企業名 月次」で検索して該当企業の IR ペー

◆月次情報投資の流れ（グレー枠部分が本節の内容）

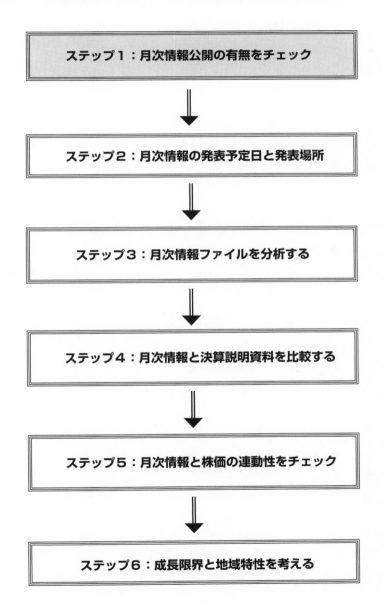

ステップ1：月次情報公開の有無をチェック

ステップ2：月次情報の発表予定日と発表場所

ステップ3：月次情報ファイルを分析する

ステップ4：月次情報と決算説明資料を比較する

ステップ5：月次情報と株価の連動性をチェック

ステップ6：成長限界と地域特性を考える

ジを探す方法です。

　例えば、日本マクドナルドを例に月次情報を調べてみましょう。日本マクドナルドは、国内に2900店舗以上のハンバーガー店を展開する外食大手企業です。検索エンジンに「マクドナルド　月次」と入力して検索ボタンをクリックします。

　検索結果の先頭に「IR情報｜McDonald's − 日本マクドナルドホールディングス」がリストアップされていると思います。これがIR情報ページです。ここでは、企業サイトの一次情報で月次情報を確認することが目的ですので、URLが「https://www.mcd-holdings.co.jp」のように「企業サイト（co.jpが多い）になっているか」を確認します。

企業サイトが見つかったら、リンクをクリックして IR 情報ページに移動します。

　マクドナルドの IR 情報ページには、最新のニュースリリースが表示されています。ここにも月次情報が表示されますが、他のニュースが表示されている場合もありますので、表示されていない場合は、下の「ニュースリリース一覧」の枠をクリックしてみましょう。

　ニュースリリースのページに切り替わり、「月次 IR ニュース」という PDF ファイルの見出しが表示されました。この PDF ファイルをクリックすると月次情報を見ることができます。2022 年 3 月 4 日のファイルを表示させてみましょう。

マクドナルドの月次情報 IR には、全店や既存店の月次売上推移の
ほか、客数や客単価、好不調の概況まで記載されているので、「業績
がどのように進捗しているか」を定点観測できることがわかります。
月次情報の詳しい見方については、第3節で解説します。

日本マクドナルドホールディングス株式会社 (2702)
【月次 IRニュース】　2022 年 2 月

2022/3/4

マクドナルドでは、お客様と従業員の健康を最優先し、新型コロナウイルス感染拡大防止を徹底しております。

2 月は、全店売上高は前年同月比+16.2%、既存店売上高は前年同月比+15.3%となりました。
ベースセールスの着実な上昇と、期間限定商品がご好評いただいたことに加え、2 月 7 日（月）より「マックフライポ
テト®」全サイズの販売を再開したことなどの影響もあり、前年を上回る結果となりました。

マクドナルドでは、遊ばなくなったハッピーセット®のおもちゃを全国のマクドナルド店舗で回収し、トレイなどにリサイ
クルする「おもちゃリサイクル」に取り組んでいます。
2021 年は、年間で約 305 万個のおもちゃを回収いたしました。2022 年も引き続き、年間を通じて店舗でのおも
ちゃの回収を実施いたします。
今後も、この取り組みを通して、子供たちのものを大切にする心や親子のコミュニケーションの機会を醸成するきっ
かけを生み出し、企業として環境保全にも取り組んでまいります。

- 海外旅行気分を味わっていただこうと「行った気になる N.Y. バーガーズ」と題し、ニューヨークをイメージ
  した 2 種の新バーガー「肉厚ビーフバーガー　ペッパー＆チーズ」と「グリルチキンバーガー　ソルト＆レ
  モン」を期間限定販売し、多くのお客様にお楽しみいただきました。
- 完成までに約 2 年をかけた新作ホットスイーツ「ひとくちチュロス」や、定番スイーツ「マックフルーリー®」
  とネスレ日本株式会社が販売する「キットカット®」がコラボレーションした「マックフルーリー® キットカット
  ®」と新作「マックフルーリー®キットカット　ストロベリー」を販売し、いずれも多くのお客様にご好評いただ
  きました。
- 安全・安心を優先しお客様の利便性を考えた、ドライブスルー、デリバリー、デジタル施策や、ディナー時
  間帯の強化に加え、バリュープログラムの継続や新たなメニューの導入、お客様との繋がりを強化する
  マーケティング活動などの取り組みにより、継続的にディナー時間帯や販売チャネル毎のベースセール
  スが着実に上昇しています。

月次動向　2022 年度（前年同月比）

	（月）	1	2	3	4	5	6	7	8	9	10	11	12
全　店	売上高 (%)	2.2	16.2										
既存店	売上高 (%)	1.2	15.3										
	客　数 (%)	-0.3	5.4										
	客単価 (%)	1.5	9.4										

*既存店売上高は、少なくとも 13 カ月以上開店している店舗を対象店舗として、その店舗の売上高を当年と前年それぞれ合計して比較したものです。

マクドナルドは、引き続き、新型コロナウイルスの感染状況を注視しながら、変化する社会やお客様のニーズに柔
軟に対応し、進化を続けます。そして、持続可能な社会の実現に向けて取り組み、「おいしさと笑顔を地域の皆さま
に」ご提供してまいります。

日本マクドナルドホールディングス株式会社　　担当：IR チーム
電話：03-6911-5710　FAX：03-6911-5799
（URL ： https://www.mcd-holdings.co.jp/）

月次情報を発表している企業には、消費者向けの小売業や飲食店、
サービス業が多く、製造業には少ないという特徴があります。この話
については本章の第8節で解説します。

では、続いてマクドナルドのライバル企業である「モスフードサービス」の月次情報をチェックしてみましょう。

　モスフードサービスも 1200 店舗以上のハンバーガー店を全国展開している外食大手企業です。検索エンジンに「モス　月次」と入力して検索します。

　一番上に「月次情報｜IR ライブラリー｜モスフードサービス企業サイト」とモスフードサービスの企業 WEB サイトが表示されたことを確認してリンクをクリックします。

モスフードサービスの月次情報ページが表示されました。既存店売上高、既存店客数、既存店客単価、全店売上高などの情報が開示されています。

ただし、こちらのページには、業績の概況は記載されていないようです。このように、企業によっては、概況が記載されていないこともあります。

また、モスフードサービスの月次情報は、前のマクドナルドと比較すると、表示形式がやや異なっていることがわかると思います。月次情報には決算書のような決められたフォーマットがないため、記載されている情報は、企業によって異なります。

　このような手順で月次情報から2社の業績数字を拾ってくると、「マクドナルドとモスバーガーでどちらが業績好調なのか？」を調べることができます。このような業績比較も月次情報分析の特徴のひとつです。

2022年1月の月次		
日本マクドナルド	全店 102.2	既存店 101.2*
モスフードサービス	全店 113.5	既存店 113.7

＊マクドナルドの月次は2.2、1.1と0基準のため、モスフードサービスの100基準に合わせました

　該当月は、モスフードサービスに軍配が上がりました。その理由としては、2022年1月はマクドナルドの月次情報で説明されていたように、コロナ禍での物流混乱を受け、「マックフライポテトがSのみの販売に制限されたことが影響したようだ」と推測できます。

　コラム①でも述べたように、月次ごとに企業の最新業績をライバル企業と比較したり、業績変化を読んで投資判断していくことが月次情報を活用した投資の特徴です。

② TDnet の適時開示情報閲覧サービスをチェック

　月次情報は TDnet の適時開示情報閲覧サービスからも探すことができます。

TDnet とは、東京証券取引所の運営する適時開示情報閲覧サービスのことです。

TDnet
https://www.release.tdnet.info/index.htm

TDnet の適時開示情報閲覧サービスの上部・左側にある検索期間を「1 カ月間」に設定して、右側のキーワード検索欄に「月次」と入力。検索してみましょう（下記の枠囲み）。

すると、直近 1 カ月間の月次情報が一覧表示されます。月次情報の有無が簡単にチェックできました。

時刻	コード	会社名	表題	XBRL	上場取引所	更新回歴
2022/03/10 17:00	44150	M-ブロードエンター	2022年2月度 月次進捗状況のお知らせ		東	
2022/03/10 16:00	38170	SRAHD	2022年2月 月次売上高速報		東	
2022/03/10 16:00	79180	ヴィアHD	2022年2月度 月次速報（連結_前年対比/2019年対比）		東	
2022/03/10 15:30	27350	ワッツ	2022年8月期2月度 月次売上高対前年同月比及び店舗数推移に関するお知らせ		東	
2022/03/10 15:30	30570	ゼットン	2022年2月度 月次売上高等前々年同月比及び感染の状況についてのお知らせ		名	
2022/03/10 15:30	31780	チムニー	2022年2月度 月次売上・出店状況について		東	
2022/03/10 15:00	76490	スギHD	2022年2月度 月次進捗に関するお知らせ		東名	
2022/03/10 15:00	13790	ホクト	2022年2月の月次売上げ状況（速報）について		東	
2022/03/10 15:00	24060	J-アルテHD	2022年2月度 月次業績動向のお知らせ		東	
2022/03/10 15:00	26860	ジーフット	月次売上電前年比速報のお知らせ		東名	
2022/03/10 15:00	30640	MRO	2022年12月期2月度月次業績に関するお知らせ		東	
2022/03/10 15:00	31990	綿半ホールディングス	2022年3月期 月次動向（2月度）		東	
2022/03/10 15:00	35420	M-VEGA	2022年2月の月次業績に関するお知らせ		東	
2022/03/10 15:00	39270	M-フーバーブレイン	2022年3月期 2月度月次売上電速報に関するお知らせ		東	

このように TDnet は、とても便利なのですが、残念ながら欠点も
あります。それは、以下の点です。

> ・直近１カ月間の開示情報のみが検索対象となる
> ・企業によっては自社 WEB サイトでのみ月次情報を開示

　例えば、最初に紹介した日本マクドナルドの場合は、TDnet にも
月次情報を公開していますが、次に紹介したモスフードサービスの場
合は、自社 WEB サイトのみで月次情報を開示しています。
　したがって、月次情報の有無を調べる最良の方法は、やはり検索エ
ンジンで直接企業 WEB サイトを確認することになります。TDnet は、
TDnet で月次情報を開示している企業の最新情報を閲覧するときに
活用しましょう。

③ 月次情報まとめサイト（月次 Web）をチェック

　最後に３つ目の方法として月次情報まとめサイトを利用する方法が
あります。
　ここでは、はっしゃん自身が立ち上げた日本初の月次情報まとめサ
イトである「月次 Web」でチェックしてみます。

月次 Web：http:/kabuka.biz/getuji/

月次 Web の場合は検索欄もありますが、その横に「全銘柄リスト」のリンクがあるので、今回はこちらをクリックします。すると、会社名やブランド名がまとめて表示されます。

企業によっては、会社名とメインブランド名が異なることもありますが（以下、参照）、月次 Web の「全銘柄リスト」を使えば、迷うことなく探せます。とても便利な機能です。

会社名とメインブランド名が異なる企業の例

会社名	メインブランド名
<3038> 神戸物産	業務スーパー
<3053> ペッパーフードサービス	いきなり！ステーキ
<3397> トリドールHD	丸亀製麺
<3563> フード＆ライブカンパニーズ	スシロー
<7453> 良品計画	無印良品
<7532> パン・パシフィック・インターナショナルHD	ドンキホーテ
<7550> ゼンショーHD	すき家
<9945> プレナス	ほっともっと
<9983> ファーストリテイリング	ユニクロ

月次 Web には 270 社以上の上場企業の月次情報がまとめられています。このリストの中にチェックしたい企業があれば、月次情報を公開している企業だとわかります。

　それでは、画面からマクドナルドを探してクリックしてみましょう。月次 Web のページが切り替わり、過去 2 年分の月次情報が株価チャートと合わせてグラフィカルに表示されました。全店や既存店が 19 カ月連続で 100% 超であることも記載されています。

　このように月次 Web は月次情報の専門サイトです。より詳しい情報を調べることも、同業他社や業界同士を比較することも可能です。月次 Web の詳しい使い方については第 4 章で解説します。

◆月次Web　マクドナルド

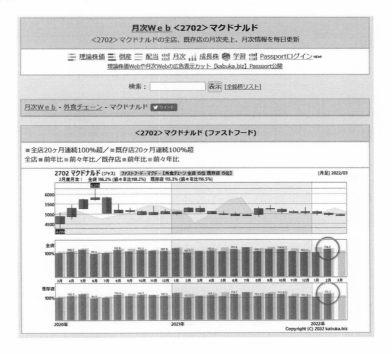

1）月次情報の発表日

決算と同様、月次情報には発表日があります。人気株の場合は発表
日前後には株価が大きく動くこともありますし、特にサプライズがあ
った場合は、ストップ高やストップ安になることもあるでしょう。

例として、第2章でも紹介したスノーピークの月次情報リリース後
の株価の例を紹介します。株価チャートは月次Webのスノーピーク
のページから引用しました（150ページ参照）。

スノーピークの場合、成長著しい人気企業ということもあり、好業
績で株価がストップ高まで急騰したことや、逆に業績悪化でストップ
安まで大きく売られたことがわかります。

このような人気企業は業績次第で株価が大きく動くため、月次情報
は**「短期系の投資材料」**としても注目されます。

例えば、実際にお店に足を運んで、客入りや売上状況をチェックし
つつ、月次業績を予想することは不可能ではありません（例えば、店
員さんに話しかけるとヒントをもらえることもあるでしょう）から、
サプライズ好業績を予測して先回り買いしておくと、月次情報の発表
後に大きな短期利益獲得も狙えるというわけです（インサイダー情報
に該当するような質問は禁止されているので、くれぐれも注意してく

◆月次情報投資の流れ（グレー枠部分が本節の内容）

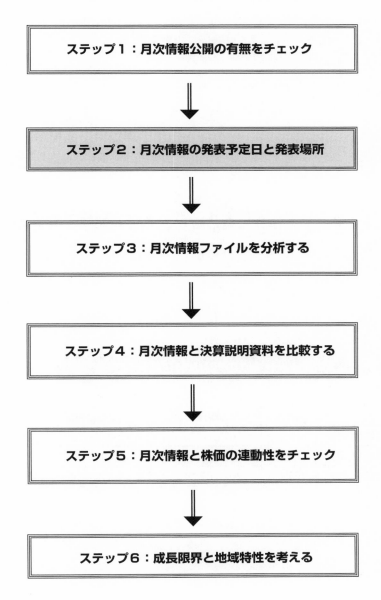

ステップ１：月次情報公開の有無をチェック

ステップ２：月次情報の発表予定日と発表場所

ステップ３：月次情報ファイルを分析する

ステップ４：月次情報と決算説明資料を比較する

ステップ５：月次情報と株価の連動性をチェック

ステップ６：成長限界と地域特性を考える

◆スノーピークのチャート

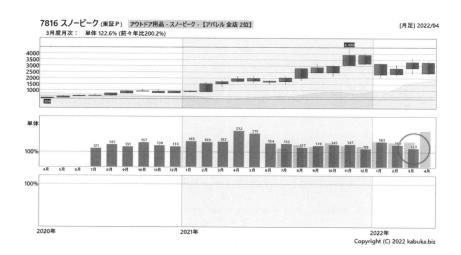

7816 スノーピーク (東証P) [アウトドア用品 - スノーピーク - 【アパレル 全店 2位】]   [月足] 2022/04
3月度月次： 単体 122.6% (前々年比200.2%)

Copyright (C) 2022 kabuka.biz

スノーピークの月次と翌日株価の関係

	月 次	発表日	翌日株価
2021年11月度	146.6%	2021.12.13	＋5.02%
2021年12月度	119.3%	2022.01.14	－23.18%（ストップ安）
2022年1月度	163.1%	2022.02.14	＋21.82%（ストップ高）

ださい）。

　月次業績で株価が大きく動くケースは、業績変化が大きく成長期待が変わったタイミングにある企業のほか、期待値の振れ幅の大きい高成長企業に多い傾向があります。

　そのほか、コロナ禍ではドラッグストア株や食品スーパー株が好業績を連発して大きく買われた例（下記のチャート参照）もあるなど、注目株はその時々の状況によって大きく変わります。

　身近な業績変化への気づきが投資のきっかけになることもあります。月次情報の発表日から逆算して投資チャンスがあれば狙ってみるのも面白いでしょう。

◆ドラッグストア株のチャート例

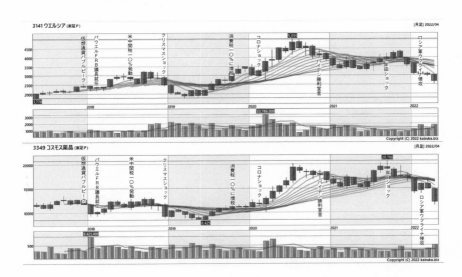

ドラッグストア株はコロナショックで好業績となり株価を大きく伸ばしたが、その後は低迷している

注目企業が月次情報を公開している場合、その発表日を把握して、その日のうちにチェックしておきましょう。月次情報の発表日は、はっしゃんが監修・運営している月次 Web を活用してください（第4章で解説します）。

【月次 Web　予定日カレンダー】

http://kabuka.biz/getuji/category/calendar_all.htm

※予定日カレンダーは最短の発表日を示します。企業によって、かなり遅れる場合があります。
※発表日が土日祝の場合は、前後にずれることがあります。
※決算発表前の場合は、決算発表までずれる場合があります。

２）20日締め銘柄について

　月次決算の締め日は、企業によって異なりますが、以下の２種類が多い傾向にあります。

> 月末締め　：毎月１日〜月末を月度決算の期間とする
> 20日締め：毎月21日〜翌20日を月度決算の期間とする

　月末締めの企業の場合、月末締め後の１日以降に月次情報が開示され、20日締め企業の場合は、20日締め後の21日以降に月次情報が開示されます。

　また、20日締め企業の月次情報は、当月中の21日以降に開示されるため、１日以降に開示される月末締め企業より、一足早くなります。そして、20日締め企業の業績変化にサプライズがあった場合は、月末締め企業の株価にも影響することがある（同業他社の株価に先行して織り込まれる）ので、チェックしておくとよいでしょう。

> （代表的な20日締め企業）
> 西松屋チェーン、しまむら、ニトリホールディングス

　なお、月次情報の発表日は、（一部の20日締め企業を除いた）大部分が該当月度の翌月となるため、株価と月次の推移には１カ月程度のずれがある点に注意してください。

3）場中に月次情報をリリースする銘柄

　通常、月次情報は取引終了後（2022年5月末現在では15時以降）にリリースされますが、場中や取引開始前に月次情報をリリースするタイプの企業もあります。場中発表があると株価が急動意することもあるので、短期投資指向の方は注意しておきましょう。

月次情報を場中や取引開始前にリリースする主な銘柄（2022年2月現在）

<9927> ワットマン
<3608> TSIHD
<7605> フジ・コーポレーション
<7049> 識学
<8200> リンガーハット
<3317> フライングガーデン
<8255> アクシアルリテイリング
<3557> ユナイテッド＆コレクティブ
<9956> バローHD
<2780> コメ兵HD
<2926> 篠崎屋
<2722> アイケイ
<8166> タカキュー
<9039> サカイ引越センター
<9936> 王将フードサービス
<9267> ゲンキードラッグストアーズ

４）月次情報の発表場所

　第２節でも説明したように、月次情報の発表場所も企業によって違います。チェックしてブックマークしておきましょう。

◎ニュースリリースで発表（TDNet 等で確認します）
◎企業の IR ページで発表

　なお、ニュースリリースで発表する企業の場合、月次業績が株価にすぐ反映されますが、企業の IR ページのみで発表する場合は、時間差が発生することも多いです。発表場所や発表時間を知っておくと有利になることもあります。

～第4節～
ステップ3
月次情報ファイルを分析する

　月次情報の公開有無を調べ、予定日・場所を確認したら、いよいよ月次情報ファイルを分析していきます。

　第2節でマクドナルドやモスフードサービスの例を見たように、公開されている月次情報は、フォーマットが決まっているわけではないため、企業によって形式は異なります。本節では一番多い「店舗型企業」の事例として、ワークマンと良品計画を取り上げて解説します。

1）ワークマンの月次情報ファイルを分析する

　ワークマンは、作業服店やカジュアル衣料品店を全国展開している企業です。自社WEBサイトと適時開示情報閲覧サービスで月次情報を開示していますが、ここではPDFファイルの月次情報ファイルを例に月次情報の見方を説明します。

　159ページは、第2章でも紹介したワークマンの2022年3月期1月度の月次情報ファイルです。

◎ワークマンWEBサイトの月次報告ページ

https://www.workman.co.jp/ir%e6%83%85%e5
%a0%b1/%e6%9c%88%e6%ac%a1%e5%a0%b1%
e5%91%8a

◆月次情報投資の流れ（グレー枠部分が本節の内容）

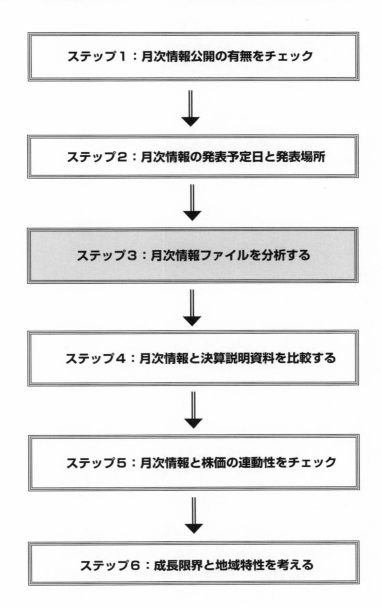

ステップ1：月次情報公開の有無をチェック

ステップ2：月次情報の発表予定日と発表場所

ステップ3：月次情報ファイルを分析する

ステップ4：月次情報と決算説明資料を比較する

ステップ5：月次情報と株価の連動性をチェック

ステップ6：成長限界と地域特性を考える

①全店と既存店の月次売上推移

　ワークマンの月次情報ファイル上段には、全店および既存店の売上推移が月次前年比（％単位）で記載されています。全店と既存店の違いは下記の通りですが、これはワークマン独自の定義です。企業によって「定義」は異なります。

　　全店　　：すべての店舗の売上高
　　既存店：13カ月以上経過している店舗の売上高

　また、ワークマンの場合、売上高は100％を基準に記載しているので100％超ならプラス。100％未満はマイナスになります。2022年1月では、以下のようにプラスになったようです。

　　全店　　：106.2%
　　既存店：101.2%

　さらに、ワークマンの場合、テーブル右端には通期の数字も記載されていて、こちらも以下のようにプラスになっていることがわかります。

　　全店　　：107.0%
　　既存店：101.5%

　通期の数字が記載されている場合は、決算書の今期会社予想と比べると、会社予想よりも好調か不調かすぐにわかります。そして、会社予想と比べて月次の変動が大きかった場合、株価に大きな影響を与えます。企業によっては、通期数字が記載されていない場合もありますが、その場合は該当月までの平均値を計算すると業績予想と比較する参考値として利用できます。月次業績の詳細な分析方法は、第7章の

◆ワークマンの月次情報

● 2022 年 3 月期（2021 年 4 月 1 日～2022 年 3 月 31 日）月次前年比　　　　　　　　　　（単位：%）

		4月	5月	6月	第1四半期	7月	8月	9月	第2四半期	上期
全店	売上高	135.4	118.9	87.2	109.4	110.9	99.3	108.7	106.5	108.0
	客数	127.1	117.3	89.0	108.1	107.3	100.4	107.4	105.1	106.7
	客単価	106.6	101.4	97.9	101.1	103.3	98.9	101.2	101.4	101.3
既存店	売上高	124.5	110.4	82.5	102.2	105.4	94.2	102.7	101.2	101.7
	客数	117.6	109.1	84.3	101.3	102.1	95.5	102.1	100.1	100.7
	客単価	105.9	101.1	97.8	100.9	103.2	98.6	100.6	101.1	101.0

		10月	11月	12月	第3四半期	1月	2月	3月	第4四半期	通期
全店	売上高	103.7	110.4	103.3	105.6	106.2				107.0
	客数	105.2	108.2	101.8	104.9	106.5				106.0
	客単価	98.6	102.0	101.5	100.7	99.7				100.9
既存店	売上高	98.9	104.5	98.4	101.1	101.2				101.5
	客数	100.6	103.0	97.3	100.5	102.0				100.8
	客単価	98.3	101.5	101.2	100.5	99.3				100.7

(注)1. 全店売上高・既存店の前年同月比は、店舗の売上高に基づき算出しております。
2. 単月の既存店は、当該月末現在に継続して満 13 ヵ月以上営業している店舗で算出しております。なお、累計の既存店は、2020 年 3 月末までに開店した店舗で算出しております。
3. 売上高は、月次ベース売上高速報値のため、未監査であり決算期又は四半期のような会計上の修正を行なっておりません。

● 1月度の概況
　　当月は、本格的な寒さが続き、防寒ブーツや厚手靴下、保温肌着といった防寒グッズが好調に推移しました。一方、前年は厳冬により冬物商品が大幅に伸長した影響もあり、防寒アウターや防寒手袋など冬場の主力商材が伸び悩んだことに加え、降雨日が少なく雨関連商品の販売が低調となりました。その結果、チェーン全店売上高は前年同月比 106.2%（既存店売上高前年同月比 101.2%）となりました。
　　なお、2 月 1 日（火）に公表した「2022 年 3 月期　月次前年比速報に関するお知らせ」において、ＰＯＳレジトラブルのため、既存店前年同月比を非開示とさせていただいておりましたが、システムの復旧に伴い、当該数値を追加で開示いたします。

● 1月度出退店・改装の状況
【開店】5 店舗
　ワークマンプラス：金沢小坂店（石川）・都城妻ヶ丘店（宮崎）・宮野木店（千葉）・刈谷かりがね店（愛知）・
　　　　　　　　　　泉佐野羽倉崎店（大阪）
【スクラップ＆ビルド】1 店舗　秋川店（東京）
【閉店】－
【改装】－
【月末店舗数】940 店舗（内訳：ワークマン559 店舗・ワークマンプラス369 店舗・#ワークマン女子 11 店舗・ワークマンプロ 1 店舗）

	4月	5月	6月	7月	8月	9月	10月	11月	12月	1月	2月	3月	通期
開店数	5	3	3	3	－	6	2	5	4	5			36
閉店数	－	1	－	－	1	－	－	－	－	－			2
月末店舗数	911	913	916	919	918	924	926	931	935	940			－

第 3 四半期決算発表は 2 月 7 日（月）を予定しております。

Excel テンプレート分析で学習します。

　なお、店舗型企業ではない場合は、全店と既存店の区別はありませんので、「全社」のような形式で1種類のみ月次売上が公開されることもあります。店舗型企業でも全店と既存店のうち、どちらかのみを公開している場合もあります。そのほかのパターンとしては、全店と直営店の2種類や全社とEC売上の2種類を公開している企業もあります。

全店と既存店	開店から1年程度経過した店舗を既存店として区別する場合
全店のみ	
既存店のみ	
全社のみ	EC専業など
全店と直営店	フランチャイズ店と直営店を区別している場合
全社とEC	EC（ネットショップ）を区別している場合
ブランド別	複数ブランド企業がブランド別月次を公開している場合
国内と海外	国内と海外で区別している場合

　月次売上の注意点は、（ワークマンの月次情報ファイルにも注記されているように）速報値であるため未監査であり、決算のように会計上の修正が行われていないことです。
　また、企業によっては、月次情報の全店売上や既存店売上の数字そのものが後日、または翌月の月次発表で修正されていることもあります（例えば、百貨店業界の多くは、毎月1日に速報を発表し、15日ごろに確報を発表しています）。

②月次の概況
　ワークマンの月次情報ファイル中段には、該当月の概況が記載されています。1月度の概況には、天候要因で好調・不調になった商品分

野や、前年の大幅な伸びの反動で伸び悩んだことなどが記載されています。これらは、定性情報として大変参考になります。

　企業によっては、概況を公開していない場合もありますが、この概況を同業他社と比べてみることで企業の特色を見ることもできます。

　例えば、ワークマンでは、降雨日や雨関連商品についての記載があります。一般に、雨が多くなると小売業の業績はマイナスになる傾向にありますが、ワークマンの場合、降雨日が増えるとレインウェアなどの雨具商品が売れてプラスになる珍しいタイプだとわかります。

　こういう特色がわかってくると、例えば、雨が多かった月には「月次売上が良くなるかもしれない」と考えて先回り買いを検討したりする戦略も可能になるわけです。

③店舗数（出店・退店）の状況

　店舗数は、「企業が成長しているか、衰退しているか」の目安となる大切な情報です。ワークマンの月次情報ファイルの下段には、出退店数に加え、売上増が期待できる店舗改装の情報も記載されています。1月度では5店舗を新規出店し、月末店舗数は940店舗（今期36店舗開店、2店舗閉店）になったことがわかります。

　企業によっては、月次情報で店舗数を公開していない場合もありますが、決算書や決算説明資料には、記載されていることが多いので、チェックしておくとよいでしょう。

　「コラム③　売上、利益、株価は店舗数に比例する法則」で述べた通り、投資先にふさわしいのは、店舗数を増やしている成長企業です。

④客数と客単価

　ワークマンの月次情報ファイル上段には、全店と既存店の売上高に

加え、より詳しい情報として「客数」と「客単価」が掲載されています。売上高と客数、客単価の関係は、以下のようになります。

売上高＝客数 × 客単価

例えば、1着2000円の服を販売するならば、以下のような計算になります。

◎ 10人に1着ずつ売れた場合
　　客数10人　客単価2000円　売上高20,000円

◎ 10人に2着ずつ売れた場合
　　客数10人　客単価4000円　売上高40,000円

◎ 20人に2着ずつ売れた場合は
　　客数20人　客単価4000円　売上高80,000円

月次情報の客数と客単価は前年同月比（％）になっていますが、このようなイメージで売上を客数と客単価に分解することで、月次売上の傾向を分析することができます。なお、企業によっては、客数と客単価を公開していない場合もあります。

◎客数
該当月に商品やサービスを購入した顧客の数（レジを通した回数）を表します。集客が順調であればプラスですが、そうでない場合はマイナスになります。
新店を出店している成長企業の場合、全店の客数はプラスが期待値ですが、既存店の客数は、既存顧客がリピートしているかの点で重要です。

客数は、**土日祝日数や天候**（一般に土日が雨の場合は来客数が減少し売上に影響する）、**社会的要因**（コロナウィルス流行で外出が制限されるケースなど）にも左右されます。例えば、うるう年の翌年の2月は、営業日が1日減少（29日から28日へ）しますので、その影響があるといった具合です。

◎客単価

　該当月に商品やサービスを購入した顧客の平均購入単価を表します。高額な商品が売れたり、一度にたくさんの商品がまとめ買いされるとプラスになりやすく、逆に安物中心に売れた場合やたくさん値引き販売した場合にはマイナスになります。どちらかというと、客数と比べ変化が少なめの指標ですが、大きな変化があるとサプライズになります。

　ここまでの話をまとめると以下になります。

客数＋	**客単価＋**	集客が増え1人あたり購入金額も増加しています。好調です。
客数－	**客単価＋**	集客が減少したものの1人あたり購入金額は増加しています。
客数＋	**客単価－**	集客が増えたものの1人あたり購入金額は減っています。
客数－	**客単価－**	集客が減少し1人あたり購入金額も減っています。問題です。

　客数や客単価は、特に月次があまり良くない場合、その理由を探るうえで有効です。
　客数だけマイナスの場合は、集客に問題があることを示しています。

マイナスの理由が土日祝日数や天候によるものであれば、一時的な要因に過ぎないので客単価が悪くなければ、深刻な問題はないと考えることもできます。

　逆に、**コロナウィルス流行のように、一過性のものでない場合は、長期間の影響を覚悟**しなければなりません。

　客単価だけマイナスの場合は、お客さんが来店しているものの、購入金額が減っていることになりますので、減り方が大きい場合は注意が必要です。売上不振企業が、積み上がった在庫を処分するためにセールを打つような場合では、後に利益を減らす要因になります。

　客数、客単価ともマイナスの場合、特に減り方が大きかったり、連続してマイナスが続くようなケースは、顧客離れが深刻である可能性があります。

　ワークマンの場合は、全店の客数は6月を除いてプラスで推移しています。客数は新店の数だけ上乗せされるので成長企業はプラスで当たり前です。6月のマイナスが気になる場合は、6月の月次情報を遡って確認します。

　以下が、ワークマンの6月度月次情報ファイルの概況部分です。

　前年にコロナ緊急事態宣言が一時解除されていたこと、特別定額給付金10万円が付与された特需月であったことがわかりますので、一過性のマイナスと判断できます。

◎6月度の概況
　当月は、気温の上昇に伴い、盛夏物の空調ファン付ウエアや防暑小物などが動き始めました。女性衣料では、リラックスやDRY素材の半袖Tシャツが好調に推移したほか、雨関連の高撥水アウターが販売数を伸ばしました。なお、前年同月は、1回目の緊急事態宣言解除、特別定額給付金の支給および気温の上昇で、売上・客数とも大幅に伸長しました（前年同月既存店売上高137.2%・同客数133.2%）。これらにより、チェーン全店売上高は前年同月比87.2%（既存店売上高前年同月比82.5%）と前年を下回る結果となりました。

また、ワークマンの全店の客単価は、97 ～ 106% 付近で推移していて、客数より変動幅が小さくなっているのがわかります。既存店の客単価も同様の傾向にあるようです。

２）良品計画の月次情報ファイルを分析する

　良品計画は「無印良品」ブランドで衣料品や雑貨、食品の複合店を全国展開している企業です。同社 WEB サイトの月次概況ページで月次情報を PDF ファイルで公開しています。より詳しい分析をしてみましょう。

◎良品計画 WEB サイトの月次概況ページ
https://ryohin-keikaku.jp/ir/monthly/

国内事業
2022年8月期 月別売上・客数・客単価昨比
Monthly YOY Change in Sales, Number of Customers and Sales per Customer / the year ending August 31, 2022

	9月 Sep	10月 Oct	11月 Nov	第1Q 1Q	12月 Dec	1月 Jan	2月 Feb	第2Q 2Q	上期 1H	3月 Mar	4月 Apr
LFL = Like for Like											
衣服 Apparel	86.9	79.0	93.4	86.2	97.7	107.8	85.5				
生活 Household	101.7	100.8	104.6	103.2	99.9	93.7	91.3				
食品 Food	87.0	89.6	103.6	92.9	93.8	91.4	96.2				
直営既存店＋オンラインストア LFL Directly managed stores (MUJI) + Online store	94.8	90.4	100.1	95.4	98.3	97.4	90.6				
衣服 Apparel	92.9	85.6	100.7	92.9	103.9	114.8	91.2				
生活 Household	108.3	108.6	112.5	110.7	106.3	99.6	98.8				
食品 Food	96.7	101.5	116.7	104.5	103.5	101.4	105.7				
直営合計＋オンラインストア Directly managed stores total (MUJI) + Online store	102.0	98.4	108.6	103.4	105.1	104.4	96.9				

直営既存店＋オンラインストア LFL Directly managed stores (MUJI)+ Online store

	9月 Sep	10月 Oct	11月 Nov	第1Q 1Q	12月 Dec	1月 Jan	2月 Feb	第2Q 2Q	上期 1H	3月 Mar	4月 Apr
客数 Number of Customers	100.7	101.1	103.1	101.6	101.1	101.4	95.4				
客単価 Sales per Customer	94.1	89.3	97.1	93.9	97.3	96.1	95.0				

直営合計＋オンラインストア Directly managed stores total (MUJI) + Online store

	9月 Sep	10月 Oct	11月 Nov	第1Q 1Q	12月 Dec	1月 Jan	2月 Feb	第2Q 2Q	上期 1H	3月 Mar	4月 Apr
客数 Number of Customers	108.4	110.3	112.6	110.5	108.7	109.0	102.6				
客単価 Sales per Customer	94.1	89.2	96.4	93.6	96.7	95.7	94.5				

月末店舗数 (LS含む) Number of Stores at the End of Month (Include LS Stores)

	9月 Sep	10月 Oct	11月 Nov	第1Q 1Q	12月 Dec	1月 Jan	2月 Feb	第2Q 2Q	上期 1H	3月 Mar	4月 Apr
店舗数 Number of Stores	461	465	469	469	472	473	473				

チャネルについて
・直営既存店：前年期首から期末まで通年で稼働した店舗
　※同期間に30日以上継続して休業した店舗を除く

前年比数値について
・直営数値：店舗売上高（売価ベース）前年同月比

Definition of Sales Channel:
・LFL (Like-for-Like)：Stores fully operated during the prior fiscal period
　※excluding stores that were closed for 30 days or more in the previous term.

Definition of figures:
・DM: Flash store sales as percentage of the same month prior fiscal year.

①全店と既存店の月次売上推移

良品計画 2022 年 8 月期の月次売上は、「直営既存店＋オンラインストア」と「直営合計＋オンラインストア（全店または全社に相当）」の 2 タイプで公開されています。

直営合計＋オンラインストアは 10 月を除いてプラスが続いていますが、直営既存店＋オンラインストアは、11 月を除いてマイナスになっています。

月次情報で「衣服」「生活」「食品」のカテゴリー別で月次売上を公開している点も良品計画の特徴です。既存店の数字を見る限り、生活カテゴリーが比較的好調な反面で、衣服や食品カテゴリーはやや苦戦していることがわかります。

良品計画の店舗は、駅ビルやショッピングセンターに多く、コロナ禍で苦戦している様子がうかがえます。これは、ロードサイドの小型店が中心のワークマンと比べ、大型商業施設を中心に展開している企業に共通する傾向です。ユニクロやニトリ HD など大型店指向のライバル企業との競争がさらに厳しくなっているとも言えるでしょう。

②月次の概況

良品計画は、販売状況を PDF ファイルとは別に WEB サイト上で公開しています。

販売状況
全体
1 月前半は比較的順調に推移したものの、オミクロン株の感染拡大の影響により下旬にかけて客数が伸び悩み、直営既存店＋オンラインの前年比は 97.4％ となりました。直営全店＋オンラインストアの売上高前年比は、進展の売上が牽引し 104.4％ となりました。
商品別動向：衣服・雑貨は売上が春物の入荷により徐々に回復するとともに、秋冬物の値下げ処分を進めたことにより、前年実績を上回りました。一方、ファニチャー、ハウスウェア等が苦戦した生活雑貨、および食品は低調な販売動向となりました。
尚、土日祝日の日数は、前年に比べ－1 日、約－2 ポイントの影響です。

それによると、全店は新店が牽引してプラスになったものの、コロナの影響で既存店が苦戦してマイナスになったことが書かれています。商品別の動向や土日祝日の影響についても補足してくれていることがわかります。

③土日祝日数の影響を知る

　小売業や飲食店、サービス業の場合、**平日と土日祝日とでは客数に大きな違い**がありますので、１カ月あたりの土日祝日の数は月次売上に大きな影響を及ぼします。

　前の良品計画の１月度月次によると、土日祝日の日数が－１日となったことで、月次売上に－２％の影響があると記載されていました。

　実際に 2021 年と 2022 年の平日と土日祝日数を調べてみると次のようになりました。

	土日祝日	平日
2021年1月	12 日	19日
2022年1月	11 日	20日

　これだけの情報があれば、次の方程式を解くことで平日と土日祝日の売上比を求めることができます。

2021 年 1 月の月次売上　12x+19y = 100

2022 年 1 月の月次売上　11x+20y ＝ 98

方程式の答え：x=4.54、y=2.45

方程式の答えから、土日祝日 x が 4.54 で平日 y が 2.45 となり、土日祝日の売上が平日の 1.85 倍になることがわかりました。これは参考になりますね。

カレンダーでは、土日祝日数が少ない月があれば、翌月には増えることも多いものですが、良品計画のようにデータで影響度を示してくれると、売上マイナスの詳細を把握できます。また、翌月の土日祝日数を調べることで、その影響もシミュレーションすることが可能です。興味がある方は試してみるとよいでしょう。

④店舗数（出店・退店）の状況

良品計画の店舗数は月次情報 PDF ファイル下段に記載されています。それによると、9月の461店から毎月のように新店を増やしていき、1月時点では473店舗まで増えたことがわかります。

⑤客数と客単価

良品計画の客数と客単価は、「直営既存店＋オンラインストア」と「直営合計＋オンラインストア」、それぞれ月次情報 PDF ファイル中段に記載されています。

客数は全店、既存店とも全期間プラスで推移しているものの、客単価は全期間でマイナスとなっており、苦戦していることがわかります。比較的単価の高い衣料品が苦戦して、安価な雑貨が多く売れていることを反映していると推測されますね。

良品計画に限らず、衣料品が売れにくくなっているのは、コロナ禍で外出の機会が減ってしまっているからと考えられますから、しばらく苦戦が続くかもしれません。

ステップ4
月次情報と決算説明資料を比較する

　ここまでワークマンと良品計画を事例に月次情報ファイルの読み方、分析の仕方について説明してきました。本節では、さらに月次情報を決算説明資料と比較して分析する方法を紹介します。

1）　店舗数の推移
2）　月次売上が会社予想より上か
3）　月次売上が前々年同月より上か
4）　既存店売上が前年同月よりも上か

　それぞれ、解説します。

1）　店舗数の推移

　コラム③で述べた通り、店舗型企業の場合、売上や利益は店舗数に比例します。したがって、決算書や決算説明資料の計画通りに新規出店が実現されているかを確認します。
　次ページの図は、ワークマンの2022年3月期の出店計画です。決算説明資料に記載されていました。計画では2022年3月末までに945店舗となっています。
　先ほどの1月度の月次情報ファイルでは月末店舗数は940店舗です

から、あと5店舗の新規出店予定があるとわかります。もし、5店舗以上の新規出店ができれば、計画比プラスになり、逆に5店舗出店できなければ、その分は計画比マイナスになります。

　また、ワークマンの出店計画には中長期目標で1500店舗との記載があります（下図の右端）。ここでは、目標時期は明記されていませんが、10年後を想定しているとのこと。もし、この目標を達成できるのであれば、売上や利益も10年後には現在の1.5倍以上になることが期待できます。そして、すでに成長を織り込んで割高になっていない限り、株価上昇も期待できることになります。もっとも、10年後に1.5倍とかなり先の話になりますので、株価への影響は限定的でしょう。

出店計画

● 3つの業態で国内1,500店舗体制を目指す

| （単位：店数） | 前期末店舗数 | 22.3月期 出店予定 | | | | 22.3期 改装予定※2 | | | 閉店 | 22.3末店舗数 | 中長期目標 |
			ロードサイド	SC※3	S&B※3		全面改装	部分改装			
WORKMAN	632	(△13)	–	–	(△13)	(△62)	(△2)	(△60)	△2	555	200
WORKMAN Plus	272	43	30	–	13	62 (–)	2 (–)	60 (–)	–	377	900
#ワークマン女子	2	11	5	6	–	–	–	–	–	13	400
合計※1	906	54	35	6	13	62	2	60	△2	945	1,500

　このような出店計画はあくまで「計画」なので、事業が好調であれば、出店が前倒しになるケースはよくあります。逆に問題があれば、出店を遅らせたり、閉店が増加する傾向が見られます。

　新規出店には注意点もあります。それは、良いことばかりとは限らないということです。

◆月次情報投資の流れ（グレー枠部分が本節の内容）

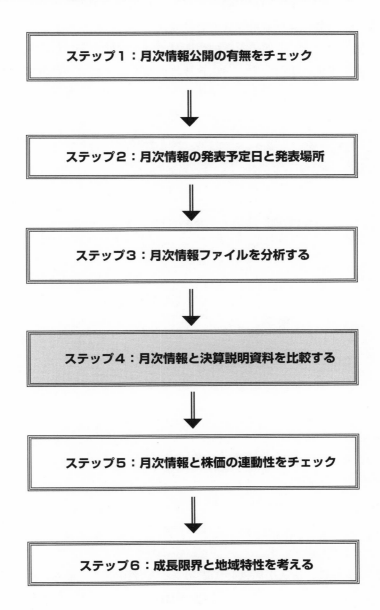

ステップ１：月次情報公開の有無をチェック

ステップ２：月次情報の発表予定日と発表場所

ステップ３：月次情報ファイルを分析する

ステップ４：月次情報と決算説明資料を比較する

ステップ５：月次情報と株価の連動性をチェック

ステップ６：成長限界と地域特性を考える

確かに新店は、好業績の根拠となりますが、そのためには開店コストが必要となります。したがって、開店費用を売上増でカバーできない場合は、減益になる可能性もあります。

　新規出店でよく問題になるのは人材コストです。特に、急成長タイプの企業で多い問題です。お店自体はお金を掛ければ短期間で作ることができても、優秀な店長や店舗スタッフを短期間に養成することは簡単ではありません。新規出店を急ぎ過ぎたあまり、社員教育が疎かになり、失敗してしまうケースはしばしば見られます。

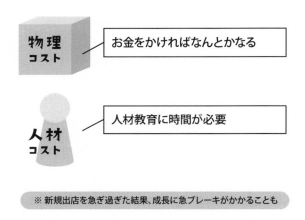

物理コスト　→　お金をかければなんとかなる

人材コスト　→　人材教育に時間が必要

※ 新規出店を急ぎ過ぎた結果、成長に急ブレーキがかかることも

　新規出店リスクを見極めるには、勢いよく新規出店している企業の月次情報の既存店動向を注視することです。既存店を見るときには、必ず「既存店がプラス」になっているかをチェックしておきましょう。

　仮に「既存店がマイナス」になっているとすれば、新店を出店しても、およそ1年後に売上はマイナスになって沈んでいくことを暗示していると言えます。

　このように、新店出店は必ず成功するとは限りませんし、決算説明資料には、どちらかというと **「楽観的な成功ストーリー」** が書かれて

いる傾向があります。投資家としては、月次情報から現実の数字をチェックしつつ、「決算説明資料と矛盾がないか」を厳しくチェックするくらいでちょうどよいと言えるでしょう。

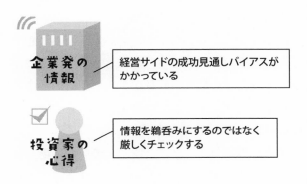

2）月次売上が会社予想より上か

月次情報の全店や全社の数字は、決算書の今期会社予想の途中経過に相当します。

例えば、今期の売上目標が前年度比120％（決算書では+20％）の企業があるとします。このとき、全店の累計売上が130％というように、今期の売上目標を上回って推移していれば、上方修正の期待が持てます。

逆に、110％と売上目標を下回っている場合は、たとえ前年同月比プラスであったとしても、下方修正を覚悟することになります。

前提として、会社予想は、市場コンセンサスとしてすでに株価に織り込まれています。したがって、月次売上がプラスかマイナスかよりも、**「会社予想よりも上か下か」**、さらにいえば**「現在の市場コンセンサスが変わるようなサプライズがあるか」**が重要です。

月次業績を見る場合は、決算書や四季報で今期予想の数値を確認しながら、（今期予想を）上回るのか、下回るのか、サプライズがあるかを確認するようにしましょう。

もし、幸運にもサプライズに出合ったとしたら、大きな投資チャンスの可能性があります。

そのほか、会社予想より上か下かにおいて、期初の数字は低めでも新店効果によって途中からリカバーされるパターンもよくあるので覚えておきましょう。これは、店舗数が少ない期初の数字こそ低めになるものの、新店オープンで少しずつ修正されていき、尻上がりに月次売上が良くなっていくタイプです。

なお、全店売上の累計データが公開されていない場合は、会社予想と直接比較できませんが、月次売上の平均値を計算すると、正確な数字ではありませんが、ざっくりと状況を確認できます。

3）月次売上が前々年同月より上か

コロナ禍では、緊急事態宣言による休業で外食チェーンの月次売上が激減したり、逆に特需効果でドラッグストアの月次売上が大きく伸びたりしました。そして、翌年もその反動で大幅プラスや大幅マイナスになるなどの影響が続きました。

第4節のワークマン月次情報ファイル分析でコロナ禍での給付金10万円受給月の特需があった翌年同月が大幅マイナスになっていましたが、このような場合は、前年同月比だけでは判断が付きにくいので、「コラム④　前年同月比と前々年同月比の話」で解説したように、前々年同月まで遡って確認するようにします。

4）既存店売上が前年同月より上か

　既存店（既存店売上）は、開店からおよそ1年経過した店舗（基準は会社によって少し違います）を指します（ネットサービスや通販・ECのように店舗を持たないビジネスの場合には、既存店はありません）。

　小売業や飲食店・サービス業では、新店には客が入りやすいという傾向があるため、「開店から1年以上を経過した既存店が前年同月比100%を超えているか」という点が業績好不調のバロメーターになります。

　既存店の月次が100%を大きく割り込んだり、継続して100%を下回っている場合には、注意が必要です。店舗型のビジネスでは売上が1～2割減少しても運営に必要な固定費（家賃や人件費、光熱費など）はあまり変わらないので、既存店が振るわない場合には、売上が増えていても利益は減少してしまうこともあります。

　チェック項目は次の2点です。

◎前年同月比の既存店売上（できれば前々年同月比も確認する）
◎ 100% 以上か（数字が落ちていないか）

　前述したように、新規出店には、相応の出店コストがかかります。業態によっては、むしろ利益率が低くなるケースも見られます。

　一方で、開店から1年以上経った店舗の売上が好調になってくると、初期コストがかからない分、そこからの**利益の上乗せが大きく効いてきます。**

　実際のところ、既存店が100%を超えるのは簡単ではありません。顧客の心をしっかりと掴んで常連客として囲い込む必要があるからで

す。多くのお店で会員カードやポイントカードを発行して再来店を促しているのもこのためだと言えるでしょう。

　よくできたお店の場合、常連客をリピーターとして囲い込みつつ、新たな顧客を開拓して常連化するサイクルが出来上がりますので、既存店は 100% を超えて増え続けます。そして、顧客が多くなりすぎて 1 店舗で対応できる上限を超えたところで新店を出して顧客を分散するという形で規模を拡大させていくわけです。

　このように考えると、月次情報から投資判断する場合、既存店売上が連続して 100% 未満の場合は成長企業とは呼べないので、投資対象から外れることが多くなります。

　また、既存店 100% 超が続いていた企業が 100% 未満に転落した場合は「ピークを過ぎた」と見られて株価も売り転換になることが少なくありません。場合によっては 100% 超でも「前月から悪化した」という理由で売られることもあります。

　第 2 章で紹介したユニクロのケースでは、既存店がピーク時の 231.2% から 187.2% へ低下したタイミングで株価が急落しました。既存店は、それほど重要な指標です。

ステップ5
月次情報と株価の連動性をチェック

1）月次と株価が連動するケース

　基本的に株価と月次業績は連動することが多い指標ですので、株価と月次の連動性や上昇余地をチェックしておきましょう。

　例えば、月次売上150%を記録する絶好調の会社があったとしても、その会社の株価が前年同月比200%（前年比2倍）だったとしたら、もう上昇余地は少ないかもしれません。先行期待から、すでに買われてしまった可能性があるからです。

　このように、月次売上と株価を比較したり、理論株価を計算して「株価水準が適正かどうか」「業績と株価がどのように連動しているか（上がる余地が残されているか）」を分析して判断することも、月次情報を活用する重要な視点です。これらについては、第6章の理論株価の解説や、第7章のExcelテンプレートで詳しく学習します。

2）月次と株価が連動しないケース

　先ほど「基本的に株価と月次業績は連動する」と書きましたが、連動しないケースもあります。その理由として、2つほど例を示します。

ひとつ目は、「コラム④　前年同月比と前々年同月比の話」で言及したケースのように、消費税の駆け込み需要で月次売上が増加した場合や、その反動で月次売上が落ち込んだ場合です。あらかじめ想定されている業績変化であるため、織り込み済みとなり、影響しないことが多くなります。

　2つ目は、新型コロナショックの非常事態宣言下で月次が急速に悪化したものの、ワクチン接種の進行などにより、少し先の感染者数は減少して良い見通しが期待できる場合です。現在の状況こそ悪いものの、将来的に大きな改善が見込まれるとき（逆に数字が良くても将来的に悪いほうが見込まれることもあります）は、月次と株価チャートがあまり連動しないこともあります。

> 月次と株価が連動：◎投資しやすい時期
> 月次と株価が非連動：△投資が難しい時期

　このように月次情報には、株価に連動しやすい時期とあまり連動しない時期が混在します。月次のデータだけに固執するのではなく、より広い視野を持って考えるように心がけましょう。
　特に月次データと株価が連動しない期間が長く続く場合は、その理由を探ることで投資へのヒントが得られることもあります。これらの分析方法の一例については、第5章の定性分析で紹介します。

◆月次情報投資の流れ（グレー枠部分が本節の内容）

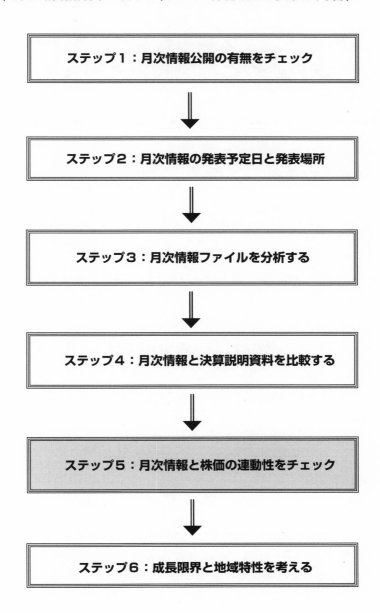

ステップ１：月次情報公開の有無をチェック

ステップ２：月次情報の発表予定日と発表場所

ステップ３：月次情報ファイルを分析する

ステップ４：月次情報と決算説明資料を比較する

ステップ５：月次情報と株価の連動性をチェック

ステップ６：成長限界と地域特性を考える

～第7節～
ステップ6
成長限界と地域特性を考える

1）成長限界と商圏

　本節では月次情報よりも少し先のことを考えます。それは、店舗型企業の成長限界です。

　人口的な理由により、店舗型企業が日本国内に出店できる地域は限られています。まずは、以下の「商圏上限の目処」を見てください。

　基本的には、大型店ほど、大きな商圏人口を必要としますので、出店できる地域や店舗数は限られてくることになります。例えば、駅ビルや大型ショッピングセンターなどに出店しようとすると、およそ500店舗程度で頭打ちになります。

◆月次情報投資の流れ（グレー枠部分が本節の内容）

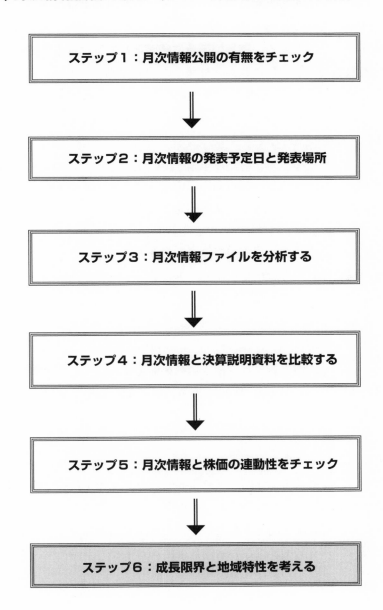

ステップ１：月次情報公開の有無をチェック

↓

ステップ２：月次情報の発表予定日と発表場所

↓

ステップ３：月次情報ファイルを分析する

↓

ステップ４：月次情報と決算説明資料を比較する

↓

ステップ５：月次情報と株価の連動性をチェック

↓

ステップ６：成長限界と地域特性を考える

これらの上限目処を超えると自社競合が発生してきますので、店舗数を増やしても集客力が低下してきます。みなさんも経験があると思いますが、これまで通っていたコンビニやレストランが、自宅近くに新店をオープンしたら、**新しいほうに鞍替えして遠いほうに行くことはなくなる**でしょう。これが自社競合の状態です。

　第2章では、「いきなり！ステーキ」が自社競合の発生で成長倒れになったケースを紹介しました。このケースでも都市圏の目安となる500店舗を前に失速しています。

　商圏上限を考えると、都市圏中心のビジネスモデルであれば、店舗数が上限に近づいてくると、郊外圏を新規開拓したり、まったく別の新規ビジネス店舗を開発しないと成長がストップしてしまいます。

　しかし、得意分野の都市圏で成長してきた企業が、ノウハウの少ない郊外圏で同じように結果を出せるとは限りません。その結果、成長スピードが落ちてきたり、場合によっては、成長倒れになってしまうこともあります。

　もうひとつ、別の新規ビジネス店舗を開発することも簡単ではありませんが、こちらは第5章 第3節の新規事業の分析で詳しく解説します。

　大型店指向の無印良品やユニクロは、国内での出店余地が少なくなるにつれ、海外進出に活路を求めました。ワークマンは作業服店から出発して、カジュアル衣料品店、レディース衣料品店とターゲット層の異なる新規店舗を開発することで、この限界に挑んでいます。

　ちなみに、有名ブランドの店舗数は、次ページの上段の図のようになっています（2022年2月現在）。

アパレルチェーンの国内店舗数

無印良品
465 店
（国内）

ABCマート
1052 店

GU
439 店

ユニクロ
782 店
（国内）

ハニーズ
867 店

アダストリア
1269 店
（全ブランド計）

西松屋
1028 店

しまむら
1424 店
（別にアベイル 313店、
バースデイ 308店）

ワークマン
926 店

　飲食店では、「鳥貴族」や「いきなり！ステーキ」が 500 店舗を前に失速しました。これらの要因は、やはり店舗を増やしすぎて、自社競合が起こった点にあるようです。

■外食系
いきなり！ステーキ：480 店舗　　　鳥貴族：622 店舗
丸亀製麺：1057 店舗　　　　　　　すき家：1930 店舗
マクドナルド：2890 店舗

　同じ飲食店でも、「すき家」や「マクドナルド」などのように、小商圏まで食い込んだ業態では、店舗数は 2000 店前後まで到達しています。例えば、ハレの食事のイメージがあるステーキと、ファストフードである牛丼やハンバーガーとでは、客層や客単価や利用頻度はまったく違います。店舗数をどこまで増やせるかは、どこまで商圏を小さくできるかがカギになってきます。

小商圏ビジネスの代表と言えばコンビニですが、コンビニ各社は都会から地方へ、駅前から郊外へと商圏を開拓し続け、M&Aも活用しながら、10,000店舗の壁を超えました。しかし、現在は、ほとんど飽和状態になっています。

■コンビニ系
　ローソン：14,000店舗　　　ファミマ：16,000店舗
　セブンイレブン：21,000店舗

2）全国区と地域特性

　全国区の大手企業とはまた別に、食品スーパーやドラッグストアなどでは、地域ごとに競合企業の棲み分けが見られます。このような企業には、それぞれの地域に根ざした文化や嗜好をうまく捉えて顧客から支持を受けている強みがあります。地方自治体と友好関係を築いているケースもあるでしょう。

　ここでは、月次情報を公開している地方立地の企業を紹介します。成長性が抜群という企業は少ないかもしれませんが、自分が住んでいる地域の企業があれば、その良さもよくわかり、他地域の投資家よりも優位となりますので、投資先として考えてみるのも面白いでしょう。

　また、食品スーパーやドラッグストア以外でも、**成長企業には地方スタート企業が少なくありません。**北関東からスタートしたヤマダ電機（高崎市）やコジマ（宇都宮市）は、地方ならではの大型ロードサイド店のノウハウを強みに全国区に成長した企業です。さらに、アパレルのユニクロ（山口市）やホームファッションのニトリHD（札幌市）など、多くの勝ち組企業が地方からスタートして、全国成長しています。

月次を公開している
地方立地の主な企業
（食品スーパー＆ドラッグストア）

※店舗所在地の略地図です

【食品スーパー】
① アークス（北海道札幌市）
② ヤマザワ（山形県山形市）
③ アクシアル（新潟県長岡市）
④ ベルク（埼玉県鶴ヶ島市）
⑤ ヤオコー（埼玉県川越市）
⑥ バロー（岐阜県多治見市）
⑦ アルビス（富山県射水市）
⑧ 平和堂（滋賀県彦根市）
⑨ オークワ（和歌山県和歌山市）
⑩ イズミ（広島県広島市）
⑪ 大黒天物産（岡山県倉敷市）
⑫ ハローズ（岡山県早島）
⑬ サンエー（沖縄県宜野湾市）

【ドラッグストア】
⑭ ツルハ（北海道札幌市）
⑮ サッポロドラッグストア
　（北海道札幌市）
⑯ 薬王堂（岩手県盛岡市）
⑰ カワチ薬品（栃木県小山市）
⑱ クリエイトＳＤ（神奈川県横浜市）
⑲ ゲンキー（福井県坂井市）
⑳ クスリのアオキ（石川県白山市）

地方の元気な企業に目を向け、成長の転換点をターゲットできれば、投資家としての成功も夢ではないかもしれませんね。

月次公開企業の共通点を理解する

　第3章では、ステップ1からステップ6まで月次情報分析の流れについて説明してきました。最後に、月次公開企業の共通点についてまとめておきます。

　月次情報はどの企業でも公開しているわけではありません。むしろ月次非公開企業のほうが圧倒的に多く、月次情報を出している業種（企業）はおおむね決まっています。それは、小売業や飲食店、サービス業などの消費者ビジネスを中心とする業種です。

　小売業や飲食店、サービス業には、次のような共通点が見られます。

1）売上が営業日数と比例して安定的
2）シンプルなビジネスモデル
3）参入障壁が低い
4）伸びている企業を発見しやすい
5）消費者に身近な業種である

　それぞれの特徴について説明します。

1）売上が営業日数と比例して安定的

小売店や飲食店など消費者向けビジネスは、原則として**営業日数に比例して売上が増加**します。したがって、「月次売上が業績好不調のバロメーターとして機能しやすい」という特徴があります。

これが、メーカーのように受注や納品に偏りがある場合、月次決算で単純に業績動向を把握できるわけではないので、月次情報を公開する意味はあまりありません。

投資家にとって月次情報を公開している企業は、月次情報から業績を把握しやすく、投資判断もしやすい企業群であると言えるでしょう。

2）シンプルなビジネスモデル

小売業や飲食店、サービス業などは、消費者にモノを売るというシンプルなビジネスモデルです。そして、シンプルであるゆえに「常に新しいビジネスチャンスが存在している業種」と言えます。

消費者の好みは「時代のニーズ」によって変化しています。例えば、今まで注目されなかった企業であったとしても、消費者ニーズが変化し、何らかのきっかけでマッチすることで、**一気にブレイクしてシェアを広げる**可能性もあります。例として、第2章でも紹介したスノーピークがあります（次ページ上段のチャート参照）。

スノーピークは、アウトドア関連用品の製造小売業です。コロナ禍で旅行やインドア系娯楽が敬遠されるという追い風が吹いたことで躍進を果たしました。

3）参入障壁が低い

他業種と比べ、初期コスト等の参入障壁が低い業態が多く、新規参

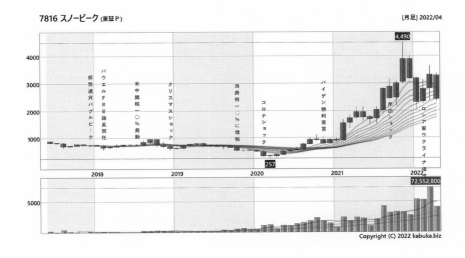

7816 スノーピーク (東証P)　　　　　　　　　　　　　　[月足] 2022/04

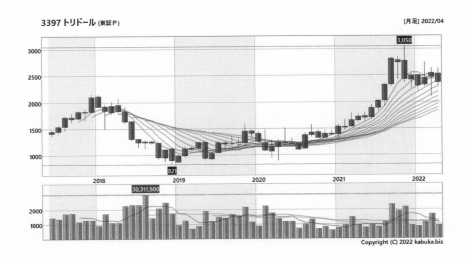

3397 トリドール (東証P)　　　　　　　　　　　　　　[月足] 2022/04

入が容易な点も特徴です。短期間で消費者の支持を得て、大きく成長する企業も少なくありません。人気のチェーン店が瞬く間に広がっていく光景をしばしば見ることがあります。

例えば、トリドールホールディングスは「丸亀製麺」ブランドの讃岐うどん店で急成長した会社です（前ページ下段のチャート参照）。**うどん屋さんの参入障壁は決して高くありません**よね。「丸亀製麺」以前には、全国規模のうどん店チェーンがなかったこともあり、讃岐うどんブームに乗ってライバルの「はなまるうどん」と競合しながら一気に全国ブランドへと成長しました。

新規参入しやすいということは、自由競争の原理が比較的正常に機能していることの証明です。実際に、小売業や飲食店、そしてサービス業では、業界トップ企業が入れ替わったり、淘汰されたりすることがしばしば起こります。

例えば、**かつてのダイエーなどのように日本一の小売業であったとしても競争に敗れて淘汰**されています。新しいビジネスモデルの新興企業が老舗企業を凌ぐケースも決して珍しくありません（次ページ参照：家電量販店の首位交代の歴史）。

これと対照的なのが、日本の時価総額上位を占める業界です。通信や自動車をはじめ、銀行、電機、鉄鋼、商社、電力、陸運、海運、空運など、**ほとんどが大手企業によって寡占されていて、小さい企業が伸びる余地は、ほとんどありません。**

このように**競争のない業界は、腐敗しやすく、また進歩の少ない業界**でもあるので、投資家にとって魅力的とは言えません。これは、**日本経済の不健全な側面を如実に示している**と言えるでしょう。

逆に米国では、GAFAM（Google、Apple、Facebook、Amazon、

◆家電量販店の首位交代の歴史

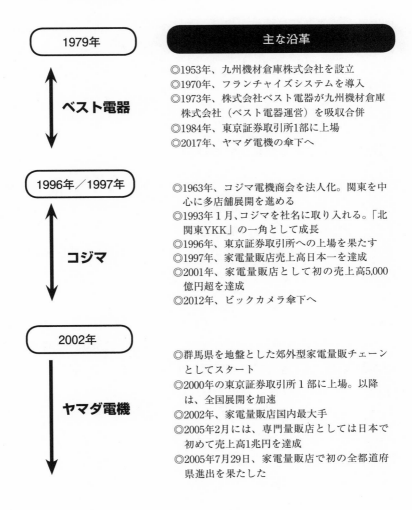

1979年	主な沿革

ベスト電器

◎1953年、九州機材倉庫株式会社を設立
◎1970年、フランチャイズシステムを導入
◎1973年、株式会社ベスト電器が九州機材倉庫
　株式会社（ベスト電器運営）を吸収合併
◎1984年、東京証券取引所1部に上場
◎2017年、ヤマダ電機の傘下へ

1996年／1997年

コジマ

◎1963年、コジマ電機商会を法人化。関東を中
　心に多店舗展開を進める
◎1993年1月、コジマを社名に取り入れる。「北
　関東YKK」の一角として成長
◎1996年、東京証券取引所への上場を果たす
◎1997年、家電量販店売上高日本一を達成
◎2001年、家電量販店として初の売上高5,000
　億円超を達成
◎2012年、ビックカメラ傘下へ

2002年

ヤマダ電機

◎群馬県を地盤とした郊外型家電量販チェーン
　としてスタート
◎2000年の東京証券取引所1部に上場。以降
　は、全国展開を加速
◎2002年、家電量販店国内最大手
◎2005年2月には、専門量販店としては日本で
　初めて売上高1兆円を達成
◎2005年7月29日、家電量販店で初の全都道府
　県進出を果たした

Microsoft の米国 IT 大手 5 社の頭文字を取った略称）など新興の IT 企業が、ここ 20 年ほどで時価総額の上位に入るなど、**時代の変化に合わせて勝者への富の移転が正常に機能**しています。

　日本でも消費者ビジネス業界は、モノやサービスの良し悪しを消費者自身が判断しますので、競争の原理が働きやすくなっています。投資家にとっても投資チャンスが大きい業界のひとつと言えるでしょう。

４）伸びている企業を発見しやすい

　消費者にモノやサービスを売る業態であるため、小売業や飲食店、サービス業の成長は基本的に出店数に比例します。そして、それゆえ業績を予測しやすいという特徴もあります。「コラム③　売上、利益、株価は店舗数に比例する法則」でも述べたように、「店舗数が増えているところは好調（成長している）」と判断できるわけです。

　単純計算すると、店舗数が 2 倍になれば売上や利益も 2 倍になります。そして、理論上の株価も 2 倍です。つまり、**「積極的に新規出店している企業」**や**「月次業績が好調な企業」**を探して投資していけば成功するというロジックが通用しやすいということです。

　さらに、伸びている企業を探しやすいということは、衰退していく企業もまた探しやすくなります。勝ち組企業と負け組企業を比べたり、同業他社比較もしやすい小売業や飲食店・サービス業界は、投資家にとっては**分析しやすい業界**であると言えます。

　なお、同業他社比較については、第 4 章で月次Ｗｅｂから簡単にチェックする方法のほか、第 7 章では Excel を使った本格的な方法を紹介します。

5）消費者に身近な業種である

　小売業や飲食店、サービス業は、私たち個人投資家にとって、実は一番有利な投資対象と言えます。なぜなら、よく知っている企業が多いからです。

　例えば、半導体業界や不動産業界に投資しようと思ったら、半導体や不動産について、ある程度詳しくなければ、その投資はギャンブルになってしまう可能性を否定できません。

　皆さんも、自分の職業や専門分野などで関わりの深い業界には投資しやすいと思います。そして、小売業や飲食店・サービス業の場合は、自分たちが顧客として接していることに加え、「こういうお店から、こういう商品を買いたい（こういうサービスを受けたい）」と自分自身で調べることができるので、投資しやすい業種です。

　株主優待を実施している企業が多い（ただし、株価が割高であることも多い）のも特徴です。新聞の折り込みチラシなどで、新店のお知らせを見たときには、自分で足を運んで調べてみるのもよいでしょう。

　このような視点から消費者ビジネスを見直して、月次情報に注目した投資を考えてみましょう。

はっしゃんコラム⑤　絶対に損をしないこと

　著名な投資家ウォーレン・バフェット氏をご存じでしょう
か？　「投資の神様」と呼ばれ、株式時価総額で世界TOP10
に入る世界最大の投資会社バークシャー・ハサウェイの
CEOとしても知られています。そのバフェット氏の名言と
して有名な2つのルールがあるので紹介します。

お金持ちになるための2つのルール

ルール1　**絶対に損をしないこと**

ルール2　**ルール1を絶対に忘れないこと**

　いかがでしょうか？　バフェット氏の2つのルールは、具
体的な手法には触れていませんが、投資家が絶対に忘れては
ならない最も大切なルールと言えるでしょう。

　続いて、はっしゃん自身が実践している絶対に損をしない
ための「1円損切りルール」を紹介します。

絶対に損をしないための損切りルール

- **含み損を一切持たないこと**
- **株価が買値を1円でも下回ったら
損切りすること**

この方法でも、絶対に損しないわけではありませんが、少なくとも損失を最小限に留めてくれます。

　はっしゃんの場合は、具体的に「購入翌日以降で終値が買値を下回れば損切り」という方法で運用していて、購入後ほんの少しだけ猶予を持たせています（例外として決算発表前は、決算結果が出るまで判断を保留することもありますが、その分のリスクは増えます）。

　一般に投資で損をしている人は多くの含み損を抱える傾向にあり、逆に投資で利益を得ている人は含み損をほとんど持たないようです。その違いは、バフェット氏のルールを守っているかどうかではないでしょうか。

　このルールを知らなかった人は、今後、ルールを守りましょう。知っていても守れなかった人は、自分のルールの優先順位を見直してみてください。

　もしかしたら、自分のルールを持っていなかった人もいるかもしれません。良い機会ですので、自分なりのルールを作ってみましょう。今後の投資が大きく変わるはずです。

　未来のことは誰にもわかりません。東日本大震災、新型コロナウィルスの流行、ロシア軍のウクライナ侵攻などは、株価に大きな影響を与えましたが、このような出来事を正確に予測することは不可能でしょう。

　はっしゃんの場合は、「含み損はエントリー（購入）の判断ミス」と割り切って考えるようにしています。もし、ポー

トフォリオに含み損があって困っているのであれば、「エントリーの仕方」や「損切りルール」について改善の余地があると思います。改善例は、後のコラムで紹介します。

　本書では、「月次情報」や「マーケティング手法」「決算書」「理論株価」「Excel 分析」などから投資家としての幅を広げることでエントリーミスを減らす（＝持続的な成長株を割安な時期に買う）ことを目指していきますが、ミスを 100% なくすことはできません。
　「絶対に損をしないこと」を最も重要なルールとして、「絶対に忘れない」ようにしましょう。

第4章

月次Webと
月次情報で銘柄探し

～第1節～
月次情報分析のためのサイト
「月次Ｗｅｂ」

　第3章では月次情報分析のプロセスや概論を学びました。第4章では、「どうやって投資対象企業を探していくのか」という具体的な話に入っていきます。

　最初に本章でデータベースとして使用する「月次 Web」について紹介します。

　私ことはっしゃんは「月次Ｗｅｂ」という、上場企業270社以上の月次情報をデータベース化して配信するサイトを構築しています。過去2年分の月次売上（全店・既存店）を株価チャート上で確認したり、業種別ランキングで同業他社と比較したり、理論株価と実際の株価を評価することもできます。

　業績好不調のバロメーターとなる月次情報は、株価形成にも大きな影響力を持っています。月次業績が大きく変動すると将来の業績に対する期待値が変わり、潜在的な決算コンセンサスや理論株価も動くからです。

　そういうホットな情報にもかかわらず、月次情報は決算とは異なり、統一基準のない知る人ぞ知るリリース情報になっています。実際、前章で紹介したように、リリース方法やデータ型式などは各社バラバラ

◆月次Webの外観

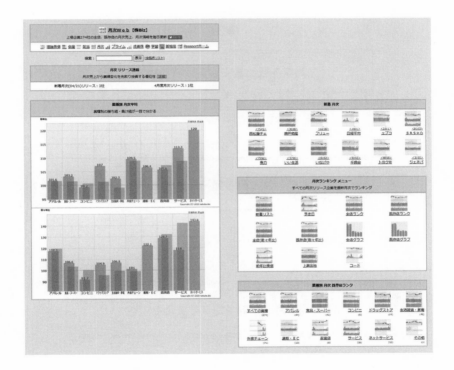

◆月次情報で銘柄探しの流れ

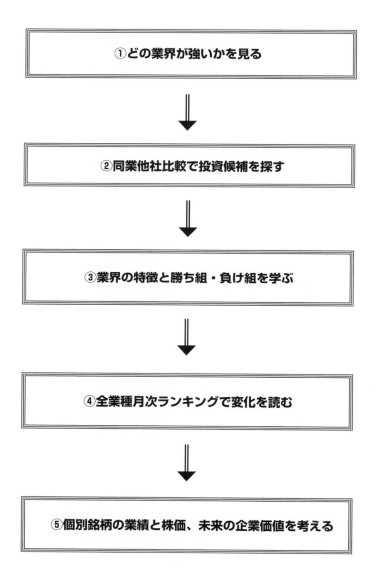

①どの業界が強いかを見る

②同業他社比較で投資候補を探す

③業界の特徴と勝ち組・負け組を学ぶ

④全業種月次ランキングで変化を読む

⑤個別銘柄の業績と株価、未来の企業価値を考える

です。

　そのままでは月次情報をトリガーとした銘柄探しに不便なので、月次 Web を作ってデータベース化して簡単に比較・分析できるようにしました（無料で利用できます。一部で有料機能もあり）。本章では、この月次 Web を活用しながら、銘柄探しを実践していきます。

　月次情報から銘柄を探す流れは前ページの通りです。

　月次 Web の対象銘柄は月次リリース企業に限定されますが、本章で学ぶ銘柄の探し方自体は、月次をリリースしていない企業にも応用できます。例えば、「新規銘柄の発掘」や「企業価値の評価」「保有銘柄の継続判断」などに役立つはずです。

　企業とそれを取り巻く業界、勝ち組と負け組、これまでの経緯と将来の見通し、適正な企業価値について考え、「投資家としての幅」を広げましょう。

～第2節～
どの業界が強いかを見る

　月次Webでは、小売業やサービス業を中心に月次情報リリース企業を10種類の業種別カテゴリーに分類しています。トップページのタイトル下には「業種別月次平均（次ページのグラフ）」を表示しています。

　この業種別月次平均グラフには、前年比と前々年比の2種類あります。コラム④でも説明したように、前年が特別な要因で良かったり悪かったりした場合も考慮して、2年分のグラフを見ると、業種カテゴリー別での好不調を一目で俯瞰できます。

　見方は、100%を上回っていれば好調な業種、下回っていれば不調な業種です。数字が大きいほど好調に、数字が小さいほど不調になります。

　原稿執筆時点（2022年4月）の業種別月次平均グラフを見ると、勝ち組と負け組がわかります（次ページ参照）。

　この分類は、「前々年同月比で100%を超えているか」で判定しています。固定的ではなく、頻繁に変動します。対象期間で違う見方もある点に注意してください。

　この業種別月次平均グラフからわかることは、業種や業界全体の現在の好不調になりますが、実際に投資家が注目していくのは、業界内で「違いを出している」「将来、成長する可能性の高い」銘柄ですので、

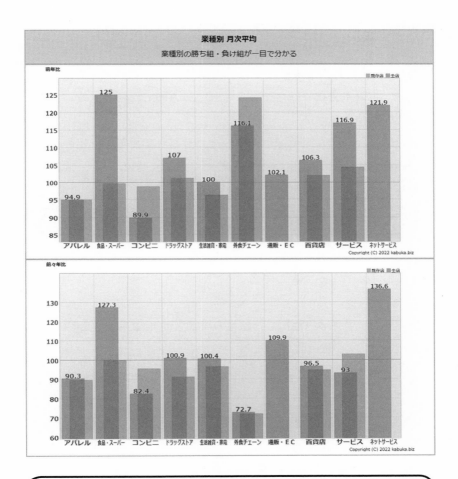

◎勝ち組
ネットサービス、通販・ＥＣ、ドラッグストア、食品・
スーパー、サービス、生活雑貨・家電

◎負け組
コンビニ、外食チェーン、百貨店、アパレル

業種や業界は、銘柄を探す背景と考えましょう。

　月次 Web の月次平均データは、更新日に確認できた月次売上を反映して、毎営業日にアップデートされているので、常に最新データを見ることができます。

　一般的な経済ニュースでは、1〜2カ月遅れで前年同月比の業界売上が報告されることも少なくありません。月次 Web では、常に最新情報にアクセスできる点も魅力です。

　第2章で紹介したようなスター株は、不調カテゴリーからも生まれることもあります。投資家個人がすべてのカテゴリーを調べることは容易ではありません。月次 Web を活用することで、効率的に業界動向を俯瞰することができるでしょう。

　次ページに、月次 Web で分類する業界と主な企業をまとめておきます。

月次Webの分類業界と主な企業

アパレル
ファーストリテイリング、良品計画、ワークマン、スノーピーク など
食品・スーパー
イオン、アサヒグループHD、プレナス、神戸物産 など
コンビニ
セブン&アイHD、ローソン、ミニストップ など
ドラッグストア
ウェルシアHD、コスモス薬品、スギHD、ゲンキー など
生活雑貨・家電
ニトリHD、ケーズHD、DCMHD、パン・パシフィック・インターナショナルHD など
外食チェーン
日本マクドナルドHD、ゼンショーHD、F&Lカンパニーズ、トリドールHDなど
通販・EC
モノタロウ、アスクル、千趣会 など
百貨店
高島屋、三越伊勢丹HD、J・フロントリテイリング など
サービス
JR東海、パーク24、ラウンドワン、KeePer技研 など
ネットサービス
サイボウズ、ラクス、NSD など

~第3節~
同業他社比較で投資候補を探す

1）業種別ランキングを使う

　月次 Web ではピックアップ 10 業種の多様なランキングメニューを用意しています。

　各種ランクから、カテゴリー別に同業他社と比較し、企業の業績の好不調や優位性、市場評価を確認できます。

以下の図は、ランク表示画面の例（全店ランク）になります。各種ランクで画面構成は共通ですので紹介します。

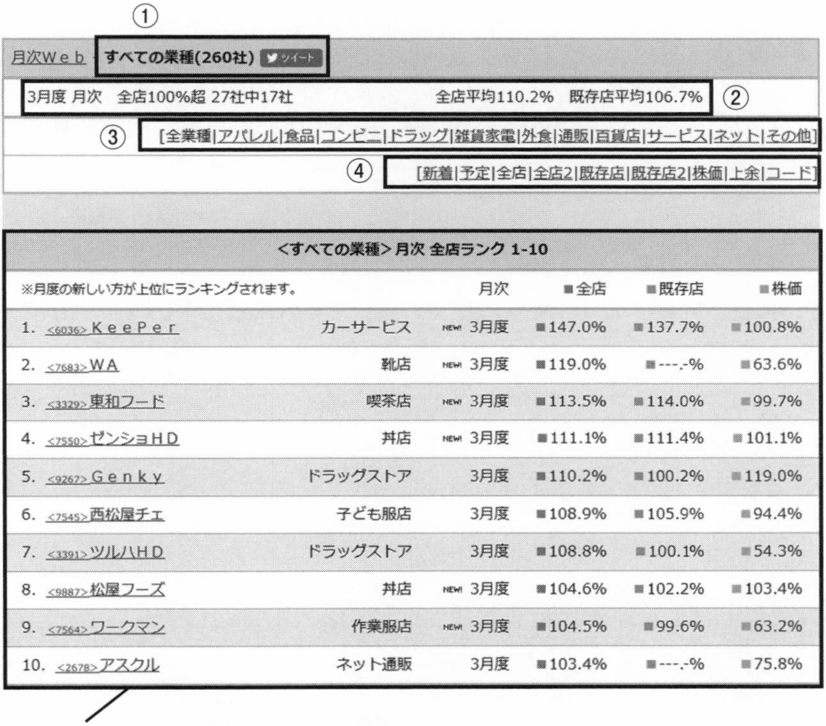

① タイトル

| 月次Ｗｅｂ | すべての業種(260社) ▼ツイート |
| 3月度 月次　全店100%超 27社中17社 | 全店平均110.2%　既存店平均106.7% | ② |

③ [全業種|アパレル|食品|コンビニ|ドラッグ|雑貨家電|外食|通販|百貨店|サービス|ネット|その他]

④ [新着|予定|全店|全店2|既存店|既存店2|株価|上余|コード]

＜すべての業種＞月次 全店ランク 1-10

※月度の新しい方が上位にランキングされます。

			月次	■全店	■既存店	■株価
1. <6036> ＫｅｅＰｅｒ	カーサービス	NEW!	3月度	■147.0%	■137.7%	■100.8%
2. <7683> ＷＡ	靴店	NEW!	3月度	■119.0%	■---.-%	■63.6%
3. <3329> 東和フード	喫茶店	NEW!	3月度	■113.5%	■114.0%	■99.7%
4. <7550> ゼンショＨＤ	丼店	NEW!	3月度	■111.1%	■111.4%	■101.1%
5. <9267> Ｇｅｎｋｙ	ドラッグストア		3月度	■110.2%	■100.2%	■119.0%
6. <7545> 西松屋チェ	子ども服店		3月度	■108.9%	■105.9%	■94.4%
7. <3391> ツルハＨＤ	ドラッグストア		3月度	■108.8%	■100.1%	■54.3%
8. <9887> 松屋フーズ	丼店	NEW!	3月度	■104.6%	■102.2%	■103.4%
9. <7564> ワークマン	作業服店	NEW!	3月度	■104.5%	■99.6%	■63.2%
10. <2678> アスクル	ネット通販		3月度	■103.4%	■---.-%	■75.8%

⑤（※この画像はTOP10表示）

①タイトル
②合計と平均表示
③業種の切り替え
④ランク切り替え
⑤ランク表示

①タイトル

タイトル画面です。選択した業種と、対象となる企業数を表示します。

②合計と平均表示

表示している時点での最新月度について 100% 超の数、平均値を表示します。表示内容は、選択したランクによって異なります。

③業種の切り替え

本書で解説する 10 業種に加え、「すべての業種」「その他」に切り替えて表示することができます。

④ランク切り替え

9 種類のランク表示を切り替えます。

新　着	月次リリースの新しい順に表示します
予　定	月次発表の予定日カレンダーを表示します
全　店	全店ランク（前年比）を表示します
全　店2	全店ランク（前々年比）を表示します
既存店	既存店ランク（前年比）を表示します
既存店2	既存店ランク（前々年比）を表示します
株　価	前年比株価ランクを表示します
上　余	理論株価に対する株価の上昇余地ランクを表示します
コード	月次Webのフォロー銘柄をコード順リストで表示します

⑤ランク表示

カテゴリー銘柄を一覧表示できるほか、ランク上位の TOP10 を表示することも可能です。

２）ランク機能を活用する

　９種類のランキング機能の画面と活用方法について紹介します。

①新着月次
　リリースの新しい順に月次情報を一覧表示します。当日発表の場合は「new」マークが表示されます。

　このページを毎日チェックするだけで月次 Web がサポートする270 社以上の月次情報をチェックすることが可能です。ここは、月次 Web で最もアクセスの多いページになります。

＜すべての業種＞新着月次 1-10						
			月次	■全店	■既存店	■株価
(04/01) <6036>ＫｅｅＰｅｒ	カーサービス	NEW!	3月度	■147.0%	■137.7%	■100.8%
(04/01) <7683>ＷＡ	靴店	NEW!	3月度	■119.0%	■---.-%	■63.6%
(04/01) <3329>東和フード	喫茶店	NEW!	3月度	■113.5%	■114.0%	■99.7%
(04/01) <7550>ゼンショＨＤ	丼店	NEW!	3月度	■111.1%	■111.4%	■101.1%
(04/01) <9887>松屋フーズ	丼店	NEW!	3月度	■104.6%	■102.2%	■103.4%
(04/01) <7564>ワークマン	作業服店	NEW!	3月度	■104.5%	■99.6%	■63.2%
(04/01) <8282>ケーズＨＤ	家電量販店	NEW!	3月度	■101.0%	■---.-%	■83.0%
(04/01) <8185>チヨダ	靴店	NEW!	3月度	■100.3%	■102.9%	■74.3%
(04/01) <8218>コメリ	ホームセンター	NEW!	3月度	■100.3%	■98.9%	■85.2%
(04/01) <2664>カワチ薬品	ドラッグストア	NEW!	3月度	■98.5%	■97.3%	■78.0%

②予定日カレンダー

　月次の発表予定日の一覧を表示します。興味のある企業の月次発表日を調べたいときに便利です。

			月次	■全店	■既存店	■予定日
<アパレル> 月次 予定日カレンダー 1-10						
(04/01) <9878> セキド	ファッション雑貨店	NEW!	3月度	■83.0%	■114.0%	■1日以降
(04/01) <7455> 三城HD	メガネ店	NEW!	3月度	■97.8%	■99.2%	■1日以降
(04/01) <7603> マックハウス	衣料品店	NEW!	3月度	■95.9%	■100.7%	■1日以降
(04/01) <7422> 東邦レマック	靴卸	NEW!	3月度	■83.5%	■---.-%	■1日以降
(04/01) <7683> WA	靴店	NEW!	3月度	■119.0%	■---.-%	■1日以降
(04/01) <8185> チヨダ	靴店	NEW!	3月度	■100.3%	■102.9%	■1日以降
(04/01) <7564> ワークマン	作業服店	NEW!	3月度	■104.5%	■99.6%	■1日以降
(04/01) <7615> ユーワCHD	和服店	NEW!	3月度	■82.3%	■---.-%	■1日以降
(03/02) <9990> サックスバー	カバン店		2月度	■95.9%	■96.9%	■2日以降
(03/04) <3046> JINSHD	メガネ店		2月度	■85.5%	■82.5%	■2日以降

③全店（前年比）ランク

　全店ランク（前年比）の TOP10 を表示します。上位の企業を確認したり、上位の業種に偏りがあるかを確認できます。全店売上が 130% を超えるような好業績企業は株価も買われやすくなります。

　なお、月度の新しい順を優先して表示するようになっています。月度が古い場合は数字が良い場合でも表示されない場合があるので注意してください（前々年比や既存店の場合も同じです）。

＜すべての業種＞月次 全店ランク 1-10				■全店	■既存店	■株価
※月度の新しい方が上位にランキングされます。		月次				
1. <6036> ＫｅｅＰｅｒ	カーサービス	NEW!	3月度	■147.0%	■137.7%	■100.8%
2. <7683> ＷＡ	靴店	NEW!	3月度	■119.0%	■---.-%	■63.6%
3. <3329> 東和フード	喫茶店	NEW!	3月度	■113.5%	■114.0%	■99.7%
4. <7550> ゼンショHD	丼店	NEW!	3月度	■111.1%	■111.4%	■101.1%
5. <9267> Ｇｅｎｋｙ	ドラッグストア		3月度	■110.2%	■100.2%	■119.0%
6. <7545> 西松屋チェ	子ども服店		3月度	■108.9%	■105.9%	■94.4%
7. <3391> ツルハHD	ドラッグストア		3月度	■108.8%	■100.1%	■54.3%
8. <9887> 松屋フーズ	丼店	NEW!	3月度	■104.6%	■102.2%	■103.4%
9. <7564> ワークマン	作業服店	NEW!	3月度	■104.5%	■99.6%	■63.2%
10. <2678> アスクル	ネット通販		3月度	■103.4%	■---.-%	■75.8%

④**全店2（前々年比）ランク**

全店ランク（前々年比）の TOP10 を表示します。

コラム④で説明したように、前年の業績が特別な要因で良かったり悪かったりした場合には、前々年比ランクで2年前と比べます。そのときに役立ちます。

			月次	■全店	■既存店	■株価
		＜食品・スーパー＞全店(前々年比) 1-10				
1. ＜7646＞PLANT		スーパーセンター	3月度	■93.7%	■91.9%	■145.3%
2. ＜8217＞オークワ		食品スーパー NEW!	3月度	■90.9%	■94.2%	■53.1%
3. ＜2590＞DyDo		飲料メーカー	3月度	■88.8%	■---.-%	■128.9%
4. ＜2659＞サンエー		食品スーパー	2月度	■1013.3%	■100.7%	■108.9%
5. ＜2653＞イオン九州		食品スーパー	2月度	■227.2%	■100.7%	■120.1%
6. ＜7512＞イオン北海道		食品スーパー	2月度	■175.1%	■97.0%	■152.9%
7. ＜3038＞神戸物産		業務用スーパー	2月度	■122.1%	■105.4%	■192.3%
8. ＜9974＞ベルク		食品スーパー	2月度	■118.4%	■105.5%	■106.0%
9. ＜2742＞ハローズ		食品スーパー	2月度	■116.5%	■104.2%	■117.8%
10. ＜9994＞やまや		酒店	2月度	■113.1%	■113.8%	■124.3%

⑤既存店（前年比）ランク

開店から1年程度経過した既存店（前年比）のTOP10を表示します。全店ランク以上に業績好不調をシビアに評価できる重要な情報です。

全店がプラスでも、既存店がマイナスの場合は注意が必要です。

また、業種によっては、既存店のデータがない場合があります。

＜ドラッグストア＞ 月次 既存店ランク 1-10						
※月度の新しい方が上位にランキングされます。			月次	■全店	■既存店	■株価
1. <3544> サツドラHD	ドラッグストア		3月度	■101.6%	■101.1%	■97.7%
2. <9267> Ｇｅｎｋｙ	ドラッグストア		3月度	■110.2%	■100.2%	■119.0%
3. <3391> ツルハHD	ドラッグストア		3月度	■108.8%	■100.1%	■54.3%
4. <2664> カワチ薬品	ドラッグストア	NEW	3月度	■98.5%	■97.3%	■78.0%
5. <7679> 薬王堂HD	ドラッグストア		2月度	■116.0%	■106.1%	■94.9%
6. <3549> クスリアオキ	ドラッグストア		2月度	■123.0%	■106.0%	■80.7%
7. <3141> ウエルシア	ドラッグストア		2月度	■111.5%	■103.4%	■90.0%
8. <3349> コスモス薬品	ドラッグストア		2月度	■110.5%	■103.4%	■104.1%
9. <9989> サンドラッグ	ドラッグストア		2月度	■105.9%	■102.0%	■78.0%
10. <3148> クリエイトS	ドラッグストア		2月度	■106.0%	■101.7%	■97.2%

⑥既存店2（前々年比）ランク

既存店ランク（前々年比）の TOP10 を表示します。

全店同様、既存店の業績も前年が特別な要因で良かったり悪かったりした場合には、前々年比ランクで2年前と比べます。そのときに役立ちます。

				月次	■全店	■既存店	■株価
	<生活雑貨・家電> 既存店(前々年比) 1-10						
1.	<8218>コメリ	ホームセンター	NEW!	3月度	■106.4%	■102.4%	■135.8%
2.	<9843>ニトリHD	家具店		3月度	■95.6%	■90.8%	■105.4%
3.	<8282>ケーズHD	家電量販店	NEW!	3月度	■114.3%	■---.-%	■123.5%
4.	<3333>あさひ	自転車店		2月度	■129.4%	■124.3%	■125.0%
5.	<3032>ゴルフ・ドゥ	リユース店		2月度	■108.6%	■110.7%	■137.1%
6.	<7513>コジマ	家電販店		2月度	■111.6%	■110.0%	■135.4%
7.	<2674>ハードオフ	リユース店		2月度	■126.5%	■107.4%	■113.9%
8.	<9842>アークランド	ホームセンター		2月度	■110.0%	■106.9%	■143.4%
9.	<9278>ブックオフG	リユース店		2月度	■107.8%	■106.4%	■136.1%
10.	<7506>ハウスローゼ	化粧品店		2月度	■107.2%	■103.5%	■112.0%

⑦前年比株価ランク

　1年前の株価と比較した前年比株価ランクの TOP10 を表示します。

　全店ランクや既存店ランクは、好業績企業のピックアップに便利ですが、業績が悪化した企業が復活して株価が上昇するパターンの場合は、これらのランクではチェックすることができないことがあります。このような場合、株価ランクをチェックしておくと捕捉できることがあります。

<外食チェーン> 前年比株価 1-10		月次	■全店	■既存店	■株価
1. <3397>トリドール	うどん店	2月度	■103.6%	■104.0%	■161.2%
2. <7625>Gダイニング	レストラン	2月度	■78.1%	■81.9%	■148.4%
3. <7581>サイゼリヤ	ファミレス	2月度	■109.7%	■109.1%	■131.9%
4. <3547>串カツ田中	肉料理店	3月度	■(94.7%)	■77.4%	■128.0%
5. <3053>ペッパー	肉料理店	2月度	■77.7%	■92.1%	■126.0%
6. <7562>安楽亭	肉料理店	9月度	■60.3%	■61.5%	■122.0%
7. <9942>ジョイフル	ファミレス	2月度	■82.3%	■84.8%	■115.2%
8. <9861>吉野家ＨＤ	丼店	2月度	■108.0%	■106.1%	■113.7%
9. <2705>大戸屋ＨＤ	定食店	2月度	■109.3%	■113.7%	■111.5%
10. <3543>コメダ	喫茶店	2月度	■101.3%	■97.2%	■111.1%

⑧上昇余地ランク

　理論株価に対する株価の上昇余地を表示します。

　理論株価についての詳細は第6章 第7節で説明しますが、上昇余地が大きいということは、割安であることと同時に、将来の期待値が低いことを示していますので、必ずしも上昇しやすいとは限りません。

　上昇余地と月次の比較は、「これから業績好調が続くと現在の評価が変わるかもしれない」と考えられる企業を探すときに有効です。

　下図を見ると、上昇余地ランクの上位には、既存店マイナスの冴えない企業が多くピックアップされているのがわかります。ただし、その中で「西松屋チェーン」と「AOKIHD」の2社が既存店がプラスになっているのがわかります。

　このように「違いを出している企業は注目して調べる」といったように活用します。

＜アパレル＞上昇余地 1-10			月次	■全店	■既存店	■上昇余地
1. ＜9275＞ナルミヤ	子ども服店		2月度	■87.5%	■87.9%	■+132.2%
2. ＜2792＞ハニーズHD	衣料品店		2月度	■96.2%	■97.3%	■+114.0%
3. ＜7514＞ヒマラヤ	スポーツ店		2月度	■89.0%	■90.0%	■+109.8%
4. ＜7545＞西松屋チェ	子ども服店		3月度	■108.9%	■105.9%	■+89.1%
5. ＜3028＞アルペン	スポーツ店		2月度	■101.8%	■97.1%	■+64.4%
6. ＜8281＞ゼビオHD	スポーツ店		2月度	■105.4%	■95.8%	■+54.5%
7. ＜7453＞良品計画	衣料雑貨店		2月度	■96.9%	■90.6%	■+52.1%
8. ＜8214＞AOKIHD	紳士服店		2月度	■106.2%	■108.4%	■+46.7%
9. ＜3608＞TSIHD	衣料品店		2月度	■86.6%	■93.0%	■+39.6%
10. ＜9854＞愛眼	メガネ店		2月度	■93.3%	■95.5%	■+39.3%

⑨コード順リスト

　月次 Web のフォロー銘柄をコード順に表示します　四季報を併用する場合など、コード番号順に企業を探したい場合に便利です。

<サービス> コード順リスト 1-10			月次	■全店	■既存店	■株価
<2305> スタ・アリス	写真館		2月度	■89.7%	■---.-%	■107.5%
<2311> エプコ	コンサル		2月度	■108.0%	■---.-%	■78.3%
<2406> アルテHD	美容室		2月度	■98.8%	■97.4%	■127.4%
<4343> イオンファン	アミューズメント		2月度	■102.0%	■100.2%	■77.8%
<4659> エイジス	棚卸代行サービス		2月度	■92.9%	■---.-%	■60.9%
<4666> パーク24	駐車場		2月度	■97.9%	■---.-%	■74.7%
<4680> ラウンドワン	アミューズメント		2月度	■---.-%	■78.5%	■111.5%
<6036> KeePer	カーサービス	NEW!	3月度	■147.0%	■137.7%	■100.8%
<6059> ウチヤマHD	アミューズメント		8月度	■---.-%	■---.-%	■88.5%
<6073> アサンテ	防虫サービス		2月度	■101.1%	■---.-%	■89.7%

3）業績や株価が好調な企業を探す

　第2章で紹介したように、株価が大きく上昇する銘柄には共通点があります。

　特に、長期的に大きく上昇するときには、月次売上の数字が100%から110%、120%、130%とランクアップしたり、120%程度の好調な数字が連続して何年も続くことで成長期待が高まるケースが見られます。

　このようなビッグチェンジを月次情報の段階で捉えることができれば、大きな投資チャンスとなることでしょう。

　月次Webのランキング機能を活用して、未来の大化け株発掘にチャレンジしてみましょう。

～第4節～
月次 Web と分類業界の基礎知識

　業種や業界をひとりで調べようとしたら、膨大な労力と時間が必要になります。

　前節で触れたように月次Ｗｅｂでは、月次公開企業を 10 種類のカテゴリーに分類して比較表示できるようにしています。

　本節では、2022 年 4 月までの各業界の状況と勝ち組・負け組、注目株について詳しく解説していきます。月次情報投資の知識の踏み台として活用ください。

◆本節で紹介する業界一覧
◎アパレル業界
◎食品・スーパー業界
◎コンビニ業界
◎ドラッグストア業界
◎生活雑貨・家電業界
◎外食チェーン業界
◎通販・ＥＣ業界
◎百貨店業界
◎サービス業界
◎ネットサービス業界

～その１：アパレル業界の勝ち組・負け組・注目株～

業界全体：負け組

個別状況：少数の勝ち組と多数の負け組

注目株　：スノーピーク

主な銘柄：ファーストリテイリング、良品計画、

　　　　　ワークマン、しまむら、西松屋チェーン

＜アパレル＞月次 既存店ランク 1-10

※月度の新しい方が上位にランキングされます。		月次	■全店	■既存店	■株価
1. <9876>コックス	衣料品店	3月度	■105.5%	■119.9%	■66.0%
2. <9990>サックスバー	カバン店	3月度	■111.7%	■115.1%	■82.5%
3. <9878>セキド	ファッション雑貨店	3月度	■83.0%	■114.0%	■98.7%
4. <7494>コナカ	紳士服店	3月度	■110.8%	■112.2%	■101.5%
5. <7606>Uアローズ	衣料品店	3月度	■107.7%	■110.7%	■86.5%
6. <8214>ＡＯＫＩＨＤ	紳士服店	3月度	■106.1%	■110.4%	■94.5%
7. <2668>タビオ	靴下店	3月度	■107.3%	■108.7%	■100.9%
8. <8016>オンワード	衣料品店	3月度	■101.9%	■108.7%	■82.1%
9. <2685>アダストリア	衣料品店	3月度	■109.5%	■108.5%	■94.5%
10. <2792>ハニーズＨＤ	衣料品店	3月度	■107.5%	■108.5%	■96.6%

①概要

　レディースやメンズ、紳士服（スーツ）専門店、子供服など、衣料品全般を扱っているカテゴリーです。

　ユニクロに代表されるように、この業界は、製造小売モデル（SPA）というシステムの確立で高収益化を図ってきました。

　SPA は、製造をメーカー任せにするのではなく、販売側で内製す

る仕組みです。例えば、人件費の安い中国などに自社の工場を持つことで、消費者に商品を低価格で提供することができます。

　販売サイドのほうで工場を持つことによって、お客さんからの要望を吸い上げたり、在庫管理がしやすくなるというメリットもあります。

　このようにSPAで成長した企業が、価格と品質で優位に立って、アパレルメーカーや百貨店から市場を奪いました。

②新型コロナ発生後

　新型コロナ発生後は負け組になりました。外出の機会が減って服を新調する必要がなくなったからです。ただし、個別で見ていくと「少数の勝ち組」と「多数の負け組」に明暗が分かれています。

　勝ち組になっているのは、以下のようにアウトドア関連やカジュアル衣料を中心とした少数の銘柄です。

```
・スノーピーク
・ファーストリテイリング
・ワークマン
・しまむら
・西松屋チェーン
```

③注目銘柄

　第2章でも紹介したスノーピークは、全業種で見ても最上位にランクされる勝ち組企業です。コロナ禍でアウトドア関連が絶好調のほか、海外事業が急成長しており、ユニクロや良品計画に続くグローバル企業へと成長ステージを上っている状況です（次ページ上段の月次チャート参照）。

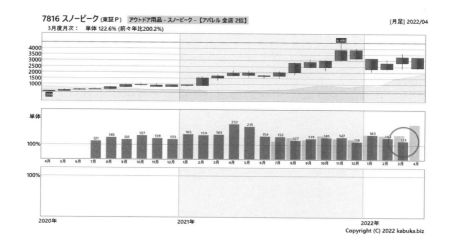

アパレル業界では、コロナ前までは高機能、かつ低価格で抜きん出ていたワークマンが大ブームとなり主役を担っていましたが、コロナ後はワークマンの伸びが一服してユニクロや良品計画も巻き返しています。

特にユニクロは、コロナ後には、フォーマルからカジュアルへの流れが追い風となり、セルフレジ、EC（電子商取引、後述）分野でも先行するなど成長期待が高く、時価総額でZARAを抜き、一時は世界首位に上りつめました。

良品計画は、特色である雑貨や家具、食品との複合形態がプラスに働いて、非アパレル分野での存在感を高めました。

ロードサイド店が多いしまむらや西松屋チェーンは、コロナ前までは負け組に近い位置でしたが、コロナになってから復活しました。人流抑制で駅前や繁華街への人の移動が減少し、ロードサイド店に流れ

たためです。ただし、これは一時的な特需の側面が大きいと考えられます。

　他ではスポーツやアウトドア系のブランドが強い反面で、百貨店やSC（ショッピング・センター）のテナントが中心のファッションブランドや紳士服は、コロナ後は惨敗で、かなり厳しい状況にまで追い込まれています。

　コロナ後は、店舗からECへの流れが加速しつつあり、中下位は順位変動が大きくなりそうです。

　コロナ後の新しい動きとしては、メタバースのような仮想現実世界の中でもビジネスの可能性が出てきたことでしょう。メタバースとはオンライン上に構築された3Dの仮想空間を指す言葉で、ビジネスやコミュニケーション、ショッピングでWEBサービスを代替する新技術として脚光を浴びています。

　仮想空間内では、アバターという自分自身の分身を使って行動します。技術の進歩でアバターの服装でおしゃれをしたり、個性的に着飾ったりできるようになってきました。今後、アパレル企業がアバター向けファッションブランドをメタバース内で出店するなど、従来の発想にとらわれないビジネスが登場してくる可能性があります。

～その２：食品・スーパー業界の勝ち組・負け組・注目株～

> 業界全体：勝ち組（コロナ前は負け組）
>
> 個別状況：大多数の勝ち組（ただし株価は低迷中）
>
> 注目株　：神戸物産
>
> 主な銘柄：イオン、ベルク、ヤオコー、ハローズ
>
> 　　　　　※月次Webでは、セブン＆アイHDはコンビニに
> 　　　　　分類

<食品・スーパー> 月次 既存店ランク 1-10			月次	■全店	■既存店	■株価
※月度の新しい方が上位にランキングされます。						
1. <7643>ダイイチ	食品スーパー		3月度	■110.3%	■106.3%	■95.9%
2. <2926>篠崎屋	豆腐店		3月度	■103.2%	■106.3%	■78.3%
3. <2669>カネ美食品	総菜店		3月度	■106.6%	■105.2%	■93.3%
4. <2742>ハローズ	食品スーパー	NEW!	3月度	■112.7%	■104.8%	■104.2%
5. <9945>プレナス	弁当店		3月度	■103.3%	■103.7%	■106.3%
6. <7512>イオン北海道	食品スーパー		3月度	■102.2%	■103.4%	■92.7%
7. <2910>Rフィールド	総菜店		3月度	■103.6%	■102.8%	■88.1%
8. <2659>サンエー	食品スーパー		3月度	■102.5%	■102.5%	■89.8%
9. <8255>アクシアル	食品スーパー		3月度	■102.7%	■102.2%	■66.5%
10. <7475>アルビス	食品スーパー		3月度	■107.1%	■102.1%	■90.8%

①概要

　生鮮食品や弁当、総菜、食料品、日用品などを扱う、地域密着型のカテゴリーで食品スーパーが中心ですが、アサヒグループHDなど月次をリリースしている大手食品メーカーも含めています。

　食品スーパーには、主婦の来店頻度が高いという特徴があります。生鮮食品を売りながら、ほかの商品も買ってもらう形で大きくなって

きました。

　最大手はイオングループです。最近では食品スーパーを中核にしたショッピングモールを全国各地に展開し、多数のグループ企業を上場させています。コンビニのミニストップやドラッグストア最大手のウエルシア、100円ショップのキャンドゥなどはイオングループの企業です。
　なお、イオンに並ぶ食品流通企業としてはセブン＆アイHDがありますが、月次Webでは、こちらはコンビニ業界に分類しています。

　また、地方には"食品スーパー"として、地域密着型で古くから営業している企業が多いのも特徴です。ただ、ほかの業界（コンビニやディスカウントストア、ドラッグストアなど）との競争も激しく、大きく成長している企業は少ないという実情があります。

　戦後の高度成長期、大量仕入れ・大量販売で全国の八百屋さんや食材屋さんを代替することで成長した食品スーパー業態は、特売チラシを入れて特売品で集客し、調味料などマージンの大きい商品で利益を得る形（＝日本型）が主流でした。

　近年は、女性の社会進出や核家族化の進行で自炊や料理という内食文化が飲食店やコンビニへと代替され、ドラッグストアとの競合にも晒されるなど、防戦一方になっていましたが、コロナ禍で少し風向きが変わりました。

②新型コロナ発生後
　新型コロナショック後は、多くの人が外食を控え、自宅で食事をするようになったことで、ほぼ全社が月次業績的には勝ち組となりました。

しかし、この状態が永続的で、持続的成長が続くのかというと現実的ではなく、株価の上昇は一時的なものとなり、その後は低迷しています。

　コロナ禍の売上増加が、一時的な特需だったのか、今後も継続的に成長するのか。ほとんどの人は特需と考えていると思いますが、コロナが収束して人流が回復した後の月次業績は注目です。

③注目株
　この業界で成長著しい注目株が、第2章でも紹介した業務スーパーを展開する神戸物産です。プライベートブランドと小商圏出店戦略に強みを持ち、コロナ前からカテゴリー主役の座をキープしています。

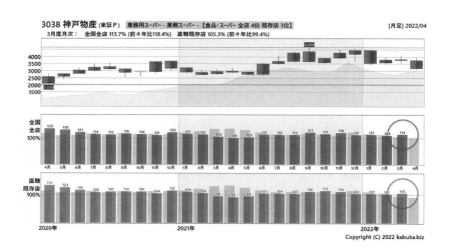

　食品スーパーの多くは特売チラシによる集客が中心でしたが、この方法は人流を集中させるため、コロナ禍では避けられるようになりました。そして、もともと「EDLP（エブリデイ・ロープライス。毎日

同じ価格で安く提供します）」というアメリカ型の営業スタイルだった神戸物産に追い風となった側面があります。

　ほかでは、業界首位のイオンもコロナ禍にあって堅調ですが、大型SCによる大規模集客が、やや裏目に出ています。

　現在、この業界は、唯一の成長株といってよい神戸物産を除くと業績は好調でも、株価が上がらない状況になってきています。その理由のひとつが、コロナ禍で前倒しが必要とされるようになってきたDX、すなわちITへの投資です。

　DXは、デジタルトランスフォーメーションの略称で、アナログな従来型の仕組みをデジタルに置き換えて効率化するという意味です。

　食品スーパー業界にとってのDXは、次のようなものです。

◎集客アプリの提供（開発と運用）
◎スマホ決済への対応
◎無人レジの設置
◎ＥＣや食品宅配への対応

　これらは、一部の大手企業を除き、簡単に実現できるものではありません。その結果、自社だけでのIT投資が困難と判断した中堅企業が大手傘下入りするケース（例：フジがイオン傘下に、関西スーパーマーケットがH_2Oリテイリング傘下に、など）が増えています。

～その3　コンビニ業界の勝ち組・負け組・注目株～

業界全体：負け組

個別状況：大多数の負け組

注目株　：セブン＆アイ HD

主な銘柄：ローソン、ミニストップ

　　　　　※ファミリーマートは上場廃止になりました

＜コンビニ＞月次 既存店ランク 1-5

※月度の新しい方が上位にランキングされます。		月次	■全店	■既存店	■株価
1. <7544>スリーエフ	コンビニ	3月度	■100.1%	■101.0%	■100.0%
2. <3382>セブン＆アイ	コンビニGMS	3月度	■101.3%	■100.8%	■130.3%
3. <2651>ローソン	コンビニ	3月度	■103.7%	■100.7%	■86.1%
4. <9946>ミニストップ	コンビニ	3月度	■99.4%	■100.4%	■99.6%
5. <7601>ポプラ	コンビニ	3月度	■92.0%	■99.8%	■42.0%

①概要

　コンビニ業界は人の移動を前提とし、駅前や通学路、通勤路など、あらゆる人の動線に店舗を張り巡らせたドミナント型（地域集中型の出店スタイル）の小商圏ビジネスモデルで成長してきました。24時間営業で、弁当や総菜、食料品、日用品などを扱っているほか、チケット決済や公共料金の支払いなど、利便性の高いサービスを提供しているのが特徴です。基本的に定価で商品を売っており、大手メーカーとPB（プライベートブランド）を開発することで高い収益力を誇っています。

前述の食品スーパー業界の凋落とは逆に、女性の社会進出や核家族化の進行、ひとり暮らしや都会型ライフスタイルに対応し、食品スーパーから市場を代替して成長してきた業界と言えるでしょう。

　業界首位のセブン＆アイHDは、食品スーパー大手のイトーヨーカドーが始めたセブン－イレブン事業が成長を続けて親会社を規模で上回った結果、子会社が親会社を吸収合併して誕生した企業で、現在ではイオンに並ぶ国内２強の食品流通グループになっています。

　業界２位のローソンは、経営不振でイオンに吸収されたダイエーが発祥のコンビニで、現在は三菱商事と提携しています。

　また、業界３位のファミリーマートは、資本提携した伊藤忠商事のMBOで上場廃止を選択しましたので、現在は月次情報を公開していません。

　このように、ひとつひとつの店舗こそ小さいコンビニ業界ですが、大手クラスでは１万以上の店舗を持つ巨大流通グループとなっており、その影響力は計り知れないレベルになっています。そのため、この業界は競争という意味では下克上の起こりにくい、投資家視点では、あまり面白味のない業界と言えるかもしれません。

②新型コロナ発生後

　コンビニ業界は、利便性の引き換えとして定価販売やPB商品で高利益率を誇ってきましたが、「全国の店舗網が飽和してしまった」ことに加え、「コロナで人の移動が減少した」ことでビジネスモデルに綻びが出ました。

　テレワークのように、会社に出勤せずに自宅で仕事をする場合、まとめ買いのほうが安価になりますから、消費者はコンビニではなく、

食品スーパーやドラッグストアを選びます。少しずつ EC や宅配も普及してきました。

　仮に、新型コロナを克服できたとしても、国家プロジェクト的に推進される「東京から地方へ」「都心から郊外へ」「出勤からテレワークへ」の流れは止めようもなく、いったん減少した人の移動は完全に元に戻る可能性は少ないと見込まれます。

　また、食品スーパーと同様、セルフレジやスマホ決済、EC、宅配など、ライフスタイルの変化に伴う IT 投資も継続して必要になります。

　さらに、環境問題や SDGs の浸透からレジ袋問題、フードロスの問題、コンビニオーナーの長時間労働などが次々と問題視され、経営的には逆風にさらされました。

③注目株

　注目株には業界トップのセブン＆アイ HD をピックアップしました。

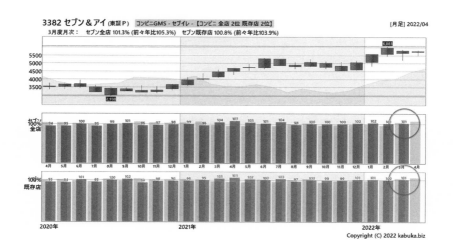

実は、セブン＆アイ HD の売上の 40% は海外となっています。セブン＆アイ HD は、国内市場が飽和しつつあるなかで、創業時にライセンス供与を受けた「米国 7-Eleven, Inc.」を逆買収するなど、海外市場に成長拠点を移しました。事実、2022 年 2 月期決算では、買収した Speedway 社とのシナジー効果など、海外コンビニ事業が大幅増益となったことで国内の不振をカバーしています。

　規模が大きく変革の難しいコンビニ業界ですが、生活インフラとしての存在感は際立っています。今後は、海外の成長が重要テーマになり、新しいサービスの取り込みなどで他業種を巻き込みながら役割を模索する動きになるでしょう。

～その4　ドラッグストア業界の勝ち組・負け組・注目株～

業界全体：勝ち組
個別状況：多数の勝ち組と少数の負け組（ただし株価は低迷）
注目株　　：ゲンキー
主な銘柄：ウエルシアHD、コスモス薬品、ツルハHD、スギHD

<ドラッグストア> 月次 既存店ランク 1-10					
※月度の新しい方が上位にランキングされます。		月次	■全店	■既存店	■株価
1. <7679>薬王堂HD	ドラッグストア	3月度	■113.2%	■105.1%	■81.0%
2. <3141>ウエルシア	ドラッグストア	3月度	■110.4%	■102.9%	■79.1%
3. <3349>コスモス薬品	ドラッグストア	3月度	■110.4%	■102.6%	■85.9%
4. <7649>スギHD	ドラッグストア	3月度	■105.4%	■101.1%	■69.0%
5. <3544>サツドラHD	ドラッグストア	3月度	■101.6%	■101.1%	■97.7%
6. <3549>クスリアオキ	ドラッグストア	3月度	■118.0%	■101.0%	■80.2%
7. <9267>Ｇｅｎｋｙ	ドラッグストア	3月度	■110.2%	■100.2%	■119.0%
8. <3391>ツルハHD	ドラッグストア	3月度	■108.8%	■100.1%	■54.3%
9. <2664>カワチ薬品	ドラッグストア	3月度	■98.5%	■97.3%	■78.0%
10. <9989>サンドラッグ	ドラッグストア	2月度	■105.9%	■102.0%	■78.0%

①概要

　医薬品を中心に化粧品、日用品などを取り扱っているディスカウント形態が中心のカテゴリーです。医薬品は（一部を除いて）薬剤師でないと販売できないため、そこが大きな差別化ポイントです。女性向けに、化粧品に加え、食料品なども取りそろえることで、まとめ買いのニーズにも応えています。

　この業界は食品スーパーやコンビニと比べて新しく、まだまだ成長中の業界であり、全国にいろいろなお店があります。

医薬品に強みを持つディスカウントストアとしての特徴を武器に、価格と品揃えで食品スーパーやコンビニなどの既存業態から市場を奪ってきました。

インバウンド消費がピークのころには、化粧品を買い求める外国人観光客の爆買いでも話題になりました。

成長中の業界も最近は合併・統合が進んできています。時価総額で見た業界順位は1位がイオン系のウエルシア、2位コスモス薬品、3位ツルハHDの順になっていましたが、2021年にマツモトキヨシがココカラファインと経営統合して3位を奪回しています。

②新型コロナ発生後

コロナショック直後、品薄になったマスクを求めてドラッグストアの店先に行列ができた光景はまだ記憶に新しいところです。このように、コロナ禍の勝ち組として脚光を浴び、株価も一時は大きく上昇したドラッグストア業界ですが、実は負け組も存在します。

例えば、駅前系のドラッグストア。駅前から人が消えては勝負になりません。いくつかの店舗がひっそり閉店したのは皆さんもご存知かと思います。

コスメ系ドラッグストアも同様です。テレワークやマスク装着の常態化で、化粧品を利用する機会が大幅に減りました。インバウンド客向けドラッグストアも、コロナ後、外国人観光客がいなくなったことで、苦戦を強いられています。

かかりつけの調剤薬局も、コロナ禍で病院の受診を敬遠する人が増えて、売上はマイナスになりました。

このように行列ができているといっても、細かく見ていくと勝ち組・負け組で大きな差があることがわかります。

③注目株

　注目株には、北陸地方のドラッグストアであるゲンキーを挙げました。ゲンキーは、生鮮食品も取り扱うなど、食品比率が高いのが特徴です。同地域の同業他社や食品スーパーから顧客を奪い、新規出店を進めるなど、成長を続けています。

　中期経営計画では、3年後に売上や店舗数を2倍近くに増やす目標を掲げています。どこまで実現できるのか、興味深いところです。

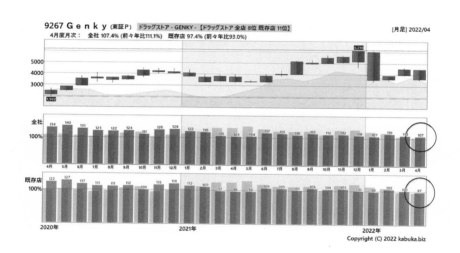

業界全体：勝ち組

個別状況：大多数の勝ち組（ただし株価は低迷）

注目株　：キャンドゥ

主な銘柄：ニトリＨＤ、パン・パシフィック・インターナショナ
　　　　　ル HD、ケーズ HD、セリア、あさひ

＜生活雑貨・家電＞月次 既存店ランク 1-10					
※月度の新しい方が上位にランキングされます。		月次	■全店	■既存店	■株価
1.　＜2674＞ハードオフ	リユース店	3月度	■110.5%	■109.8%	■92.8%
2.　＜9278＞ブックオフG	リユース店	3月度	■108.1%	■108.1%	■111.0%
3.　＜3093＞トレファク	リユース店	3月度	■119.4%	■108.0%	■95.9%
4.　＜3181＞買取王国	リユース店	3月度	■114.8%	■106.7%	■91.6%
5.　＜3080＞ジェーソン	ディスカウント店	3月度	■108.9%	■105.1%	■74.0%
6.　＜7506＞ハウスローゼ	化粧品店	3月度	■114.2%	■104.8%	■100.7%
7.　＜3546＞アレンザHD	ホームセンター	3月度	■104.2%	■102.4%	■73.3%
8.　＜3199＞綿半HD	ホームセンター	3月度	■101.1%	■101.9%	■102.8%
9.　＜7532＞パンパシHD	ディスカウント店	3月度	■103.4%	■101.5%	■75.2%
10.　＜8203＞MrMax	ディスカウント店	3月度	■102.3%	■101.3%	■81.2%

①概要

　インテリアや雑貨、日用品、パソコン、家電などを取り扱っている
衣食住の「住」を担当するカテゴリーです。大規模ホームセンターの
ほか、100 円ショップのように価格に特徴を持つ業態や、自転車、手
芸など専門店業態もあります。

　商品コンセプトを前面に出した個性派ショップが多いのも特徴で

す。ホームファッションをテーマに家具と雑貨を取り揃えた業界トップのニトリHDのほか、圧縮陳列で多くの商品を揃えた「ドンキ・ホーテ（パン・パシフィック・インターナショナルHD）」などが代表例です。

　生活雑貨・家電業界の特徴として挙げられるのは、駅前型の巨艦店が増えているという点です。例えば、駅前の再開発をしたときに新規出店するケースが増えています（＝かつての百貨店に置き換わっています）。

　また郊外では、ヤマダ電機に代表されるようなロードサイド店が隆盛を続けています。

　ホームセンターは大規模化に伴い品揃えが多くなっていった業界で、合併や統合が進行しています。最近では、アークランドがLIXILビバを吸収したほか、ニトリHDがDCMHDとの競合の末に島忠を傘下としました。非上場のカインズも東急ハンズを買収しました。

　雑貨店では、100円ショップの存在感が際立っています。業界トップのダイソー産業は非上場企業ですが、セリアやキャンドゥ、ワッツの上場企業がそれに続きます。品質が同程度なら「安いほうが選ばれる」という消費者心理から100円ショップには価格優位性があります。

　さらに100円ショップ側でも300円、500円の商品を開発するなど、商品提案力を磨くことで客単価の向上を図っています。

②新型コロナ発生後

　コロナショックが追い風になりました。テレワークという新しい働き方が普及し、その流れに伴い机や椅子、PCなどに新たな需要が発生。家具店や家電量販店に大きな利益をもたらしました。

マスクやトイレットペーパー、消毒液などの衛生用品は入荷・即品切れとなり、広告宣伝をしなくても売れていきました。

　マスクが入手困難になると主婦たちは手芸店に殺到して布やミシンを買い求めました。

　旅行や会食、大規模なイベントが控えられ、巣籠もり消費としてゲームや園芸・ペット用品、アウトドア・ゴルフ用品などに代替されました。

　また、電車通勤が敬遠される代わりにカー用品やバイク用品、自転車が飛ぶように売れました。

　定価販売のコンビニを利用していた人たちは、ホームセンターやディスカウント店でまとめ買いすると安いことを再認識します。

　コロナ禍のピークで、各社の月次業績は好調に推移していましたが、マスクが普通に入手できるようになり、緊急事態宣言も解除された後、業績は下り坂になりました。しかし、現時点ではコロナ前を上回っています。

　月次は前年同月比で1年前からの成長を見る指標です。生活雑貨・家電業界はこれから1、2年前の特需の自社と勝負しなければなりません。

　大量に販売され、業績を牽引した家具や家電などの大型商品は「耐久消費財」ですから、毎年買い替える商品ではありません。

　そういうわけで株価は総じて冴えません。株式市場は、あの混乱の中の特需を超えて、この業界が成長するとは思っていないようです。

③注目株

　注目株には100円ショップのキャンドゥを挙げました。同社はイオングループ傘下となり、2021年末現在で1180店舗に達した店舗網を

イオン系列への出店で加速させて、2000店舗まで拡大する方針を発表しました。ショッピングセンターのテナントとしても集客力に優れた100円ショップはこのカテゴリーでも成長セクターですが、さらに存在感を高めていきそうです。

　なお、イオン傘下入りをきっかけに人気化したことで、株価は少し割高なようです。

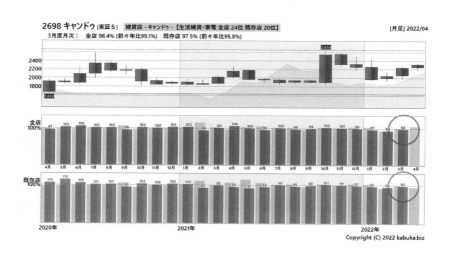

～その6　外食チェーン業界の勝ち組・負け組・注目株～

業界全体：負け組

個別状況：少数の勝ち組と多数の負け組

注目株　：トリドールHD

主な銘柄：マクドナルドHD、モスフードサービス、
　　　　　ゼンショーHD、日本KFCHD、
　　　　　アークランドサービスHD、ギフトHD

<外食チェーン> 月次 既存店ランク 1-10					
※月度の新しい方が上位にランキングされます。		月次	■全店	■既存店	■株価
1. <7127>一家HD	居酒屋	3月度	■358.8%	■400.6%	■---.-%
2. <7674>NATTY	居酒屋	3月度	■220.3%	■193.6%	■88.3%
3. <3557>U&C	肉料理店	3月度	■---.-%	■126.9%	■93.2%
4. <3193>鳥貴族HD	肉料理店	3月度	■125.7%	■126.7%	■113.9%
5. <8207>テンアライド	居酒屋	3月度	■121.6%	■122.6%	■95.2%
6. <9279>ギフトHD	ラーメン店	3月度	■143.5%	■119.6%	■115.0%
7. <7611>ハイデ日高	ラーメン店	3月度	■120.6%	■118.1%	■99.8%
8. <7581>サイゼリヤ	ファミレス	3月度	■117.1%	■117.0%	■118.2%
9. <2705>大戸屋HD	定食店	3月度	■111.1%	■116.1%	■101.2%
10. <3329>東和フード	喫茶店	3月度	■113.5%	■114.0%	■99.7%

①概要

　衣食住の「食」に根を下ろすカテゴリーですが、食品スーパーやコンビニとは異なり、イートインを基本としています。ファストフードやレストラン、居酒屋など、さまざまな業態があり、月次Web内で最も企業数が多くなっています。

　外食チェーン業界もコンビニ業界と同様、女性の社会進出や核家族

化の進行などで自炊や料理をする人が減少したことを受け、その代替として市場規模を拡大してきました。コンビニ業界と大きく異なる点は、食の好みが多種多様であるため、（非上場の企業を含む）小規模の企業が乱立して激しい競争を繰り広げているところです。

　業界トップは、第2章で紹介したゼンショーホールディングスですが、毎日牛丼を食べている人は多くないでしょう。毎日同じコンビニで弁当を買う人と比べると、飲食店の立ち位置がよくわかると思います。

　競争が激しいことでブームの終わった業態が経営危機に陥ったり、業界順位が入れ替わったり、合併連携が進行しやすいという特徴もあります。

　この業界は、株主優待制度を導入している企業が多いことも特徴です。この制度により、理論株価から見ると株価が実力以上に割高に評価されたり、株価形成が歪められたりすることが少なくありません。この点にも注意が必要です。

　明るい話題としては、日本が観光立国として注目されたことで、日本食がブームになるなど、外国人観光客の認知度が進んで、海外進出が増えつつあることです。

②新型コロナ発生後

　コロナ禍では、酒類の提供を禁止されたり、複数人での会食が禁止されるなど、最も大きな被害を受けた業界ですが、協力金や補助金、助成金などの名目で資金援助を受けたことで、2022年4月時点では、上場企業の倒産は発生していません。

　このように、業種別平均では、最下位レベルの外食チェーンですが、業界内には勝ち組も存在します。

ドライブスルー方式などテイクアウトでコロナ禍にも対応できたファストフード勢は、競合他社が閉店したなかで「一人勝ち」状態となり、月次業績もプラスで推移しました。

　牛丼店やカツ丼店、唐揚げ店など、独り飯やテイクアウトに対応しやすい業態のお店も、業績は堅調です。

　回転寿司も、持ち帰り寿司が可能なほか、食材となる鮮魚価格の下落も収益面でプラスに働きました（ただし、ロシアのウクライナ侵攻後は、ロシアや欧州産の魚介類が入手困難になるなどマイナス面も出ています）。

　ラーメン店にスポットを当てると、横浜家系ラーメンをチェーン展開するギフトが高成長をキープしており、苦戦する他チェーンを圧倒して急成長の勢いを見せています。

　一方、多人数での食事になりやすいファミリーレストランや、夜間営業が主力の居酒屋チェーンは、月次売上が5割から最大で9割以上の減となる壊滅的な数字を記録。繁華街でも条件の悪い立地では、空きテナントが目立ってきました。

　一投資家としては、消費者に支持される・支持されないで勝ち組・負け組に分かれるのは、健全な自由競争の原理だと納得できますが、コロナウィルスのような外的要因で勝者と敗者が決まるのは不公平と感じます。
　コロナ禍が早期に終わる保証はありませんが、いつまでも助成金や補助金をもらえるわけでもありません。従来の業態や営業スタイルを転換するなど、コロナを克服しようとしている企業とそうでない企業

は見分けられるでしょうか。外食チェーンに投資するときは新型コロナというパラダイムシフトでの変化をよくよく考える必要があります（第5章第8節を参照）。

③注目株

　注目株としたトリドールは、海外進出が高く評価されています。コロナ禍では、訪日外国人客が激減してしまいましたが、逆に成長のために積極的に海外に打って出るという選択肢もあるということです。

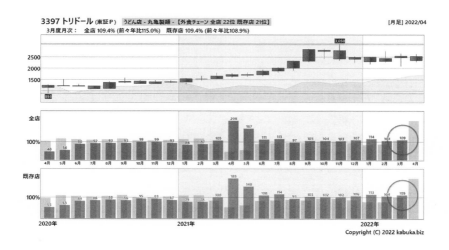

　国内市場では、これから人口減少が加速していくわけですが、海外で成功した場合は何倍もの市場を相手にビジネスができる可能性があるわけですから、非常に魅力的なチャレンジです。

　もちろん、海外での成功は簡単ではなく、外食チェーン業界からは、いまだトヨタやユニクロ、任天堂のような大成功企業は出現していません。

　むしろ、第2章で紹介したペッパーフードサービスのように海外進

出に早々に失敗して成長倒れに陥ってしまうような事例もあるので、業績推移は注視しておく必要があります。

　また、ロシアのウクライナ侵攻後は、ユニクロをはじめ、ロシアに進出していた企業が撤退を余儀なくされるなど、覇権主義的国家への投資リスクが警戒されている点にも注意する必要があります。

　なお、トリドールの場合は、ロシア国内の店舗数は数店程度であり、影響は軽微のようですが、覇権主義的国家はロシアだけではありません。

～その7　通販・EC業界の勝ち組・負け組・注目株～

> 業界全体：勝ち組
> 個別状況：大多数の勝ち組（株価は調整入り）
> 注目株　：モノタロウ
> 主な銘柄：アスクル、スクロール、シュッピン、
> 　　　　　千趣会、アイケイ

<通販・EC>月次 既存店ランク 1-10						
※月度の新しい方が上位にランキングされます。		月次	■全店	■既存店	■株価
1. <3064>モノタロウ	ネット通販	3月度	■117.4%	■---.-%	■88.0%
2. <3566>ユニネク	ネット通販	3月度	■109.9%	■---.-%	■68.7%
3. <3179>シュッピン	ネット通販	3月度	■104.9%	■---.-%	■128.8%
4. <2678>アスクル	ネット通販	3月度	■103.4%	■---.-%	■75.8%
5. <3542>ベガコーポ	ネット通販	3月度	■97.5%	■---.-%	■39.0%
6. <2722>アイケイ	カタログ通販	3月度	■87.9%	■---.-%	■56.3%
7. <3195>ジェネパ	ネット通販	2月度	■108.8%	■---.-%	■57.8%
8. <7476>アズワン	理化学機器	2月度	■101.5%	■---.-%	■101.2%
9. <9997>ベルーナ	カタログ通販	2月度	■91.3%	■---.-%	■70.9%
10. <8165>千趣会	カタログ通販	2月度	■53.5%	■---.-%	■96.0%

①概要

　無店舗型の小売カテゴリーです。このカテゴリーは取り扱っている商品種類に関係なく、無店舗型という業態でピックアップしています。銘柄によっては、店舗を有する企業もありますが、過半を無店舗型で販売している場合、本カテゴリーとしています。

　無店舗販売は、古くはカタログ通販やテレビショッピングが中心でしたが、インターネットの普及でECが急速に拡大しました。

EC 業界の「EC（Electronic Commerce）」とは、日本語では電子商取引と訳されます。Amazon と楽天が 2 強を形成していますが、規模でいうと Amazon が圧倒的なガリバー状態です。Amazon や楽天は月次情報を公開していないため、月次 Web では、これら 2 強と棲み分けているニッチ企業を中心にフォローしています。

　第 2 章でも解説したモノタロウは、工具や資材といった職人向けのニッチ分野を扱う EC 専業です。2008 年のリーマンショック以降、11 年連続で平均月次 120 ～ 130% 以上の成長を続けました。この間に株価はピーク時で 280 倍以上になりました。20 ～ 30% 程度の成長でも長く続ければ、大きな飛躍につながる好例でしょう。

　アスクルは、法人向けオフィス用品配達の先駆的企業です。商材的には Amazon と重複しながらも、月締めまとめ払いという法人ニーズで差別化を図ることで、当初は個別決済しか対応していなかった Amazon との棲み分けを図ることに成功しました。その後、2017 年に倉庫火災で業績が低迷してからヤフーの傘下に入っています。

　シュッピンは首都圏中心に中古 PC 店を展開していたソフマップ創業者でもある鈴木慶氏が、ドリームテクノロジーズに続いて 3 番目に上場させた中古カメラ系ＥＣショップです。売上の 70% 以上を EC が占めています。鈴木氏は 2021 年に退任しましたが、シュッピンはその後も右肩上がりの成長を続けています。2024 年に売上を 2021 年比で +40%、経常利益を同じく 2021 年比で +60% とする中期経営計画を公表しています。

②新型コロナ発生後
　コロナショック以降、「テレワークや巣籠もり生活など、ライフス

タイル変更による実需の増加」「人流の抑制によるリアル店舗からの顧客移動」という二重の特需が発生したことで、業績も急拡大しました。

　現在はまだ、ほとんどの企業の業績は好調ですが、「コロナ前から好調だったところ」と「コロナ後の特需で復調したところ」の間には「特需が消えるとどうなるか」という点で本質的な違いがあります。実際、コロナショックをきっかけにリアル店舗を持つ大手企業も顧客減少対策としてECに力を入れ始めており、これからは、リアル店舗系を含めた同業他社との競争が激しくなると予想されます。本当の実力が問われるのはこれからですね。

③注目株

　コロナ前からAmazonとの差別化に成功していたモノタロウは、コロナショックから1年を経過した後も業績は好調に推移していますが、株価のほうは特需を織り込んで上昇しすぎてしまった反動もあって、しばらく下落基調が続きました。

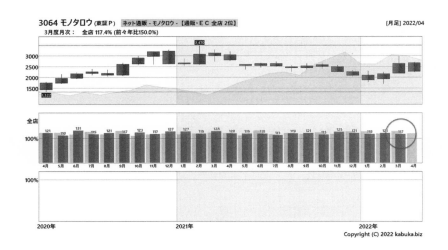

それでもモノタロウの場合、株価はコロナショック前よりかなり高い位置にあります。

　一方、コロナ前に好調だったわけでもなく、特需の恩恵で一時的に好業績を記録した企業の多くでは、株価はピークを過ぎた後、大きな下落に転じ、コロナ前の水準を割り込んでしまっているところが少なくありません。

～その8　百貨店業界の勝ち組・負け組・注目株～

> 業界全体：負け組
>
> 個別状況：すべて負け組
>
> 注目株　：なし
>
> 主な銘柄：高島屋、Ｊ・フロントリテイリング、
> 　　　　　三越伊勢丹HD

＜百貨店＞月次 既存店ランク 1-6

※月度の新しい方が上位にランキングされます。		月次	■全店	■既存店	■株価
1. ＜3086＞Ｊフロント	百貨店	2月度	■112.1%	■102.7%	■94.6%
2. ＜3099＞三越伊勢丹	百貨店	2月度	■99.9%	■101.2%	■119.1%
3. ＜8242＞Ｈ２Ｏリテイ	百貨店	2月度	■116.1%	■---.-%	■98.6%
4. ＜8237＞松屋	百貨店	2月度	■112.3%	■---.-%	■72.8%
5. ＜8233＞高島屋	百貨店	2月度	■103.8%	■---.-%	■103.8%
6. ＜8244＞近鉄百	百貨店	2月度	■93.8%	■---.-%	■76.5%

①概要

　百貨店は、対面営業で商品を販売する形を基本としています。ひとつの建物の中で、衣食住にまつわる数多くの商品を取り扱っていることから、百貨店と呼ばれています。スーパーマーケットやショッピングモールよりも、良質で高級な商品を取り扱っているケースが多く、一般向けには贈答品需要のほか、富裕層や外国人観光客のインバウンド需要に支えられてきました。

　ただし、現在、その恩恵を受けているのは、都市部や首都圏の一部の店舗に限られます。地方や郊外店は恒常的な赤字で閉店が相次ぎ、百貨店業界は全体としては縮小傾向にあります。

特に、業績規模は2014年をピークに、コロナ禍の影響を受けた2020年以降は大幅に減少しました。

②新型コロナ発生以後

　百貨店は少し前まで訪日外国人客によるインバウンド効果を受けて業績は好調でしたが、コロナショックで外国人観光客がいなくなり、追い打ちを掛けるように、緊急事態宣言が発令されると、国内の客足もほぼ途絶えてしまいました。緊急事態宣言が解除された後も外国人観光客の訪日は激減したまま。人流もピークまで回復せずといった厳しい状況が続いています。

　さらに、海外進出している百貨店は海外でも苦戦するという二重苦になりました。国内市場がピークアウトしていく以上、持続的成長のためには海外かECかということになりますが、現在はまだどちらも厳しい状況です。

　もっともコロナ禍の百貨店が最悪の状況であることは誰でも知っています。言い換えると、今が最も悪い状況。時間が経過すれば、人類が感染症を克服できることは歴史が証明しています。

　最悪の状況を織り込んで以降、株価は少しばかりではあるものの反発しました。

　コロナが完全収束すれば、観光立国日本の百貨店に、アジアを筆頭に世界各地から観光客が再び訪れる日も戻ってくるでしょう。そのとき百貨店業界がどうなっているかは、神のみぞ知るですが、株はリスクが高く、株価が安いときに買っておくという逆張りの考え方もあります。

～その9　サービス業界の勝ち組・負け組・注目株～

業界全体：やや負け組

個別状況：少数の勝ち組と多数の負け組

注目株　：KeePer技研、きずなHD

主な銘柄：オートバックスセブン、
　　　　　　フジコーポレーション、パーク24

＜サービス＞月次 既存店ランク 1-10

※月度の新しい方が上位にランキングされます。		月次	■全店	■既存店	■株価
1. ＜6036＞ KeePer	カーサービス	3月度	■147.0%	■137.7%	■100.8%
2. ＜7605＞ フジコーポ	カーサービス	3月度	■124.0%	■114.0%	■93.0%
3. ＜6571＞ QBNHD	美容サービス	3月度	■107.2%	■106.5%	■90.9%
4. ＜2406＞ アルテHD	美容室	3月度	■105.9%	■103.9%	■132.2%
5. ＜9832＞ オートバックス	カーサービス	3月度	■103.5%	■103.3%	■89.7%
6. ＜4680＞ ラウンドワン	アミューズメント	3月度	■---.-%	■85.8%	■108.4%
7. ＜9022＞ JR東海	運輸サービス	3月度	■139.0%	■---.-%	■96.5%
8. ＜7086＞ きずなHD	葬儀サービス	3月度	■119.4%	■---.-%	■124.0%
9. ＜7372＞ デコルテHD	写真サービス	3月度	■110.0%	■---.-%	■---.-%
10. ＜9142＞ JR九州	運輸サービス	3月度	■107.2%	■---.-%	■97.4%

①概要

　サービス業界は、人材派遣や教育、ブライダル、葬儀、広告、旅行仲介サービス、レジャー運営、ホテル運営など、無形のサービスを販売・提供しているカテゴリーです。

　月次Webでは、広義のサービス業として鉄道会社や不動産、金融など、（情報通信系を除いた）小売業以外の業態をまとめてカテゴライズしています。

実際には、もっと多くのサービス系企業が上場していますが、小売業と比べて月次開示企業が少ないため、このようになりました。月次Webで監視できるのは一部のみになりますが、それでも消費動向を知る重要なヒントになります。

②新型コロナ発生以後

サービス業界の明暗は、コロナショックで人の移動が制限された影響度でほぼ決まっています。特に、消費者向けサービスでダメージが大きい傾向にあります。反面、企業向けサービスは堅調で、全体としては負け組のほうがやや多いといったところです。

◆大ダメージ
- 旅行サービス
- 運輸サービス（人員輸送）
- 冠婚葬祭、ホテル

◆中ダメージ
- アミューズメント
- 駐車場
- 美容・理容

◆小ダメージ
- 企業向けサービス

◆追い風
- 運輸サービス（物流）
- カーサービス
- 金融サービス

③注目株

　注目株のひとつ目の KeePer 技研は、ガソリンスタンドなどでカーコーティングサービスを展開する業態を採用しています。消費者向けサービスですが、コロナが追い風になりました。

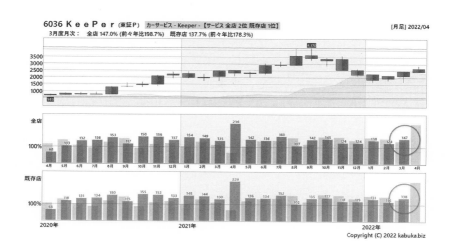

　コロナ禍の初期は、（新車の販売が低迷した反動で）今乗っているクルマをコーティングして乗り続ける人が増えたことを受け、業績が大幅に伸張しました。

　その後、新車の販売が回復してきたところで、今度は、半導体需要が逼迫してきたことで新車生産が延期されるなど、新車を売りにくい状況が長引いたため、コーティング需要の好調が続きました。

　ただしその後は、コロナの収束が見えてきたことや月次業績もピークを超えたことで、2021 年中盤を頂点に株価は下落に転じています。今後は、特需後の業績が問われることになるでしょう。

　KeePer 技研に限らず、今後は、コロナ特需に沸いたところがどこ

まで成長を維持できるか、あるいは、コロナ禍で失われた需要が、アフターコロナでどこまで回復するかが焦点になってくると思われます。すべてが元に戻るわけではありませんが、ニーズの変化を捉えることで成長していくことは可能でしょう。

　2つ目のきずなHDは、家族葬を提供する企業です。コロナピーク時には葬儀自体が敬遠されて厳しい結果になりましたが、コロナが収束するにつれて少人数で葬儀を行える家族葬に特化していることが逆に強みとなり、業績は成長に転じています。たまたま追い風が吹いたとも言えますが、ライフスタイルの変化からニーズが高まっていた家族葬に特化した戦略が功を奏したとも言えるでしょう。

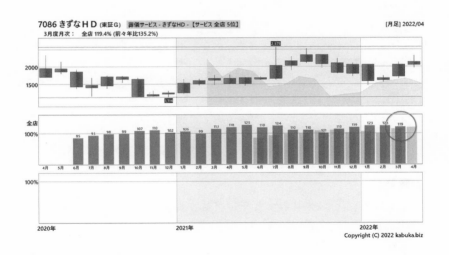

～その10　ネットサービス業界の勝ち組・負け組・注目株～

業界全体：勝ち組

個別状況：多数の勝ち組と少数の負け組

注目株：ラクス

主な銘柄：サイボウズ、トヨクモ、ＮＳＤ

＜ネットサービス＞月次 既存店ランク 1-10					
※月度の新しい方が上位にランキングされます。		月次	■全店	■既存店	■株価
1. ＜3927＞Ｆ－ブレイン	ネットサービス	NEW! 3月度	■202.1%	■---.-%	■71.1%
2. ＜3690＞イルグルム	ネット広告	3月度	■106.5%	■---.-%	■75.9%
3. ＜4058＞トヨクモ	ネットサービス	2月度	■142.0%	■---.-%	■68.1%
4. ＜3923＞ラクス	ネットサービス	2月度	■134.9%	■---.-%	■101.9%
5. ＜4374＞ロボペイ	ネット決済	2月度	■122.0%	■---.-%	■---.-%
6. ＜4776＞サイボウズ	ネットサービス	2月度	■120.5%	■---.-%	■58.7%
7. ＜6045＞レントラクス	ネット広告	2月度	■120.3%	■---.-%	■96.2%
8. ＜3733＞ソフトウェア	ネットサービス	2月度	■119.5%	■---.-%	■58.4%
9. ＜9759＞ＮＳＤ	情報サービス	2月度	■110.3%	■---.-%	■118.1%
10. ＜3796＞いい生活	ネットサービス	2月度	■100.0%	■---.-%	■72.0%

①概要

　企業向けにインターネットサービスを提供する業界で、一般消費者にはあまりなじみのない業界です。

　企業向けビジネスは、一般消費者向けのビジネスがB to C（Business to Consumer）と呼ばれるのに対してB to B（Business to Business）と呼ばれます。月次Webでは主に消費者向けビジネスが対象となっていますが、この業界は例外ということになります。

月次 Web でフォローするネットサービス企業には、ソフトウェア開発のほか、総務や経理向けソフトウェア、グループウェア、電子カルテ、インターネット広告、EC サイト構築、情報セキュリティサービスなど、多様な IT サービス企業が含まれています。

　フォローする企業の多くは勝ち組ですが、この業界は技術的な進歩の非常に速い業界であるため競争も激しく、上流は GAFAM などの米国大手企業（Google、Apple、Facebook、Amazon、Microsoft の米国 IT 大手 5 社）につながり、実力企業がひしめき合っている業界と言えるでしょう。

　そのため、株価や月次業績を見るとわかるように、ビジネスモデルが陳腐化して競争力を失い、株価・月次業績とも低迷している会社も存在します。

②新型コロナ発生後
　企業向けサービスが多く、一般消費者にはなじみのない銘柄が並んでいるネットサービス業界では、コロナショック以降の業績は、DX（デジタルトランスフォーメーション）の推進を受けて好調です。

　DX はデジタル化されていない非効率な業務をデジタルに置き換えて効率化を図っていくものであり（例：出張をテレビ会議に代替）、人と人との接触を減らすことでコロナ対策になると同時に、省人化・効率化が進むことから官民を挙げて推進されています。
　この業界で月次を公開しているのは、ほんの一部の企業に限られているので、必ずしも業界の全容ではありませんが、好調か不調かの目安にすることはできます。
　多くの会社が、ビジネスモデルを従来型の個別受注やパッケージ販

売型から、クラウドサービス型でサブスクと呼ばれる月額課金モデルに移行していることも収益性を高めている要因です（例えば、パッケージソフトをクラウド型にすることで、物流コストが不要になります）。

③注目株

　注目銘柄のラクスは中小企業向けに「楽楽精算」という出張旅費精算のクラウドサービスを提供する企業です。ここ3年ほど年平均+30%程度の高成長を続けています。年30%成長というのは、コラム②で触れた成長テーブルで計算すると、5年後に3.7倍になる成長スピードです。

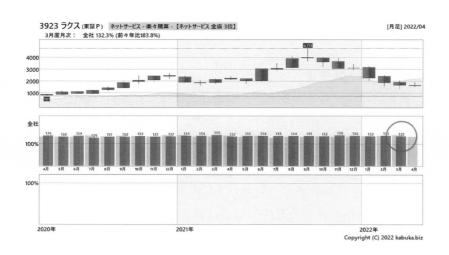

会社員の方であれば、出張旅費精算を紙文書に記入したり、Excel
シートで入力した経験をお持ちの方もいるでしょう。このようなサー
ビスをクラウド化することで、経理業務を効率化することができます。
大企業では、経理・総務システムを自社で開発しているところもあり
ますが、中小企業では開発コストの問題からそう簡単に自社開発でき
ません。

　ラクスのサービスは、DX の流れを受けて、このような中小企業の
業務効率化ニーズに受け入れられて成長を続けています。

　ただし、株価はあまりに先行期待が高かったため、超割高な水準ま
で上昇した後に急落しています。投資対象としては理論株価に対する
株価の妥当性も含めて注意が必要です。

　もっとも、今後も政府の方針のもと、大企業から中小企業まで DX
推進の流れは続くものと考えられますので、好業績の会社があれば、
強みを分析してみるとよいでしょう。繰り返しになりますが、人気企
業が多いので、株価水準には注意してください。

全業種月次ランキングで変化を読む

　月次Webでは業種別に加えて全業種のランキングも用意しています。

　次の6つの業種別ランキングには、全業種の中でも特に好調な上位銘柄がランクインしています。ウオッチしておくと旬な銘柄をチェックできます。

・全業種全店ランク（前年比）
・全業種全店ランク（前々年比）
・全業種既存店ランク（前年比）
・全業種既存店ランク（前々年比）
・全業種前年比株価ランク
・全業種上昇余地ランク

　本節では、全業種ランキングから旬な銘柄をピックアップしていくプロセスをいくつかの事例で紹介します。

　月次Webからは、1年で株価2倍以上に上昇する銘柄が毎年のように出現していますが、そのような銘柄には、大きく分けて、**好業績タイプと復活タイプ、材料タイプの3種類**があります。

1）好業績タイプ

　旬な銘柄のひとつ目が好業績タイプです。全店や既存店の全業種ランキング（前年比、前々年比）で1位や2位に連続してランクインする傾向にあります。毎月のランキングに新規登場するタイミングでチェックできます。

　ただし、ランク上位は、わかりやすく人気化しやすい反面、株価が割高な水準まで上昇していることも多く、ピークを過ぎると株価も下げやすくなる点には注意が必要です。

　興味がある銘柄は、個別銘柄ページの月次チャートを表示させて、月次業績と株価の連動性を確認するとよいでしょう。割高かどうかは、理論株価と上昇余地を確認してください。個別銘柄ページの詳細は、第6節で解説します。

				月次	■全店	■既存店	■株価
		<すべての業種> 全店(前々年比) 1-10					
1.	<7545>西松屋チエ	子ども服店	NEW!	4月度	■125.7%	■120.4%	■172.6%
2.	<4343>イオンファン	アミューズメント		3月度	■266.0%	■274.7%	■132.1%
3.	<3927>F－ブレイン	ネットサービス		3月度	■239.1%	■---.-%	■104.4%
4.	<2653>イオン九州	食品スーパー		3月度	■233.0%	■104.3%	■115.7%
5.	<2780>コメ兵HD	リユース店		3月度	■202.7%	■---.-%	■257.7%
6.	<7816>スノーピーク	アウトドア用品		3月度	■200.2%	■---.-%	■938.9%
7.	<4058>トヨクモ	ネットサービス		3月度	■200.2%	■---.-%	■0.0%
8.	<6036>KeePer	カーサービス		3月度	■198.7%	■178.3%	■351.7%
9.	<3923>ラクス	ネットサービス		3月度	■183.8%	■---.-%	■209.2%
10.	<9279>ギフトHD	ラーメン店		3月度	■181.1%	■106.8%	■261.2%

2022年4月20日頃の全店の前々年比ランク〈すべての業種〉では、スノーピーク、KeePer技研、ラクスなどの好業績企業にまじってコロナ禍からの復活銘柄がランクインしています。

　１位は、西松屋チェーンになっていますが、これは、この時点で4月度月次の発表がまだ１社しかないためです。ランキングでは速報性を重視するため、最新月度が優先して表示されます。

　この全店ランク上位から個別ページに入って、５位だったコメ兵ＨＤの月次チャートを確認すると、コロナ禍の影響が薄れてきた2021年３月の月次から業績が急回復したことがわかります（次ページ上段）。

　一方の株価は、月次が回復する少し前の２月から上昇を開始して、９カ月間で710円から2255円まで３倍以上になったことがわかります。業績株価連動の好例ですね。

　同じく全店ランク上位から、９位のラクスの月次チャートを確認すると、月次業績は130%台で安定していることがわかります（次ページ下段）。

　株価は、１年半で安値727円から高値の4775円まで6.5倍に上昇した後、1500円台まで急落して３分の１になる激しい値動きになっています。こちらは、月次業績以上に上げすぎた株価が落ちてきた例でしょう。

２）復活タイプと材料タイプ

　旬な銘柄の２つ目と３つ目が復活タイプや材料タイプです。

　地味に業績と株価が回復していく復活タイプは、個別銘柄を定期的にチェックしている場合を除いて、気づきにくい傾向にあります。

　材料タイプは、まだ業績に反映されていない材料による先行期待が中心の株価上昇です。

◆コメ兵HD

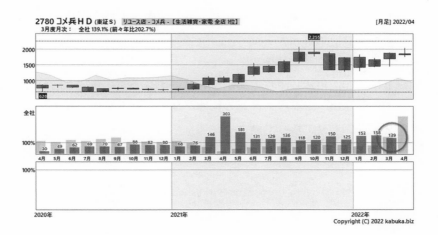

◆ラクス

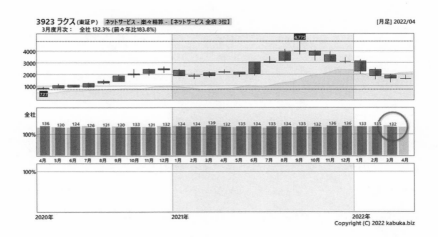

これらのタイプは、全業種の株価ランクを定期的にチェックしてお
くと目に止まりやすくなるでしょう。

　復活タイプや材料タイプは、評価が定まっておらず、不安定なこと
が多いので、決算書を参照するなど、詳しく調べてから投資判断する
ことが望ましいと言えます。

　以下は、2022年４月時点の株価ランク〈すべての業種〉上位の例で
す。１年前と比べてシーズメンの株価が２倍以上となり、スノーピー
クも２倍近い上昇になっています。

<すべての業種> 前年比株価 1-10		月次	■全店	■既存店	■株価
1. <3083>シーズメン	衣料品店	3月度	■140.9%	■92.5%	■207.3%
2. <7816>スノーピーク	アウトドア用品	3月度	■122.6%	■---.-%	■192.2%
3. <2780>コメ兵HD	リユース店	3月度	■139.1%	■---.-%	■174.7%
4. <3094>スーパーV	食品スーパー	3月度	■93.1%	■---.-%	■158.4%
5. <3397>トリドール	うどん店	3月度	■109.4%	■109.4%	■153.0%
6. <2406>アルテHD	美容室	3月度	■105.9%	■103.9%	■132.2%
7. <3382>セブン&アイ	コンビニGMS	3月度	■101.3%	■100.8%	■130.3%
8. <3179>シュッピン	ネット通販	3月度	■104.9%	■---.-%	■128.8%
9. <3547>串カツ田中	肉料理店	3月度	■(94.7%)	■77.4%	■128.0%
10. <3038>神戸物産	業務用スーパー NEW!	3月度	■113.7%	■105.3%	■127.3%

　株価ランク１位のシーズメンは、月次が好業績とは言えないので、
業績だけのチェックでは気がつきにくい銘柄と言えます。個別銘柄ペ
ージで月次チャートを見ると、2021年10月から12月にかけて月次の業
績変化がないなか、株価が急上昇しているのが目に付きます（次ペー
ジ上段）。

　そこで、WEBサイトでシーズメンのニュースリリースを確認して

◆シーズメン

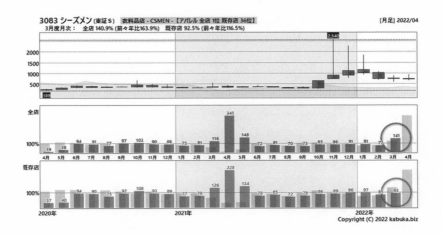

CSMEN News Release
〒103-0002　東京都中央区日本橋馬喰町1-5-4

令和3年10月22日

会 社 名　　　株式会社　シーズメン

メタバースファッション専門アパレルブランド
「ポリゴンテーラーファブリック（POLYGON TAILOR FABRIC）」
の新設に関するお知らせ

　当社は、外神田商事株式会社（以下「外神田商事」といいます。）との業務提携を通じて、メタバースファッション事業へ進出することにいたしましたので、お知らせいたします。

1．背景
　当社は、創業以来、衣料品販売を中心とする小売業の展開を行ってまいりました。従来から展開してきたMETHOD、流儀圧搾などの自社業態に加え、ここ数年は他社ブランドのフランチャイズ展開など、新たな事業の開発を行ってきました。また、2021年3月より株式会社スピックインターナショナルを子会社化し、更に事業の幅を広げるとともに、当社との事業上のシナジーの実現を推し進めております。

みると、2021年10月にメタバースブランド（※メタバースとは、仮想的な３次元空間上で提供される各種サービスで、今後の発展が期待されている先進的なサービス分野です）の新設を告知していたことがわかりました（前ページ下段）。材料タイプです。

　このように、月次Webから変化を捉えて、銘柄を調べることができるわけです。

　また、株価ランク７位のセブン＆アイHDは、全店や既存店の全業績ランクで上位に入るほどの好業績ではありませんが、株価ランクでは、７位にランク付けされています。
　個別銘柄ページの月次チャートでは、月次が回復基調になり、株価も右肩上がりになってきたことがわかりますが、飛び抜けた業績とは言えません（次ページ上段）。
　そこで、セブン＆アイHDのIRページから月次情報の詳細を確認すると、株価の好調さに、米国7-Eleven,incの好調が反映されているらしいことがわかります（次ページ中段）。
　また、同じくIRページの2022年２月期の決算説明資料にも海外コンビニ事業の成長に関する記載が見つかりました（次ページ下段）。Speedway社というガソリンスタンド併設型のコンビニ会社を買収した効果で、米国コンビニ事業が好調なことがわかりました。
　こちらは、復活タイプ＋材料タイプでした。

　このように、月次Webのランキングをきっかけに、月次情報の詳細や決算書を見ていくことで、いろいろな発見につながります。皆さんも試してみてください。なお、決算書の読み方は、第６章で詳しく解説します。

◆セブン＆アイHD

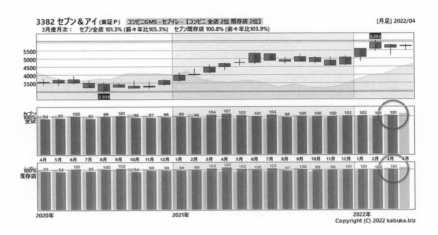

			3月	4月	5月	6月	7月	8月
セブン・イレブン・ジャパン	既存店	売上	100.8					
		客数	97.6					
		客単価	103.3					
	チェーン全店	売上	101.3					
	店舗数（店）		21,179					
7-Eleven, Inc.（ドルベース）	米国内既存店	商品売上	105.3					
	チェーン全店	総売上計	189.3					
		商品売上	137.9					
		ガソリン売上	231.6					

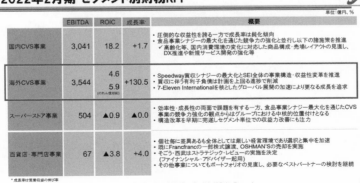

5

～第6節～
個別銘柄ページで企業価値を考える

1）個別銘柄ページでチェック

　業種別ランキングで気になる銘柄が見つかったら、個別銘柄のページに移動して株価や月次の推移をチェックしましょう。株価が適正水準と比べて割安か割高かの評価だけでなく、理論株価も確認できます。

　個別銘柄ページは、トップページや各種ランキングページの会社名からもリンクしています（次ページ）。

2）月次チャートで業績と株価の連動性を確認する

　個別銘柄ページの前半部分は、月次チャートが表示されていますので、まずは月次チャート部分の見方について紹介します。

①タイトル

業種や会社名が記載されています。

②業種別順位

最新月度と全店、既存店の業種別ランキングの順位が記載されています。

◆個別銘柄ページ：月次チャート

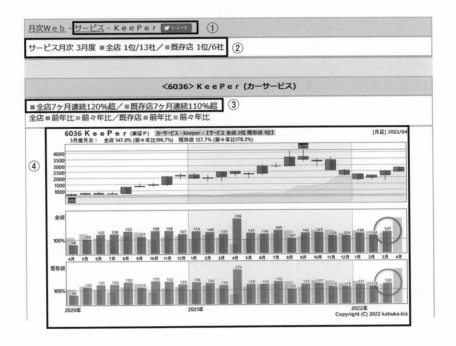

①タイトル

②業種別順位

③連続記録

④月次チャート

③連続記録

全店や既存店が連続して100%超や100%割れを記録している場合に表示されます。

第1章の月次ゲームで体験したように好調、不調が連続するときは、投資判断で重要な局面であることもあります。

④月次チャート

過去2年分の株価チャートと月次情報（全店および既存店）の推移を表示するチャートです。

◎ヘッドライン

会社名に続いて業種詳細や業種内順位、最新情報の順位が記載されています。

◎チャート上段

過去2年分の株価推移を月足チャートで表示します。背景の薄いグレーは1年前の株価推移を示しています。1年前の株価と比べてどうかが、すぐわかるようになっています。

◎チャート中段

過去2年分の月次の全店売上の推移を縦棒グラフで表示します。棒グラフ上部には月次業績の数字を、小数点以下を除いて記載しています。後ろ側の薄いグレーの棒グラフは1年前の月次を示しています。1年前の月次と比べてどうかが、すぐにわかります。また、最新月次は丸囲みされています。

◎チャート下段

過去2年分の月次の既存店売上の推移を縦棒グラフで表示します。

棒グラフ上部には月次業績の数字を、小数点以下を除いて記載しています。

　後ろ側の薄いグレーの棒グラフは1年前の月次を示しています。1年前の月次と比べてどうかが、すぐにわかります。また、最新月次は丸囲みされています。

　月次Webの月次チャートは、月次業績と株価との推移がわかりやすいように表示しています。月次業績は、株価と連動している場合と連動していない場合があります。それぞれの理由を考えて投資判断する必要があります。

【業績と株価が連動する場合】
　業績が好調時に株価が上昇し、不調時には株価が下落するのが正常な状態です。素直に好業績を買うことで株価が上昇しやすい、わかりやすい相場です。

　ただし、業績と比べて株価が上昇しすぎると、バブル相場になってしまうこともあるので注意してください。月次チャートでは、株価と月次業績をそれぞれ、1年前と比較できるので、参考にしてください。

【業績と株価が連動しない場合】
　業績好調でも株価が上昇しなかったり、不調でも上昇する場合もあります。これは、目先の業績以上に株価に影響を与える材料がある場合です。その要因もさまざまで、投資判断が難しい局面になります。

　第5節で紹介したラクスのように業績が好調でも、バブル的に上昇した結果、株価水準が超割高となって水準訂正から下落し続けるバブル崩壊パターンもあります。

　このような期間はしばらく続くことも多いため、投資を見送るという判断もありえます。

3）月次Webの月次チャート事例解説

　ここでは、事例としてアパレル業界４強を月次チャートで比較してみましょう（2021年３月度の業績まで）。

　なお、月次業績の発表日は企業によって違いますが、多くが翌月となるので、株価と月次の推移には１カ月程度のズレがある点に注意してください。

①スノーピーク

　最初はコロナ禍の追い風もあってアウトドアでブレイクしたスノーピークです。2021年に全店164.7％という好業績を記録し、その後も200％を超える高成長を連発。株価は１年で最大４倍以上まで上昇しましたが、その後は高値圏で調整に入っています。

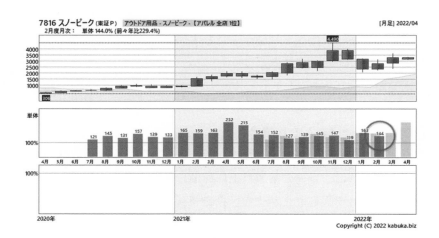

②良品計画

　続いて良品計画です。コロナショック前に悪化していた業績が、コロナ後、しばらくして回復。株価も月次と連動して2021年前半までは素直に上昇しました。その後、2021年後半以降は既存店100%割れが続くようになり株価も下げ、上昇前の位置まで戻っています。

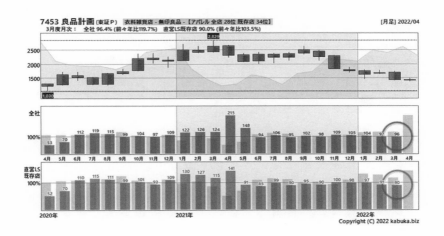

③ワークマン

　続いてワークマンの月次チャートです。コロナショック後に大きく上昇した後、１年半以上もの間、下げ続けています。2020年には100%を超えていた月次業績が2021年からは100%割れを記録するようになっています。成長に陰りが出てきていることが理由でしょう。

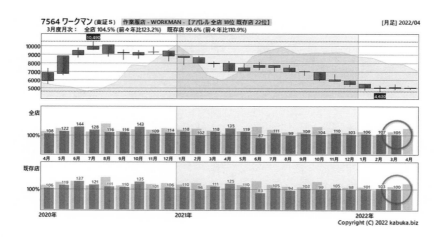

④ファーストリテイリング

　最後にファーストリテイリングです。コロナショック後に株価、月次業績とも一時急速に悪化したものの、その後、大きな改善が見られたことで株価は期待先行で大きく上昇しました。しかし、2021年の6月以降は再び月次業績が悪化し、株価も不調に陥りました。

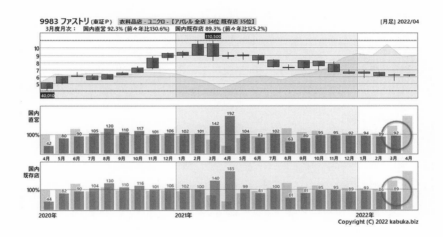

　以上、アパレル4社の2年間の推移を見るだけでも、業績と株価の連動性を確認することができました。

　このように、業績と株価が素直に連動するときは比較的取り組みやすいですが、楽観的な局面で株価がバブル的に上昇した場合や、悲観的な局面で株価が企業価値以上に下げてしまうときには、難しい相場になってしまうこともあります。

４）銘柄情報で評価情報や適正株価を確認する

　個別銘柄ページの後半には、銘柄情報や評価指標などの投資判断に役立つ情報のほか、月次売上の詳細データが掲載されています。

①銘柄情報（次ページ参照）

Ⓐ基本情報

　証券コードや会社名、決算月といった基本情報が記載されています。

Ⓑ業種情報

　東証での業種分類のほか、月次Webでの業種分類、小分類を表示します。

Ⓒ株価情報

　株価や前日比のデータを表示します。

②評価指標（次ページ参照）

Ⓓ理論株価

　理論株価と上昇余地、上限株価と上限余地を表示します。リンクをクリックすると理論株価Web（理論株価Webは、はっしゃんが監修する月次Webの姉妹サイトです）を表示します。

◆個別銘柄ページ：銘柄情報

① 銘柄情報		② 評価指標	
Ⓐ <6036> ＫｅｅＰｅｒ (6月決算)		Ⓓ 理論株価	4,070 (上昇余地+18.0%)
市場 東証プライム (ＰＲＭ中型)		Ⓔ 配当格付	格付除外
Ⓑ 業種 サービス		Ⓕ 倒産確率	0.00%
Ⓒ 株価 3,450 (2022/06/07)		Ⓖ 投資難易度	Ｅ難度 (達人専業領域)
前日比 -85.0 (-2.40%)		Ⓗ 流動目安	2,000株 (690万円)

③ 分類情報		理論株価チャート NEW!
分類 サービス		
Ⓘ 小分類 カーサービス		
Ⓙ ブランド Keeper		
Ⓚ 予定日 1日以降 (リリース)		
一次情報 企業のWEBサイトへ NEW!		

④ ＫｅｅＰｅｒ 月次 (前年同月比)				ＫｅｅＰｅｒ 月次 (前年同月比)			
月次	■全店	■既存店	■株価	月次	■全店	■既存店	■株価
6月度	■136.0%	■134.0%	■391.9%	12月度	■124.2%	■118.5%	■99.7%
7月度	■159.5%	■152.1%	■380.8%	1月度	■137.5%	■130.7%	■94.0%
8月度	■106.7%	■101.8%	■280.2%	2月度	■124.2%	■116.4%	■109.4%
9月度	■141.7%	■134.7%	■257.2%	3月度	■147.0%	■137.7%	■100.8%
10月度	■145.3%	■136.9%	■220.8%	4月度	■129.7%	■123.2%	■115.1%
11月度	■124.4%	■117.8%	■122.3%	NEW! 5月度	■130.3%	■122.7%	■140.2%

⑤ ＫｅｅＰｅｒ 月次 (前々年同月比)				ＫｅｅＰｅｒ 月次 (前々年同月比)			
月次	■全店	■既存店	■株価	月次	■全店	■既存店	■株価
6月度	■179.9%	■175.1%	■422.7%	12月度	■170.5%	■158.1%	■318.2%
7月度	■217.2%	■203.2%	■466.9%	1月度	■212.0%	■193.7%	■294.5%
8月度	■162.7%	■152.2%	■517.2%	2月度	■185.3%	■167.3%	■400.2%
9月度	■166.2%	■155.3%	■433.9%	3月度	■198.7%	■178.3%	■351.7%
10月度	■229.9%	■211.6%	■424.7%	4月度	■305.4%	■281.8%	■370.0%
11月度	■194.2%	■179.3%	■394.8%	NEW! 5月度	■185.4%	■167.0%	■394.5%

Ⓔ配当格付

　配当格付を6段階で表示します。リンクをクリックすると配当Webを表示します（※配当Webは、はっしゃんが監修する月次Webの姉妹サイトです）。

Ⓕ倒産確率

　倒産確率を表示します。リンクをクリックすると倒産確率Webを表示します（※倒産確率Webは、はっしゃんが監修する月次Webの姉妹サイトです）。

Ⓖ投資難易度

　投資難易度をA〜Fの6段階の難度で表示します。投資対象とするかどうかの参考になります。詳しくは、章末の「コラム⑥　銘柄によって投資難易度は違うという考え方」を参照してください。

Ⓗ流動目安

　過去の5年間の流動性を考慮して投資可能な金額を表示します。表示額を超えて投資した場合は、流動性リスクがあることを示します。

③分類情報(275ページ参照)
　Ⓘ小分類やⒿブランド、Ⓚ予定日などの情報を表示します。

④月次データ前年同月比の詳細（275ページ参照）

　過去1年間の前年同月比の全店、既存店、株価データを表示します。月次と株価の連動性を数字でチェックできる点が便利です。

⑤月次データ前々年同月比の詳細（275ページ参照）

　過去1年間の前々年同月比の全店、既存店、株価データを表示します。月次と株価の連動性を数字でチェックできる点が便利です。

5）評価情報や適正株価のチェックポイント

　個別銘柄ページには、業績から見たチェックポイントとして、理論株価や株価水準に関する情報も掲載されています。株価水準と投資難易度のチェックポイントは次の通りです。

> ◎株価水準が割安か適正であること
> 　※株価水準が割高である場合は下落リスクに注意
> ◎投資難易度は、A〜Cが望ましい

　理論株価と株価水準の関係は次のようになっています。

> 超割高：株価が上限株価の2倍以上
> 　割高：株価が上限株価以上
> やや割高：株価が理論株価比＋20％以上
> 適正株価：株価が理論株価の±20％以内
> やや割安：株価が理論株価比−20％以下
> 　割安：株価が理論株価比−40％以下
> 超割安：株価が理論株価よりかなり割安（解散価値より下）

理論株価の計算方法については、第6章 第7節で紹介しています。

投資難易度は、本章末のコラム⑥で説明する8つのチェック項目から銘柄の投資難易度を判定するシステムです。D難度以上は上級者向けなので新規の購入は避けたほうがよいでしょう。

多くの将来性のある、今後の成長が期待されている人気株は割高となっています。理論株価や株価水準、投資難易度による客観的な評価は、人気株を過剰な評価で割高に購入してしまうリスク（市場評価が変わって大きく下落するリスク）を軽減してくれます。

6）月次Webのサブカテゴリー（小分類）を活用する

銘柄情報でも紹介したように、月次Webでは、同業他社比較の目安として各業種にサブカテゴリー（小分類）を設定しています。より細かい同業他社比較として活用することができます。

同業他社はたくさんある場合もあれば、1社しかない場合もあります。例えば、外食チェーンの丼店は、次の4社になります。

吉野家HD／ゼンショーHD（すき家）／ＡＬサービスHD（かつや）／松屋フーズHD

みなさんになじみのある丼チェーンが同業他社になっていますね。

同業他社がない場合は、複合業態であったり、競合企業のない独自性の高い業態ということになります（同業他社が月次情報を公開していない場合もあります）。例えば、外食チェーンの「カレー店」には壱番屋(ココイチ)しか登録されていません。これは後者になります。

7）月次報告書や決算説明資料をチェックする

本章の第5節でも紹介しているように、月次Webから投資候補になりそうな企業が見つかったら併せて目を通しておきたいのが**投資家向けのIR資料**です。

第3章 第4節で月次情報ファイルの読み方を説明しているように、月次Webでは、各社の月次データをデータベース化して比較しやすいようにしていますが、数字で好調か不調かはわかっても、その理由まではわかりません。

各社のIRページで月次報告書が公開されている場合は、企業によっては好調や不調の理由まで書いてありますので、一時的な好調なのか、継続して好調が見込まれるのか、投資判断に役立つでしょう。

同様に年4回発表される決算書の**決算短信と決算説明資料**、あれば**中期経営計画**にも目を通しておきましょう。企業によっては、**投資家向け説明会の動画**が公開されていることもあります。

これらの資料には、決算結果や今期の見通し、場合によっては、数年先の経営計画まで公開されている場合があります。決算書分析については、第6章で詳しく紹介します。

株価が大きく上昇するケースは、会社計画を上回る好業績であったり、不調だった業績が予想以上に回復したなど、**従来の市場予測を上回るサプライズ**があったときに多いものです。

月次情報に加えて、その市場コンセンサスのベースになっている決算書や会社計画を把握しておけば、月次での業績変化をより効果的に活かすことができるでしょう。

はっしゃんコラム⑥
銘柄によって投資難易度は違うという考え方

　上級者と同じ銘柄を選んでいるはずなのに、上級者は爆益で、なぜか自分は爆損。こんな経験をお持ちの方も多いと思います。

　そもそも銘柄には難易度があります。短期間に乱高下するような上級者向けの銘柄を選んでしまうと、初心者はあっという間に大損することもあるでしょう。

　はっしゃんは、この投資難易度に関連するベース要素をピックアップして8項目のチェックリストを作っています。銘柄を購入する前に一度、難易度チェックすることをお奨めします。

1）8つのチェック項目

　投資難易度は、次の8項目に該当するかをチェックするだけで判定できます。

　項目によっては、投資サイトで数値を調べたり、計算が必要になる場合もありますが、月次Webには、最新の投資難易度が公開されています。

▌ チェック項目 ▌

☐ **1. 株価が100円未満である**

　　倒産予備軍です

☐ **2. PBRが0.5倍未満、または2倍以上である**

　　0.5倍未満は倒産予備軍、2倍以上は割高からの株価下落リスクに注意

☐ **3. PERが0倍以下（マイナス）、または30倍以上である**

　　0倍以下は赤字リスク、30倍以上は割高からの株価下落リスクに注意

☐ **4. 自己資本比率が25％未満である**

　　レバレッジ効果による環境変化リスク
　　金融業の場合：自己資本比率が5％未満である

☐ **5. ROAが1％未満、または15％以上である**

　　低効率の低評価リスク、高効率による割高からの株価下落リスクに注意
　　金融業の場合：ROEが2％未満、または30％以上である

☐ **6. 配当利回りが1％未満である**

　　配当抑止力の低下リスク

☐ **7. 純資産が100億円未満である**

　　小規模銘柄の株価操縦リスク

☐ **8. 時価総額が200億円未満である**

　　小規模銘柄の株価操縦リスク

２）投資難易度の判定方法

　投資難易度はチェック項目の数で決まります。「％」で示されている数字は、市場全体に占めるその難易度の割合です。

チェック項目０〜１個：Ａ難度（初心者歓迎）　　　約43％
チェック項目　　　２個：Ｂ難度（初級者ＯＫ）　　　約21％
チェック項目　　　３個：Ｃ難度（中級者向け）　　　約13％
チェック項目　　　４個：Ｄ難度（上級者推奨）　　　約９％
チェック項目　　　５個：Ｅ難度（達人専業領域）　　約８％
チェック項目６〜８個：Ｆ難度（廃人専用）　　　　約６％

　比率でわかるように、市場の約３分の２はＡ、Ｂ難度の低リスク銘柄です。ただし、これらの多くは、値動きに乏しく、あまり人気がない斜陽企業です。
　逆に、将来性のある人気株になるほど、投資難易度が高い上級者向けの銘柄になるという傾向があります。

３）購入前の投資難易度の目安

　購入対象はＣ難度くらいまでがよいでしょう。投資難易度が高い上級者向けの銘柄になると、投機的な値動きをする可能性が高まります。特にＥ、Ｆ難度は初心者が近づいてはいけない領域です。
　決算発表時は、財務指標が変化することで投資難易度の基準そのものが変わります。決算内容によっては、投資難易度

が大きく変動することがありますので、投資候補の難易度を
判断材料に使う場合はチェックしておくようにしましょう。

第5章

マーケティング・
イノベーション投資法

～第1節～
これから伸びる原石を探す方法

　第4章では、月次 Web を使った投資先の探し方を紹介しました。**しかし、好業績で将来性もある「期待の高い企業」は、気づいたときにはすでに割高となっている**ことが多く、買いづらいのも現実です。これから伸びる企業が「ダイヤモンドの原石」であるうちに割安にたくさん買っておきたいのが投資家の本音でしょう。

　タイミング良く業績変化の初動を捉えることができれば幸運ですが、簡単なことではありません。大きく上昇した月次業績と株価チャートを後から見れば誰でも「あの業績変化が買い時だった」とわかりますが、第1章の月次ゲームで体験したように、現在進行形で良い数字だけ出てきたとしても、**確信を持って買うのは難しい**ものです。

　これから伸びる成長株を割安に買うには、良い数字に加えて、**今後も継続して伸びていくという根拠が必要**です。株価チャートを見ると、上昇してきた株価推移そのものが根拠のように感じますが、これは後付けですよね。この数字の根拠付けとなるのが定性分析です。
　本当に良い原石を探し出せたならば、数字が表に出てくる前に、たくさん買っておくこともできるかもしれません。

　本章では、これから伸びる成長株を探し出し、割安な時期に根拠を

持って買うために、以下の経営学や兵学などから、マーケティングやイノベーション理論を取り入れ、定性分析に応用する方法を紹介します。

◎ドラッカーのイノベーション理論
◎アンゾフの成長マトリックス
◎ランチェスターの法則
◎ブルーオーシャン戦略
◎キャズム理論

　これらは、上場企業で新規事業の立ち上げや成長の戦略として実際に採り入れられているものです（少なくとも、はっしゃんの勤務先では使っていました）。参考までに定量分析と定性分析の比較を以下にまとめておきます。

定量分析：決算書、月次情報 など

分析対象	数値化した情報やデータを分析する
大局観	大局的な情報を読み取れない可能性がある
多様性	誰がやっても同じ結果になることが多い
客観性	客観的で判断のブレが少なくなる
未来志向	基本的には過去の情報やデータに基づく分析である

定性分析：ビジネスモデル、将来性など

分析対象	数値で表せない情報やデータを分析する
大局観	全体の問題や論点を大局的に俯瞰できる
多様性	重視する項目で結果が大きく変わってくる
客観性	主観的であり、評価者リスクを考慮する必要がある
未来志向	過去にとらわれない未来志向の分析である

定量分析と定性分析、それぞれは補完関係です。特に**未来志向の分析になるほど、定性分析が重要**になってきます。

　通常、定性分析は会社の決算説明資料や評論家、アナリストなどの専門家の分析を参照することが多いでしょう。はっしゃんは、**定性分析は、投資家自身で行うべき**と考えています。

　なぜなら、企業発の情報には、企業側のバイアスがかかっているため、甘い見通しになっていることが少なくありません。また、専門家の情報にも恣意的なものが少なくありません。

　はっしゃんは上場企業勤務時代、自称専門家の方からアウトプットされる自社に対する分析がずいぶんデタラメであることを何回も経験したことを受け、他企業の分析にも同じことがあると考え、投資先の分析は自分ですることを重視するようになりました。同じような経験を持つ方も少なくないのではないでしょうか。

　投資家は、**企業が成長の意志を持って戦略的、かつ、合理的な行動をしている**のか、それともトレンドテーマを流用して大風呂敷を広げているだけなのかを自分自身で見抜かなければなりません。本章が、これから伸びる成長株を探すヒントになれば幸いです。

◆本章の要約図

これから伸びる原石を探すには
投資先が継続して伸びていくと確信できる根拠が必要

「成長の意志」を発信している企業 に注目

　そういう企業に気づくためには、
以下の2つを学んでおく

定量分析	定量分析
月次情報・決算書・中期経営計画	経営学やマーケティング理論

　具体的には　

3章　月次情報分析 4章　月次銘柄探し 6章　決算書 7章　Excel分析	【本章で学ぶ内容】 ◎ ドラッカーのイノベーション理論 ◎ アンゾフの成長マトリックス ◎ ランチェスターの法則 ◎ ブルーオーシャン戦略 ◎ キャズム理論

さらに

必要に応じて業界の知識や専門知識を学んでいく

企業の経営戦略や経営者の言葉を理解でき、
同じ目線で投資判断できる投資家

ドラッカーのイノベーション理論
～新しい価値の創造～

　本節では、定性分析の基礎知識となるマーケティングやイノベーションの考え方について学習します。

１）マーケティングとイノベーション

　「経営学の父」として日本でも著名な経営思想家ピーター・ドラッカーは、企業の目的は、「**顧客の創造**」であり、そのための機能は、以下の２つ（**マーケティング**と**イノベーション**）に集約されると述べています。

```
①企業の目的
  顧客を創造すること

②顧客を創造するための機能
  ◎マーケティング
    自然に売れる状態を作ること
  ◎イノベーション
    新しい価値を創造すること
```

マーケティングとは「モノを売る仕組み」を作ることです。ドラッカーは、顧客を理解して、商品やサービスが「**自然に売れる状態にすること**」と述べています。

　一方のイノベーションは革新です。「**新しい価値を創造**」することです。既存の価値観をひっくり返し、再定義することを意味します。

　イノベーションで新しい価値を創造して、マーケティングで自然に売れる状態にする。両者は、ちょうど補完関係にあると言えます。

　一般にイノベーションという場合、単なる新商品や新サービスではなく、時代を変えるような画期的な商品やサービスを指します。

　そして、**イノベーションは、古い価値観を破壊し、新しい市場を開く**という役割も果たします（イノベーションによる創造と破壊）。

【誰でもわかるイノベーションの例】

馬車	→	自動車
レコード	→	ＣＤ
公衆電話	→	携帯電話
ブラウン管	→	液晶パネル
白熱灯	→	ＬＥＤ

　いずれも後者が普及して、前者は役割を終えています。米国アップル創業者のスティーブ・ジョブズは、初代 iPhone を発表するときに、「電話を再定義する」と言いました。その後、ジョブズが作ったスマートフォン市場は、瞬く間にフューチャーフォン市場を置き換えていきました。まさに、イノベーションが起こした新市場の創造です。

　もちろん、投資家の皆さんに成功前のアップルを発掘せよというわ

けではありません。小さなイノベーションは私たちのまわりにも、少なからずあるので、そういう視点で投資先を探しましょうということです。

　経営戦略的な見地からも、マーケティングとイノベーションは補完関係にあります。短期的には、マーケティングで売上を維持しつつ、長期的な視野に立って、次世代のイノベーションを探すことが企業の命題というわけです。

　そして、投資家は一歩引いて、「**イノベーションを手にしつつある企業**」をまだ割安な時期に発掘し、投資すればよいわけです。

２）小さなイノベーションと大企業病

　たとえ小さな企業であったとしても、顧客により近い位置で、「新しい価値観」や「技術の進歩」を捉えることで、「イノベーション」を手にすることは可能です。

　もちろん、大企業にもイノベーションは可能ですが、大企業には既得権益を守る必要があることに加え、既存モデルの改善やコスト削減をしながら、マーケティングで利益を最大化している事情もあり、意外とイノベーションに到達しにくい性質があります（大企業病とも呼ばれます）。

　大企業病の要因は、**新しいイノベーションが既存の価値観を破壊してしまうこと**にあります。大企業の多くは既存の価値観で利益を上げていることが多く、イノベーションを推進しようとすると、社内に反対派が生まれるのです。

　アップルがiPhoneより少し前にiPodという音楽プレイヤーを発売したとき、当時の携帯型音楽プレイヤー市場でトップ企業だった

SONY は技術的に可能であったにもかかわらず、対抗製品を出さなかったと言われています。iPod は、デジタル化した音楽をプレイヤー側に直接転送する仕組みを採用していました。

当時の SONY には、携帯型音楽プレイヤー WALKMAN に加え、カセットテープや MD などのサプライ商品を売るエコシステムが完成していました。カセットテープや MD などのメディア売上で音楽コンテンツの著作権を守る仕組みを構築していたわけです。

すでに成功している企業が、既存のエコシステムを破壊してしまう「新しい価値観」のリスクを受け入れることは簡単ではありません。そうこうするうちにアップルは iTunes というアプリで音楽コンテンツの販売をはじめ、SONY の古いエコシステムを圧倒していきました。

このような経緯を経て、レコードから CD へと変遷した音楽コンテンツは、さらに CD からダウンロード、ストリーミングへと、時代のニーズに合わせて変化していきました。

アップルに限らず、これまで**多くのイノベーションが弱者である中小企業や負け組と思われていた下位企業から生まれてきました。**アップルは、今でこそ時価総額トップクラスの地位にありますが、iPod を始めたときは、独自規格 PC のマッキントッシュがマイクロソフト Windows に敗れて低迷していました。

イノベーションは、マーケティングや規模の経済（数的優位）から生まれるものではなく、**技術の進歩という下地があったうえに顧客ニーズや市場の要請から生まれてくる**ものだと言えるでしょう。

なお、大企業病対策として、トップ企業が新規事業を立ち上げるときに、社内に新規部署を作るのではなく、独立性の高い新会社を設立するケースがよくあります。これは、そのほうが既存のしがらみに捕

らわれず、イノベーションに到達しやすいからです。

　今やコンビニは日本全国いたるところにありますが、日本最初のフランチャイズ形式コンビニである「セブン・イレブン第1号店」は1974年にイトーヨーカドーが豊洲にオープンしたもので、イトーヨーカドーの子会社として設立されました。そのときには、コンビニ会社が親会社を逆転するほど大きな成長を遂げるとは誰も思っていなかったことでしょう。

3）イノベーションに注目して投資する理由

　技術は常に進歩していますし、人のニーズには限りがありません。これからも、イノベーションはどんどん生まれてくるでしょう。だからこそ、私たち投資家は、新しい技術を取り込んで、新しい商品や新しいサービス、新しいビジネスモデルを生み出そうと取り組んでいる**「成長の意志」を持った企業に着目すべき**なのです。
　そして、その「成長の意志」を確かめることが、定量分析に加えて定性分析を行う理由です。

　本章で学ぶピーター・ドラッカーをはじめとする経営やマーケティングの理論は、企業側が新規事業を創造したり、古い価値観を破壊してパラダイムシフトを実現するための方法論です。経営者や起業家はもちろん、投資家（特に成長株投資家）にとっても、知っておいて損のない知識と言えます。

　これから伸びそうな会社を探すときは、その会社がどのようなイノベーションを達成しようとしていて、どのような既存価値を破壊しようとしているのか、具体的に探ってみるとよいでしょう。

イノベーションによって破壊される既存の価値観が、その会社の成長余地になるでしょう。成長に自信を持っている成長企業であれば、その数値目標を中期経営計画などにまとめ、公表しているはずです。そのような核心に辿り着いたときこそ、根拠を持って投資できると思います。

　次節では、新規事業で株価10倍を達成した企業の事例からイノベーションについて、さらに考えてみましょう。

〜第3節〜
新規事業とアンゾフのマトリックス
〜 10 倍株 7 社の事例学習〜

1）事例紹介

　本節では、イノベーションの実現例として、既存企業が新たに新規事業を立ち上げてイノベーションを実現して株価 10 倍を達成した事例や、既存企業が立ち上げる新規事業と既存事業の関係から成功確度を分析する方法を紹介します。

◆ペッパーフードサービス

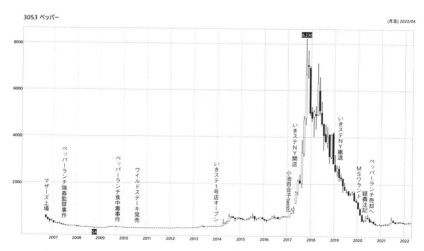

ペッパーランチ事業で成功した後、いきなり！ステーキ事業を成功させました

◆トリドールHD

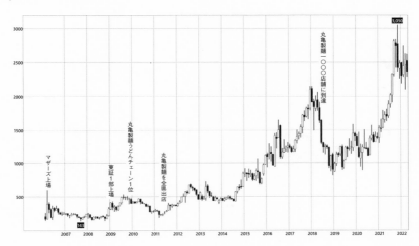

焼き鳥屋さんから出発した後、讃岐うどんチェーンで大成功しました

◆ワークマン

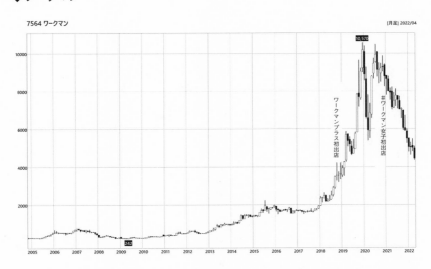

作業服チェーンとして成長した後、カジュアルやレディース向けに展開しました

◆カカクコム（月次は非公開です）

価格比較サイトで成功した後、グルメ比較サイトでも躍進しました

◆ミクシィ（月次は非公開です）

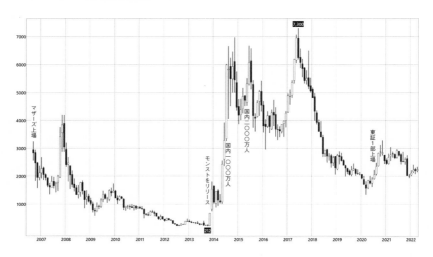

SNS サービスで成功して上場した後、スマホゲームで再び成功しました

◆ジャストシステム（月次は非公開です）

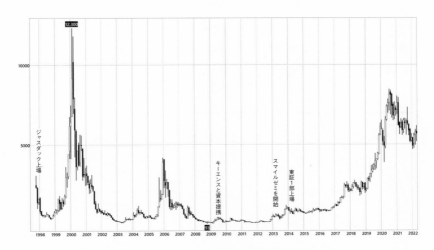

ワープロソフトで成功した後、タブレット通信教育事業に進出しました

◆弁護士ドットコム（月次は非公開です）

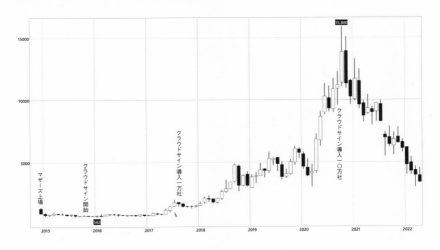

弁護士サイトで成功した後、電子契約書サービスを立ち上げて注目されています

２）新規事業へ投資する

　企業の成功パターンには、ひとつの主力事業だけで圧倒的な成功を収めるタイプもあれば、既存事業を成功させた後で、新たに別の新規事業を成功させて大化けする「二段ロケット型」の例もあります。

> 一段ロケット型：メイン事業の成長・拡大で成功
> 二段ロケット型：既存事業の成功　→　新規事業の成功

　特に、ベンチャー企業や新興企業では、ある程度、成功して上場した後に、満を持して新規事業を投入し、大化けする例がしばしば見られます。

　大企業の場合、新規事業に成功しても相対的に業績への寄与度が小さいため、投資家のメリットは大きくありませんが、**中小企業が新規事業に成功することは大きな業績インパクト**になります。

　そして、小型株や新興企業の新規事業に注目し、その市場拡大や収益化フェーズを捉えることができれば、大きな投資成果を狙えます。

　そのなかでも長期的な業績変化に着目する成長株投資の王道が、前述の「二段ロケット型」の新規事業を狙う投資です。既存企業の新規事業に注目して分析していきましょう。

3）二段ロケット型には 10 倍株になりやすい理由がある

二段ロケット型の 2 つの特徴を紹介します。

①リスクを回避しやすい

② 10 倍株を狙いやすい

それぞれ解説します。

①リスクを回避しやすい

ひとつ目は、一段目のロケットがすでに存在していることが挙げられます。実績ある業務基盤や営業基盤があるため、参入障壁やキャズム（本章の第 7 節で解説）といったビジネス障壁、失敗リスクをある程度は軽減できます。仮に、二段目が失敗しても一段目は残っているというわけです。

② 10 倍株を狙いやすい

2 つ目は、一段目のロケットが市場評価としてある程度定着していることが挙げられます。例えば、IPO 直後の新興株などは、期待先行で割高な株価になっていることが多いものです。

しかし、一段目の市場評価が定まった後の二段ロケットのタイミングでは、過剰な業績期待は、ある程度落ち着いているため、新規事業の成功をまだ織り込んでいないフェアバリューに近い株価から投資できる傾向にあります（厳密には理論株価など適正な株価を評価する必要があります）。

安く買うことができれば、成功した場合のリターンも大きくなりま

すから、10倍株を狙いやすいというわけです。

4）新規事業と人材評価

　基本的には、どの会社でも、新規事業の立ち上げには**比較的若手の
エース級人材が投入**されます。みなさんの会社にも、いろいろな難し
い新規事業を任されて、クリアしていくスーパーマンみたいな人がい
るのではないでしょうか？

　プロ野球チームの順位がエース級ピッチャーや4番バッターの存在
で大きく変わることと似ていると考えるとわかりやすいと思います。

　したがって、調べることが可能であれば、**社長や新規事業リーダー
の実績に注目する**のもひとつの方法と言えます。社長の場合は情報が
公開されていることも多いでしょうし、リーダーについても、新規事
業や関連業界の発表会・展示会などに出かけると情報を入手できたり、
場合によっては直接話ができるチャンスもあるかもしれません。

　本書では、月次情報や決算書の読み方（第6章）についても解説し
ていますが、実は決算書にはひとつの大きな問題点があります。

　それは、決算書には、会社の資産や収益について細かく記載されて
いても、**社長や優秀なリーダーといった人材の評価が記載されていな
い**という点です。通常、人材に大きな変動はありませんので、決算書
を暗黙のうちに「人材の連続性」という前提で捉えがちですが、実際
には人事異動も発生しますから、必ずそうだとは限りません。

　優秀な人材を得ることで企業が大きく伸びることも、またその逆の
パターンもありえます。日本経済新聞や四季報にも役員クラスの人材
情報は掲載されていますので、重要人物の異動があった場合、影響す
る可能性は承知しておきましょう。

5）アンゾフの成長マトリックス

　新規事業に着目した投資の前提として、**成功に至るのは、ほんの一握り**であり、その裏には、何倍もの失敗が存在していることです。例えば、企業が強みを活かせない新規分野に投資しても成功確率は低くなってしまいます。

　その新規事業の成否を占うときに参考となるのが、アンゾフの「成長マトリックス」です。この分析手法では、新規事業を以下の4つのタイプに分けて考えます。

	既存市場	新規市場
既存商品	①市場浸透タイプ 〜低リスク低リターン〜	②市場開発タイプ 〜中リスク中リターン〜
新規商品	③製品開発タイプ 〜中リスク中リターン〜	④多角化タイプ 〜高リスク高リターン〜

　アンゾフは「戦略的経営の父」とも呼ばれるロシア系アメリカ人の経営学者です。成長戦略を「商品」と「市場」の2軸に分け、さらに「既存」と「新規」に分類しています。
　4タイプの中でその企業が持つ既存の強みを活かしているのが「②市場開発タイプ」と「③製品開発タイプ」です。
　既存製品を新市場に投入したり、既存市場に新製品を開発することで、会社が持つ強みを活かして新規コストを削減しつつ、新規事業を立ち上げます。

アンゾフのマトリックスを分析することで次のようなことを検証します。

◎強みを活かして新規事業を開始したか
◎リスクを取りすぎていないか
◎既存事業との相乗効果が期待できるか
◎どの程度リターンを期待できるか

このアンゾフのマトリックスをドラッカー的に言えば、以下のようになりますね。

製品開発：イノベーション
市場開発：マーケティング

新規事業のビジネスモデルをアンゾフの成長マトリックス図で分析して、リスクリターンを考えてみるとよいでしょう。

①市場浸透タイプ（既存商品＋既存市場）
新規事業ではなく、その改善過程に該当します。乗用車を旧モデルから新モデルにモデルチェンジしたり、同ブランドの新モデルやバージョンアップ製品を発売するケースです。
新規事業を立ち上げても、すぐに大成功することはまれです。実際は問題点の改善や試行錯誤を繰り返します。粘り強く市場浸透を重ねた結果、2回目や3回目のチャレンジで大きな成功に転じることもあります。
例えば、当初は実験的な商品だったトヨタのプリウスは、実用性が

向上した２代目を低価格で投入したところ、大ブレイクしました。

　東京オリンピックの入場曲に採用されるなど、国民的なゲームソフトとなったスクウェア・エニックスの「ドラゴンクエストシリーズ」も本格的なパーティ制を採用した「ドラゴンクエストⅡ」から大ヒットに転じました。

	既存市場	新規市場
既存商品	①市場浸透タイプ 〜低リスク低リターン〜	②市場開発タイプ 〜中リスク中リターン〜
新規商品	③製品開発タイプ 〜中リスク中リターン〜	④多角化タイプ 〜高リスク高リターン〜

②市場開発タイプ（既存商品＋新規市場）

　既存の製品や商品を従来とは別の市場に投入するタイプです。開発費を節約できますが、営業コスト（市場開拓コスト）が掛かります。例えば、宅配ピザというビジネスは、従来のレストランピザをデリバリー型にすることで新しい市場を開拓した例です。

　同様にコンビニエンスストアも、従来と同じ商品の売り方を変えて市場開発で成功したビジネスモデルですね。最近ではリアル店舗で買えるものは、ほとんどネットショップでも購入できるようになってきました。

　特に2020年以降は新型コロナの影響で、飲食店や百貨店の営業が制限されるなど、既存事業×デリバリーの市場開発タイプが注目を

集めたことは周知の通りです。

	既存市場	新規市場
既存商品	①市場浸透タイプ 〜低リスク低リターン〜	②市場開発タイプ 〜中リスク中リターン〜
新規商品	③製品開発タイプ 〜中リスク中リターン〜	④多角化タイプ 〜高リスク高リターン〜

　冒頭7社の成功事例でいうと、以下の企業はこのタイプに該当します。

◎いきなり！ステーキ
　ペッパーフードサービスのいきなり！ステーキ事業は、既存事業であるペッパーランチで好評だったワイルドステーキから派生したステーキ専門店です。立ち食いスタイルを導入するなど、新市場を開拓して話題になりました。

◎ワークマンプラス
　ワークマンプラスは、作業服専門店だったワークマンの商品群を一般消費者向けに店舗作りを変えたことでブレイクしました。ターゲットを職人から一般消費者へと変えたことで市場規模を拡大させて成長しています。

③製品開発タイプ（新規商品＋既存市場）

　市場開発タイプとは逆に、既存市場向けに新商品・新サービスを開発して、新規投入するタイプです。膨大な開発コストがかかりますが、既存市場に売り込むため、顧客基盤や営業ノウハウといった初期コストを節約できます。食品スーパーやコンビニの棚に並ぶ定番商品以外の新商品は、この製品開発タイプになります。食品メーカーや乗用車メーカーの既存シリーズではない新商品や新ブランドも、よく目にする例です。

	既存市場	新規市場
既存商品	①市場浸透タイプ 〜低リスク低リターン〜	②市場開発タイプ 〜中リスク中リターン〜
新規商品	③製品開発タイプ 〜中リスク中リターン〜	④多角化タイプ 〜高リスク高リターン〜

　成功事例7社でいうと、以下の企業がこのタイプに該当します。

◎丸亀製麺

　丸亀製麺は、焼き鳥屋さんから出発したトリドールが讃岐うどんブームをヒントに新たに立ち上げた讃岐うどん専門店です。ブームに乗って創業事業をはるかに上回る規模に成長しました。ターゲットは少し異なりますが、同じ外食の既存事業の運営ノウハウが活用できた事例です。

◎食べログ

　食べログは、パソコンや家電の比較サイトを運営していたカカクコムが、コンテンツ内容を外食店の比較に変更して立ち上げたグルメ評価サイトです。同じ WEB サービスである比較サイトで培ったノウハウをうまく継承しています。

　既存ビジネスで培った強みを活かして新規事業で成功した点は共通ですね。

④多角化タイプ（新規商品＋新規市場）

　最も難易度が高いカテゴリーで、まったく新しい市場に対して新規開発した商品・サービスを投入するタイプです。膨大な開発コストと市場開拓コストがかかり、成功するのは非常に難しいチャレンジとなります。そして多くの場合、参入する新分野には、強大なライバル企業がすでに存在しています。ハイリスク・ハイリターンです。

　有名どころでは、第2節でも紹介した米国アップル社のスティーブ・ジョブズ氏によるチャレンジが挙げられます。当時、二流 PC メーカーだったアップルは、携帯型音楽プレイヤー iPod を開発・市場投入。そのライバルは当時世界一だった SONY と音楽配信分野に参入してきた因縁の米国マイクロソフト社でした。アップルは、PC 分野ではマッキントッシュが Windows に完敗を喫していましたが、携帯型音楽プレイヤーでは2社との戦いを制します。

　さらにジョブズは iPhone を開発・発売して、既存のフューチャーフォン市場を破壊、さらに iPad など画期的な新商品を続々と投入し、やがて世界一の座につくことになるわけです。ジョブズが高く評価されているのは、このような難易度の高いイノベーションを世界で連続して成功させたからでしょう。まさにアメリカンドリームでした。

	既存市場	新規市場
既存商品	①市場浸透タイプ 〜低リスク低リターン〜	②市場開発タイプ 〜中リスク中リターン〜
新規商品	③製品開発タイプ 〜中リスク中リターン〜	④多角化タイプ 〜高リスク高リターン〜

本節の成功事例7社では、以下のタイプが多角化に該当します。

◎モンスターストライク

　ミクシィはSNSの会社でしたが、グローバル市場で成功したFacebookに押され苦戦。そこで、スマートフォンの普及初期にスマホアプリ向けゲームを他社に先駆けて開発・投入したところ、グリーやDeNAが支配していた既存市場をパズドラで成功したガンホーとともに奪取し、復活を遂げました。

◎スマイルゼミ

　ジャストシステムは、パソコンソフトの会社でしたが、マイクロソフトに敗れ長期低迷。この状況から脱却するためにタブレット通信教育というまったく新しい教育サービスを開発・投入し、ベネッセ（進研ゼミ）という既存の王者と真っ向勝負。現在は時価総額でベネッセを上回ります。

　この2社に共通しているのは、アップルと同じような負け組企業だったこと。もう後がない状況で、新規事業に社運がかかっていた点が特徴的です。

◎クラウドサイン

　弁護士ドットコムは、弁護士サイトの会社でしたが、新たに契約書電子化サービスをいちはやく商品化。コロナショック後、DX（従来型の非効率な業務をデジタルで置き換えて効率化すること。デジタルトランスフォーメーションの略称でDX）の流れにうまく乗って収益面で主力になる前に、株価的には成功が織り込まれる形になりました。

　多角化タイプで成功するためには、時流をうまく捉える幸運や新技術、時代の変化に対応した技術革新を伴ったイノベーションが必要と言えますね。

6）コロナ後で注目の新規事業

　コロナショック以降は、生活スタイルが大きく変化しており、**既存の商品やサービスと消費者ニーズの間には、大きな違和感が存在している状況**にあると思われます。

　だからこそ、新規事業で新たに成長していく企業が出現しやすい時期かもしれません。今回紹介した10倍株の多くも、リーマンショック時などの不況期からスタートしたものだったり、コロナショックの恩恵を受けたりしています。「10倍株は不況から生まれる」という側面もありますから、**投資家にとって不況はチャンスとも言える**でしょう。

　また、繰り返しになりますが、はっしゃんはITエンジニア投資家として、カカクコム、ミクシィ、ジャストシステムを長年ウオッチしてきましたが、この3社が、今回紹介した「成功した新規事業」以外にも**数多くの新規サービスを投入して、失敗を重ねてきたこと**を知っ

ています。

　成功企業ですら、ほとんどが失敗になるわけですから、それほど新
規事業の成功は難しいと理解しておいてください。そして、投資先が
月次情報の公開企業である場合、難しい新規事業の成り行きを月次で
可視化できるため、投資家にとって監視しやすい投資対象であること
が改めてわかります。

　なお、新規事業の成否を監視するには、キャズム理論が有用です。
これについては、第7節で解説します。

ランチェスターの法則①
~弱者の戦略と強者の戦略~

　ここまで、イノベーション理論や新規事業の具体例について解説してきました。本節では、ランチェスターの法則を事例に、弱者である中小企業が成長していくプロセスを辿りながら、マーケティングとイノベーションについて再考します。

１）企業規模で戦略は変わる

　ランチェスターの法則は、イギリス人の自動車・航空工学エンジニアであるランチェスターによって第一次世界大戦時に導き出された軍事法則です。戦いという概念は普遍的なものなので、軍事法則は競争社会にも使うことができます。

　例えば、戦争で弱者が強者に勝つために採るべき戦略は決まっています。有名なのは、織田信長の「桶狭間の戦い」（1560年に織田信長が2000人程度の軍勢で2万5000人の大軍を率いた今川義元を破った戦い）のような奇襲戦ですね。弱者が戦い方を間違えると、待っているのは、敗北という結果になります。

　企業の経営戦略にも、軍事戦略と共通点があります。そして、上位にある強大な企業と下位の弱小企業とでは、採るべき戦略が異なって

きます。具体的には、以下のようになります。

> ◎上位企業には強者の戦略
> ◎下位企業には弱者の戦略

　上位企業がどういった戦略を採用しているのか。下位企業がどういった戦略で勝ち上がっていくものなのか。ランチェスターの法則を企業同士の戦いに置き換えて考えていきたいと思います。

　大企業も最初から大きかったわけではありません。最初は弱者でした。それゆえ、「**弱者がどのようにして勝ち上がってきたか**」を学ぶことには意味があります。

2）2つの法則

　ランチェスターの法則の面白いところは、近代戦の残存兵力について、データ分析から「解」を求めたところです。

　ランチェスターの法則には、以下の2つの法則があります。

> 第1法則：一騎打ちの法則
> 第2法則：集中効果の法則

　それぞれ解説します。

①ランチェスター第1法則（一騎打ちの法則）

　一騎打ちの法則とは、「1対1の戦いにおいて、武器の性能が同じであれば、兵力が大きいほうが勝つ」というものです。例えば、「A軍：10　B軍：3」の戦いであれば、「10 − 3 = 7」でA軍の勝ちです。

② ランチェスター第2法則（集中効果の法則）

　集中効果の法則とは、「航空戦などの多数対1の確率戦闘の場合、武器の性能が同じであれば、戦力の2乗の差になる」というものです。

　例えば、白兵戦でマシンガンを持っている人がいるとします。この人は、ひとりで多数の敵を攻撃することができます。武器（マシンガン）を持っている人たちが、それぞれ多数を攻撃できるわけですから、それぞれの兵力はその2乗倍になります。

　仮に「A軍：10　B軍：3」の戦いであれば、「A軍：10×10　B軍：3×3」と2乗倍になり、「100 − 9 = 91」でA軍の勝ちです。

　そして、A軍の残存兵力は、一騎打ちの場合は「10 − 3 = 7」ですが、確率戦の場合は2乗倍の「100 − 9 = 91」で、$\sqrt{91}$ = 9.54となりますので、後者の場合では、A軍がほぼ無傷の圧勝となります。

　ランチェスターは戦時、如何に自軍の被害を少なくする戦闘をするかをこの法則でシミュレーションしていたわけですね。

3）強者の戦略と弱者の戦略

　A軍の立場で考えれば、一騎打ちを避けて、より確実に勝てる確率戦を選択するほうが小さなリスクで済むことになります。これが強者の戦略です。

　逆に、B軍はまともに戦っては勝ち目がありません。ということは、確率戦闘を避けて一騎打ちに持ち込むことが大事になります。

できれば、「B軍：3　　A軍：1」になるような局面を作り、A軍の「10」に対して勝つことはできなくても、局所的にA軍の「1」に対して勝つ方法を考えることになります。これが弱者の戦略の基本になります。

　織田信長が桶狭間で勝ったのは幸運だけではありません。少数精鋭の部隊で大軍の本陣を奇襲攻撃した戦略の勝利と言えるのです。

　それでは、強者の戦略、そして、弱者の戦略を現代の企業版に置き換えるとどうなるのか、見ていきましょう。

①強者の戦略：数的優位

　強者の戦略のポイントは、「武器の性能が同じならば、数が多いほうが勝つ」というシンプルなものです。

　これを製造業や小売業などの企業競争に当てはめて考えると、「商品、店舗が同じなら規模が大きいほうが勝つ」ということになります。

　つまり、同じような店舗で同じような商品を売っている限り、「規模に劣る中小企業は、規模で優位な大手企業には絶対に勝てない」のです。

　小さな個人商店が近くにできた大型店に負けて閉店したり、大手企業が進出してきて地場企業が苦境に追い込まれるといった光景を見たことはあるかと思います。

②弱者の戦略：差別化

　では、弱者である中小企業はどうすればよいのでしょうか？　答えは「徹底的な差別化」です。

　上記の例であれば、「大手企業と違う店舗で、違う商品を売る」ことを徹底します。要するに、「強者と同じ土俵で戦わない」ことが、弱者が勝つための絶対条件となるわけです。

　負けるとわかっている（勝算が立たない）無駄な戦いを避けて、自

分の有利な戦いに持ち込むことで、勝機が見えてきます（チャンスが来るまでは、ひたすら逃げることになります）。

企業競争で考えた場合、弱者の戦略は大変難しいもので、中小企業の近くに大手企業が進出してきた場合など、弱者側が対抗できる余地などほとんどなく、逃げるわけにもいかず、ほぼ確実に負けることになります。

ランチェスターの法則の弱者の戦略は、中小企業が強者との防衛戦に適用するものではなく、**既存の強者に挑戦するために弱者側が新会社や新規事業を立ち上げるときや、成長を加速していくときに使います**。

そして、これは、投資家がこれから伸びる成長企業を探すことと同じ視点です。「ダイヤモンドの原石」を探すヒントになりますね。

4）優位性を探すこと

ランチェスターの法則で最も大切なことは「優位性」の確保です。これは強者・弱者とも共通です。

◎優位性を持って戦うこと
◎優位性を求めて戦略を練ること
◎優位性のない戦いは回避すること

そもそもが軍事法則であり、戦時に人命を優先するために考えられていたことを思い出すと、その理由がわかるでしょう。これらは、「勝てない戦いはしない」「戦わずして勝つ」を極意とする「孫子の兵法」

にも共通する考え方です。

　弱者と強者とでは立場は違いますが、お互いに優位な状況を探し、最善手を追求しているというわけです。

　これを株式投資に当てはめると、「**これから伸びる企業の優位性を探すこと**」になります。例えば、第2章で紹介した勝ち組企業の神戸物産やスノーピーク、モノタロウなどの優位性は何だったでしょうか？

　経営者側か投資家側かの違いはありますが、これもまた同じです。企業がやっていること、やろうとしていることを学べば、投資家は、これを理解して、より的確な投資判断ができるようになります。

～第５節～
ランチェスターの法則②
～商品価値とマーケティング～

１）商品価値とマーケティング

　本節では、ランチェスター第１法則を具体例で紹介します。

　例えば、あなたがコンビニで緑茶飲料を購入するとします。あなたは、どのような基準で商品を選ぶでしょうか。

・ブランド
・メーカー
・価格
・味
・原材料
・デザイン
・特典ポイント
・ノベルティの有無

　上記のように、いろいろな選択肢があります。緑茶飲料はたくさんありますから、厳密には１対１の戦いではありませんが、いろいろな商品の中からひとつが選ばれるということは、勝利をつかむことと同じです。本質的には、安くておいしい商品が選択されると思います。

　ある商品が秀でている場合は、ひとつに人気が集中するでしょうし、

甲乙付け難い場合は、判断が分かれることでしょう。緑茶飲料の場合は、伊藤園の「お〜いお茶」が長い間、独走を続けていましたが、次第に他社が追いついてきて混戦市場になっています。

　もうひとつ例を挙げましょう。例えば、ローソンとセブン・イレブンが並んで競合している場合です。「どちらのお店に入っても、置いているものはほとんど同じ」という状態です。このようなケースではどうでしょうか？

　「おにぎりだけはセブン・イレブンがいいよね」と思う人もいることでしょう。「店員さんに好感が持てるから」という理由でお店が決まっている常連さんもいるかもしれません。

　このように、人はいろいろな要素で商品やお店を選びます。何を重視するのかは人それぞれですから、選んでもらえるように、店舗、人材、商品、サービス等で工夫して勝負をしているわけです。

　ここで「1対1の戦いにおいて、武器の性能が同じであれば、兵力が大きいほうが勝つ」という第1法則を思い出してください。

　第1法則における「武器の性能」を商品ビジネスに置き換えれば、それは「商品価値」になります。コンビニなどの店舗ビジネスの場合は「店舗価値」と置き換えればよいでしょう。

武器の性能＝商品価値（店舗価値）

　商品や店舗の価値はメーカーや小売店が決めるものではなく、**消費者ひとりひとりが選択するもの**です。消費者に支持される良い商品、

良い店舗サービスを提供することがビジネスの原点です。

　ランチェスター第1法則は1対1の戦いにおいて「武器の性能が同じであれば、兵力が大きいほうが勝つ」でしたが、これは「兵力が同じ条件の場合、武器の性能の優れたほうが勝つ」と置き換えることもできます。先ほどの緑茶飲料やコンビニの選択ケースです。

　数的優位を得ることの難しい弱者の場合は「武器の性能」すなわち、消費者に選ばれる差別化された特色ある「商品価値」や「店舗価値」を作るところからのスタートになります。

2）第2法則と確率戦闘

　ランチェスター第2法則は、銃火器や航空機など遠隔攻撃が主力となった近代戦における確率戦闘の法則です。

　上の例と同じく、コンビニで緑茶飲料を購入するケースで考えます。あなたは、選んだ商品をどうやって知りましたか？

・店頭で知った　　　・新聞記事から　　　・雑誌広告から
・ネット広告から　　・テレビCMから　　　・友人や知人から
・ネットコミュニティから

　実にいろいろなケースがあると思います。ただ、まったく知らない商品よりも、知っている商品のほうが安心して購入できますよね。

　また、「この商品はおいしい」という評判を聞けば、飲んでみたくもなると思います。商品を知らなくても知っているメーカーの商品であれば安心して購入できますが、聞いたこともないメーカーの商品には抵抗を感じる人も少なくないでしょう。

　このように、商品を売るための第一歩は**ターゲットに商品の存在や**

商品価値を「認知させること」です。コンビニなどの店舗ビジネスの場合は店舗の認知と置き換えればよいでしょう。

　ここでも、「航空戦などの多数対多数の確率戦闘の場合、武器の性能が同じであれば、戦力の２乗の差になる」という第２法則を思い出してください。

　第１法則の武器が「本質的な商品価値」であるとすれば、第２法則の武器は、二次的な「ブランド認知」、つまり、「マーケティングの戦いである」と言えます。

　第２節で紹介したピーター・ドラッカーは、マーケティングを「自然に売れる状態を作ること」と定義しました。どんなに良い商品、良い店舗であっても、その価値が認知されなければ、選択されることは難しいでしょう。

　緑茶の例で言えば、「緑茶飲料はおいしい」と認知してもらうにあたって、ひとりひとりに飲んでもらうとしたら多大な時間とコストが必要ですが、効果的な商品広告を行えば短期間で認知させることができます。

　商品広告の費用は価格に転嫁されていますから、商品の数が多ければ多いほど広告予算を効率的に配分でき、規模の優位が鮮明になります。

　「戦力の２乗の差になる」という第２法則が象徴するように、マーケティングの戦い（特にマスマーケティングの戦い）は、規模で優位にある大手企業に極めて有利な戦いであることがわかります。

3）弱者はどう戦うべきか

　ランチェスターの法則は、同じ性能の武器を持った２者が戦う場合、数の多いほうが勝つことを平易な数式で証明した軍事法則です。もっとも、元の数式は、武器の性能も含めた計算式で示されています。

　これまでは、話を簡略化するため、武器の性能を同じ（e=1）と仮定して説明してきましたが、実は、武器の性能によって勝敗はどうにでもなる法則と解釈することもできます。

【ランチェスターの数式】
第１法則：$a_1 - a_2 = e(b_1 - b_2)$
第２法則：$a_1{}^2 - a_2{}^2 = e(b_1{}^2 - b_2{}^2)$

（変数）
a1：戦闘前のＡ軍の兵力
a2：戦闘後のＡ軍の残存兵力
b1：戦闘前のＢ軍の兵力
b2：戦闘後のＢ軍の残存兵力
e：武器の性能差

①武器の性能差
　さて、ランチェスターの法則では、数で優位にあるものを強者、数に劣るものを弱者とし、それぞれについて採るべき戦略を説いています。

　先述したように、この法則を製造業や小売業などの企業競争にあてはめてみると、同じような店舗で似たような商品を売っている限り、「弱者に勝ち目はない」ということになります。

　そして、弱者が勝つためには差別化が必要で、強者とは異なる店舗で違う商品を売ることからスタートします。

この強者と差別化された異なる店舗、違う商品が「武器の性能差」となります。

②数の力と武器の性能

ランチェスターの法則における数と武器の関係をマトリックスで表すと次のようになります。

	武器で優位	武器で不利
数で優位	① 強者必勝の状態	② 強者の防衛戦
数で不利	③ 弱者の挑戦	④ 弱者必敗の状態

上の例で弱者に勝機があるのは、②または③の状態です。弱者が勝つためには、商品開発にしろ、店舗開発にしろ、強者の「数で優位」に対抗できる「武器で優位」が絶対条件です。

「②強者の防衛戦」と「③弱者の挑戦」は、裏返しの関係になっています。

ここで、大事な話があります。弱者の勝利条件である「武器の優位」ですが、これには、競合企業や強者企業でも真似することのできない差別化が必要です。難易度は非常に高いものですが、仮に差別化を徹底できないとすると、後から強者に真似をされてしまうことで、優位性を簡単に崩されてしまいます。

第2章では、ペッパーフードサービスの「いきなり！ステーキ」がブームとなった後で、競合企業がたくさん参入してきて供給過剰になった話をしました。優位性が少ないビジネスが真似をされてしまうのはよくあることです（※真似をされないために利用できる制度のひとつに特許制度があります）。

ここまでの話でわかるように、市場競争で弱者が勝ち抜くためには、マーケティング勝負のような強者に有利な戦い方ではなく、本質的な「武器の性能」である差別化された商品価値や店舗価値を手にすることからスタートすることになります。

　投資先候補が見つかったら、その企業は弱者なのか強者なのか。競合している企業はどこか。これから成長するためにどのような戦略や優位性を持っているのかを分析してみましょう（ひとまず、会社のホームページの沿革や経営方針、中期経営計画、決算説明資料などから入って、顧客の声、新卒情報から社員の声なども確認していくとよいでしょう）。

　差別化された本当に良い商品、良い店舗を持っている企業であるならば、最初は**弱者であったとしても、強者に打ち勝つ方法は存在**します。私たち投資家がターゲットとすべきダイヤモンドの原石もまたこのようなポジションにある企業です。

～第6節～
ランチェスターの法則と
ブルーオーシャン戦略
～差別化と集中～

　本節では、弱者がイノベーションを実現して、強者になるまでのプロセスと、強者のブルーオーシャン戦略について解説します。

1）イノベーション実現までの流れ

　ランチェスターの法則は、弱者からイノベーションを実現するための方法論です。イノベーションといっても、社会生活を変えるような大きなイノベーションもあれば、小さなイノベーションもあります。

　大きなイノベーションは、大企業が狙ってきますので、弱者の場合は、強者と競合しないような小さなイノベーションから始めることが多くなります。

　どのような規模であれ、「競争の原理」が働く場所には、競合となる商品や店舗があり、弱者と強者が存在します。そして、弱者が競争に勝つためには、イノベーションによる「新しい価値の創造」が欠かせません。

2）弱者の基本戦略　～集中と差別化～

　さて、イノベーションを念頭に弱者の戦略を考えましょう。

　ランチェスター理論では、弱者が採るべき戦略として、「集中と差

別化」を提唱しています。その具体的な流れは以下の通りです。

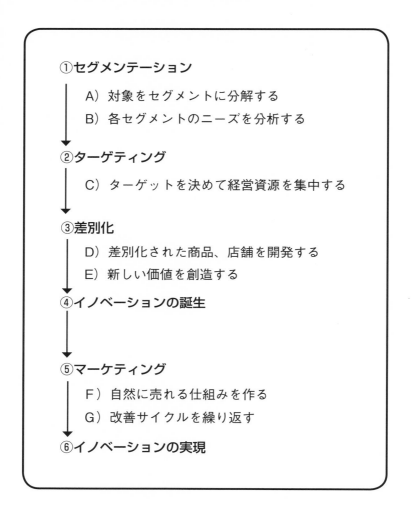

①**セグメンテーション**

    A）対象をセグメントに分解する

    B）各セグメントのニーズを分析する

②**ターゲティング**

    C）ターゲットを決めて経営資源を集中する

③**差別化**

    D）差別化された商品、店舗を開発する

    E）新しい価値を創造する

④**イノベーションの誕生**

⑤**マーケティング**

    F）自然に売れる仕組みを作る

    G）改善サイクルを繰り返す

⑥**イノベーションの実現**

　弱者が採るべきは、1対1に持ち込める戦場です。具体的に言うと、**ひとつの分野のナンバーワンになること（オンリーワン戦略）**を目指します。まずは、小さな分野やニッチなマーケットで1番になって、だんだん大きくしていこうという考え方です。

　そのために、まずは経営資源を得意分野に「集中」させます。特定

分野に特化し、徹底的に差別化することで、他社と競合しない独自の戦いを目指します。

　ここで言う差別化とは、強者にも真似のできないオリジナル商品、あるいは、独創的な店舗を開発する戦略を指します。そして、最終的には、より普遍的な「新しい価値を創造」することでイノベーションを実現し、「既存の価値」を破壊すること、強者を倒してナンバーワンになることが目標です。

　今は、大きく成長している企業も、「昔は小さかった」という事実があります。第2章で代表的な企業の成功事例を学んだように、成長企業が「どういうビジネスモデルや戦略で大きくなってきたのかを知る」ことは、そのまま弱者の戦略で成長していく企業を探すノウハウになります。

　ここからは、差別化のプロセスの具体例としてセグメンテーションとターゲティングを紹介します。

3）セグメンテーション

　セグメンテーションは、ひとつのマーケットをより小さい市場に分解することで多様なニーズ、消費性向を捉える考え方です。市場理解、あるいは顧客理解の段階です。

　この段階では、できるだけ広くそして漏れなく市場について分析し、トレンドや傾向を細分化・体系化していきます。

　例えば、マーケットが一般消費者であるとすれば、以下の要素などで市場をセグメント単位に分解していきます。

・性別　　・年齢　　・居住地域　　・職業　　・年収

・趣味　　・家族構成　　・健康状態　　・消費性向

ここでの各セグメントは、類似した消費者ニーズを持つグループですので、もう少し具体的なテーマを決めて分類してもかまいません。

　例えば「喫煙」をテーマとすると、次のように分けられます。

・愛煙家　　・喫煙者　　・禁煙中の人　　・嫌煙家　　・無関心層

　さらに「愛煙家」を掘り下げると、以下のように、もっと細かく分類できます。

・割り切って愛煙している人　　・禁煙したいができない人
・家族に反対されて悩んでいる人　・勤め先が禁煙で困っている人
・妊娠中の女性

　それぞれのセグメントには、満たされていないニーズがあり、イノベーションのヒントが隠されています。
　例えば、「愛煙家である妊娠中の女性」のニーズは、「タバコは吸いたいが、健康な赤ちゃんを産みたい」というものです。
　現実的には難しい問題ですが、彼女たちの悩みを解決できる良い方法が見つかれば、イノベーションを実現できる可能性はあります。
　このようなプロセスを繰り返して、セグメントとニーズを掘り下げていき、新しい商品や店舗が顧客に提供する価値を作り上げていきます。

　ドラッカーは、企業の目的は「顧客の創造」であると言いましたが、セグメンテーションは、まさにそのためのプロセスであると言えるでしょう。

4）ターゲティング（選択と集中）

ターゲティングでは、どのセグメントを選択し、集中投資するかを決定します。

この段階では各セグメントをより深く調査・分析し、既存の商品や店舗では満たされていないニーズ（差別化要素）を発掘します。必要に応じて市場調査や実地調査、アンケート調査、試作品の作成、モニターテスト調査なども行われます。

そして、各セグメントのニーズを掘り下げて仮説と検証を繰り返し、商品や店舗の強み、**破壊すべき既存価値や新たに創造する価値の将来性を精査**し、戦略的な立ち位置を決めます。

そして、ターゲットへの集中投資によって、新しい価値を創造し、イノベーションへとつなげていきます。

なお、ニーズというのは、絶対的なものではなく、原発事故や新型コロナショックのように、価値観が変わる出来事があると180度変わったりしますので、注意が必要です。

5）差別化

ひとくちに差別化と言っても、さまざまです。そこで、ここではひとつの例として、「商品の差別化」に注目してみます。

すべての人のニーズを満たすことは不可能です。特定の立場に立って、ある特定の層に響くものを扱うことにします。具体的には、とことんマイナーな分野にセグメントしていけばよいのです。

例えば、「お茶」を取り扱っているのであれば、お茶全般を商品として提供するのではなく、紅茶だけに絞ってしまうわけです。もっとニッチに「インド紅茶の専門店にする」とか、さらに突き詰めれば「無

農薬のインド紅茶の専門店」といったアイデアも出てきます。このように、セグメントをどんどん狭くして、そのニーズやノウハウを検討していくのです。

- ・お茶
- ・紅茶
- ・インド紅茶
- ・無農薬のインド紅茶

下にいくほど専門的になり、
特定セグメントの商品価値が高まる

その結果、インドの現地農場と大型契約をして無農薬の紅茶を大量生産できるようになったとしたら、これは大手企業でもそう簡単には真似できることではありません。

ターゲットを絞り込めば響く人は少なくなるかもしれませんが、うまく差別化を図ることで独自の魅力を出すことも可能です。そして、それが良いモノだと認識してもらえれば、マッチした層から支持してもらえるようになり、少しずつ伝播していきます。

そして、差別化の追求が「新たな市場」を生むことがあります。2022 年現在、紅茶専門店は、コーヒー専門店ほど普及していません。競合も少ないでしょう。これは、第 2 章で紹介したトリドールが「丸亀製麺」を始める前のうどん専門店の状況と似ています。何かのきっかけでブレイクする可能性のある市場と言えるわけです。実際、タピオカブームを経て紅茶専門店は少しずつ増えてきたようです。

次に、価格と品質の差別化を考えてみましょう。

◎価格の差別化

「価格をどうするのか」を考えます。高価格なのか低価格なのか。

商品や店舗の顧客が求めているのは、どちらか。価格によってリーチできる顧客層も違ってきます。

◎品質の差別化

　徹底して高品質なものとするか、妥協して低品質を許容するか。価格と同様に顧客層によって求められる品質もまた異なります。

　一般的には、高品質であれば高価格であり、低価格にしようとすれば品質は低くなります。でも、本当は高品質でかつ低価格にしたい。このような問題を解決するのが技術的な革新です。

　第2章でユニクロが「SAP」という仕組みを導入し、小売店が自ら工場を持ち、その場所を海外とすることで、高品質かつ低価格な商品を大量生産できるイノベーションを達成し、アパレル業界のトップになった話を紹介しました。当時のユニクロがアパレル業界ではまだ弱小企業だったことは言うまでもありません。

　このように、セグメントしたターゲットのニーズに合わせて、新しいビジネスモデルや新しい商品を開発、場合によっては**技術革新を成し遂げて、差別化された特定分野のナンバーワン、すなわちオンリーワン**を目指します。

　決算や月次情報の数字を見ることと同様に、投資候補の企業がどのようなビジネスをしていて、顧客をどのようにセグメント、ターゲティングしているか。競合とどのように差別化して、顧客にどのような価値を提供しているか調べることで、根拠を持った投資が可能になります。

　また、根拠を持った投資をしていると、強大なライバルの出現など、

投資の前提条件が崩れた場合でも、ビジネスモデルや成長戦略を理解できているからこそ、その影響範囲がわかりやすくなります。投資を継続すべきかの判断もしやすくなるでしょう。

6）イノベーションの誕生

　セグメンテーション、ターゲティング、差別化の流れで生まれた新しい価値を顧客に提供します。それが支持されて、新しい「顧客が創造」できたとき、イノベーションは誕生し、**既存の価値との「イノベーション実現への戦い」**が始まります。

7）マーケティング

　イノベーションが実現していくことによって、弱者は強者に成長します。そのプロセスは次のようなものです。

①自然に売れる仕組みを作る

　イノベーションが最強の状態で誕生することはまれです。そうでない場合は、ドラッカーが述べたように、**自然に売れる仕組みを作るためのマーケティング**が必要となります。イノベーション実現までの道のりは、決して平坦ではありません。

②改善サイクルを繰り返す

　重要なのは、**同じ分野に集中して投資を続けること**です。改善を繰り返しながら、より深く顧客ニーズをつかみ、対象とするセグメントを少しずつ広げることで、顧客基盤を強固にしていきます。

　商品開発や店舗開発のプロセスは、ターゲット市場を変更しない限り、多くのノウハウを継承し、再利用することができます。

したがって、同じような店舗や類似商品を企画するケースや、既存の商品や店舗を改善するケースでは、前回の失敗を教訓としたり、これまでのノウハウを生かしたりすることで、より顧客ニーズに適合した優れた商品、優れた店舗の開発がしやすくなります。

③ノウハウを蓄積する

改善サイクルから生まれたノウハウは、繰り返すことで、どんどん蓄積されていきます。

・市場理解・ニーズの発掘
・商品・店舗の開発・製造
・商品・店舗の配送・管理
・営業・販売
・顧客からのフィードバック

また、各サイクルにおいて差別化されたノウハウとして、

・マーケティング力
・開発力
・バックヤード力
・営業力
・顧客基盤
・コスト削減力

などが、他社には簡単に真似のできない独自の強みとなって弱者を少しずつ強くしていきます。

そして、その力が他社への脅威として認識されるようになったとき、かつての弱者は、相応の**先行者利益を持つ特定セグメントのカテゴリ**

ーキラーとして強者にも無視のできない存在となっています。

8）イノベーションの実現

　弱者からのイノベーション、新しい価値の創造は、売れる仕組みを作るマーケティングと、差別化と集中による改善サイクルを繰り返しながら、少しずつ長期間にわたり実現されていきます。

　このような段階になると、**企業は毎年のように増収増益を重ねる**ようになります。

　投資家は企業の強みとなるイノベーションの前提条件が変わらない限り、弱者が強者に成長する過程をただ見守るだけでよくなります。

　実際、企業の成功事例には、このようなケースが数多く見られます。今は強者となっている大手企業も最初から強者だったわけではありません。

　投資家は、**成長が続く限り投資し続けることで、投資時間に比例した成長利益を享受**できます。

①イノベーションによる勝者と敗者

　イノベーションが達成されて、弱者が強者に生まれ変わると同時に、かつての強者は敗者に転落していきます。負け組となった企業では、減収減益が続きますが、反面、株価も割安となり、配当利回りが魅力的になることも少なくありません。

　しかし、はっしゃんは割安な負け組企業に投資したいとは思いません。**平成の 31 年間で倒産した上場企業は 281 社。1 年当たり平均で 9.3 社**となります。新しい価値に敗れて、社会的使命を終えた企業や、優位性が後退し、非効率になって淘汰された企業は決して少なくないのです。

②新規事業に取り組んでいる企業に注目

「イノベーションを実現している成長企業に投資すべき」ということはわかったとしても、実際、どういう企業に注目すればよいのでしょうか？

その基準はいろいろ考えられますが、わかりやすいのは**新規事業に取り組んでいる企業**、そして**決算や月次業績が伸び続けている企業**です。**成長の意志を持っている上場企業**であれば、決算説明資料や中期経営計画など、会社の WEB ページで情報発信していることでしょう。

9）強者のためのブルーオーシャン戦略

ここまで、ランチェスターの法則を中心に、弱者視点からのイノベーション論を解説してきましたが、本節の最後に強者の視点に近いイノベーション理論を紹介しておきます。

それが、チャン・キムとレネ・モボルニュにより提唱されたブルーオーシャン戦略です。韓国サムスングループが採用していることで知られています。

ブルーオーシャン戦略では、市場競争の激しい市場をレッドオーシャン、競争相手のいない市場をブルーオーシャンと定義し、**経営者は、ブルーオーシャンを目指すべき**だと説いています。

　◎レッドオーシャン：血みどろの競争市場
　◎ブルーオーシャン：競争相手のいない市場

ここまでの定義で、ブルーオーシャン戦略がランチェスターの法則とよく似ていることがわかると思います。ブルーオーシャンとは、「まだ生まれていない市場」や「未知の市場」を含む「**競争相手のいない**

市場」を指します。それは、イノベーションによって「新たに創造される市場」と同義です。

　これをランチェスターの法則に当てはめると次のようになるでしょう。そして、ドラッカーのいう企業が持つ２つの役割（マーケティングとイノベーション）にも符合します。

> レッドオーシャン：血みどろの競争市場
> ＝ランチェスター第２法則
> ＝マーケティングによる戦い
>
> ブルーオーシャン：競争相手のいない市場
> ＝ランチェスター第１法則
> ＝イノベーションによるオンリーワンの戦い

　ブルーオーシャン戦略では、レッドオーシャンからブルーオーシャンへ針路を変更するための、「未知の市場」を創造する手段として「**バリュー・イノベーション**」という概念を提唱しています。

　バリュー・イノベーションとは、以下の２つを同時に達成して新しい市場を再定義することを意味します。

> ①差別化：買い手に対し、いまだかつてない価値を提供する
> ②低コスト化：競合が真似のできない低コスト化を実現する

バリュー・イノベーションを達成することで、**差別化と低コスト化を同時に実現し、市場の再定義、すなわちブルーオーシャンを創造できる**としています。

　ランチェスターの法則は、主に弱者の視点からイノベーションに取り組み、長い時間をかけてそれを実現していく戦略になりますが、一方のブルーオーシャン戦略は、いきなり差別化と低コスト化を実現して「競争相手のいない市場」を創造するという強者のためのイノベーション・プロセスであると言えるでしょう。
　ブルーオーシャンが創造された後の市場は強者による総取りとなるため、古い価値観は破壊され、死の海となる運命です。

　ブルーオーシャン的な成功事例としては、トヨタが「プリウス」でハイブリッド車という新市場を作り、技術的な差別化（特許制度を活用しました）と低コスト化に成功して自動車業界の世界ナンバーワンに上り詰めたことが挙げられるでしょう。
　最近では、同じ自動車業界で米国テスラ社の主導による EV 市場の創造もブルーオーシャン的です。

　ちなみに、ブルーオーシャンの寿命はせいぜい 10 ～ 15 年とされています。追随者の参入などにより、いずれレッドオーシャン化する運命にあります。そのときには、新たなブルーオーシャンの創造が必要となるわけですが、これは、ランチェスター第 1 と第 2 の法則の関係や、ドラッカーにおけるマーケティングとイノベーションの補完関係と同様です。
　プリウスで大きな優位性を得たトヨタは、ハイブリッド車市場で長らく独走状態であったものの、最近になって、ＥＶというライバルが出現してきて押され気味であるのも、ブルーオーシャンの寿命に相当するのかもしれません。

～第7節～
イノベーション実現の溝とキャズム理論
～初期市場とメインストリーム～

1）イノベーション同士の競争と挫折

前節では、イノベーションの実現プロセスを弱者と強者の視点から見てきました。どれだけ優れたイノベーションであったとしても、実際にはすべてのイノベーションが実現されるわけではありません。

破壊すべき既存の商品やサービスとの競争に敗れるケースのほか、競合する別のイノベーションとの競争に敗れたり、価値観の変化やコスト的な理由により、顧客に支持されない場合もあるからです。

イノベーション同士の競争の例としては、SONY「ベータ方式」とビクター「VHS方式」のビデオテープ戦争が有名です。その結果は、技術的に優れていたとされる「ベータ方式」よりも、豊富なソフトウェアをいち早く取り揃えた「VHS方式」に軍配が上がりました。

このように、**技術的な進歩が臨界点を超えたところで、これまで実現できなかったことが実現可能になる**わけですから、同時に複数のイノベーションが生まれ、競合が発生しても珍しいことではありません。

そして、実現したイノベーションよりも、むしろ期待されながら達成に至らなかったイノベーションのほうがはるかに多いと言えるでしょう。

2）キャズム理論

　投資家としては、期待するイノベーションが実現すれば大きな報酬を受けることが可能ですが、失敗すれば損失を被ることになるでしょう。

　したがって、**イノベーションが実現可能かどうかを監視する必要がある**わけですが、このようなケースで有用なのが「キャズム理論」というマーケティングの考え方です。

　キャズム理論は、アメリカの経営コンサルタントでイノベーション戦略研究家でもあるジェフリー・ムーアが提唱したマーケティング理論です。

　キャズムとは「溝」を意味する言葉で、マーケティング分野で「市場に商品・サービスを普及させるときに存在する克服すべき課題」を表す言葉です。それは次の図のようになります。

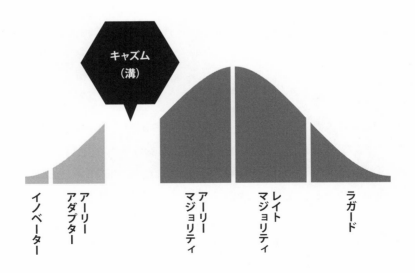

3）5つの消費者グループ

　キャズム理論では、消費者の特性を5グループに分類します。そして、イノベーティブな商品やサービスが市場に浸透していくプロセスを消費者タイプから考察します。以下、5グループを浸透の早い順に見ていきます。

①イノベーター（最初の 2.5%）

　新しいモノ好きの人。商品やサービスの先進性や目新しいトレンドに価値を感じる消費者グループで、商品の品質にはそれほど関心を持たない層です。

②アーリーアダプター（2番目の 13.5%）

　インフルエンサー。新しい商品やサービスに興味を持ち、かつ、その品質やメリットを重視する消費者グループです。理解者、かつ、伝道者として普及に大きな役割を果たします。商品やサービスをいち早く評価し、影響力を発揮するため、このアーリーアダプターに支持されるかどうかがイノベーション実現の鍵になります。

③アーリーマジョリティ（3番目の 34%）

　追随する人たち。アーリーアダプターの影響を強く受ける層で、話題の商品やサービス（の評価）に追随して受け入れる消費者グループ。SNSでインフルエンサーの評価を拡散したり、口コミを広げ、商品やサービスを市場全体へ浸透させる重要な役割を担います。

④レイトマジョリティ（4番目の 34%）

　懐疑的な人。新商品や流行をすぐ受け入れるのではなく、その使用感や評価動向を見極めたうえで採用する消費者グループで、コストパ

フォーマンスも重視しがち。人気が高まり、普及率が高まるにつれて動く傾向があります。

⑤ラガード（最後の16%）

保守的な人々。新しい商品やサービスに興味を持たない保守的な消費者グループ。既存の商品やサービスを長く使い続けたり、価値観を変えないことを優先するので、新しい商品やサービスが大部分まで普及した後、それを使わないと不便だと実感してから受け入れます。

この5つの消費グループ特性で面白い点は、同じ人でも市場カテゴリーによって立場が入れ替わるということです。例えば、ハイテク製品ではアーリーアダプターの役割を果たす人が、ファッション分野ではラガードだったりするといった具合です。

皆さんのまわりを見渡してみると、あの人はラーメン店に関してはイノベーターだなとか、あの人はゲーム分野のインフルエンサーだなとか、新しいモノ好きだったり、他の人に影響を与えている人がいるのではないでしょうか。

4）監視できるイノベーションの例

本書で紹介した実現途上のイノベーションに「メタバース」があります。仮想空間をアバターで行き来する次世代のネット環境で、すでに株式市場にも影響を与える存在ですが、2022年時点の普及度はイノベーター程度までです。

しかし、メタバースに先行投資している企業はたくさんあります。ウオッチすると勉強になるでしょう。

5）初期市場とメインストリーム

　キャズム理論では下図のように、5つの消費者グループのうち、アーリーアダプターとアーリーマジョリティの間に深い溝があるとされます。市場シェアでいうとそれは、消費者全体の約16%まで浸透したあたりです。

　そして、キャズム理論では、最初の16%までを初期市場、残り84%をメインストリームと呼びます。

◎初期市場（16%）
　イノベーター＋アーリーアダプター
◎メインストリーム（84%）
　アーリーマジョリティ＋レイトマジョリティ＋ラガード

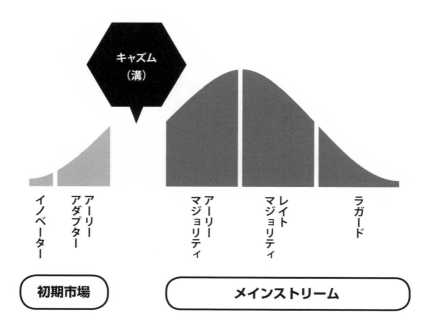

キャズム理論によると、消費者シェア 16% を超えてアーリーア
ダプターからアーリーマジョリティへと達したイノベーションは一気に
普及し、実現へと加速していくのに対し、キャズムを超えられなかっ
たイノベーションは、16% 付近までで頭打ちとなり衰退していきます。
これが、超えがたい溝というわけです。

　このようにイノベーションが顧客に受け入れられる過程で溝が発生
する理由は、初期市場層とメインストリーム層における消費者の価値
観の違いにあります。

①初期市場層の価値観（最初の 16%）

> **トレンド指向**
> **イノベーター＋アーリーアダプター**

　新しいこと自体が自身の価値観と一致していて、今後トレンドにな
るかもしれない商品やサービスをいち早く取り入れることに加え、そ
れを評価し、良いものを広めることに喜びを覚える顧客層です。

②メインストリーム層の価値観（残り 84%）

> **コンサバ指向**
> **アーリーマジョリティ＋レイトマジョリティ＋ラガード**

評価の定まった信頼できるものを追随して採用する傾向にあります。安心して利用できるものや、他でも広く使用されている実績があるものなど、目新しさよりも信頼や実績、実益を重視する顧客層です。

6）キャズムを乗り越えるために

イノベーションがキャズムを超えるためには、商品・サービスの仕様や宣伝方法を、当初は初期市場向けの「目新しい」ものとし、**メインストリーム以降は、「安心」や「利用メリット」「実益」を訴求するものへと転換する**ことが必要です。

例えば、最初期には、目新しさや新機能を強調したマーケティングを行い、初期市場からメインストリームに移ってからは「安心」や「導入メリット」を中心に訴求したり、より普及させるために機能を単純化したり、品質を落としてでも価格を下げるというような戦略です。

（初期市場向け）
先進性、機能性、カッコよさの訴求
SNSやネット広告が有効

（メインストリーム向け）
安心、実績、低価格、導入メリット、体験談など
新聞やＴＶ広告が有効

画期的な新商品の機能や先進性を前面に出した広告が出た後で、その商品が普及すると、その後、第２弾や第３弾で廉価版が出てくるといったマーケティング手法を、皆さんも見たことがあるかと思います。それらは、キャズム理論をベースとした手法です。

　他にもキャズム理論をベースにしたマーケティング戦略はいろいろあります。

①イニシャルコストの考え方

　新商品や新サービスの立ち上げ時には、タレントを起用したり、大型イベントを開催したりなど、派手なプロモーションが行われることがよくあります。

　このような広告宣伝手法も初期コストをかけて、一気にキャズムを超えてしまおうというキャズム理論をベースとした手法であることがわかります。

　そして、キャズムを超えてしまった（ドラッカー的に言えば、自然に売れる状態になった）後は、様子を見ながら市場への浸透を図っていくわけです。

②廉価版（値下げ）戦略の考え方

　キャズムを超えた商品の普及を一気に進めたいときや、市場シェアをさらに拡大させたいときによく用いられるのが廉価版（値下げ）戦略です。

　廉価版の戦略が有効なのは、メインストリーム市場の後半にあたるレイトマジョリティやラガードといった保守的な顧客層に対してです。彼らは、目新しさよりも信頼や実績、実益を重視する顧客ですので、企業側でも余計な機能を省くなどして上位商品と差別化したうえでコストダウンを図り、値下げで市場浸透させていくわけです。例えば、iPhoneであればSEシリーズがそれに当たります。

③ネット広告とTV広告の使い分け

　初期市場とメインストリームの戦略でよく見られるのが広告宣伝媒体の使いわけです。

> **初期市場：SNS、ネット広告**
> **メインストリーム：新聞、TV広告**

　新しいモノ好きの初期市場がネット広告向きなのに対して、保守的なメインストリーム市場がテレビ広告向きというわけです。

　TV広告はネット広告と比較して多額の費用がかかりますが、初期市場を攻略してキャズムを超えている場合、その広告効果から費用対効果もある程度計算できるため、ハードルが下がっていることでしょう。

　スマホアプリやスマホゲームでも、キャズムを超えてからＴＶ広告を開始するサービスがよく見られます。

④インフルエンサーの重要性

　もうひとつ、キャズムを乗り超えるための要素として、初期市場でアーリーアダプター（インフルエンサー）に評価してもらえるかどうかも重要です。イノベーションの実現が顧客の選択に委ねられている以上、この視点は欠かせません。アーリーアダプターから、「良い商品・良いサービスだよ」というお墨付きを得て、次のアーリーマジョリティへ伝播してもらう必要があるわけです。なぜなら、アーリーマジョリティ以降の顧客は追随者だからです。評価の定まらないものを自ら試すことはありません。

逆を言えば、アーリーアダプターの段階で、この商品やサービスは魅力的ではないと判断されてしまうと、そこでイノベーションは失敗に終わることになります。

最近、SNS インフルエンサーを活用したマーケティング手法を見かけることが増えてきました。これは、キャズムを超えるために積極的に SNS インフルエンサーを取り込んだ宣伝手法と言えるでしょう。

⑤ほとんどの新規事業は失敗する

第3節でも述べましたが、はっしゃんは成長株投資家として数多くの新規事業立ち上げを見てきましたが、その大部分が失敗に終わるというのを経験から知っています。

そして、成功する数少ない新規事業が、まさにキャズム理論のように**インフルエンサーから評判になってアーリーマジョリティ、レイトマジョリティへと伝播していく様子**も見てきました。

割安成長株への投資は、成長エンジンとなる割安な新規事業を探して投資する投資法ですから、キャズム理論を知っておくことで参考になる点が多いと思います。

7）まとめ

このように、新しい価値の創造者である企業は、イノベーションを実現するためにさまざまなマーケティング戦略を駆使して市場を攻略していきますが、それらには共通点があります。

したがって、投資家サイドもそのプロセスを理解し、企業が考えているイノベーションの浸透度や成功具合を分析すれば、投資判断に有利に働きます。

定性分析により、ダイヤモンドの原石が磨かれて輝きが増していくプロセスを見出すことができるわけですね。

　パラダイムシフトとは、ある時代や分野で当然と考えられていたことが劇的に変化する現象のことです。投資家にとっても前提条件が大きく変わる因子となります。

　本節では、新型コロナによるパラダイムシフトを例に、投資家が変化にどう向き合うべきかを考えます。

1）パラダイムシフトに対応する

　本節では、月次情報分析の対象となる小売業や飲食店・サービス業に大きな影響を与えた新型コロナショックを中心に解説していきます。「パラダイムシフト」は長期的に見れば、ある程度の間隔でさまざまな分野で発生しています。

　例えば、2011年の東日本大震災や福島原発事故の結果、原子力エネルギーの評価に大きな変化があり、再生可能エネルギーが評価される契機となりました。

　また、2022年のロシアのウクライナ侵攻でも、安全保障の考え方が冷戦時代に逆戻りした結果、資源国に依存しない再生可能エネルギーがさらに存在感を高めました。

　技術革新や画期的な新商品がパラダイムシフトを生むこともあります。第2節でも紹介しましたが、代表的なケースとして、2007年に

米アップル社から「iPhoneが登場」したことにより、パソコンから
スマートフォンへとビジネスの主流が変わったことは記憶に新しいと
ころです。

　私たち投資家は、このような**大きな変化が起こりうることを認識し、
その変化に柔軟にできるだけ速く対応できるように準備しておく**必要
があります。

2）新型コロナ発生後と新型コロナ発生以前

　2020年の新型コロナショックで世界の株価は大きく値下がりしま
したが、類のない金融緩和策や迅速なワクチン開発などで持ち直しま
した。

　しかし、戻ってきた株価の中身を見ると、以下に二分されます。

　◎コロナの影響がプラスになった銘柄
　◎コロナの影響がマイナスになった銘柄

　また、この影響には、一時的なものと恒常的なもの（不可逆的な変
化）があります。

　◎コロナで一時的なプラスになった銘柄
　◎コロナで一時的なマイナスになった銘柄
　◎コロナで恒常的なプラスになる銘柄
　◎コロナで恒常的なマイナスになる銘柄

　今後のパフォーマンスを大きく左右する新型コロナショックという
パラダイムシフト後の銘柄選びを、**一時的な変化と不可逆的な変化に
分けて考える**必要があるということです。

3）パラダイムシフトで必要とされる企業を見つける

　2020年3月、株式市場は新型コロナショックの影響で大きな下落になりました。これは未知のウィルスに対するリスク、いわゆるパニック相場の影響を受けてのものです。このとき、少数の医薬品株やマスク株を除いて、総投げの暴落となりました。

◆日経平均週足（2019年4月〜2022年3月）

コロナショック

　コロナショックの暴落から2年。株式市場は、落ち着きを取り戻したものの、コロナショック後の世界で必要とされる企業とそうでない企業に差が出てきたのも事実です。

　パラダイムシフト後の世界で、これから必要とされる企業とそうでなくなる企業の差が、今後の業績や成長曲線の差となって、投資家の期待値や企業価値として固定化されていくことになるでしょう。

原稿執筆現在（2022年4月）、政府や地方自治体による助成金や協力金など、セーフティネットにまだ守られている側面もありますが、長期的に見ればコロナ禍で起こった変化によって、その変化に適合できず経営危機に陥り、退場していく銘柄が出てくる可能性が考えられます。

　投資家としても、新規銘柄の検討や、ポートフォリオ構成を改めるにあたって、コロナショックというパラダイムシフトと企業価値の関係をよく考えておくことが大切です。

４）人流抑制と変化の本質

　新型コロナショックから２年が経過しましたが、度重なる変異株の出現など、先行き不透明な状況が続いています。

　緊急事態宣言下では感染を避けるため、人の移動が物理的に制限されました。コロナによるパラダイムシフト以前の状況を前提として、人の移動に伴うコストから売上を得ている企業は世の中にたくさんあります。このような企業は、制限が長く続いたり、その前提条件が変わってくると、上場企業といえども持続的な成長ができなくなる可能性を考慮する必要があります。

　特に、人の移動が売上に直結しているセクターとして、**「旅行」「空運」「ホテル」** などは非常に厳しくなりました。同様に、「人の移動」への関連度が高いセクターとして以下が挙げられます。

◎鉄道　　　　◎海運（物流除く）　　◎自動車

◎鉄鋼　　　　◎エネルギー　　　　　◎アパレル・化粧品

◎飲食店　　　◎娯楽施設　　　　　　◎不動産

◎広告（人流抑制が影響するもの）

逆に、「人の移動」の代替手段としてプラスに働いたセクターもあります。

◎物流・倉庫　　◎海運（物流）　　◎通販・EC
◎情報通信　　　◎半導体　　　　　◎巣籠もり消費

人の移動が抑制された結果、モノが移動することになり、物流は多くがプラスになりました。店頭での買い物が敬遠されると、EC や通販の利用が増加し、倉庫や物流センターが増えました。テレワークやオンライン会議など、情報通信への投資が増えた結果、半導体需要が逼迫しました。

「必要は発明の母」という言葉があるように、人流抑制の長期化は新たな社会機能を生み出すきっかけとなったわけです。

グローバル社会においても同様で、首脳外交や国際会議は、お互い直接顔を合わせて握手をしてからが常識でしたが、オンライン会議で代替されることが増えてきました。そして、企業同士の打ち合わせも出張からオンラインに急速に代替されました。

観光など「人の移動」そのものが目的である場合は別ですが、企業活動に伴う「人の移動」にはコストが発生します。それをオンライン化することでコスト削減や効率化が可能になれば、今後もそうしたいと考える企業が増えるのは当然でしょう。

例えば、はっしゃん個人の例で恐縮ですが、この本を含め、新型コロナショック以降に出版した3冊の本はすべてオンライン会議とメール、チャットのみの作業で出版することができました。10年前には考えられなかったことです。

このように、従来型の非効率な業務をデジタルで置き換えて効率化することをデジタルトランスフォーメーション（DX）と呼びます。コロナ禍で発生したパラダイムシフトの中でも特徴的なものです。

　この変化で重要なことは、**代替手段として高速インターネット網やスマートフォンといったインフラ・デバイスが整備されていたから変化できた**という点です。つまり、すでに準備は整っていたわけで、**新型コロナショックは、デジタルトランスフォーメーションの流れを速めた触媒**に過ぎないということです。

　今後も人の移動に関しては、デジタルトランスフォーメーションの影響が残ることが考えられるでしょう。例えば、次のように考えることができます。

◎観光や娯楽目的の人の移動
コロナ時代が終わればやがて回復する＝一時的な変化

◎ビジネス目的の人の移動
コロナ時代が終わっても相当は継続する＝不可逆的な変化

5) イノベーション論からパラダイムシフトを考えてみる

本章でたびたび登場するピーター・ドラッカーは、著書『イノベーションと起業家精神』で、イノベーションを生むものとして、7つの要因を挙げています。

本章の主題でもあるイノベーション（Innovation）とは、新たなものを生み出し変革を起こすことで社会的、経済的な価値を生み出すことです。本節の冒頭で iPhone の事例を紹介したように、イノベーションは、新型コロナのような災害とともにパラダイムシフトを生む要因になります。

```
【イノベーションを生む7つの要因】
①予期せぬこと
②調和しないもの
③プロセスのニーズ
④産業と市場の構造変化
⑤人口構成の変化
⑥認識の変化
⑦新しい知識・発明
```

これらの要因をコロナ禍に当てはめて考えてみると、ほぼすべての要因に影響を与えていることがわかります。

①予期せぬこと
コロナウィルスによるパンデミック、外出自粛、休業要請

②調和しないもの

　ソーシャルディスタンス、三密の回避

③プロセスのニーズ

　マスク、消毒、手洗い・うがい

④産業と市場の構造変化

　緊急事態宣言やまん延防止措置の発令、テレワークの奨励

⑤人口構成の変化

　高齢者や基礎疾患者の寿命への影響

⑥認識の変化

　ワクチン接種、マスクエチケットや消費動向の変化

⑦新しい知識・発明

　新型コロナウィルスとの共存、克服のための知識・発明

　人流抑制とデジタルトランスフォーメーションに関する考察でも述べたように、これらの要因には、コロナ禍だけの一時的なものと、コロナ後も続く不可逆的なものがあると考えられます。

　そして、パラダイムシフトの流れにうまく乗った企業が飛躍・成長していく反面で、流れから外れた企業は取り残され、徐々に淘汰されていくことになります。

　グローバル化・情報化社会が初めて遭遇したパンデミックは、皮肉にもイノベーション創出の大きな機会となり、世界を変える流れになりました。このような流動的局面はリスクを伴いますが、同時に大きなチャンスでもあります。**変革が必要とされる時代にリスクをとってイノベーションに乗り、社会変化に貢献していく**ことも、われわれ投資家が担う重要な役割であると考えられます。

6）コロナショック後の認識の変化を掘り下げてみる

　パラダイムシフトを考える練習として、コロナショック後の認識変化の例を具体的に考えてみましょう。みなさんもイメージしてみてください。

・出勤よりテレワーク
・電車よりクルマ、バイク、自転車
・東京より地方
・駅前店より郊外店
・大型店より小型店
・リアル店舗よりネットショップ
・イートインよりテイクアウト
・外食より自炊・内食
・インドアよりアウトドア

　ほかにもたくさんあると思いますが、変化が消費行動に影響を与えているものをどんどん書き出していきましょう。
　これらのうち、いくつかはコロナ克服後、元に戻るかもしれませんが、意味のない慣習として続けられていた非効率なものや元に戻す必要のないものもあります。それらは元に戻るでしょうか？
　このように不可逆的な変化を考えながら、その恩恵を受ける投資先を探していきましょう。

7）コロナ時代に注目された銘柄と不可逆性

　「ウィズコロナ」で人気化した銘柄がいくつかあります。それぞれについて一時的な特需なのか、不可逆的な変化なのか、考えてみましょう。

①ネットショップと郊外店の考察

　外出自粛や休業要請で駅前や繁華街から人が消えました。徐々に戻りつつありますが、しばらくは面識のない人との濃厚接触は避ける意識は残りそうです。コロナショック後のリバウンドで、大きく売られた小売店の株価も多少戻ってきましたが、まだまだ温度差があります。果たして、すべてが元に戻るでしょうか？

　これまでも小売業界では、Amazon など、リアル店舗からネットショップへの移行が進んできましたが、その動きは、むしろ加速していきそうに感じます。例えば、仮想空間をアバターで行き来するメタバースの登場は、より進化したネット環境と言えるでしょう。

◆アパレル業界2020年4月度月次TOP10社

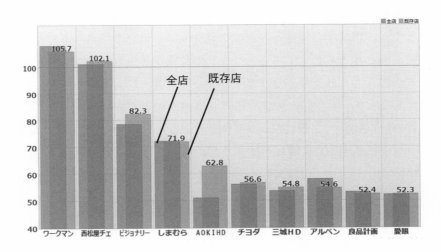

リアル店舗同士の状況についても、緊急事態宣言下での前ページの図（2020年4月度）のようなアパレル業界の月次売上を見ると認識が変化していたことがわかります。

　上位に目立つのは、ロードサイド型の郊外チェーン店です。例えば、はっしゃんの居住地は、かなりの田舎ですが、「しまむら」「ワークマン」「西松屋チェーン」の店舗はあります。

　これらの3社は、ロードサイド型で地方の中小商圏に出店するビジネスモデルを採用しています。田舎には他社のアパレル店は、ほとんどありません。もちろん、駅前やショッピングセンターにはありますが、コロナ禍では、人混みに出たくありませんから、郊外のお店に来店客が集中したと考えられます。

　コロナになったからといって、駅前やモールを中心に出店してきた企業が地方や中小商圏を開拓して出店するのは簡単ではありません。ただし、駅前から郊外への極端なシフトは、緊急事態宣言下での一時的要因と考えられますので、コロナの脅威が緩和されてくると徐々に人が戻ってくると考えられます。

　もっとも、ECショップや郊外店に流れた顧客が100%戻ると考えるのは、早計です。仮に5%の人が流出すると、月次売上は95%になり、コロナ前比で100%割れが続くことになります。月次がコロナの底と比較するとプラスに回復したとしても、コロナ前の水準には戻らないことを想定しなければならないわけです。

②外食と内食の関係

　コロナ禍では外食店の売上が軒並み激減しています。しかし、食べる人の胃袋の量はコロナの影響を受けません。外食が減った分は他の食べ物に代替されています。

　外食の代替として、食品スーパーやテイクアウトの売上が増加

しました。マクドナルドの売上はコロナ禍でむしろ増加しています。その後は、食事を配達したり、代わりに弁当を販売するお店も増えました。テイクアウトやデリバリーという形態が、新たな需要を開拓したと言えるでしょう。

　外食店については、すぐ完全に元通りというわけにはいかないかもしれません。まず、外国人観光客の売上が消えています。こちらは胃袋そのものが減っています。コロナ前のように自由に海外と行き来するにはまだ時間が必要そうです。
　また、国内でもテレワークが進めば通勤の必要がなくなりますから、今まで外食していた人が、日によっては自炊や宅配を利用した内食に変える可能性が考えられます。

◆外食チェーン2020年4月度月次TOP10社

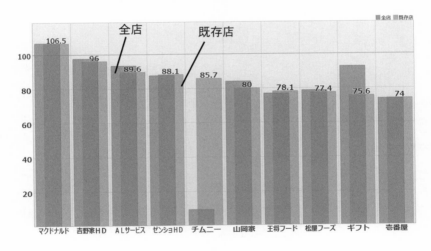

生鮮食料品は、現在はまだ食品スーパーでの購入が中心ですが、Amazon が食品スーパーと提携してネットスーパーを始めるなど、EC 化の動きも始まっています。通勤帰りに食品スーパーに寄っていた人がテレワーク勤務となった場合、わざわざ食品スーパーまで出かけるより、ネットスーパーを選択するかもしれません。今後は生鮮 EC の普及にも弾みがつくことになりそうです。

　テレワークの大きなメリットとして、通勤コスト（費用および時間）の削減があります。外食を内食化すれば同時に食費も節約できるようになります。

　このような変化は劇的に起こるかもしれませんし、長い時間をかけて少しずつ着実に進行することになるかもしれません。このように考えると、これから成長していく新しい企業を発掘するヒントになると思います。

◆食品スーパー2020年4月度月次TOP10社

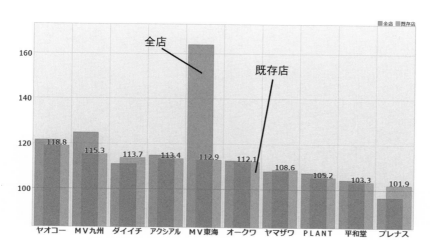

※ MV 東海の全店が異常値になっているのは、MV 中部との企業統合によるものです。

8）ロシアのウクライナ侵攻について考える

　ここまで、新型コロナショックを例にイノベーションやパラダイムシフトに対応した銘柄選びや投資の心構えを考えてきましたが、2022年に入って「ロシアのウクライナ侵攻」という新たな懸念事項が発生し、パラダイムシフトが進行しつつあります。

　戦争の行方を見通すことはできませんが、パラダイムシフトを考える練習として、ロシアのウクライナ侵攻後の認識変化を具体的に考えてみましょう。

　そして、その変化が一時的な影響にとどまるのか、不可逆的な変化なのか。変化が投資に及ぼす影響、注目すべき銘柄についても考えてみましょう。何年か後に、それが正しかったのかを振り返ると勉強になると思います。

Ⓐロシアのウクライナ侵攻後の認識変化

・

・

・

・

・

・

Ⓑ【イノベーションを生む７つの要因】を考えてみましょう

①予期せぬこと

②調和しないもの

③プロセスのニーズ

④産業と市場の構造変化

⑤人口構成の変化

⑥認識の変化

⑦新しい知識・発明

©プラスとマイナス、一時的な影響か恒常的な影響か考えてみましょう

・一時的なプラス

・一時的なマイナス

・恒常的なプラス

・恒常的なマイナス

Ⓓ注目すべき銘柄

・一時的なプラス

・一時的なマイナス

・恒常的なプラス

・恒常的なマイナス

9）まとめ

　第5章では、マーケティングやイノベーション理論を通じた定性分析やパラダイムシフトへの対処方法について学習しました。

　定性分析は、決算分析や月次分析など、定量分析を代替する分析方法ではありませんが、組み合わせることで、新規事業や将来の成長分析に力を発揮します。

　パラダイムシフトは、成長株が生まれたり、大きく成長したりするときの重要な因子となります。「ダイヤモンドの原石探し」にうまく活用してください。

　なお、本章に関する参考文献は次ページの通りです。

（参考文献）

『マネジメント』ピーター・F・ドラッカー著
ダイヤモンド社 1974 年

『イノベーションと起業家精神』ピーター・F・ドラッカー著
ダイヤモンド社 1996 年

『ランチェスター弱者必勝の戦略』竹田陽一著
サンマーク文庫 1994 年

『ブルー・オーシャン戦略』W・チャン・キム、レネ・モボリュニュ著
ランダムハウス講談社 2005 年

『キャズム』ジェフリー・ムーア著
翔泳社 2002 年

『アンゾフ戦略経営論』H・イゴール・アンゾフ著
中央経済社 2015 年

はっしゃんコラム⑦
コロナ禍で大量閉店する企業の話

　原稿作成段階（2022年4月）で、新型コロナショックの影響を受けて、外食やアパレル業界を中心に大量閉店の動きが見られます。

　皆さんのまわりにも閉店したお店がいくつかあると思います。参考までにコロナ禍で大量閉店を表明した月次情報公開企業リストを掲載しておきます。

　一般的に、大量閉店した企業の月次業績は次のような数字になる傾向にあります。

大量閉店後の月次の傾向	
全店売上	**大幅な減少**
既存店売上	**回復またはプラス転換 or 変化なし**

　全店売上は大量閉店分だけ減少しますので大幅な減少になります。

　一方の既存店ですが、不振店を閉店する一方で優良店が残ることが普通ですから、結果としては回復したり、場合によってはマイナスからプラスに転換することもあります。そして、既存店が回復すれば閉店分の損失は仕方ないとしても、その後は利益回復が期待できますから、株価にも好影響を及

◆ コロナ不況での店舗閉店一覧（外食）

会社名	閉店 店舗数
ロイヤルＨＤ（ロイヤルホスト、天丼てんや）	70 店舗を閉店
大戸屋ＨＤ（定食屋）	10 店舗を閉店
コロワイド（居酒屋）	196 店舗を閉店
ジョイフル（ファミレス）	200 店舗を閉店
フレンドリー（ファミレス）	41 店舗を閉店
ペッパーフードサービス（いきなり！ステーキなど）	114 店舗を閉店
吉野家HD（吉野家、はなまるうどん、京樽）	150 店舗を閉店
グルメ杵屋（杵屋、そじ坊）	80 店舗を閉店
チムニー（居酒屋）	72 店舗を閉店
ワタミ（居酒屋）	114 店舗を閉店
グローバルダイニング（レストラン）	5 店舗を閉店
マルシェ（八剣伝）	17 店舗を閉店
すかいらーくHD（ファミレス）	200 店舗を閉店
リンガーハット（長崎ちゃんぽん）	128 店舗を閉店

※現在の京樽は、スシロー（FOOD & LIFE COMPANIES）傘下企業となっています

◆ コロナ不況での店舗閉店一覧（アパレル）

会社名	閉店 店舗数
オンワードHD（23区など）	700 店舗を閉店
ワールド（アクアガールなど）	358 店舗を閉店
ライトオン（ノーティードッグのみ）	19 店舗を閉店
ＴＳＩHD（ハーシェルサプライ、ファクト）	122 店舗を閉店
三陽商会	160 売場を閉鎖
タカキュー	90 店舗を閉店
青山商事	160 店舗を閉店

～ここで紹介した企業の名前やブランド名は、発表当時のものです～

ぼすことがあります。

　ただし、状況がより深刻な場合は、大量閉店によっても既存店がまったく回復しない場合もあります。このような場合は、企業は存続の危機に陥ることになりますので、注意が必要です。

　コロナ禍では、企業側が不振店を閉店してもまだ危機的な状況が続く非常事態が全国で同時多発的に発生しました。そして、助成金や協力金といった形で企業の救済・支援措置が行われ、上場企業の多くがその恩恵を受けました。

　コロナ禍を過ぎると、大量閉店によって供給が不足した状態から、外食やアパレル業界がリスタートすることも予想されます。受け入れを停止していた外国人観光客もやがて戻ってくることでしょう。そこからの**復活過程で躍進を遂げる新しい企業がいくつか出てくる**ことでしょう。

第6章

決算書と
未来の企業価値

～第1節～
決算書を読む理由

　第5章では、マーケティングやイノベーション理論を活用した定性分析を紹介しました。このような定性分析と対照的なのが、月次情報や決算書を使った定量分析です。

　定量分析と定性分析は、「第5章 第1節」でも紹介したように、お互い、補完関係にあります。定性分析が未来志向の分析であるのに対し、定量分析は過去データを客観的に評価した、定性分析の重要な土台となります。

1）決算書を読む理由

　はっしゃんが決算書を読む理由は、決算の結果を確認するだけではなく、それを土台に将来の業績を予測したり、成長シナリオを作成するためです。

　決算書というと「難しい」と思うかもしれませんが、投資家が見るポイントは決まっていますので、それほどハードルが高いものではありません。

　投資家の期待は、将来の売上や利益が2倍、3倍となり、併せて株価も大きく上昇することです。その未来を予測するためには、しっかりとした土台を築くことが必要です。

◆定量分析と定性分析

定量分析：決算書、月次情報 など

分析対象	数値化した情報やデータを分析する
大局観	大局的な情報を読み取れない可能性がある
多様性	誰がやっても同じ結果になることが多い
客観性	客観的で判断のブレが少なくなる
未来志向	基本的には過去の情報やデータに基づく分析である

定性分析：ビジネスモデル、将来性など

分析対象	数値で表せない情報やデータを分析する
大局観	全体の問題や論点を大局的に俯瞰できる
多様性	重視する項目で結果が大きく変わってくる
客観性	主観的であり、評価者リスクを考慮する必要がある
未来志向	過去にとらわれない未来志向の分析である

※288ページで紹介しているものと同じです

２）月次情報と決算書

　「コラム②　成長率と未来の株価の話」でも少し説明したように、決算書は月次情報で発表されていた売上などのデータを四半期単位（３カ月間）や１年単位でまとめた資料で「企業の通信簿」とも呼ばれます。

◎**決算書で売上や利益が増えるほど優秀（株価が上がりやすい）**
◎**決算書で売上や利益が減少すると問題（株価も下がりやすい）**

　決算書には、月次情報と同様に、売上が増えたかに加え、コストがどれだけかかったか、利益はどのくらいだったか、現金や資産がどう変化したか、などが記載されています。

　本書は、決算書なしで月次情報を使って始められる投資方法からスタートしましたが、決算書を見ることで、月次情報だけでは表面的にしかわからなかった企業の収支や資産の中身を詳しく知ることができます。

　一方、月次情報が示しているのは、決算書をベースにした最新の業績変化ですので、決算書を知ることは、月次情報をより深く知ることにもなります（詳細は第７章で実践します）。

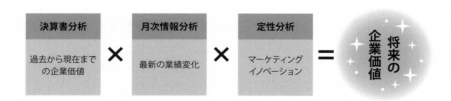

本章では、決算書を見える化できる WEB ツールを使って、投資家向けにポイントを絞った決算書の読み方を紹介します。決算書からわかることは、過去から現在までの企業価値です。決算書を土台固めとして、月次情報分析や将来の企業価値分析に活用しましょう。

　本初では、決算書の読み方を次の流れで説明します。

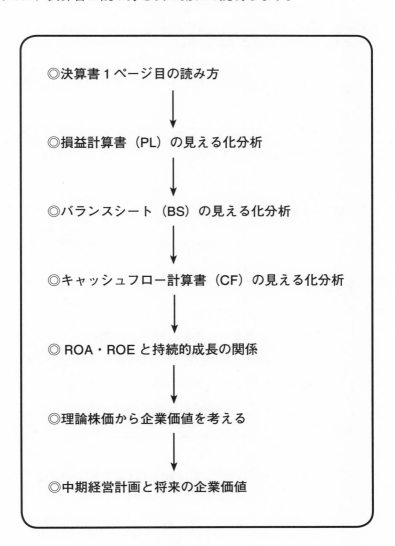

◎**決算書 1 ページ目の読み方**

◎**損益計算書（PL）の見える化分析**

◎**バランスシート（BS）の見える化分析**

◎**キャッシュフロー計算書（CF）の見える化分析**

◎ **ROA・ROE と持続的成長の関係**

◎**理論株価から企業価値を考える**

◎**中期経営計画と将来の企業価値**

～第2節～
決算書1ページ目の読み方

　最初に、決算書の1ページ目をざっくりチェックする方法を紹介します。

　決算書は、1ページ目だけで90%がわかるように、必要な情報がまとめて記載されています。

1）決算書1ページ目チェックポイント

　1ページ目でチェックするポイントは、次の5つです。

> その1：売上と利益が増えたか
> その2：純資産と自己資本比率が適正か
> その3：営業ＣＦがプラスで投資ＣＦがマイナスか
> その4：今期予想は増収増益か
> その5：ここまで合格なら決算解説を読む

　では、日本マクドナルドの2021年12月期決算を例に紹介します。

2021年12月期　決算短信〔日本基準〕（連結）

2022年2月9日

上場会社名　　日本マクドナルドホールディングス株式会社　　　　　　　　　　上場取引所　東
コード番号　　2702　　　URL　https://www.mcd-holdings.co.jp
代表者　　　（役職名）代表取締役社長兼最高経営責任者（CEO）　（氏名）日色 保
問合せ先責任者　（役職名）執行役員　IR統括責任者　（氏名）中澤 啓二　　TEL 03-6911-6000
定時株主総会開催予定日　2022年3月29日　　　　　　　配当支払開始予定日　2022年3月30日
有価証券報告書提出予定日　2022年3月30日
決算補足説明資料作成の有無 ：有
決算説明会開催の有無　　：有（アナリスト向け）

（百万円未満切捨て）

１．2021年12月期の連結業績（2021年1月1日〜2021年12月31日）
（1）連結経営成績 （％表示は対前期増減率）

	売上高		営業利益		経常利益		親会社株主に帰属する当期純利益	
	百万円	％	百万円	％	百万円	％	百万円	％
2021年12月期	317,695	10.2	34,518	10.3	33,618	7.0	23,945	18.6
2020年12月期	288,332	2.3	31,290	11.7	31,425	14.3	20,186	19.6

（注）包括利益　2021年12月期　23,927百万円（18.6％）　　2020年12月期　20,174百万円（18.3％）

	1株当たり当期純利益	潜在株式調整後1株当たり当期純利益	自己資本当期純利益率	総資産経常利益率	売上高営業利益率
	円 銭	円 銭	％	％	％
2021年12月期	180.10	―	13.0	13.6	10.9
2020年12月期	151.83	―	12.1	13.8	10.9

（参考）持分法投資損益　2021年12月期　―百万円　2020年12月期　―百万円

（2）連結財政状態

	総資産	純資産	自己資本比率	1株当たり純資産
	百万円	百万円	％	円 銭
2021年12月期	260,113	194,222	74.7	1,460.77
2020年12月期	232,984	175,081	75.1	1,316.81

（参考）自己資本　2021年12月期　194,222百万円　2020年12月期　175,081百万円

（3）連結キャッシュ・フローの状況

	営業活動によるキャッシュ・フロー	投資活動によるキャッシュ・フロー	財務活動によるキャッシュ・フロー	現金及び現金同等物期末残高
	百万円	百万円	百万円	百万円
2021年12月期	38,860	△20,765	△5,569	50,266
2020年12月期	27,881	△44,051	△4,712	37,741

２．配当の状況

	年間配当金					配当金総額（合計）	配当性向（連結）	純資産配当率（連結）
	第1四半期末	第2四半期末	第3四半期末	期末	合計			
	円 銭	円 銭	円 銭	円 銭	円 銭	百万円	％	％
2020年12月期	―	0.00	―	36.00	36.00	4,786	23.7	2.9
2021年12月期	―	0.00	―	39.00	39.00	5,185	21.7	2.8
2022年12月期（予想）	―	0.00	―	39.00	39.00		24.1	

３．2022年12月期の連結業績予想（2022年1月1日〜2022年12月31日）
（％表示は、対前期増減率）

	売上高		営業利益		経常利益		親会社株主に帰属する当期純利益		1株当たり当期純利益
	百万円	％	百万円	％	百万円	％	百万円	％	円 銭
通期	333,000	4.8	35,000	1.4	34,000	1.1	21,500	△10.2	161.70

その1：売上と利益が増えたか

決算書1番上の数字で、「売上と経常利益（または税引き前利益）が増えたか」を確認します。読み方は以下の通りです。

売上・経常利益

◎ ＋20% 以上　　○ ＋10 ～ 20%　　△ 0 ～ ＋10%　　× マイナス

経常赤字時の売上

◎ ＋30% 以上　　○ ＋20 ～ 30%　　△ ＋10 ～ 20%　　× ＋10% 未満

マクドナルドの場合は、売上が10.2%増え、経常利益も7.0%増えていました。増え方は控えめなので、評価は○と△です。

この売上と利益の増え方が大きいほど、また下段の前年からのプラス変化が大きいほど、市場評価が高くなる傾向があります。

逆に、売上や利益が減ったり、前年からマイナス変化になった場合は注意が必要です。

なお、新興企業では、戦略的な赤字企業もありますが、この場合は、「売上が＋20%以上の大幅増収になっているか」を確認しましょう。高成長の場合のみ、赤字は許容されます。

2021年12月期　決算短信〔日本基準〕（連結）

2022年2月9日

上場会社名　日本マクドナルドホールディングス株式会社　　　　　　　　上場取引所　東
コード番号　2702　　URL　https://www.mcd-holdings.co.jp
代表者　　　（役職名）代表取締役社長兼最高経営責任者（CEO）　（氏名）日色　保
問合せ先責任者　（役職名）執行役員　IR統括責任者　　（氏名）中澤　啓二　　TEL　03-6911-6000
定時株主総会開催予定日　2022年3月29日　　　　　　配当支払開始予定日　2022年3月30日
有価証券報告書提出予定日　2022年3月30日
決算補足説明資料作成の有無：有
決算説明会開催の有無　　　：有（アナリスト向け）

（百万円未満切捨て）

1．2021年12月期の連結業績（2021年1月1日～2021年12月31日）
（1）連結経営成績

（％表示は対前期増減率）

	売上高		営業利益		経常利益		親会社株主に帰属する当期純利益	
	百万円	％	百万円	％	百万円	％	百万円	％
2021年12月期	317,695	10.2	34,518	10.3	33,618	7.0	23,945	18.6
2020年12月期	288,332	2.3	31,290	11.7	31,425	14.3	20,186	19.6

（注）包括利益　2021年12月期　23,927百万円（18.6％）　2020年12月期　20,174百万円（18.3％）

	1株当たり当期純利益	潜在株式調整後1株当たり当期純利益	自己資本当期純利益率	総資産経常利益率	売上高営業利益率
	円　銭	円　銭	％	％	％
2021年12月期	180.10	－	13.0	13.6	10.9
2020年12月期	151.83	－	12.1	13.8	10.9

（参考）持分法投資損益　2021年12月期　－百万円　2020年12月期　－百万円

（2）連結財政状態

	総資産	純資産	自己資本比率	1株当たり純資産
	百万円	百万円	％	円　銭
2021年12月期	260,113	194,222	74.7	1,460.77
2020年12月期	232,984	175,081	75.1	1,316.81

（参考）自己資本　2021年12月期　194,222百万円　2020年12月期　175,081百万円

（3）連結キャッシュ・フローの状況

	営業活動によるキャッシュ・フロー	投資活動によるキャッシュ・フロー	財務活動によるキャッシュ・フロー	現金及び現金同等物期末残高
	百万円	百万円	百万円	百万円
2021年12月期	38,860	△20,765	△5,569	50,266
2020年12月期	27,881	△44,051	△4,712	37,741

2．配当の状況

	年間配当金					配当金総額（合計）	配当性向（連結）	純資産配当率（連結）
	第1四半期末	第2四半期末	第3四半期末	期末	合計			
	円　銭	円　銭	円　銭	円　銭	円　銭	百万円	％	％
2020年12月期	－	0.00	－	36.00	36.00	4,786	23.7	2.9
2021年12月期	－	0.00	－	39.00	39.00	5,185	21.7	2.8
2022年12月期（予想）	－	0.00	－	39.00	39.00		24.1	

3．2022年12月期の連結業績予想（2022年1月1日～2022年12月31日）

（％表示は、対前期増減率）

	売上高		営業利益		経常利益		親会社株主に帰属する当期純利益		1株当たり当期純利益
	百万円	％	百万円	％	百万円	％	百万円	％	円　銭
通期	333,000	4.8	35,000	1.4	34,000	1.1	21,500	△10.2	161.70

375

その2：純資産と自己資本比率が適正か

　次に、1ページ目の真ん中のバランスシート項目をチェックします。読み方は以下の通りです。

純資産

◎ 増加　　○ 0 〜 10% 減少　　△ 10 〜 20% 減少　　× マイナスや 20% 以上減少

自己資本比率

◎ 50% 以上　　○ 20 〜 50%　　△ 10 〜 20%　　× 10% 未満

　マクドナルドの場合は、純資産が「175,081」から「194,222」に増え、自己資本比率は、「75.1%」から「74.7%」へと少し減りましたが、問題ないレベルです。評価はどちらも優良で◎です。

　純資産は会社の資本部分で、持続的な成長企業であれば、自然と増えていきます。ここが − 10% 以上など大きく減少した場合は、注意が必要です。

　自己資本比率は、以下の計算式で求められます。

$$自己資本比率 ＝ 純資産 ／ （純資産＋負債）$$

　この数字が大きく減ると借金が急増していることになるので、こちらも注意が必要です。

　また、自己資本比率は、20 〜 30% 程度が安全ラインになっています。あまりに少ない場合は、借金がたくさんあることを示しますので、この点も注意してください。

ただし、ソフトバンクのようにリスクを取りながら成長し続けている企業もあります。経営スタイルによって異なりますが、借金急増には注意が必要です。

なお、自己資本比率のマイナスは債務超過です。倒産リスクのある状態になります。

2021年12月期　決算短信〔日本基準〕（連結）

2022年2月9日

上場会社名　　日本マクドナルドホールディングス株式会社　　　　　　　　上場取引所　東
コード番号　　2702　　URL　https://www.mcd-holdings.co.jp
代表者　　　　（役職名）代表取締役社長兼最高経営責任者（CEO）　　（氏名）日色 保
問合せ先責任者　（役職名）執行役員　IR統括責任者　　（氏名）中澤 啓二　　TEL 03-6911-6000
定時株主総会開催予定日　2022年3月29日　　　　配当支払開始予定日　2022年3月30日
有価証券報告書提出予定日　2022年3月30日
決算補足説明資料作成の有無　：有
決算説明会開催の有無　　　：有（アナリスト向け）

（百万円未満切捨て）

1．2021年12月期の連結業績（2021年1月1日～2021年12月31日）

（1）連結経営成績　（％表示は対前期増減率）

	売上高		営業利益		経常利益		親会社株主に帰属する当期純利益	
	百万円	％	百万円	％	百万円	％	百万円	％
2021年12月期	317,695	10.2	34,518	10.3	33,618	7.0	23,945	18.6
2020年12月期	288,332	2.3	31,290	11.7	31,425	14.3	20,186	19.6

（注）包括利益　2021年12月期　23,927百万円（18.6％）　　2020年12月期　20,174百万円（18.3％）

	1株当たり当期純利益	潜在株式調整後1株当たり当期純利益	自己資本当期純利益率	総資産経常利益率	売上高営業利益率
	円 銭	円 銭	％	％	％
2021年12月期	180.10	—	13.0	13.6	10.9
2020年12月期	151.83	—	12.1	13.8	10.9

（参考）持分法投資損益　2021年12月期　－百万円　　2020年12月期　－百万円

（2）連結財政状態

	総資産	純資産	自己資本比率	1株当たり純資産
	百万円	百万円	％	円 銭
2021年12月期	260,113	194,222	74.7	1,460.77
2020年12月期	232,984	175,081	75.1	1,316.81

（参考）自己資本　2021年12月期　194,222百万円　　2020年12月期　175,081百万円

（3）連結キャッシュ・フローの状況

	営業活動によるキャッシュ・フロー	投資活動によるキャッシュ・フロー	財務活動によるキャッシュ・フロー	現金及び現金同等物期末残高
	百万円	百万円	百万円	百万円
2021年12月期	38,860	△20,765	△5,569	50,266
2020年12月期	27,881	△44,051	△4,712	37,741

2．配当の状況

	年間配当金					配当金総額（合計）	配当性向（連結）	純資産配当率（連結）
	第1四半期末	第2四半期末	第3四半期末	期末	合計			
	円 銭	円 銭	円 銭	円 銭	円 銭	百万円	％	％
2020年12月期	—	0.00	—	36.00	36.00	4,786	23.7	2.9
2021年12月期	—	0.00	—	39.00	39.00	5,185	21.7	2.8
2022年12月期（予想）	—	0.00	—	39.00	39.00		24.1	

3．2022年12月期の連結業績予想（2022年1月1日～2022年12月31日）

（％表示は、対前期増減率）

	売上高		営業利益		経常利益		親会社株主に帰属する当期純利益		1株当たり当期純利益
	百万円	％	百万円	％	百万円	％	百万円	％	円 銭
通期	333,000	4.8	35,000	1.4	34,000	1.1	21,500	△10.2	161.70

その３：営業ＣＦがプラスで投資ＣＦがマイナスか

　次に１ページ目の真ん中下のキャッシュフローの状態を確認します（キャッシュフローは、本決算以外では省略されている場合があります）。

営業ＣＦ	◎ プラス	× マイナス
投資ＣＦ	◎ マイナス	× プラス
現金期末残高	◎ 増加	× 減少

　マクドナルドの場合は、営業 CF が「38,860」とプラスで、投資 CF が「− 20,765」でマイナス、現金の期末残高は増加しています。評価はいずれも◎です。

　なお、表中の数字左側の△印はマイナスという意味です。

　営業 CF が赤字だったり、投資 CF がプラス（何らかの理由で資産を売却している）だった場合は、成長企業とは呼べないので注意してください。

　また、新興企業では、営業 CF が赤字の場合もありますが、この場合は、その１と同様に「売上が +20% 以上の大幅増収」になっていれば許容とします。

　営業 CF と投資 CF、財務 CF の合計が赤字の場合は、現金の期末残高が減っていくことになるので見ておきましょう。現金残高が足りなくなると、増資などで資金調達が必要になってきます。

2021年12月期　決算短信〔日本基準〕（連結）

2022年2月9日

上場会社名　　日本マクドナルドホールディングス株式会社　　　　　　　　　　　上場取引所　東
コード番号　　2702　　URL　https://www.mcd-holdings.co.jp
代表者　　　　（役職名）代表取締役社長兼最高経営責任者（CEO）　　　（氏名）日色 保
問合せ先責任者　（役職名）執行役員　IR統括責任者　　　（氏名）中澤 啓二　　TEL　03-6911-6000
定時株主総会開催予定日　2022年3月29日　　　　　　配当支払開始予定日　2022年3月30日
有価証券報告書提出予定日　2022年3月30日
決算補足説明資料作成の有無：有
決算説明会開催の有無　　　：有（アナリスト向け）

（百万円未満切捨て）

1．2021年12月期の連結業績（2021年1月1日～2021年12月31日）

（1）連結経営成績　　　　　　　　　　　　　　　　　　　　　　　　　（％表示は前期増減率）

	売上高		営業利益		経常利益		親会社株主に帰属する 当期純利益	
	百万円	％	百万円	％	百万円	％	百万円	％
2021年12月期	317,695	10.2	34,518	10.3	33,618	7.0	23,945	18.6
2020年12月期	288,332	2.3	31,290	11.7	31,425	14.3	20,186	19.6

（注）包括利益　2021年12月期　23,927百万円（18.6％）　　2020年12月期　20,174百万円（18.3％）

	1株当たり 当期純利益	潜在株式調整後 1株当たり当期純利益	自己資本 当期純利益率	総資産 経常利益率	売上高 営業利益率
	円 銭	円 銭	％	％	％
2021年12月期	180.10	－	13.0	13.6	10.9
2020年12月期	151.83	－	12.1	13.8	10.9

（参考）持分法投資損益　2021年12月期　－百万円　　2020年12月期　－百万円

（2）連結財政状態

	総資産	純資産	自己資本比率	1株当たり純資産
	百万円	百万円	％	円 銭
2021年12月期	260,113	194,222	74.7	1,460.77
2020年12月期	232,984	175,081	75.1	1,316.81

（参考）自己資本　2021年12月期　194,222百万円　　2020年12月期　175,081百万円

（3）連結キャッシュ・フローの状況

	営業活動による キャッシュ・フロー	投資活動による キャッシュ・フロー	財務活動による キャッシュ・フロー	現金及び現金同等物 期末残高
	百万円	百万円	百万円	百万円
2021年12月期	38,860	△20,765	△5,569	50,266
2020年12月期	27,881	△44,051	△4,712	37,741

2．配当の状況

	年間配当金					配当金総額 （合計）	配当性向 （連結）	純資産配当 率（連結）
	第1四半期末	第2四半期末	第3四半期末	期末	合計			
	円 銭	円 銭	円 銭	円 銭	円 銭	百万円	％	％
2020年12月期	－	0.00	－	36.00	36.00	4,786	23.7	2.9
2021年12月期	－	0.00	－	39.00	39.00	5,185	21.7	2.8
2022年12月期（予想）	－	0.00	－	39.00	39.00		24.1	

3．2022年12月期の連結業績予想（2022年1月1日～2022年12月31日）

（％表示は、対前期増減率）

	売上高		営業利益		経常利益		親会社株主に帰属 する当期純利益		1株当たり 当期純利益
	百万円	％	百万円	％	百万円	％	百万円	％	円 銭
通期	333,000	4.8	35,000	1.4	34,000	1.1	21,500	△10.2	161.70

その４：今期予想は増収増益か

　最後に１ページ目末尾の今期予想を確認します（この欄は、２ページ目にズレていることもあります）。読み方は以下の通りです。

売上・経常利益
◎ ＋20% 以上　　○＋ 10 〜 20%　　△ 0 〜＋ 10% 以上　　× マイナス

経常利益が赤字の場合の売上
◎＋ 30% 以上　　○＋ 20% 以上　　△ ＋ 10 〜 20%　　× 10% 未満

業績修正がある場合
◎ 上方修正　　× 下方修正

　マクドナルドの場合は、売上 +4.8%、経常利益 +1.1% の増収増益予想になっています。評価はどちらも△です。投資家の期待は、売上と利益が成長していく企業（＝株価が上昇しやすい企業）なので、増収増益が原則となります。

　また、新興企業で売上成長を優先し、赤字となっている場合は、高成長（売上 +20% 以上）を条件に赤字予想が許容される場合があります。

　今回は本決算を例に見てきましたが、１〜３四半期決算の場合は、今期予想に下方修正や上方修正があるかどうかもチェックしましょう。

2021年12月期　決算短信〔日本基準〕（連結）

2022年2月9日

上場会社名	日本マクドナルドホールディングス株式会社		上場取引所　東
コード番号	2702　　URL　https://www.mcd-holdings.co.jp		
代表者	（役職名）代表取締役社長兼最高経営責任者（CEO）	（氏名）日色 保	
問合せ先責任者	（役職名）執行役員 IR統括責任者	（氏名）中澤 啓二　　TEL 03-6911-6000	
定時株主総会開催予定日	2022年3月29日	配当支払開始予定日　2022年3月30日	
有価証券報告書提出予定日	2022年3月30日		
決算補足説明資料作成の有無	：有		
決算説明会開催の有無	：有（アナリスト向け）		

（百万円未満切捨て）

1．2021年12月期の連結業績（2021年1月1日～2021年12月31日）

（1）連結経営成績

（％表示は対前期増減率）

	売上高		営業利益		経常利益		親会社株主に帰属する当期純利益	
	百万円	％	百万円	％	百万円	％	百万円	％
2021年12月期	317,695	10.2	34,518	10.3	33,618	7.0	23,945	18.6
2020年12月期	288,332	2.3	31,290	11.7	31,425	14.3	20,186	19.6

（注）包括利益　2021年12月期　23,927百万円（18.6％）　2020年12月期　20,174百万円（18.3％）

	1株当たり当期純利益	潜在株式調整後1株当たり当期純利益	自己資本当期純利益率	総資産経常利益率	売上高営業利益率
	円 銭	円 銭	％	％	％
2021年12月期	180.10	－	13.0	13.6	10.9
2020年12月期	151.83	－	12.1	13.8	10.9

（参考）持分法投資損益　2021年12月期　－百万円　2020年12月期　－百万円

（2）連結財政状態

	総資産	純資産	自己資本比率	1株当たり純資産
	百万円	百万円	％	円 銭
2021年12月期	260,113	194,222	74.7	1,460.77
2020年12月期	232,984	175,081	75.1	1,316.81

（参考）自己資本　2021年12月期　194,222百万円　2020年12月期　175,081百万円

（3）連結キャッシュ・フローの状況

	営業活動によるキャッシュ・フロー	投資活動によるキャッシュ・フロー	財務活動によるキャッシュ・フロー	現金及び現金同等物期末残高
	百万円	百万円	百万円	百万円
2021年12月期	38,860	△20,765	△5,569	50,266
2020年12月期	27,881	△44,051	△4,712	37,741

2．配当の状況

	年間配当金					配当金総額（合計）	配当性向（連結）	純資産配当率（連結）
	第1四半期末	第2四半期末	第3四半期末	期末	合計			
	円 銭	円 銭	円 銭	円 銭	円 銭	百万円	％	％
2020年12月期	－	0.00	－	36.00	36.00	4,786	23.7	2.9
2021年12月期	－	0.00	－	39.00	39.00	5,185	21.7	2.8
2022年12月期（予想）	－	0.00	－	39.00	39.00		24.1	

3．2022年12月期の連結業績予想（2022年1月1日～2022年12月31日）

（％表示は、対前期増減率）

	売上高		営業利益		経常利益		親会社株主に帰属する当期純利益		1株当たり当期純利益
	百万円	％	百万円	％	百万円	％	百万円	％	円 銭
通期	333,000	4.8	35,000	1.4	34,000	1.1	21,500	△10.2	161.70

その5：ここまで合格なら決算解説を読む

　その4までで決算1ページ目でのチェックは終了です。チェック項目では、◎と○が合格で、△や×がひとつでもある場合は注意です。

　マクドナルドの場合は、バランスシートやキャッシュフローは◎で優秀ですが、売上や利益の成長面で△が多く、成長を期待した投資には向いていない結論になるでしょう。

　ここまでが合格で、投資先として興味がある場合は、**2〜3ページ目の決算解説**や別ファイルの「**決算説明資料**」、あれば「**中期経営計画**」も読んでおきましょう。「なぜ、好調だったか」の説明や今後の戦略が解説されています。定性分析にも重要な情報です。

◎2〜3ページ目の決算解説　　◎決算説明資料　　◎中期経営計画

2）決算書1ページ目のチェックポイントの読み方の「まとめ」

　1ページ目のチェックポイントを次ページにまとめておきます。繰り返しになりますが、重要なことは、過去よりも未来なので、これらのデータは将来の企業価値を見る土台であると認識して評価するようにしましょう。

　本節で紹介した決算書1ページ目の読み方で、決算書を2年前、3年前と遡っていくことも有用です。特に、投資している企業や、これから投資しようとする企業の場合は、過去5年分くらいの決算書は、見ておいて損はありません。

　複数年の決算分析については、第7章のExcelテンプレートを使った分析で学習します。

① 売上と利益が増えたか

売上・経常利益	◎ +20%以上　○ +10〜20%　△0〜10%以上　×マイナス
経常利益が赤字の場合の売上	◎ +30%以上　○ +20%以上　△ +10〜20%　×10%未満

② 純資産と自己資本比率が適正か

純資産	◎ 増加　○ 0〜10%減少　△ 10〜20%減少　× マイナスや20%以上減少
自己資本比率	◎ 50%以上　○ 20-50%　△ 10-20%　× 10%未満

③ 営業CFがプラスで投資CFがマイナスか

営業CF	◎ プラス　× マイナス
投資CF	◎ マイナス　× プラス
現金期末残高	◎ 増加　× 減少

④ 今期予想は増収増益か

売上・経常利益	◎ +20%以上　○ +10〜20%　△ 0〜10%以上　× マイナス
経常利益が赤字の場合の売上	◎ +30%以上　○ +20%以上　△ +10〜20%　× 10%未満
業績修正がある場合	◎ 上方修正　× 下方修正

⑤ここまで合格なら決算解説を読む

・2〜3ページ目の決算解説　・決算説明資料　・中期経営計画

～第3節～
損益計算書（PL）を見える化して分析する方法

　本節から決算書を構成する「財務三表」の読み方についてポイントを絞って解説していきます。

1）損益計算書とは

　損益計算書（PL）は、決算書を構成する「財務三表」のひとつです。企業の損益を売上、費用、利益に分けて記載しています。

◎売上：売上高、営業収益など
◎費用：売上原価や販管費などのコスト
◎利益：売上から費用を引いて計算した利益（または損失）
　　　　利益＝売上－費用

　次ページは、2022年3月期 第3四半期決算のワークマンの損益計算書です。
　項目がたくさんあって、ちょっと難しそうに感じますが、損益計算書は、**「収益」「費用」「利益」**の繰り返しですので、要点さえ押さえられれば簡単です。

（2）四半期損益計算書
（第3四半期累計期間）

（単位：百万円）

	前第3四半期累計期間 （自　2020年4月1日 至　2020年12月31日）	当第3四半期累計期間 （自　2021年4月1日 至　2021年12月31日）
営業収入	23,453	26,395
売上高	59,648	65,382
営業総収入	83,102	91,778
売上原価	49,456	54,625
営業総利益	33,645	37,153
販売費及び一般管理費	13,512	14,567
営業利益	20,132	22,585
営業外収益		
受取利息	262	214
仕入割引	203	225
受取手数料	257	－
その他	463	66
営業外収益合計	1,185	506
営業外費用		
支払利息	41	36
その他	0	1
営業外費用合計	41	38
経常利益	21,277	23,053
特別利益		
固定資産売却益	2	2
特別利益合計	2	2
特別損失		
固定資産除却損	8	51
減損失	26	35
特別損失合計	34	86
税引前四半期純利益	21,245	22,968
法人税、住民税及び事業税	7,681	8,403
法人税等調整額	227	251
法人税等合計	7,908	8,654
四半期純利益	13,336	14,313

この損益計算書から枠で囲んだ8つの数字をピックアップします。ピックアップ項目について説明します。

売上　　　：売上です。ワークマンの場合は、営業総収入（フランチャイズ収入と直営店売上の合計です）
売上原価　：仕入れ価格や光熱費などです
販管費　　：人件費や広告宣伝費です
営業外収益：営業外の事業収入や金融収入などです
営業外費用：営業外の事業損失や金融支出などです
特別利益　：資産売却益などです
特別損失　：固定資産の評価損などです
法人税等　：支払い法人税です

２）見える化ツール

　ピックアップ項目が準備できたら、見える化ツールの WEB ページを開きます。PC でもスマホでも使えます。

■損益計算書（PL）チャート
　株初心者向けビジュアル PL 分析ツール
　http://kabuka.biz/funda/pl/

　損益計算書には、会計基準によって、日本基準、IFRS、米国基準の3種類があります。
　ここは、企業の会計基準に合わせて画面の設定を変更します。見分け方は、決算書1ページ目の一番上。ここに「IFRS」「米国基準」な

どと書かれていない場合は、通常の日本基準です。

2022年3月期　第3四半期決算短信〔日本基準〕（非連結）

2022年2月7日

上場会社名　　株式会社ワークマン　　　　　　　　　　　　　　上場取引所　東
コード番号　　7564　　URL https://www.workman.co.jp/
代表者　　　　（役職名）代表取締役社長　　　　　（氏名）小濱　英之
問合せ先責任者　（役職名）取締役財務部長　　　　（氏名）飯塚　幸孝　　　TEL　03-3847-7740
四半期報告書提出予定日　　2022年2月14日　　　　　配当支払開始予定日　　　―
四半期決算補足説明資料作成の有無：　有

四半期決算説明会開催の有無　　　：　有　　（証券アナリスト、機関投資家向け）

　ツール画面をスクロールして、中ほどのパラメータ設定画面に損益計算書からピックアップした8項目の数字（385ページ参照）を入力します（銘柄コードは会社名を表示するために入力します）。

　入力が完了したら、ツールの「更新」ボタンをクリックします。

パラメータ設定 [ツールの使い方]

決算書から8つ数値を入力するだけで
損益計算書[PL]チャートを作成できます

銘柄コード:	7564　（会社名表示用）
売上高:	91778
売上原価:	54625
販管費:	14567
営業外収益:	506
営業外費用:	38
特別利益:	2
特別損失:	86
法人税等:	8654

計算式も入力できます (例) 1000+500

3つの会計基準に簡易的に変換できます
[日本基準|IFRS|米国基準]

更新　　クリア

利益は自動計算

数字が正しく入力できていたら、売上、費用、利益の推移と5種類の利益が見える化して表示されます。

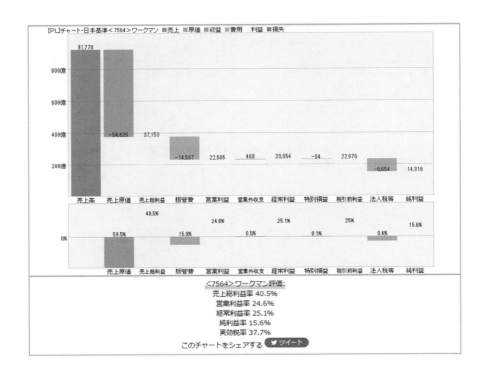

損益計算書の5種類の利益は、見える化ツールのチャートでは黄色のグラフで示されていますが、次のようなものです。

売上総利益	売上 から売上原価を引いた利益で、粗利益とも呼ばれます
営業利益	売上総利益 から 販管費を引いた利益です
経常利益	営業利益に営業外損益や金融損益を加えた利益です
税引前利益	経常利益に 特別損益を加えた利益です
純利益	税引前利益 から法人税を引いて残った利益で、最終利益とも呼ばれます

※ IFRS や米国基準の場合は少し異なります

また、見える化ツールでは、チャート下段に5種類の利益率や経費率、法人税率も計算して表示します。

　ワークマンの利益率を見ると、売上総利益率が40.5%となっているので、売上から原価を引いた残りの利益が40.5%であることがわかります。そして、ここから販管費を差し引いた営業利益率で、24.6%が残ります。さらに営業外の収支を加えた経常利益率が25.1%となり、法人税などを引いた純利益率は15.6%です。

　投資先企業が成長して企業価値を上げるというのは、損益計算書では、以下の繰り返しです。

①売上を増やす
②費用を削減する
③利益（売上ー費用）を増やす

　ツールで過年度の決算書を見える化して比較、成長ぶりを確認することも有効な方法です（この方法は、第7章でもExcelを使って実践します）。

3）損益計算書の評価ポイント

　損益計算書は、前年比からの伸び率と利益率で評価します。

　伸び率は、損益計算書には記載がありませんので、第1節で紹介したように、決算書1ページ目に掲載されている数字を確認します。

2022年3月期　第3四半期決算短信〔日本基準〕（非連結）

2022年2月7日

上場会社名	株式会社ワークマン	上場取引所　東
コード番号	7564　　URL　https://www.workman.co.jp/	
代表者	（役職名）代表取締役社長　　　　　　（氏名）小濱　英之	
問合せ先責任者	（役職名）取締役財務部長　　　　　　（氏名）飯塚　幸孝	ＴＥＬ　03-3847-7740
四半期報告書提出予定日　　2022年2月14日		配当支払開始予定日　　　―
四半期決算補足説明資料作成の有無：　有		
四半期決算説明会開催の有無　　　：　有　　（証券アナリスト、機関投資家向け）		

（百万円未満切捨て）

１．2022年3月期第3四半期の業績（2021年4月1日～2021年12月31日）

（１）経営成績（累計）　　　　　　　　　　　　　　　　　　　　　（％表示は、対前年同四半期増減率）

	営業総収入		営業利益		経常利益		四半期純利益	
	百万円	％	百万円	％	百万円	％	百万円	％
2022年3月期第3四半期	91,778	―	22,585	―	23,053	―	14,313	―
2021年3月期第3四半期	83,102	16.1	20,132	23.6	21,277	21.4	13,336	22.9

　ワークマンの場合、会計基準変更のため、伸び率が記載されていませんが、上記の枠内を計算すると、概算で売上 +10.4%、営業利益 +12.2%、経常利益 +8.3%、純利益 +7.3% と増収増益を確保しているようです。

　利益率は、先ほどのチャートで見ていきます。基本的には、以下のように、3段階で下がっていくのが、健全な状態です。

ワークマンの場合は、以下のようになっています。

```
売上総利益率 40.5%
営業利益率 24.2%
経常利益率 25.6%
税引前利益率 25.6%
純利益率 16.1%
```

　小売業としてはかなり高い水準です。利益率は高いほど優秀ですが、業種によって傾向が異なる（例えば、利益率が低くても回転率の高いタイプもあります）ので、時系列や同業他社と比較して変化を捉えます。

　利益率の後ろのほうが上がっている場合、一時的な配当収入や資産売却利益が計上されていることがあり、嵩上げされた利益になっていることがあります。
　一時的な利益は企業価値にほとんど影響を与えませんので、後ろの方が比率が大きい場合は、一時利益を本来ないものと考えて評価したほうがよいでしょう。

　また、日本国内で企業活動している場合、法人税率の関係で実効税率は30％前後になります。グローバル企業の場合は、海外税率が国内より安い場合が多いので20〜25％程度になる場合もありますが、実効税率が高すぎたり安すぎたりする場合は「怪しい」と思ったほうがよいでしょう。
　有名なところでは、ソフトバンクＧやトヨタ自動車は、かつて法人税を払っていない時期がありました。税金を払っていない企業をその

ままの最終利益で税金を払っている企業と同じように評価できるかは疑問です。

　最終利益は経営効率を示す ROE、ROA にも直結する数字になります。他の企業と同じように30％の税金を払ったら、どうなるかで評価したほうがよいでしょう。

　ちなみに、はっしゃんの場合、企業価値は、純利益ではなく、経常利益 × 70％の数字（30％を見なし実効税率として計算）で評価するようにしています。

4）前年度と比較する

　385 ページのワークマンの損益計算書・左列には、前年度の数字も記載されています。前年度を見える化して利益率の変化を比較してみましょう。

　ワークマンの前年度と今年度の利益率をみると、次ページの下段のようになっています。

　売上総利益率は同じ、営業利益率が若干プラスで、経常利益率や純利益率は少しのマイナスでしたが、会計基準変更もあり、評価的には中立でしょうか。

　好調な企業の場合、利益率は上昇傾向になりますが、問題があった場合は低下します。費用などの項目を確認して好不調の原因を確認することもできますね。

5）見える化したチャートを保存する方法

　見える化ツールのチャート図の下部にある「このチャートをシェアする」をクリックすると、リンク URL が表示されますので、この

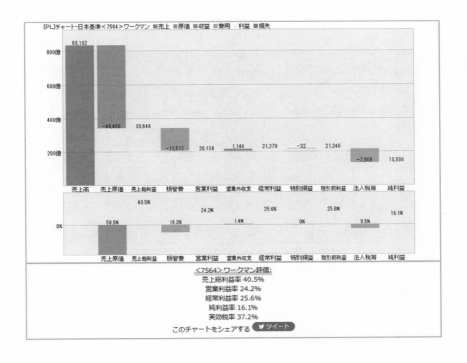

売上総利益率 40.5%	⟶	40.5%
営業利益率 24.2%	⟶	24.6%
経常利益率 25.6%	⟶	25.1%
税引前利益率 25.6%	⟶	25.0%
純利益率 16.1%	⟶	15.6%

URLを開いてブックマークしておくことで、チャートを保存したり、ブラウザを複数開いて複数年度のグラフを比較することもできます。うまく活用してください。

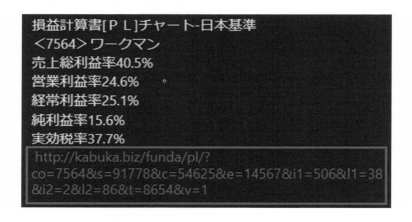

6）今期予想を確認する

最後に第2節と同様、決算書1ページ目の末尾から、今期の伸び率を確認します。投資家の期待は持続的な成長になるので、マイナスは（一時的なものを除いて）投資不適格になります。

3．2022年3月期の業績予想　（2021年4月1日〜2022年3月31日）

（％表示は、対前期増減率）

	営業総収入		営業利益		経常利益		当期純利益		1株当たり 当期純利益
	百万円	％	百万円	％	百万円	％	百万円	％	円　銭
通　　期	114,445	7.0	26,673	7.8	27,200	7.0	18,155	6.5	222.46

ワークマンの場合、売上や利益が +7% 前後と、成長株としては控えめな水準ですが、増収増益見通しをキープしています。

損益計算書は、過去、現在、未来の数字を確認して、企業の持続的な成長を見極める資料です。

　優良企業の場合、増収増益で、かつ、成長に比例して利益率が高くなる傾向があります。伸び率の鈍化や利益率低下は業績悪化の兆候です。今回は前期と比較しましたが、過去数年まで遡っての時系列比較も有用です（第7章で学習します）。

7）損益計算書と月次情報から決算を予測する

　ここまで紹介してきた数字を入力して損益計算書を見える化する方法で、将来の決算を予測することも可能です。特に、月次情報から最新の売上数字を手にしている投資家ならば、数字にちょっと手を加えたオリジナル分析も可能です。

　例えば、月次売上が全店120%で推移している場合、ツールの売上数字を前年度の120%に増やしてシミュレーションすることができます。

　ただし、売上が増えると経費も増加しますので、合わせて以下の数字も修正します。

売上原価：仕入れ価格や光熱費などです
販管費：人件費や広告宣伝費です

　基本的には、売上に対する比率（売上原価率、販管費比率）が最新決算と同じ割合になるように調整しますが、「マージンの大きい高額商品が売れているようだから売上原価率を下げてみよう」などのように、独自の分析にチャレンジすることもできます。

　このように、投資家が数字を任意に変更してオリジナル分析できるのもツール分析の強みです。第7章では、Excelテンプレートを使った決算予測も学習します。

8) 損益計算書から未来の株価を予測する

損益計算書から売上や利益を予測できれば、未来の株価も予測することが可能です。はっしゃんの場合、株価予測に「はっしゃん式理論株価」を使っています（第6節を参照）が、本節では、PER という指標を使って簡易的な理論株価を計算してみましょう。

PER は株価収益率とも呼ばれ、株価が EPS（1株利益）の何倍まで買われているかを示す指標です。

> ◆ PER から株価を計算する方法
> 株価 ＝ EPS（1株利益）× PER

例えば、EPS が 100 円で PER が 15 倍だとすると、次のようになります。

> EPS100 円 × PER15 倍 ＝ 理論株価 1500 円

この PER の計算式では、EPS（1株利益）が2倍になれば、理論上の株価も2倍になることになります。コラム③の「売上、利益、株価は店舗数に比例する法則」でも、利益が2倍になると株価も2倍になる考え方を説明したように、PER からの株価計算もこれと同じです。

ただし、はっしゃんの場合は、先ほど述べたように実効税率を同レベルで評価することを優先するため、純利益の代わりに「経常利益 × 70%」を使うようにしています。

◆成長テーブル

	現在	1年後	2年後	3年後	4年後	5年後
成長率0%	100万円	100万円	100万円	100万円	100万円	100万円
成長率5%	100万円	105万円	110万円	115万円	121万円	127万円
成長率10%	100万円	110万円	121万円	133万円	146万円	161万円
成長率15%	100万円	115万円	132万円	152万円	174万円	201万円
成長率20%	100万円	120万円	144万円	172万円	207万円	248万円
成長率25%	100万円	125万円	156万円	195万円	244万円	305万円
成長率30%	100万円	130万円	169万円	219万円	285万円	371万円
成長率50%	100万円	150万円	225万円	337万円	506万円	759万円

　実際の株価形成は、成長テーブルで示しているような単純な話には
なりませんが、理論上は「売上や利益が2倍になると株価も2倍に
なる」という考え方をベースに、3年後、5年後のEPS（1株利益）
がどうなるかを根拠にして 未来の理論株価が計算できるわけです。

　ただし、PERを使った理論株価には「PER何倍が適正か？」とい
う問題があるので、はっしゃん式理論株価では、統計的な手法で、こ
の問題を解決しています（第7節参照）。この考え方は、第7章でよ
り詳しく学習します。

～第4節～
バランスシート（BS）を見える化して分析する方法

1）バランスシートとは

　バランスシート（貸借対照表）は企業の決算書を構成する「財務三表」のひとつです。資産価値を左側の「借方」、右側の「貸方」で表す指標です。左側と右側が同じになるのでバランスシートと呼ばれます。

◎借方：資産 （お金の使途明細）
◎貸方：純資産 （持っているお金の明細）＋負債 （お金の調達明細）

　決算書のバランスシートは、資産の部（借方）と負債及び資本の部（貸方）の2ページ構成になっています（決算書上では、左右ではなく上下に並べられています）。

　次ページは、2022年10月期 第1四半期決算の神戸物産のバランスシートです。

　バランスシートも、いろいろ難しそうに感じますが、要点だけを見れば比較的簡単です。具体的には、枠囲みの6種類の数字をピックアップすればOKです。

2. 四半期連結財務諸表及び主な注記

(1) 四半期連結貸借対照表

（単位：百万円）

	前連結会計年度 （2021年10月31日）	当第1四半期連結会計期間 （2022年1月31日）
資産の部		
流動資産		
現金及び預金	57,799	65,272
受取手形及び売掛金	19,837	18,280
商品及び製品	12,817	13,182
仕掛品	353	345
原材料及び貯蔵品	1,493	1,843
その他	3,576	3,384
貸倒引当金	△15	△6
流動資産合計	95,862	102,301
固定資産		
有形固定資産		
建物及び構築物（純額）	15,534	15,882
土地	13,350	13,264
その他（純額）	25,607	26,582
有形固定資産合計	54,493	55,729
無形固定資産	884	887
投資その他の資産	5,496	4,982
固定資産合計	60,874	61,600
資産合計	156,737	163,902

（単位：百万円）

	前連結会計年度 （2021年10月31日）	当第1四半期連結会計期間 （2022年1月31日）
負債の部		
流動負債		
買掛金	25,158	21,327
短期借入金	15,155	14,224
未払法人税等	5,194	2,583
賞与引当金	354	189
その他	5,184	4,201
流動負債合計	51,047	42,525
固定負債		
長期借入金	19,534	33,764
退職給付に係る負債	713	723
預り保証金	6,512	6,643
資産除去債務	465	483
役員株式給付引当金	58	63
その他	186	199
固定負債合計	27,471	41,878
負債合計	78,518	84,404
純資産の部		
株主資本		
資本金	500	500
資本剰余金	9,581	9,810
利益剰余金	76,592	77,350
自己株式	△9,135	△9,093
株主資本合計	77,539	78,567
その他の包括利益累計額		
その他有価証券評価差額金	62	△79
為替換算調整勘定	△1,190	△907
その他の包括利益累計額合計	△1,127	△986
新株予約権	1,807	1,917
純資産合計	78,218	79,497
負債純資産合計	156,737	163,902

以下、ピックアップ項目について説明します。

（借方）
①当座資産
　流動資産のうち換金性の高い資産（現金、預金、受取手形、売掛金など）

②流動資産
　製品化するための原材料や販売前の在庫など、換金しづらい資産

③固定資産
　不動産や工場設備、のれん代など、通常は換金しない資産

（貸方）
①流動負債
　決算日から1年以内に返済する必要がある短期借入金

②固定負債
　決算日から1年以上先に返済する必要がある長期借入金

③純資産
　企業自体が持っている資本金

※会計基準によっては、固定資産は非流動資産、固定負債は非流動負債と表記されます

2）見える化ツール

　ピックアップ項目が準備できたら、見える化ツールの WEB ページを開きます。ＰＣでもスマホでも使えます。

◆バランスシート「ＢＳ」チャート

株初心者向けビジュアルＢＳ分析ツール

http://kabuka.biz/funda/bs/

　ツール画面をスクロールして、中ほどのパラメータ設定画面にピックアップしたバランスシートの借方と貸方の項目を入力します（銘柄コードは会社名を表示するために入力します）。

　当座資産は複数科目の合計になりますが、計算式でも入力できます［神戸物産の例：65272+18280］

　入力が完了したら、ツールの「更新」ボタンをクリックします。

パラメータ設定 [ツールの使い方]

決算書から５項目の数値を入力するだけでチャート作成

銘柄コード:	3038 （会社名表示用）
流動資産:*	65272+18280
うち当座資産:	102301
固定資産:*	61600
流動負債:*	42525
固定負債:*	41878
純資産:*	79497

＊ 必須項目　※計算式も入力できます（例）1000+500

[更新]　[クリア]

数字が正しく入力できていたら、バランスシートの内容を見える化して表示します（次ページ参照）。

　見える化したＢＳチャートは、左側から次のような６種類のグラフ化された評価指標で表示されています。

◎バランスシート（左の濃い緑と右の黄色が大きいほどよい）

◎自己資本比率（黄色が大きいほどよい）

◎流動比率（赤が小さいほどよい）

◎当座比率（赤が小さいほどよい）

◎固定長期適合率（薄い緑が小さいほどよい）

◎固定比率（薄い緑が小さいほどよい）

※注：ここの色は実際の画面上に表示されるものです

　それぞれの評価指標（後述）については、下の評価欄に◎○△ × の４段階評価が表示されます。◎か○であれば、ほぼ問題ありません。ただし、評価が△や×になっている場合は、財務的に問題があるため、投資判断には慎重を期す必要があります。

　見える化した神戸物産の場合は、自己資本比率が48.5% で○となって問題なし。残りの流動比率、当座比率、固定長期適合率、固定比率はすべて◎で、優秀な財務体質であることがわかります。

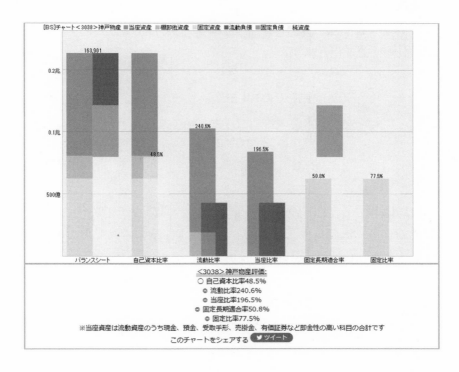

[BS]チャート＜3038＞神戸物産 ■当座資産 ■棚卸他資産 ■固定資産 ■流動負債 ■固定負債 ■純資産

163,901

0.2兆

0.1兆

500億

48.5%

240.6%

196.5%

50.8%

77.5%

バランスシート　自己資本比率　流動比率　当座比率　固定長期適合率　固定比率

＜3038＞神戸物産評価:
〇 自己資本比率48.5%
◎ 流動比率240.6%
◎ 当座比率196.5%
● 固定長期適合率50.8%
◎ 固定比率77.5%
※当座資産は流動資産のうち現金、預金、受取手形、売掛金、有価証券など即金性の高い科目の合計です
このチャートをシェアする　🐦ツイート

3）ＢＳチャートの評価基準

BS のそれぞれの項目について説明します。

①自己資本比率

純資産÷総資産。高いほど安全性が高くなりますが、高すぎると資本効率が悪くなります。

> ◎：優良（50% 以上）
> ○：普通（20% 以上）
> △：イマイチ（10% 以上）
> ×：ＮＧ（10% 未満）

②流動比率

流動資産÷流動負債。短期で返済すべき負債に対して何％の資産があるかを表します。高いほど優秀です。

> ◎：優良（200% 以上）
> ○：普通（100% 以上）
> △：イマイチ（70% 以上）
> ×：ＮＧ（70% 未満）

③当座比率

当座資産÷流動負債。短期で返済すべき負債に対して何％の当座資産があるかを表します。より厳しい見方になりますが、高いほど優秀です。

> ◎：優良（150% 以上）

〇：普通（70% 以上）

△：イマイチ（50% 以上）

×：ＮＧ（50% 未満）

④固定長期適合率

固定資産÷（純資産＋固定負債）。固定資産を自己資本と長期負債で何%賄っているかを示します。低いほど優秀です。

◎：優良（80% 以下）

〇：普通（100% 以下）

△：イマイチ（120% 以下）

×：ＮＧ（120% 超）

⑤固定比率

固定資産÷純資産。固定資産を自己資本だけで何%賄っているかを示します。低いほど優秀です。

◎：優良（100% 以下）

〇：普通（120% 以下）

△：イマイチ（150% 以下）

×：ＮＧ（150% 超）

4）見える化したチャートを保存する方法

見える化ツールのチャート下にある「このチャートをシェアする」をクリックすると、リンク URL が表示されます。この URL を開いてブックマークしておくことで、チャートを保存したり、ブラウザを複数開いて複数年度のグラフを比較することもできます。うまく活用

してください。

バランスシート[B S]チャート
＜3038＞神戸物産
○ 自己資本比率48.5%
◎ 流動比率240.6%
◎ 当座比率196.5%
◎ 固定長期適合率50.8%
◎ 固定比率77.5%
http://kabuka.biz/funda/bs/?
co=3038&ca=102301&qa=83552&fa=61600&cl=42525
&fl=41878&na=79497&v=1

5）自己資本比率と経営効率の関係

　自己資本比率は、一般的に高いほうがよいとされています。それは、自己資本比率が高い企業のほうが借金が少なく、経営リスクが低いと考えられるからです。

> 自己資本比率が高い＝リスクが低い＝借金が少ない
> 自己資本比率が低い＝リスクが高い＝借金が多い

　しかし、低リスクは、低リターンの裏返しにもなります。バランスシートの右側（貸方）は、純資産と負債で構成されています。したがって、自己資本比率が高い、つまり借金が少ないほうが、経営効率は悪いということになります。

次のような３企業があったとしましょう。

A社　自己資本比率 100%：無借金

B社　自己資本比率　50%：半分が借金

C社　自己資本比率　20%：5分の4が借金

この3社の売上や利益、総資産の金額がまったく同じだったと仮定して、A社が無借金で1000万円の利益を出していたとすると、B社は50%を借金で賄って、A社の半分の純資産で同じ1000万円の利益を出したことになります。さらに、C社は、A社のたった5分の1の純資産で、同じ1000万円を稼いでいることになります。

投資家の立場であれば、A社に投資するよりもC社に投資したほうが、5分の1の投資金額で同じリターンを得られることになります。借金というリスクを多く取った会社のほうが、成功した場合のリターンが大きく、経営効率も高いわけですから。

ただし、借金が多い企業は、失敗したときのリスクが大きくなる点には、注意が必要です。それでも、ある程度の借金をして効率的に利益をたたき出す企業のほうが、株式市場から高く評価されやすい傾向があります。

~第5節~
キャッシュフロー計算書（CF）を見える化して分析する方法

1）キャッシュフロー計算書とは

　キャッシュフロー計算書は、企業の決算書を構成する「財務三表」のひとつです。決算期間内のお金の流れ（キャッシュフロー）を以下に区分して表示するものです。

---

①**営業活動**

　営業収支＋金融収支（赤字の場合はマイナス）

②**投資活動**

　事業投資や金融投資など（投資時マイナス、売却時プラス）

③**財務活動**

　配当や借入金の調達・返済など（調達時プラス、支出時マイナス）

※キャッシュフロー計算書は、四半期決算での提出義務がなく、企業によっては、決算短信に添付されていない場合もありますので、注意してください。

下記は、モノタロウ2021年12月期のキャッシュフロー計算書です。1ページだけの簡単なものです。決算書の表なので、難しそうに感じますが、見るポイントは決まっています。

以下の表のキャッシュフロー計算書から枠囲みの数字をピックアップします。

（4）連結キャッシュ・フロー計算書

（単位：百万円）

	前連結会計年度 （自　2020年1月1日 至　2020年12月31日）	当連結会計年度 （自　2021年1月1日 至　2021年12月31日）
営業活動によるキャッシュ・フロー		
税金等調整前当期純利益	19,473	24,260
減価償却費	1,562	2,145
貸倒引当金の増減額（△は減少）	5	18
賞与引当金の増減額（△は減少）	7	15
役員賞与引当金の増減額（△は減少）	16	△45
退職給付に係る負債の増減額（△は減少）	51	38
受取利息	△17	△58
支払利息	35	23
減損損失	65	―
事業整理損	48	―
売上債権の増減額（△は増加）	△3,753	△4,287
たな卸資産の増減額（△は増加）	△240	△3,528
未収入金の増減額（△は増加）	△617	△1,015
仕入債務の増減額（△は減少）	1,784	2,901
未払金の増減額（△は減少）	647	351
未払消費税等の増減額（△は減少）	996	△1,510
その他	134	75
小計	20,200	19,384
利息の受取額	20	14
利息の支払額	△46	△33
法人税等の支払額	△4,799	△7,091
事故関連損失による支払額	△106	△15
営業活動によるキャッシュ・フロー	15,269	12,258
投資活動によるキャッシュ・フロー		
定期預金の預入による支出	△265	△1,896
定期預金の払戻による収入	578	711
有形固定資産の取得による支出	△7,639	△9,647
無形固定資産の取得による支出	△1,472	△2,354
差入保証金の差入による支出	△121	△1,179
その他	△94	77
投資活動によるキャッシュ・フロー	△9,015	△14,290
財務活動によるキャッシュ・フロー		
長期借入れによる収入	9,000	―
長期借入金の返済による支出	△2,498	―
ストックオプションの行使による収入	0	0
自己株式の取得による支出	△68	△97
配当金の支払額	△3,975	△5,214
非支配株主からの払込みによる収入	―	212
リース債務の返済による支出	△683	△667
財務活動によるキャッシュ・フロー	1,773	△5,766
現金及び現金同等物に係る換算差額	△6	99
現金及び現金同等物の増減額（△は減少）	8,021	△7,699
現金及び現金同等物の期首残高	10,746	18,767
現金及び現金同等物の期末残高	※1 18,767	※1 11,068

以下、ピックアップ項目について説明します。

①営業活動によるキャッシュフロー
本業の営業活用で入ってくる現金の収支です。

②投資活動によるキャッシュフロー
投資のために支出した現金の収支です。通常はマイナス。

③財務活動によるキャッシュフロー
配当や借入金の拠出による収支です。通常はマイナス。

④現金及び現金同等物の期首残高
期首の現金残高です。

⑤現金及び現金同等物の期末残高
期末の現金残高です。

２）見える化ツール

ピックアップした５つの数字と決算書１ページ目から売上を入力する準備ができたら、見える化ツールの WEB ページを開きます。ツールは、PC でもスマホでも使えます。

◆キャッシュフロー計算書 [ＣＦ] チャート
株初心者向けビジュアルＣＦ分析ツール
http://kabuka.biz/funda/cf/

ツール画面をスクロールして、中ほどのパラメータ設定画面に409ページのキャッシュフロー計算書からピックアップした5項目と<u>売上</u>の数字を入力します（銘柄コードは会社名を表示するために入力します）。

2021年12月期　決算短信〔日本基準〕（連結）

2022年2月3日
上場取引所　東

上場会社名	株式会社ＭｏｎｏｔａＲＯ
コード番号	3064　　ＵＲＬ　https://www.monotaro.com
代表者	（役職名）代表執行役社長　　　　　　（氏名）鈴木　雅哉
問合せ先責任者	（役職名）常務執行役管理部門長　　　（氏名）甲田　哲也　　　　ＴＥＬ　06-4869-7190
定時株主総会開催予定日	2022年3月29日　　　　　配当支払開始予定日　2022年3月30日
有価証券報告書提出予定日	2022年3月30日
決算補足説明資料作成の有無	：有
決算説明会開催の有無	：有

（百万円未満切捨て）

1．2021年12月期の連結業績（2021年1月1日～2021年12月31日）

（1）連結経営成績

（％表示は対前期増減率）

	売上高		営業利益		経常利益		親会社株主に帰属する当期純利益	
	百万円	％	百万円	％	百万円	％	百万円	％
2021年12月期	189,731	20.6	24,129	23.1	24,302	23.5	17,552	27.5
2020年12月期	157,331	19.7	19,607	23.8	19,671	23.8	13,771	25.4

売上

パラメータ設定 [ツールの使い方]

決算書から3つ数値を入力するだけでチャート作成

銘柄コード：	3064	（会社名表示用）
売上高：	189731	
期首Ｃ残高：	18767	
営業ＣＦ＊：	12258	
投資ＣＦ＊：	-14290	
財務ＣＦ＊：	-5766	
期末Ｃ残高：	11068	

＊ 必須項目　　※計算式も入力できます（例）1000+500

【更新】【クリア】

　入力が完了したら、ツールの「更新」ボタンをクリックします。

数字を正しく入力できていたら、キャッシュフロー計算書の内容が見える化されて、チャート表示されます。CFチャートでは、左の売上高の次から以下に至る流れがビジュアル化されています。

①期首のキャッシュ残高をベースに、

②営業ＣＦの利益を加え、

③投資ＣＦへの支出を減じ、

④財務ＣＦも引いて、為替差損等を調整して、

⑤期末のキャッシュ残

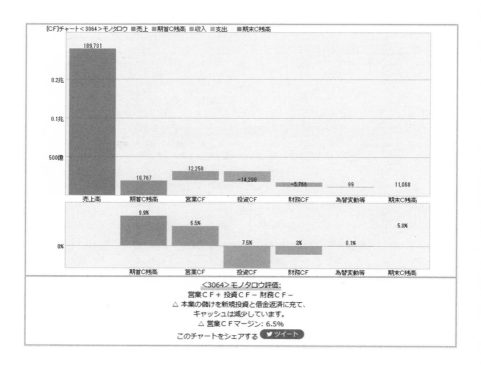

モノタロウの場合は、営業 CF マージンが 6.5% と今期はイマイチの水準となっています。そして、営業 CF 以上の現金を投資 CF に回す積極的な投資をしています。

　さらに財務 CF でも配当金や債務返済でマイナスとなり、現金残高は期首より減りました。

３）見える化したチャートを保存する方法

　見える化ツールのチャート下にある「このチャートをシェアする」をクリックすると、リンク URL が表示されます。この URL を開いてブックマークしておくことで、チャートを保存したり、ブラウザを複数開いて複数年度のグラフを比較することもできます。うまく活用してください。

```
キャッシュフロー[ＣＦ]チャート
＜3064＞モノタロウ
営業ＣＦ＋ 投資ＣＦ－ 財務ＣＦ－
△ 本業の儲けを新規投資と借金返済に充て、
キャッシュは減少しています。
△ 営業ＣＦマージン: 6.5%
http://kabuka.biz/funda/cf/?
co=3064&a=189731&p=18767&s=12258&i=-14290&f=
-5766&l=11068&v=1
```

4）キャッシュフローの解説

　改めてキャッシュフロー（ＣＦ）チャートの見方を項目ごとに解説します。決算書から5つ6つ数字を入力するだけですので、たくさんの企業のキャッシュフローを見える化して実際に見てみると理解が早いと思います。

①キャッシュフロー残高

　大きいほど好ましい数字です。資金ショート＝倒産危機になります。期首と比べて期末が増加していることが好ましいですが、小幅マイナスは気にする必要はありません。

　上場から日が浅い企業の場合、資金調達直後なので現金残高は潤沢になる反面、そこから先行投資でどんどんと減っていくことになります。それを前提に監視するようにします。

　なお、余った現金が活用されない状態が続く企業は、評価されませんので注意してください。現金は投資に回して、成長の原資とするものです。

②営業ＣＦ

　こちらもプラスが大きいほどよいでしょう。マイナスは赤字です。注意点は、会計上の利益と営業キャッシュフローとで差が出る場合です。損益計算書の最終利益と営業ＣＦの差があまりに大きい場合は、営業ＣＦの内訳をキャッシュフロー計算書で確認しましょう。

　特に最終利益が黒字なのに、営業ＣＦが赤字になっている場合は要注意で、不況下では、黒字倒産になるような企業の例もあります。

③投資ＣＦ

　マイナスが大きいほどよいです。営業ＣＦを超えない範囲が妥当水

準ですが、成長企業の場合は、超えることもあります。ここがプラスになるのは事業を売却するなど異常な状況ですので、資金繰りに問題がないか確認します。

投資ＣＦは、特に成長企業に重要な項目で、しっかりと先行投資ができているか、過剰投資になっていないかを確認します。

④財務ＣＦ

小さいマイナスになるのが普通ですが、増資のときやまとまった新規借入時にはプラスになります。プラスの場合は、その内容を確認します。

理想は配当支出だけの小幅マイナスです。営業ＣＦがマイナスで財務ＣＦがプラスの場合は、借金をしても赤字で資金が流出する自転車操業に陥っている可能性があり、危険な兆候です。

5）キャッシュフロー（ＣＦ）チャートの評価基準

　見える化チャートには、キャッシュフローの簡易評価を表示する機能があります。簡易評価では営業ＣＦマージンと営業ＣＦ、投資ＣＦ、財務ＣＦの組み合わせの２種類で評価します。

　評価は◎と○ばかりになるのが理想で、×がある場合はリスクがあることを示します。投資判断の参考としてください。

①営業ＣＦマージン評価

　営業ＣＦマージンとは、売上に占める営業ＣＦの割合で、営業利益率のキャッシュフロー版です。見える化ツールでは以下４段階で評価しています。

> ◎：優良（15%以上）
> ○：普通以上（10%以上）
> △：イマイチ（10%未満）
> ×：ＮＧ（赤字）

②営業ＣＦ、投資ＣＦ、財務ＣＦの組み合わせ評価

　期末残高が期首より大きいか少ないかと、各キャッシュフローのプラス・マイナスの組み合わせから◎○△×の４段階に評価しています。

> ◎：営業 CF ＋、投資 CF －で期末残高が増えている
> ○：営業 CF ＋、投資 CF ＋で期末残高が増えている
> △：営業 CF －で期末残高が増えている。
> 　　または営業 CF ＋で期末残高が減少している
> ×：営業 CF －で期末残高が減少している

ROA・ROE と持続的成長の関係

財務三表をざっくり理解できたところで、決算書から算出する評価指標の中でも特に重要な ROA（総資産利益率）と ROE（株主資本利益率≒純資産利益率）について説明します。

企業が増収増益で持続的に成長していくためには、資産や資本に対する利益面での効率性が不可欠です。この効率性を表す指標が ROA と ROE になります。

◆ ROA・ROE の計算式

ROA（%）＝ 純利益 ÷ 総資産　総資産に対する効率性を表します

ROE（%）＝ 純利益 ÷ 純資産　純資産に対する効率性を表します

※本書では、特別損益や法人税負担を平準化して評価するために、企業価値の算定に関わる純利益を経常利益×70％で代替して計算することを推奨しています

1）持続的成長の目安と ROE

外国人投資家から注目されることの多い指標が ROE です。持続的成長の目安として求められる最低水準は、ROE 8％以上とされます。

IT 企業など、小資本の場合は ROE10% 以上が目安となるでしょう。

持続的成長の目安となる最低 ROE：8％以上（小資本では 10% 以上）

　ROE 8％以上という数字は、2014 年に経産省プロジェクトでまとめられた通称「伊藤レポート（※）」でも、企業の持続的成長のための最低限のラインとして提言されました（※ https://www.meti.go.jp/policy/economy/keiei_innovation/kigyoukaikei/pdf/itoreport.pdf）。

　この ROE 8％ラインを下回っていて、かつ、今後も上回る見通しの見えない企業は「持続的な成長」の意志を持たない斜陽企業とみなされますから、原則として割安成長株投資の対象外になります。

　ただし、成長初期やスタートアップでコスト負担が大きいなどの理由で ROE 8％を下回っている場合は、ROE の分子となる利益について、将来の売上原価率や販管費比率の改善余地を求め、「ROE が増えるか」をシミュレーションします。

　人口減少社会の日本では、ROE 8％を下回る企業も少なくありませんが、このような企業は、ほとんど成長しておらず、そのため株価が解散価値を下回るような低評価になっていることが少なくありません。

2）ROA から成長性について考える

　ROA や ROE は、巨大な設備投資や多くの従業員を必要とする重厚長大企業よりも、小資本経営（軽薄短小タイプ）のほうが高くなる傾向があります。また、銀行業や投資会社のように自己資本比率が極端に低い業態では、ROE が高くなりやすく、ROA と ROE の差が大きくなります。

ROA や ROE は株価にも大きな影響力を持っています。その理由は、資産効率や資本効率が将来の売上や利益に複利的な影響を与えるためです。例えば、次のように、同じ利益 100 億円の企業が 2 つあったとします。

> ROA 5％　総資産 2000 億円　利益 100 億円
> ROA20％　総資産　500 億円　利益 100 億円

どちらの企業が成長しやすいか考えてみてください。総資産が小さい ROA20% の企業は、利益をすべて再投資した場合、総資産を 20% 増やすことが可能ですが、ROA 5％の企業では 5％の増加に過ぎません。ROA20% の企業が利益をすべて再投資して ROA20% を維持できると仮定すると、次のような成長見込みとなります。5 年間で総資産と利益が 2 倍になる計算です。

> 1 年目　ROA20%　総資産　500 億円　利益 100 億円を再投資
> 2 年目　ROA20%　総資産　600 億円　利益 120 億円を再投資
> 3 年目　ROA20%　総資産　720 億円　利益 144 億円を再投資
> 4 年目　ROA20%　総資産　864 億円　利益 172.8 億円を再投資
> 5 年目　ROA20%　総資産 1036 億円　利益 207.36 億円

これが ROA 5％の企業（ROA 5％は日本企業の平均的な ROA です）では、約 20 年かかる計算になります。このような将来性の差が市場評価の差となり、株価にも反映されます。

3）ROA・ROE と市場評価の目安

　ROA と ROE の評価目安は以下の通りです。市場評価は、業種や企業規模によって異なることもあるので、評価を目安に同業他社の数字も見るようにするとよいでしょう。

---

① ROA の評価目安

　◎ ROA 5％未満

　　斜陽企業（不人気で株価が割安に放置される傾向にある）

　◎ ROA 5〜10％

　　平均的な企業（将来性や期待によって評価が変わる）

　◎ ROA10％以上

　　優良企業（人気があり、株価が割高な傾向にある）

② ROE の評価目安

　◎ ROE 8％未満

　　低成長企業（不人気で株価が割安に放置される傾向にある）

　◎ ROE 8〜15％

　　普通の成長企業（将来性や期待によって評価が変わる）

　◎ ROE15％以上

　　高成長企業（人気があり、株価が割高な傾向にある）

※株価が上昇しやすいのは

　　ROA や ROE が上昇する成長過渡期にある企業

特に、ROA は市場評価や企業価値に直結するので、ROA が 8％を下回っている場合や、ROA が 8％を超えていても低下傾向の場合は注意が必要です（投資のための一時的な低下であれば、来期以降で挽回が期待できることもあります）。

　逆に、ROA や ROE が高い場合は、株価的にも十分評価されており、すでに割高なことが少なくありません。したがって投資家は、**ROAや ROE がこれから上昇していく成長企業に、まだ割安な時期に投資しておく**ことが効果的になります。

　しかし、このような将来の分析は簡単ではないので、本章での定量分析と合わせ、第 5 章のような定性分析も活用して投資先を選定します。
　また、割安か割高かの客観的な評価には、次節で紹介する理論株価が有効ですので、併せて参考にしてください。

4）ROA と ROE の違いと ROE 経営

　ROA と ROE の違いは、数式の分母の違いになります。数式を再掲しますと、次のようになります。

$$ROA （\%） = 純利益 ÷ 総資産 （純資産＋負債）$$
$$ROE （\%） = 純利益 ÷ 純資産$$

　ROA は総資産＝純資産（自己資本）＋負債を分母としますが、ROE は純資産（自己資本）のみを分母とします。

つまり、自己資本を元手に借金をたくさんして、身の丈を超えた大きなビジネスをするほどROEが高くなることになります。これにはリスクが伴うことから、日本の企業経営者は、借金（ROE）をあまり増やさない経営を好む傾向にあります。

　しかし、外国人投資家から評価されやすいのはリスクをとって実績を上げることができる有能な経営者であるのも事実です。このようなROE型経営の代表例として、孫正義氏が率いるソフトバンクグループがあることは先にも述べました。

　ただし、新型コロナショック以降は、ROE重視に代表される行き過ぎた「株主資本主義」に批判的な意見も出てきた点を追記しておきます。

　第5章でパラダイムシフトについて解説しました。新型コロナショックをきっかけに、世界各国でコロナ対策の巨額拠出が急増し、かつ、金融緩和で貧富の差が拡大したことから、この流れは加速しています。このような潮流の変化も、コロナショックが生んだパラダイムシフトのひとつと言えるかもしれません。

5) ROA・ROE とサステナビリティ

　原稿執筆現在、トレンドとなっているのが、サステナビリティやESG、SDGsの考え方です。企業に目先の利益追求だけではなく、自然環境や社会システムにも目を向け、より広範な社会的責任を求めています。

ESG：環境（Environment）・社会（Social）・ガバナンス（Governance）
SDGs：持続可能な開発目標（Sustainable Development Goals）

特に、2015 年に国連で採択された SDGs は、地球上の「誰一人取り残さない」ことを誓う世界的な目標で、多くの企業もこれに賛同しています。SDGs のバッチを付けたビジネスパーソンを見かけることも多くなってきました。

　すでに上場企業の多くの WEB サイトには、「サステナビリティ」の項目が用意され、「サステナブルな企業か」を判断基準とする投資家向けアピールが始まっていることも理解しておきましょう。

◆TOYOTAのWebサイト

　日本においても、2021 年に菅首相からバトンタッチした岸田首相は「株主資本主義」に替わる概念として「新資本主義」や「成長と分配」を提唱しています。

　はっしゃんも、すべての企業が ROA や ROE で評価されるべきだとは考えていません。ROA や ROE が低い企業にも素晴らしい会社はたくさんありますし、企業が自然や社会と調和することが、より長期的な持続成長につながると考えます。
　しかし、持続的な成長（＝株価の上昇）を見込める企業への投資を考えた場合、ROA と ROE は投資家にとって最優先すべき重要指標であることに変わりありません。

～第7節～
理論株価から企業価値を考える

　本節では、企業価値に対する具体的なアプローチとして、「はっしゃん式理論株価」を解説します。はっしゃん式理論株価は、はっしゃんが独自に開発した「資産価値」と「事業価値」から計算する適正な企業価値を表す評価指標です。

1）理論株価のツール

　はっしゃんは、理論株価を活用するためのサイトを自ら開発して無料提供しています（一部に有料の機能もあります）。
　「理論株価Web」では、上場全企業の最新理論株価を決算書のデータから毎日計算して更新していますのでご活用ください。

◆理論株価 Web
http://kabuka.biz/riron/

2）理論株価と株価の連動性

　例えば、次ページ上段のグラフは、1年4回の決算ごとに理論株価

を計算して、5年分つなぎ合わせたスノーピークの理論株価チャートです。長期的に見れば、株価が理論株価に連動して推移しているのがわかります。

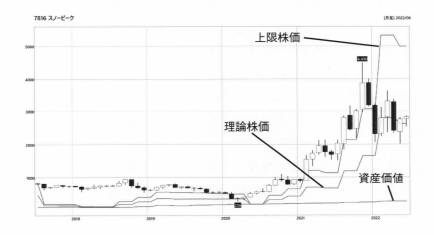

　同じく次グラフは、神戸物産の理論株価チャートです。スノーピークと同様に、過去の決算書から理論株価を計算して作成しました。株価が理論株価に連動するように上昇しているのがわかります。

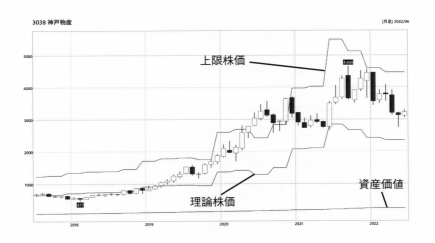

はっしゃん式理論株価は、長期投資だけではなく、短期投資でも活用できます。それは、決算発表や月次情報などのイベントを跨ぐとき。イベント前後の理論株価を計算して、株価インパクトを予測したり、イベント後に、変化量を水準訂正の目安として利用できます。

　注意点としては、すべての銘柄の株価と理論株価が必ずしも連動しているわけではないということです。連動しない銘柄は、業績が株価に反映されにくい銘柄群になるので、月次情報や決算書をベースに企業価値の変化を投資根拠とする投資方法では、再現性の低い銘柄と言えます。

> **（理論株価と株価が連動していない銘柄の例）**
> **IPO 株、優待株、仕手株など**

　よって、理論株価は、株価と理論株価の連動性のない銘柄、すなわち、投資対象として適格ではない銘柄を除外するためにも利用できることになります。

3）理論株価の計算式と利用メリット

　理論株価の計算式は次の通りです。

> 資産価値＝ BPS ×割引評価率
> 事業価値＝ EPS × ROA × 150 ×財務レバレッジ補正
> 理論株価＝（資産価値＋事業価値）－市場リスク

計算式の詳細は、プログラム式を含む複雑なものなので省略しますが、第7章の月次分析シートでも、はっしゃん式理論株価の簡易版が利用できるようになっています。

理論株価を使うメリットを次に挙げておきます。

①割安か割高かの目安に使える

②割高を買わずに済む

③決算書から妥当株価を計算できる

④上方修正や下方修正のインパクトを計算できる

⑤増資やワラントの希薄化インパクトを計算できる

⑥月次情報の業績インパクトを計算できる

⑦四季報予想や中期経営計画から企業価値を計算できる

⑧企業価値に基づく未来の成長シナリオを作成できる

⑨長期投資のマイルストーンとして利用できる

⑩ギャンブル投資を卒業して、仮説と検証に基づく、
　再現性ある投資へ移行できる

はっしゃんが独自の理論株価を開発したきっかけは、「PER から企業価値を計算する場合、"妥当 PER" の判断が難しい」という理由からでした。

　第 2 節でも少し紹介したように、PER の計算式には、同じ企業でも成長ステージが変わると「妥当 PER」が変化してしまうという問題点があります。

> ◆ PER から株価を計算する方法
> 　株価 ＝ EPS（1 株利益）× PER

　そこで、ROE ごとの妥当 PER を統計データから逆算してランク付けし、適正株価を求めたものが、理論株価計算モデルのベースになりました。

　最終的には、これに PBR1.0 倍割れ相当の解散価値を資産価値とするように組み合わせたものが「はっしゃん式理論株価」です。

4）株価と理論株価、投資家の期待値の関係

　株価が理論株価より安いことは割安の証明ですが、それだけで株価が上がるとは限りません。より重要なことは、今後の決算で理論株価が上昇するかどうかです。

　理論株価が継続して上昇していく（期待がある）と株価も連動して上がりやすくなります。

　逆に、期待が先行しすぎて株価が理論株価をはるかに超えているような場合は、株価に見合った業績を決算で示さないと、（期待が縮小

した場合に）急落するリスクをはらんでいることになります。

株価は将来の業績に対する期待を反映して大きく変動します。一方で理論株価は、期待の要素を取り除いた素の企業価値を示しています。

5）投資家がやるべきこと

投資家としてやるべきことは2つです。

①株価と理論株価を比較して割安・割高を判断すること
②持続的に理論株価の上昇が見込める投資先を探すこと

一般的に、理論株価のような企業価値の算出は、かなり時間がかかる作業になります。このような手間のかかるバリエーション算出コストを「理論株価Web」や次節で紹介する「理論株価電卓」、第7章で学習する「月次分析シート」で簡素化し、より重要度の高い未来の企業価値分析に時間をかけるとよいでしょう。

～第8節～
中期経営計画と将来の企業価値

　本章は、「決算書から未来の企業価値を考える」をテーマに決算書や決算書から計算する評価指標を説明してきました。最後に中期経営計画に改めて触れておきます。

　中期経営計画は、企業自身が作った計画の実現を目標とする未来予想図です（ただし、すべての企業から発表されているわけではありません）。

　中期経営計画は、月次情報と同様、発表が義務づけられているわけでもなく、フォーマットも各社バラバラですが、投資家が最も必要としている未来に関する情報が載せられています。企業価値や株価にも大きな影響力を持っています。

　本節では、第2章でも紹介したスノーピークの中期経営計画を事例に、理論株価を使って未来の企業価値を計算します。

1）理論株価電卓

　理論株価の計算には、はっしゃんが開発して実際に使用しているWEBツール「理論株価電卓」を使います。「理論株価電卓」は、1株純資産（BPS）、自己資本比率、1株純利益（EPS）の3つの財務

指標から「はっしゃん式理論株価」を手動計算できるツールで、企業価値シミュレーションに利用できます。

また、理論株価電卓から、５年後までの理論株価を計算できる「５年後株価計算ツール」も利用できるようになっています。

■理論株価電卓＋５年後株価計算ツール
http://kabuka.biz/funda/riron/

２）スノーピークの中期経営計画

スノーピークは、2022年２月発表の中期経営計画で2024年までの売上、営業利益の数値目標を公表しています。前提条件となる海外売上比率やROEも算出されています。

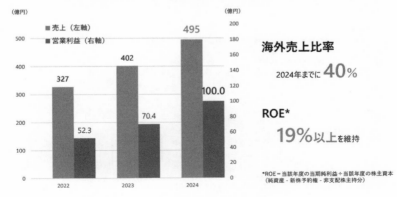

中期経営計画｜数値目標

● 2022年度の中期経営計画では、2024年までに売上495億円、営業利益100億円を計画。

● 海外戦略の強化にともない、2024年までに海外売上比率40%を計画。

● ROEについては、営業利益率の改善と総資産回転率の維持向上に努めることで、19%以上の維持を計画。

（億円）
■ 売上（左軸）
■ 営業利益（右軸）

年	売上	営業利益
2022	327	52.3
2023	402	70.4
2024	495	100.0

海外売上比率

2024年までに **40%**

ROE*

19% 以上を維持

*ROE＝当該年度の当期純利益÷当該年度の株主資本
（純資産 - 新株予約権 - 非支配株主持分）

※ 2022年12月期の期首より「収益認識に関する会計基準」を適用するため、上記目標値は当該会計基準等を適用した後の金額となっております。

2022年2月14日

上 場 会 社 名	株式会社スノーピーク			上場取引所	東
コ ー ド 番 号	7816		URL http://www.snowpeak.co.jp		
代 表 者	（役職名）	代表取締役社長	（氏名）	山井 梨沙	
問合せ先責任者	（役職名）	執行役員財務管理室長	（氏名）	金子 聡	（TEL）03-6805-7738

定時株主総会開催予定日　2022年3月25日　　配当支払開始予定日　　2022年3月28日
有価証券報告書提出予定日　2022年3月28日
決算補足説明資料作成の有無　：有
決算説明会開催の有無　　　　：有 （機関投資家、アナリスト向け　）

（百万円未満切捨て）

１．2021年12月期の連結業績（2021年1月1日～2021年12月31日）
（１）連結経営成績

（％表示は 対前期増減率）

	売上高		営業利益		経常利益		親会社株主に帰属する 当期純利益	
	百万円	％	百万円	％	百万円	％	百万円	％
2021年12月期	25,713	53.4	3,819	155.8	4,035	160.2	2,727	160.1
2020年12月期	16,764	17.6	1,493	61.6	1,551	61.1	1,048	146.4

（注）包括利益　2021年12月期　3,391百万円（　258.2%）2020年12月期　946百万円（　99.8%）

	1株当たり 当期純利益	潜在株式調整後 1株当たり 当期純利益	自己資本 当期純利益率	総資産 経常利益率	売上高 営業利益率
	円 銭	円 銭	％	％	％
2021年12月期	72.17	―	22.3	21.1	14.9
2020年12月期	28.15	―	11.0	9.8	8.9

（参考）持分法投資損益　2021年12月期　△8百万円　2020年12月期　3百万円
（注）当社は、2021年12月1日付で普通株式1株につき2株の株式分割を行っております。1株当たり当期純利益は、前連結会計年度の期首に当該株式分割が行われたと仮定して算定しております。

（２）連結財政状態

	総資産	純資産	自己資本比率	1株当たり純資産
	百万円	百万円	％	円 銭
2021年12月期	21,318	13,849	64.9	366.02
2020年12月期	16,866	10,579	62.7	280.63

（参考）自己資本　2021年12月期　13,845百万円　2020年12月期　10,572百万円
（注）当社は、2021年12月1日付で普通株式1株につき2株の株式分割を行っております。1株当たり純資産は、前連結会計年度の期首に当該株式分割が行われたと仮定して算定しております。

３．2022年12月期の連結業績予想（2022年1月1日～2022年12月31日）

（％表示は、対前期増減率）

	売上高		営業利益		経常利益		親会社株主に帰属 する当期純利益		1株当たり 当期純利益
	百万円	％	百万円	％	百万円	％	百万円	％	円 銭
通 期	32,700	27.2	5,232	37.0	5,221	29.4	3,300	21.0	87.23

（注）2022年12月期の期首より「収益認識に関する会計基準」（企業会計基準第29号）等を適用するため、上記の連結業務予想は当該会計基準等を適用した後の金額となっております。

※　注記事項
（１）期中における重要な子会社の異動（連結範囲の変更を伴う特定子会社の異動）　　　：　無

（２）会計方針の変更・会計上の見積りの変更・修正再表示
　　①　会計基準等の改正に伴う会計方針の変更　　　　　　　：　無
　　②　①以外の会計方針の変更　　　　　　　　　　　　　　：　無
　　③　会計上の見積りの変更　　　　　　　　　　　　　　　：　有
　　④　修正再表示　　　　　　　　　　　　　　　　　　　　：　無

（３）発行済株式数（普通株式）

		2021年12月期		2020年12月期	
①	期末発行済株式数（自己株式を含む）	2021年12月期	38,140,000株	2020年12月期	38,140,000株
②	期末自己株式数	2021年12月期	313,190株	2020年12月期	465,362株
③	期中平均株式数	2021年12月期	37,788,744株	2020年12月期	37,243,134株

（注）当社は、2021年12月1日付で普通株式1株につき2株の株式分割を行っております。前連結会計年度の期首に当該株式分割が行われたと仮定して発行済株式数（普通株式）を算定しております。

それでは、理論株価電卓を開いて、ツールの画面をスクロールして、中ほどのパラメータ設定画面に<u>株価、1株純資産、自己資本比率、1株純利益の数字を入力</u>します（銘柄コードは会社名を表示するために入力します）。

　まずは、2021年12月期の決算書（前ページ）から数字を拾って理論株価を計算します。

財務指標と株価の設定 [ツールの使い方]

<7816>スノーピークの財務指標を設定してください

銘柄コード	7816	（会社名表示用）
株価	2417	円
1株純資産(BPS) *	366.02	円
自己資本比率 *	64.9	%
1株純利益(EPS) *	96.69	円

理論株価を計算する

* 必須項目（株価を省略した場合、市場リスクは評価されません）
純利益が経常利益×法人税(約30%)と大きく異なる場合は、経常利益×法人税(約30%)からEPSを計算しましょう

---

①株価

　最新の株価を入力します。ここでは2417（2022年4月末）です。

②1株純資産

　最新の決算書1ページ目から入力します。ここでは366.02です。

③自己資本比率

　最新の決算書1ページ目を参照します。ここでは64.9です。

④1株純利益

　最新の決算書1ページ目に今期予想1株純利益が記載されています

が、はっしゃんの場合は、予想経常利益の70%から1株純利益を計算しなおす（経常利益の70%を発行済み株式数で割り算する）ようにしています。ここでは、5221 × 0.7 ÷（38.1 − 0.3）= 96.69 です（※発行済み株式数は「期末発行済株式数 − 期末自己株式数」から百万株単位で計算）。

入力が完了したら、ツールの「理論株価を計算する」ボタンをクリックします。

数字が正しく入力できていたら、理論株価電卓の画面に理論株価やバランスシート、PBR、PER、ROA、ROE が反映されて表示されます。

スノーピークの理論株価は、2792円となっています（次ページの画像）。2022年4月末の株価は2417円なので、理論株価より少し割安といったところです。

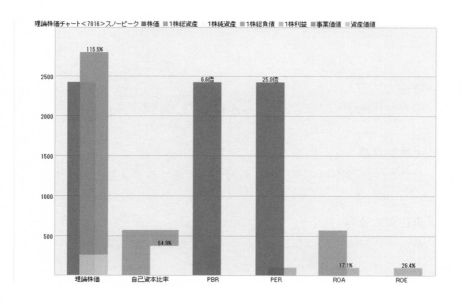

続いて５年後株価計算ツールを使って未来の理論株価を計算します。ツールの画面をパラメータ設定画面のさらに下までスクロールさせて「５年後の理論株価を計算」のリンクをクリックします。

財務指標	PBR	PER	ROA	ROE		株価	資産価値	事業価値	理論株価	上昇余地
スノーピーク	6.6倍	25.0倍	17.1%	26.4%		2,417	256	2,536	2,792	+15.5%

[株価と持続的成長性を診断]
*リンクをクリックすると株価水準や持続的成長性を診断できます。
[５年後の理論株価を計算]
*リンクをクリックすると成長率を指定して５年後までの理論株価を計算できます。

　すると、入力パラメータが引き継がれて５年後株価計算ツールの画面が開くので、ツールをスクロールさせて、５年後株価計算ツールのパラメータ設定画面を確認します。

　パラメータ設定画面の上部には、利益成長率を入力する画面があるので（次ページ）、それぞれに成長率を入力して「５年後の株価を計算する」ボタンをクリックします。
　スノーピークの場合は、営業利益が次の通りに計画されていました。

2022 年 52.3
2023 年 70.4（利益成長率 34.6%）
2024 年 100.0（利益成長率 42.0%）

この数字を成長率の１年目と２年目に設定し、３年目以降は不明なので０を設定します。

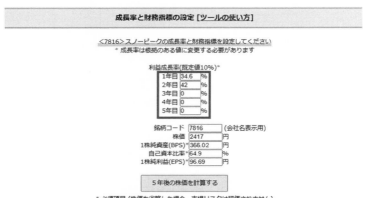

数字が正しく入力できていたら、５年後株価計算ツール画面に理論株価の推移が表示されます。

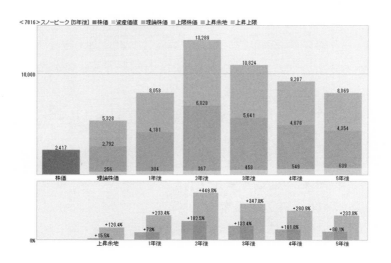

理論株価は、現在2792円、1年後に4181円、2年後に6828円となっています。

　3年後以降は、0を入力したので、成長なしで計算されていますが、無視してかまいません。

　仮にスノーピークが中期経営計画通りに成長した場合、未来の株価は大きく上昇することが示唆されています。

　ただし、スノーピークの株価は、第7節の「理論株価チャート」の話にあったように、2021年の11月に4490円まで大きく上昇した後、下げに転じています。これは、2021年11月ごろには、現在の計画の1年後に相当するレベルまで市場評価が高まった後、評価が大きく落ち込んだことを示します。

　今後がどうなるかは、月次売上や決算の結果で大きく変わってくるでしょう。

3）中期経営計画通りとは限らない

　中期経営計画は、企業自身が未来の企業価値について公表している重要な資料ですが、**必ず実現できるとは限りません**。むしろ、**うまくいかないほうが多い**とさえ言えます。

　スノーピークの場合は、過去に中期経営計画を前倒しで達成したり、上方修正した実績もありますが、コロナショックが追い風になった側面もありますので、今後も同じとは限りません。

　中期経営計画に対する投資家のスタンスとしては、理論株価電卓を使って株価の目安を設定したうえで、月次情報や決算書で売上や利益の進捗具合を確認するようにしましょう。

計画がうまくいっている場合は、月次売上や決算書の数字は、計画を上回っているはずですので「順調」と判断できますが、そうではない場合は「問題あり」と認識する必要があります。

はっしゃんコラム⑧
利大損小と３年保有ルールの話

　本コラムでは長期投資や割安成長株投資の心構えに触れて
おきましょう。

　長期投資で大きなキャピタルゲイン（株価上昇による利益）
を狙う基本は、利大損小を心がけることです。利大損小のう
ち「損小の戦略」は、「コラム⑤　絶対に損をしないこと」で「損
切りルール」として説明しましたので、本コラムでは「利大
の戦略」を考えます。

１）利益を伸ばすのは時間

　割安成長株投資では、利大損小の「利大」は時間に比例し
ます。ただし、正比例ではなく、業績や株価の伸びにはバラ
ツキがあります。コツは、時間をうまく利用することです。

　企業が業績を拡大して利益を増やし、その企業価値が市場
に織り込まれるには、相応の時間が必要です。したがって、
成長が続く限り、何年でも保有し続けるのが原則となります。
そのためには「短期利益を追求しない」という発想の転換が
必要です。

２）利食い・利確をしない

　利益が出た銘柄を売却すれば「利益確定」になりますが、

これは「利大の戦略」に反することです。利食いや利確は、狙うべき大きな利益の芽を摘むことになります。

　長期投資では、期待以上に大きく上がる局面や、逆に大きく下げてしまうこともあります。このような相場変動を「循環の波」と割り切って距離を置き、利益をできるだけ確定しないようにします。損は切る、利益は伸ばすが基本です。

3）3年を目安に利益を伸ばす

　「コラム②」および「コラム③」でも触れたように、15％成長の企業に長期投資すると複利効果で企業価値は3年で1.5倍、25％成長の企業では3年で約2倍に増えます。そして、

	現在	1年後	2年後	3年後	4年後	5年後
成長率0%	100万円	100万円	100万円	100万円	100万円	100万円
成長率5%	100万円	105万円	110万円	115万円	121万円	127万円
成長率10%	100万円	110万円	121万円	133万円	146万円	161万円
成長率15%	100万円	115万円	132万円	152万円	174万円	201万円
成長率20%	100万円	120万円	144万円	172万円	207万円	248万円
成長率25%	100万円	125万円	156万円	195万円	244万円	305万円
成長率30%	100万円	130万円	169万円	219万円	285万円	371万円
成長率50%	100万円	150万円	225万円	337万円	506万円	759万円

25% 成長の企業では、10 年で 10 倍になります。

　ただし、実際の成長曲線にはバラツキがあるため、マイルストーンとして 3 年待つ戦略が有効です。3 年単位で成長度に応じた基準（1.5 倍や 2 倍）に達することができれば、続けて次の 3 年の利大を狙います。3 年の次は 6 年。6 年の次は 9 年。そして、10 年では 10 倍になります。逆に、3 年待ってもダメな場合は見込み違いです。

◆3年保有ルールのマイルストーン
　3年：2倍　　6年：4倍　　9年：8倍　　10年：10倍

　利大を続けていく過程で成長のシナリオが崩れた場合は利益を確定します。成長のシナリオが崩れたかどうかは、「月次情報」「決算書や中期経営計画」「定性分析」で判断します。

4）適正株価の目安を持つ

　成長率の高い企業は期待先行から割高になっていることがよくあります。割高で買ってしまうと下落局面で含み損になるリスクが生まれます。このような場合では、損切りすることになります（損切り後に、適正価格になれば買い直すのはOK です）。

　はっしゃんの場合は、企業価値の目安として「はっしゃん式理論株価」を使います。このような適正株価の目安を持っ

ておき、できるだけ割安な時期に買うことでエントリーミス
や損切りを減らすことができます。理論株価については、第
7章でも Excel を使う方法を説明します。

第7章

Excel 分析に
チャレンジ

～第1節～
Excel を活用してみよう

　本章では、定量分析ツールに Excel テンプレートを使った基礎的なツール分析を学習します。近年は AI やビッグデータを活用したデータサイエンス技術の進歩により、定量分析は大きく進歩しました。Excel による分析は、その第一歩といったところです。

　Excel テンプレートへのデータ入力は手作業で行います。時間がかかる地道な作業になりますが、実際に数字を入力することで「もう少し利益が伸びればどうなるか？」など、仮説検証も可能になります。

　本章の実践には Excel の基礎的な知識が必要となりますので、ご了承ください。複数年や四半期単位内での数値変化、同業他社との比較を通じて企業の優位性や将来性を推測して成長シナリオを組み立てたり、理論株価を算出して目安にすることもできるでしょう。

　知識を学び、実践に落とし込むことの重要性は言うまでもありませんが、本章でこれから学ぶ内容を「現在進行形の生の数字」と向き合って試行錯誤した時間が蓄積されることで、実践スキルが向上していきますので、頑張ってチャレンジしてみてください。

　本書の刊行にあたり Excel 分析のための「はっしゃん式　月次予想シート」「はっしゃん式　同業他社比較シート」という2つのテンプ

レートを用意しました。はっしゃんがExcelで企業分析していたころ、実際に使っていたテンプレートの改良版です。

　本テンプレートを使えば、決算書や月次情報から数字を入力していくだけで、ひとつの企業分析シートや、同業他社比較シート（521ページの本章第6節で後述）を完成させることができます。まずは、以下のURLよりダウンロードして入手してください。

「QRコード」 はっしゃん式 月次予想シート
※見本は446 〜 450ページ
http://hashang.kabuka.biz/thinking/tools/excel

「QRコード」 はっしゃん式 同業他社比較シート
※見本は522 〜 523ページ
http://hashang.kabuka.biz/thinking/tools/excel4

　ダウンロードできたら、最初に月次予想シートのテンプレートをExcelで開いてみましょう。シートは、以下の4つに分かれています。

①業績予想シート（入力シート）
②3期分析シート（分析シート）
③月次分析シート（分析シート）
④四半期分析シート（分析シート）

　4シートのうち、入力が必要になるのは「①業績予想シート」だけです。各シートの詳しい説明は、次節以降で解説していきます。

【はっしゃん式】業績予想シート（0000 会社名）

PL時系列比較

	2004年 3月期	構成比	2005年 3月期	構成比	2006年 3月期	構成比	2007年 3月期	構成比
売上高		百万		百万		百万	0	百万
売上原価		—		—		—		—
売上総利益		—		—		—		—
販管費		—		—		—		—
営業利益		—		—		—		—
経常利益		—		—		—	0	—
純利益		—		—		— 会社予想	0	—
自己資本	100	10.0%		0.0%		0.0%		0.0%
株数／EPS	千株	0.0	千株	0.0	千株	0.0	千株	0.0
株価／PER	04/03/31	0.0	05/03/31	0.0	06/03/31	0.0	21/10/25	0.0

	売上	経常	株価	売上	経常	株価	売上	経常	株価	売上	経常	株価
増収増益率	—	—	—	0.0%	0.0%	0.0%	0.0%	0.0%	0.0%	0.0%	0.0%	0.0%
3期前比較	0.0%	0.0%	0.0%	0.0%	0.0%	0.0%	0.0%	0.0%	0.0%	0.0%	0.0%	0.0%

今期会社予想

	期初	前期比	1Q	前期比	2Q	前期比	3Q	前期比
売上高		—		—		—		—
経常利益		—		—		—		—
純利益		—		—		—		—
株数／EPS	千株	0	0.0%	千株	0.0%	千株	0.0%	千株	0.0%

月次情報

前期	4月	5月	6月	7月	8月	9月	10月	11月	12月	1月	2月	3月
全店	0.0%	0.0%	0.0%	0.0%	0.0%	0.0%	0.0%	0.0%	0.0%	0.0%	0.0%	0.0%
既存店	0.0%	0.0%	0.0%	0.0%	0.0%	0.0%	0.0%	0.0%	0.0%	0.0%	0.0%	0.0%

今期	4月	5月	6月	7月	8月	9月	10月	11月	12月	1月	2月	3月
全店												
既存店												
全店累計	0.0%	0.0%	0.0%	0.0%	0.0%	0.0%	0.0%	0.0%	0.0%	0.0%	0.0%	0.0%
推定売上	0	0	0	0	0	0	0	0	0	0	0	0
進捗率	0.0%	0.0%	0.0%	0.0%	0.0%	0.0%	0.0%	0.0%	0.0%	0.0%	0.0%	0.0%
店舗数												
店舗増減												
営業日	30	31	30	31	31	30	31	30	31	31	28	31
全店営業日	0	0	0	0	0	0	0	0	0	0	0	0

四半期決算

前期	1Q累計	構成比	2Q累計	構成比	3Q累計	構成比	4Q累計	構成比
売上高	0	百万	0	百万	0	百万	0	百万
経常利益	0	—	0	—	0	—	0	—
純利益	0	—	0	—	0	—	0	—

今期	1Q累計	構成比	2Q累計	構成比	3Q累計	構成比	4Q累計	構成比
売上高		百万		百万		百万		百万
売上原価		—		—		—		—
売上総利益		—		—		—		—
販管費		—		—		—		—
営業利益		—		—		—		—
経常利益		—		—		—		—
純利益		—		—		—		—

今期	1Q累計	構成比	2Q累計	構成比	3Q累計	構成比	4Q累計	構成比
売上高	0	百万	0	百万	0	百万	0	百万
売上原価	0	—	0	—	0	—	0	—
売上総利益	0	—	0	—	0	—	0	—
販管費	0	—	0	—	0	—	0	—
営業利益	0	—	0	—	0	—	0	—
経常利益	0	—	0	—	0	—	0	—
純利益	0	—	0	—	0	—	0	—
営業日数	0		0		0		0	
平均日販	0	—	0	—	0	—	0	—
平均販管費	0	—	0	—	0	—	0	—

月次情報（前期）

前期	4月	5月	6月	7月	8月	9月	10月	11月	12月	1月	2月	3月
全店	0	0	0	0	0	0	0	0	0	0	0	0
既存店	0	0	0	0	0	0	0	0	0	0	0	0
店舗数	0	0	0	0	0	0	0	0	0	0	0	0
店舗増減	0	0	0	0	0	0	0	0	0	0	0	0
営業日	30	31	30	31	31	30	31	30	31	31	28	31
全店営業日	0	0	0	0	0	0	0	0	0	0	0	0

四半期決算（前期）

前期	1Q累計		構成比	2Q累計	構成比	3Q累計	構成比	4Q累計	構成比
売上高	0		百万	0	百万	0	百万	0	百万
売上原価	0		—	0	—	0	—	0	—
売上総利益	0		—	0	—	0	—	0	—
販管費	0		—	0	—	0	—	0	—
営業利益	0		—	0	—	0	—	0	—
経常利益	0		—	0	—	0	—	0	—
純利益	0		—	0	—	0	—	0	—
前期	1Q累計	構成比	2Q累計	構成比	3Q累計	構成比	4Q累計	構成比
売上高	0	百万	0	百万	0	百万	0	百万
売上原価	0	—	0	—	0	—	0	—
売上総利益	0	—	0	—	0	—	0	—
販管費	0	—	0	—	0	—	0	—
営業利益	0	—	0	—	0	—	0	—
経常利益	0	—	0	—	0	—	0	—
純利益	0	—	0	—	0	—	0	—
営業日数	0	—	0	—	0	—	0	—
平均日販	0	—	0	—	0	—	0	—
平均販管費	0	—	0	—	0	—	0	—

【はっしゃん式】3期分析シート（0000 会社名）

PL時系列比較

	2004年 3月期		構成比	2005年 3月期		構成比	2006年 3月期		構成比	2007年 3月期		構成比
売上高			百万			百万			百万		0	百万
売上原価			—			—			—			—
売上総利益			—			—			—			—
販管費			—			—			—			—
営業利益			—			—			—			—
経常利益			—			—			—		0	—
純利益			—			—			—	会社予想	0	—
自己資本		100	10.0%			0.0%			0.0%			0.0%
株数／EPS	千株		0.0	千株		0.0	千株		0.0	千株		0.0
株価／PER	04/03/31		0.0	05/03/31		0.0	06/03/31		0.0	21/10/25		0.0

3期比較データ

	売上				売上増収率			前期比	売上増収率			3期前比較
	3期前	2期前	前期	(今期)	3期前	2期前	前期	(今期)	3期前	2期前	前期	(今期)
売上												
会社名	0	0	0	0	—	—	—	—	—	—	—	—

	経常利益				経常増益率			前期比	経常増益率			3期前比較
	3期前	2期前	前期	(今期)	3期前	2期前	前期	(今期)	3期前	2期前	前期	(今期)
経常利益												
会社名	0	0	0	0	—	—	—	—	—	—	—	—

	株価(期末株価)				株価上昇率			前期比	株価上昇率			3期前比較
	3期前	2期前	前期	(今期)	3期前	2期前	前期	(今期)	3期前	2期前	前期	(今期)
株価												
会社名	0	0	0	0	—	—	—	—	—	—	—	—

	理論株価				理論株価上昇率			前期比	理論株価上昇率			3期前比較
	3期前	2期前	前期	(今期)	3期前	2期前	前期	(今期)	3期前	2期前	前期	(今期)
理論株価												
会社名	0	0	0	0	—	—	—	—	—	—	—	—

	時価総額				時価総額増加率			前期比	時価総額増加率			3期前比較
	3期前	2期前	前期	(今期)	3期前	2期前	前期	(今期)	3期前	2期前	前期	(今期)
時価総額												
会社名	0	0	0	0	—	—	—	—	—	—	—	—

	EPS(経常*70%)				EPS増加率			前期比	EPS増加率			3期前比較
	3期前	2期前	前期	(今期)	3期前	2期前	前期	(今期)	3期前	2期前	前期	(今期)
EPS												
会社名	0	0	0	0	—	—	—	—	—	—	—	—

	粗利率				販管費比率			前期比	経常利益率			3期前比較
	3期前	2期前	前期	(今期)	3期前	2期前	前期	(今期)	3期前	2期前	前期	(今期)
利益率												
会社名	0	0	0	0	—	—	—	—	—	—	—	—

	PER(経常*70%)				ROE(経常*70%)			前期比	ROA(経常*70%)			3期前比較
	3期前	2期前	前期	(今期)	3期前	2期前	前期	(今期)	3期前	2期前	前期	(今期)
割安効率性												
会社名	0	0	0	0	—	—	—	—	—	—	—	—

利益率・効率性グラフ

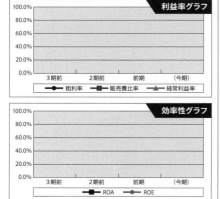

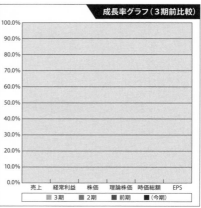

【はっしゃん式】月次分析シート（0000 会社名）

月次情報

前期	4月	5月	6月	7月	8月	9月	10月	11月	12月	1月	2月	3月
全店	0	0	0	0	0	0	0	0	0	0	0	0
既存店	0	0	0	0	0	0	0	0	0	0	0	0
店舗数	0	0	0	0	0	0	0	0	0	0	0	0
店舗増減	0	0	0	0	0	0	0	0	0	0	0	0
営業日	30	31	30	31	31	30	31	30	31	31	28	31
全店営業日	0	0	0	0	0	0	0	0	0	0	0	0

今期	4月	5月	6月	7月	8月	9月	10月	11月	12月	1月	2月	3月
全店	0	0	0	0	0	0	0	0	0	0	0	0
既存店	0	0	0	0	0	0	0	0	0	0	0	0
店舗数	0	0	0	0	0	0	0	0	0	0	0	0
店舗増減	0	0	0	0	0	0	0	0	0	0	0	0
営業日	30	31	30	31	31	30	31	30	31	31	28	31
全店営業日	0	0	0	0	0	0	0	0	0	0	0	0

月次情報グラフ

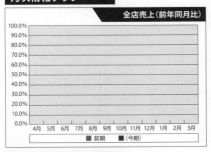

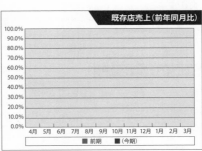

今期予想・進捗率データ

会社予想	期初		前期比	1Q		前期比	2Q		前期比	3Q		前期比
売上高		0	—		0	—		0	—		0	—
経常利益		0	—		0	—		0	—		0	—
純利益		0	—		0	—		0	—		0	—

月別	4月	5月	6月	7月	8月	9月	10月	11月	12月	1月	2月	3月
中間予想	0	0	0	0	0	0	0	0	0	0	0	0
通期予想	0	0	0	0	0	0	0	0	0	0	0	0
推定売上	0	0	0	0	0	0	0	0	0	0	0	0
中間進捗率	0	0	0	0	0	0	0	0	0	0	0	0
通期進捗率	0	0	0	0	0	0	0	0	0	0	0	0

売上進捗グラフ

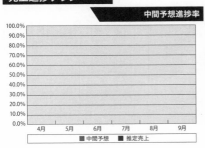

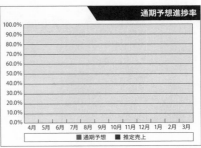

【はっしゃん式】四半期分析シート（0000 会社名）

四半期決算

前期	1Q期間		構成比	2Q期間		構成比	3Q期間		構成比	4Q期間		構成比
売上高	0		百万	0		百万	0		百万	0		百万
売上原価	0		―	0		―	0		―	0		―
売上総利益	0		―	0		―	0		―	0		―
販管費	0		―	0		―	0		―	0		―
営業利益	0		―	0		―	0		―	0		―
経常利益	0		―	0		―	0		―	0		―
純利益	0		―	0		―	0		―	0		―
営業日数	0			0			0			0		
平均日販	0			0			0			0		
平均販管費	0		―	0		―	0		―	0		―

今期	1Q期間		構成比	2Q期間		構成比	3Q期間		構成比	4Q期間		構成比
売上高	0		百万	0		百万	0		百万	0		百万
売上原価	0		―	0		―	0		―	0		―
売上総利益	0		―	0		―	0		―	0		―
販管費	0		―	0		―	0		―	0		―
営業利益	0		―	0		―	0		―	0		―
経常利益	0		―	0		―	0		―	0		―
純利益	0		―	0		―	0		―	0		―
営業日数	0			0			0			0		
平均日販	0			0			0			0		
平均販管費	0		―	0		―	0		―	0		―

四半期比較データ

売上	売上			四半期売上シェア				平均日販		1日1店平均	
売上	前期	今期	前期比	前期	今期	前期比		前期	今期	前期比	
1Q期間	0	0	―	―	―	―		0	0	―	
2Q期間	0	0	―	―	―	―		0	0	―	
3Q期間	0	0	―	―	―	―		0	0	―	
4Q期間	0	0	―	―	―	―		0	0	―	

売上原価	売上原価			売上原価率				平均原価		1日1店平均	
売上原価	前期	今期	前期比	前期	今期	前期比		前期	今期	前期比	
1Q期間	0	0	―	―	―	―		0	0	―	
2Q期間	0	0	―	―	―	―		0	0	―	
3Q期間	0	0	―	―	―	―		0	0	―	
4Q期間	0	0	―	―	―	―		0	0	―	

粗利	粗利(売上総利益)			粗利率				平均粗利		1日1店平均	
粗利	前期	今期	前期比	前期	今期	前期比		前期	今期	前期比	
1Q期間	0	0	―	―	―	―		0	0	―	
2Q期間	0	0	―	―	―	―		0	0	―	
3Q期間	0	0	―	―	―	―		0	0	―	
4Q期間	0	0	―	―	―	―		0	0	―	

販管費	販管費			販管費比率				平均販管費		1日1店平均	
販管費	前期	今期	前期比	前期	今期	前期比		前期	今期	前期比	
1Q期間	0	0	―	―	―	―		0	0	―	
2Q期間	0	0	―	―	―	―		0	0	―	
3Q期間	0	0	―	―	―	―		0	0	―	
4Q期間	0	0	―	―	―	―		0	0	―	

経常利益	経常利益			経常利益率				平均経常利益		1日1店平均	
経常利益	前期	今期	前期比	前期	今期	前期比		前期	今期	前期比	
1Q期間	0	0	―	―	―	―		0	0	―	
2Q期間	0	0	―	―	―	―		0	0	―	
3Q期間	0	0	―	―	―	―		0	0	―	
4Q期間	0	0	―	―	―	―		0	0	―	

営業日数	営業日数		
営業日数	前期	今期	前期比
1Q期間	0	0	―
2Q期間	0	0	―
3Q期間	0	0	―
4Q期間	0	0	―

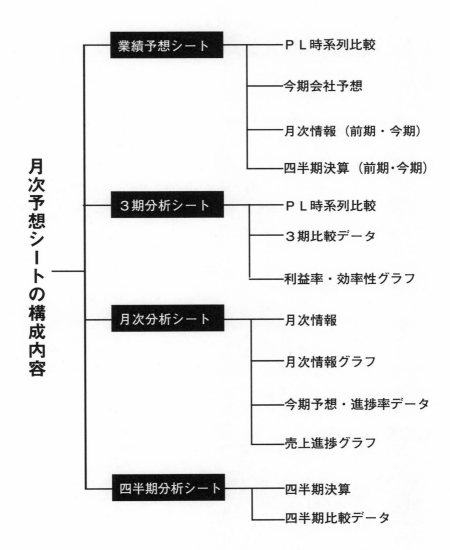

月次予想シートの構成内容

業績予想シート
- ＰＬ時系列比較
- 今期会社予想
- 月次情報（前期・今期）
- 四半期決算（前期・今期）

３期分析シート
- ＰＬ時系列比較
- ３期比較データ
- 利益率・効率性グラフ

月次分析シート
- 月次情報
- 月次情報グラフ
- 今期予想・進捗率データ
- 売上進捗グラフ

四半期分析シート
- 四半期決算
- 四半期比較データ

~第2節~
業績予想シートへのデータ入力

本節からは、具体例としてコスモス薬品（3349）を取り上げながら、業績予想シートへのデータ入力を解説していきます。

コスモス薬品は、九州を地盤とするドラッグストアチェーン大手で、西日本から関西、関東へと出店地域を拡大している成長企業です。

１）PL 時系列比較ブロック

446 ページの業績予想シート上段の **PL 時系列比較ブロック**は、過去３期と今期の計４期分の業績を並べて表示するブロックになっています。これが、過去から現在、未来への分析のための基盤データとなります。

注）これはデフォルトです

PL時系列比較

	2004年 3月期	構成比	2005年 3月期	構成比	2006年 3月期	構成比	2007年 3月期	構成比
売上高		百万		百万		百万	0	百万
売上原価		—		—		—		—
売上総利益		—		—		—		—
販管費		—		—		—		—
営業利益		—		—		—		—
経常利益		—		—		—		0	—
純利益		—		—		—	会社予想	0	—
自己資本	100	10.0%		0.0%		0.0%		0.0%
株数／EPS	千株	0.0	千株	0.0	千株	0.0	千株	0.0
株価／PER	04/03/31	0.0	05/03/31	0.0	06/03/31	0.0	21/10/25	0.0

	売上	経常	株価	売上	経常	株価	売上	経常	株価	売上	経常	株価
増収増益率	—	—	—	0.0%	0.0%	0.0%	0.0%	0.0%	0.0%	0.0%	0.0%	0.0%
3期前比較	0.0%	0.0%	0.0%	0.0%	0.0%	0.0%	0.0%	0.0%	0.0%	0.0%	0.0%	0.0%

過去３期分　　　　　　　　今期分

実際に、決算書の損益計算書（PL）のデータを複数年にわたって入力していくことで、時間の経過と企業の成長を実感することができます（もちろん、成長している企業の場合の話ですが）。

　PL 時系列比較ブロックで入力するのは、**4期分のデータ**です。今回（2022 年 4 月末）、例として挙げたコスモス薬品の「決算短信」ページを見ると、以下のようになっていました（※一部抜粋）。

◆今期

2022年04月11日	📄 <u>2022年5月期　第3四半期決算短信（日本基準）（連結）</u>
2022年01月11日	📄 <u>2022年5月期　第2四半期決算短信（日本基準）（連結）</u>
2021年10月11日	📄 <u>2022年5月期　第1四半期決算短信（日本基準）（連結）</u>

◆前期

2021年07月12日	📄 <u>2021年5月期　決算短信（日本基準）（連結）</u>
2021年04月12日	📄 <u>2021年5月期　第3四半期決算短信（日本基準）（連結）</u>
2021年01月12日	📄 <u>2021年5月期　第2四半期決算短信（日本基準）（連結）</u>
2020年10月12日	📄 <u>2021年5月期　第1四半期決算短信（日本基準）（連結）</u>

◆2期前

| 2020年07月10日 | 📄 <u>2020年5月期　決算短信（日本基準）（連結）</u> |

◆3期前

| 2019年07月12日 | 📄 <u>2019年5月期　決算短信（日本基準）（連結）</u> |

今回、業績予想シートに入力する必要なデータ4期分の決算は以下の通りです（前ページの表示部分）。

今期　：2022年5月期　第1、第2、第3四半期決算短信
前期　：2021年5月期　決算短信、第1、第2、第3四半期決算短信
2期前：2020年5月期　決算短信
3期前：2019年5月期　決算短信

　これらのうち、「前期」「2期前」「3期前」のデータを先に打ち込みます。今期分のデータについては、「今期会社予想ブロック」を四半期単位で入力するとき（後述）に反映します。
　なお、企業の決算短信は「●●（※企業名を入れる）　IR」などでWEB検索して表示される企業のIRページ（投資家情報ページ）から見つけることができます。

　それでは、入力を開始しましょう。入力セルは、業績予想シートでは薄い黄色になっています。それ以外は、「入力ミスを防ぐ」ためにロックされていますので、入力できません。
　次ページの図の①**年度**のところに3期前の年度を入力します。今回の例では「2019（年）」です。そして、②**決算月**のところに決算月の数字を入れます。コスモス薬品の場合は5月期決算なので「5（月期）」と入力します。なお、自動計算の関係上、数字を入力するときは必ず「半角」にしてください。

　とりあえず、ここまで入力できた段階でファイル名を付けて保存しましょう。ファイル名は、任意でかまいませんが、例えば、「3349コスモス薬品2022年5月期.xlsx」のように、会社名と決算期を組み合わせるとよいでしょう。

	2004年　3月期		構成比	
売上高		③	百万	
売上原価		③	ー	
売上総利益		③	ー	
販管費		③	ー	
営業利益		③	ー	
経常利益		③	ー	
純利益		③	ー	
自己資本		④ 100	10.0%	
株数／EPS	千株	⑥	0.0	千
株価／PER	04/03/31 ⑦		0.0	0

	売上	経常	株価
増収増益率	ー	ー	ー
3期前比較	0.0%	0.0%	0.0%

①年度

②決算月

③数字（を損益計算書から入力）

④純資産

⑤自己資本比率

⑥株数

⑦株価

⑧増収増益率と3期前比較

次に、前ページの**③損益計算書（PL）の7項目**を入力します。こ
こからは、決算短信ファイルが必要となってきます。最初に「3期前」
の2019年5月期の決算短信ファイルを開き、その中のデータを拾っ
て数字を入力していきます。

　以下が損益計算書（PL）の抜粋になります。ここから枠囲み部分
の科目データを入力します。

（2）連結損益計算書及び連結包括利益計算書
　連結損益計算書

（単位：百万円）

	前連結会計年度 （自 2017年6月1日 至 2018年5月31日）	当連結会計年度 （自 2018年6月1日 至 2019年5月31日）
売上高	557,999	611,137
売上原価	447,681	489,353
売上総利益	110,317	121,784
販売費及び一般管理費	87,568	97,008
営業利益	22,749	24,775
営業外収益		
受取利息	78	72
受取手数料	672	703
不動産賃貸料	1,432	1,228
固定資産受贈益	301	328
その他	772	903
営業外収益合計	3,257	3,237
営業外費用		
支払利息	88	77
不動産賃貸原価	587	467
その他	75	174
営業外費用合計	751	719
経常利益	25,255	27,292
特別利益		
受取保険金	―	362
受取補償金	3	―
補助金収入	85	―
特別利益合計	89	362
特別損失		
固定資産除却損	31	67
災害による損失	―	173
店舗閉鎖損失	79	171
店舗閉鎖損失引当金繰入額	64	104
特別損失合計	176	516
税金等調整前当期純利益	25,167	27,139
法人税、住民税及び事業税	7,718	8,188
法人税等調整額	△184	△234
法人税等合計	7,534	7,954
当期純利益	17,633	19,185
親会社株主に帰属する当期純利益	17,633	19,185

入力する7項目は次の通りです。

売上高
売上原価
売上総利益
販管費及び一般管理費（販管費）
営業利益
経常利益
当期純利益

　損益計算書の詳細については、第6章 第3節の「損益計算書（PL）を見える化して分析する方法」で解説していますので、よくわからない場合は振り返って参照してください。

　PL 7項目のデータを入力すると、右側の欄「構成比（455ページ）」には自動で計算された数字が入ります。自動計算される構成比は、次のようなものです。

売上原価率
売上総利益率
販管費比率
営業利益率
経常利益率
純利益率

　右欄は、複数年の構成比を並べて表示することで、成長企業の伸びの質を比較できるようになっています。

続いて、**④純資産**と**⑤自己資本比率**を入力します（455ページ）。これらは決算書のバランスシートの項目になりますが、決算短信1ページ目にも記載されています。④純資産については決算短信1ページ目の「純資産」の数字、⑤自己資本比率についても同じく、決算短信1ページ目の「自己資本比率」の数字を入力します。

バランスシートも複数年分を並べて見ることで、財務変化を俯瞰することができます。バランスシートについての詳細は、第6章 第4節「バランスシート（BS）を見える化して分析する方法」を参照してください。

2019年5月期 決算短信〔日本基準〕(連結)

2019年7月12日

上場会社名　株式会社 コスモス薬品　　　　　　　　　　　　　上場取引所　　　東
コード番号　3349　　URL http://www.cosmospc.co.jp
代表者　　　　（役職名）代表取締役社長　　　　　　　（氏名）横山 英昭
問合せ先責任者（役職名）取締役経営企画部長　　　　　（氏名）柴田 太　　　　TEL 092-433-0660
定時株主総会開催予定日　2019年8月23日　　　　配当支払開始予定日　2019年8月26日
有価証券報告書提出予定日　2019年8月29日
決算補足説明資料作成の有無　：　有
決算説明会開催の有無　　　　：　有　（記者及びアナリスト・機関投資家向け）

(百万円未満切捨て)

1. 2019年5月期の連結業績（2018年6月1日～2019年5月31日）

(1) 連結経営成績

(％表示は対前期増減率)

	売上高		営業利益		経常利益		親会社株主に帰属する当期純利益	
	百万円	％	百万円	％	百万円	％	百万円	％
2019年5月期	611,137	9.5	24,775	8.9	27,292	8.1	19,185	8.8
2018年5月期	557,999	11.0	22,749	2.3	25,255	2.7	17,633	△3.2

(注)包括利益　2019年5月期　19,182百万円 （8.9%）　2018年5月期　17,617百万円 （△3.5%）

	1株当たり当期純利益	潜在株式調整後1株当たり当期純利益	自己資本当期純利益率	総資産経常利益率	売上高営業利益率
	円 銭	円 銭	％	％	％
2019年5月期	968.97	—	16.3	10.4	4.1
2018年5月期	890.59	—	17.5	10.6	4.1

(参考)持分法投資損益　2019年5月期　—百万円　2018年5月期　—百万円

(2) 連結財政状態

	総資産	純資産	自己資本比率	1株当たり純資産
	百万円	百万円	％	円 銭
2019年5月期	273,561	④ 126,289	⑤ 46.2	6,378.39
2018年5月期	250,609	108,888	43.4	5,499.55

(参考)自己資本　2019年5月期　126,289百万円　2018年5月期　108,888百万円

(3) 連結キャッシュ・フローの状況

	営業活動によるキャッシュ・フロー	投資活動によるキャッシュ・フロー	財務活動によるキャッシュ・フロー	現金及び現金同等物期末残高
	百万円	百万円	百万円	百万円
2019年5月期	34,379	△30,042	△6,982	19,022
2018年5月期	32,586	△30,458	△8,188	21,668

次に、⑥株数と⑦株価を入力します（455 ページ）。⑥の「株数」は、決算短信2ページ目の「期末発行済株式数」から「期末自己株式数」を引いた数字を千株単位で入力します。今回のコスモス薬品の例では「20,000 − 200 = 19,800」です。「= 20000 − 200」のように数式で入力すると Excel で自動計算してくれます。

　自己株式数とは、自社で保有している自社株の株数で、金庫株とも呼ばれます。発行済株式数とは相殺されるため、引き算します。

　株数は通常、あまり変わりませんが、増資や分割があった場合は大きく変動するので注意してください（分割があった場合は、過年度分も遡って修正します）。

※ 注記事項
(1) 期中における重要な子会社の異動（連結範囲の変更を伴う特定子会社の異動）： 無
　　　新規 ― 社 （社名）　　　　　　　　　　　　　、　　除外 ― 社 （社名）
(2) 会計方針の変更・会計上の見積りの変更・修正再表示
　　　① 会計基準等の改正に伴う会計方針の変更　　： 無
　　　② ①以外の会計方針の変更　　　　　　　　　： 無
　　　③ 会計上の見積りの変更　　　　　　　　　　： 無
　　　④ 修正再表示　　　　　　　　　　　　　　　： 無　　　　　⑥
(3) 発行済株式数（普通株式）

① 期末発行済株式数（自己株式を含む）	2019年5月期	20,000,400 株	2018年5月期	20,000,400 株
② 期末自己株式数	2019年5月期	200,834 株	2018年5月期	200,833 株
③ 期中平均株式数	2019年5月期	19,799,566 株	2018年5月期	19,799,567 株

(参考)個別業績の概要

2019年5月期の個別業績（2018年6月1日～2019年5月31日）

(1) 個別経営成績

（％表示は対前期増減率）

	売上高		営業利益		経常利益		当期純利益	
	百万円	％	百万円	％	百万円	％	百万円	％
2019年5月期	611,136	9.5	24,736	8.9	27,262	8.0	19,165	8.8
2018年5月期	557,997	11.0	22,723	2.3	25,237	2.8	17,622	△3.1

	1株当たり当期純利益	潜在株式調整後1株当たり当期純利益
	円 銭	円 銭
2019年5月期	968.00	―
2018年5月期	890.05	―

⑦株価は、証券会社や株式サイトなどを使って月末の株価を調べます。この例で言えば、「2019年5月末」の株価を調べます。なお、過去の株価を調べるサイトを知らない場合は、無料で利用できるYahoo! ファイナンスが便利です。

Yahoo! ファイナンス：https://finance.yahoo.co.jp/

銘柄コードか、会社名（銘柄名）を入力する

Yahoo! ファイナンスの検索窓にコスモス薬品の銘柄コード「3349」か、銘柄名を入力して検索ボタンをクリックすると、株価情報が表示されます。

　この画面から、表記切替タブの「時系列」タブをクリックすると、期間を指定して株価を調べる画面が表示されますので、調べてみましょう。コスモス薬品の 2019 年 5 月末の株価（終値）は「8580 円」でした。

　⑥株数と⑦株価の数字を入力すると、右欄の EPS や PER は自動計算されます。PER と EPS については、第 6 章 第 3 節「損益計算書から未来の株価を予測する」で説明していますので、参照してください。

　ここまで入力できると、455 ページの⑧**「増収増益率と３期前比較」**の数字も自動計算されます。

　増収増益率は、売上や利益が前期と比べてどれだけ成長しているかを表します。この数字の延長が未来の売上や利益につながることは、「コラム②　成長率と未来の株価の話」で説明しました。

　３期前比較は、「３期前と比べてどれだけ成長したか」を見る指標です。３年で 1.5 倍や２倍といった成長目標を設定している場合、到達度の目安として利用できます。

　「３期前」の PL データ入力が完成したら、続けて「２期前」と「前期」でも、同じ要領で入力しましょう。

２期前：2020 年 5 月期　決算短信

前期　：2021 年 5 月期　決算短信

　なお、前期の数字を入力すると、その数字が後述する「四半期決算（前期）」の部分に自動入力されます（473 ページ参照）。

３期前から前期まで３期分のデータ入力を完了すると、以下のような表になります。これだけでも、３期分の売上や利益、資産、株価、成長率、PL 構成比の推移が整理されて比較しやすくなりました。

PL時系列比較

	2019年	5月期	構成比	2020年	5月期	構成比	2021年	5月期	構成比
売上高		611,137	百万		684,403	百万		726,424	百万
売上原価		489,353	80.1%		549,419	80.3%		581,313	80.0%
売上総利益		121,784	19.9%		134,984	19.7%		145,111	20.0%
販管費		97,008	15.9%		105,890	15.5%		111,964	15.4%
営業利益		24,775	4.1%		29,094	4.3%		33,147	4.6%
経常利益		27,292	4.5%		31,562	4.6%		35,835	4.9%
純利益		19,185	3.1%		21,435	3.1%		27,156	3.7%
自己資本		126,289	46.2%		145,675	45.5%		170.578	50.0%
株数／EPS	千株	39,600	482.4	千株	39,599	557.9	千株	39,599	633.5
株価／PER	19/05/31	8,580	17.8	20/05/31	15,470	27.7	21/05/31	15,230	24.0

	売上	経常	株価	売上	経常	株価	売上	経常	株価
増収増益率	—	—	—	112.0%	115.6%	180.3%	106.1%	113.5%	98.4%
3期前比較	100.0%	100.0%	100.0%	112.0%	115.6%	180.3%	118.9%	131.3%	177.5%

　コスモス薬品の場合では、以下のようになっています。

◎売上高

　３期間すべて右肩上がり。

◎売上原価

　３期間すべて右肩上がり。原価率はほぼ横ばい。

◎売上総利益

　３期間すべて右肩上がり。売上総利益率もほぼ横ばい。

◎販管費

　３期間すべて右肩上がり。販管費比率は低下傾向。

◎営業利益

3期間すべて右肩上がり。営業利益は微増傾向。

◎経常利益

3期間すべて右肩上がり。経常利益も微増傾向。

◎純利益

3期間すべて右肩上がり。純利益は増加傾向。

◎自己資本

純資産は3期間すべて右肩上がり。自己資本比率も上昇。

◎EPS

EPSは、3期間すべて右肩上がり。株数は変化なし。

◎株価

2019年から2020年にかけてPERと株価が大きく上昇したが、2020年から2021年にかけてはPERが低下して株価も下落。

◎増収増益率

売上と経常利益が10%前後の成長。経常利益のほうが成長性が高い。株価は2020年大きく上昇し2021年は下落。

◎3期前比較

株価>経常利益>売上の順に大きく伸びている。

決算数字が左から右へと、だんだんと数字が大きくなっていく様子がわかると思います。これが、持続的に成長している企業の特徴です。

２）今期会社予想ブロック

　次に、シート上から２ブロック目の**今期会社予想**（下図の太枠部分）を入力します。今期予想ブロックは、現在進行形で利用することを前提としています。企業から決算発表があったら、その都度、入力して過去の決算や月次情報の推移と比較して、今期業績を考えます。

PL時系列比較

	2019年	5月期	構成比	2020年	5月期	構成比	2021年	5月期	構成比	2022年	5月期	構成比
売上高		611,137	百万		684,403	百万		726,424	百万		0	百万
売上原価		489,353	80.1%		549,419	80.3%		581,313	80.0%			—
売上総利益		121,784	19.9%		134,984	19.7%		145,111	20.0%			—
販管費		97,008	15.9%		105,890	15.5%		111,964	15.4%			—
営業利益		24,775	4.1%		29,094	4.3%		33,147	4.6%			—
経常利益		27,292	4.5%		31,562	4.6%		35,835	4.9%		0		—
純利益		19,185	3.1%		21,435	3.1%		27,156	3.7%	会社予想	0		—
自己資本		126,289	46.2%		145,675	45.5%		170.578	50.0%		0	0.0%
株数／EPS	千株	39,600	482.4	千株	39,599	557.9	千株	39,599	633.5	千株	0	0.0
株価／PER	19/05/31	8,580	17.8	20/05/31	15,470	27.7	21/05/31	15,230	24.0	22/04/28		0.0

	売上	経常	株価	売上	経常	株価	売上	経常	株価	売上	経常	株価
増収増益率	—	—	—	112.0%	115.6%	180.3%	106.1%	113.5%	98.4%	0.0%	0.0%	0.0%
3期前比較	100.0%	100.0%	100.0%	112.0%	115.6%	180.3%	118.9%	131.3%	177.5%	0.0%	0.0%	0.0%

今期会社予想

	期初		前期比	1Q	据え置き	前期比	2Q	据え置き	前期比	3Q	据え置き	前期比
売上高		0	—		0	—		0	—		0	—
経常利益		0	—		0	—		0	—		0	—
純利益		0	—		0	—		0	—		0	—
株数／EPS	千株	0	0.0%	千株		0.0%	千株		0.0%	千株	0	0.0%

月次情報

前期	4月	5月	6月	7月	8月	9月	10月	11月	12月	1月	2月	3月
全店	0.0%	0.0%	0.0%	0.0%	0.0%	0.0%	0.0%	0.0%	0.0%	0.0%	0.0%	0.0%
既存店	0.0%	0.0%	0.0%	0.0%	0.0%	0.0%	0.0%	0.0%	0.0%	0.0%	0.0%	0.0%

今期	4月	5月	6月	7月	8月	9月	10月	11月	12月	1月	2月	3月
全店	0	0	0	0	0	0	0	0	0	0	0	0
既存店	0	0	0	0	0	0	0	0	0	0	0	0
全店累計	0.0%	0.0%	0.0%	0.0%	0.0%	0.0%	0.0%	0.0%	0.0%	0.0%	0.0%	0.0%
推定売上	0	0	0	0	0	0	0	0	0	0	0	0
進捗率	0.0%	0.0%	0.0%	0.0%	0.0%	0.0%	0.0%	0.0%	0.0%	0.0%	0.0%	0.0%
店舗数	0	0	0	0	0	0	0	0	0	0	0	0
店舗増減	0	0	0	0	0	0	0	0	0	0	0	0
営業日	30	31	30	31	31	30	31	30	31	31	28	31
全店営業日	0	0	0	0	0	0	0	0	0	0	0	0

四半期決算

前期	1Q累計	構成比	2Q累計	構成比	3Q累計	構成比	4Q累計	構成比
売上高	0	百万	0	百万	0	百万	0	百万
経常利益	0	—	0	—	0	—	0	—
純利益	0	—	0	—	0	—	0	—

今期	1Q累計	構成比	2Q累計	構成比	3Q累計	構成比	4Q累計	構成比
売上高	0	百万	0	百万	0	百万	0	百万
売上原価	0	—	0	—	0	—	0	—
売上総利益	0	—	0	—	0	—	0	—
販管費	0	—	0	—	0	—	0	—
営業利益	0	—	0	—	0	—	0	—
経常利益	0	—	0	—	0	—	0	—
純利益	0	—	0	—	0	—	0	—

今期	1Q累計	構成比	2Q累計	構成比	3Q累計	構成比	4Q累計	構成比
売上高	0	百万	0	百万	0	百万	0	百万
売上原価	0	—	0	—	0	—	0	—
売上総利益	0	—	0	—	0	—	0	—
販管費	0	—	0	—	0	—	0	—
営業利益	0	—	0	—	0	—	0	—
経常利益	0	—	0	—	0	—	0	—
純利益	0	—	0	—	0	—	0	—
営業日数	0	—	0	—	0	—	0	—
平均日販	0	—	0	—	0	—	0	—
平均販管費	0	—	0	—	0	—	0	—

まず期初の会社予想を打ち込みます。期初予想とは、前期末決算に記載される今期の会社予想です。上場企業は、期初（3月期末決算企業であれば4月末～5月中ごろ）に行われる前期末決算の発表時に今期の業績予想を開示します。今回のコスモス薬品では「2021年5月期」です。

この今期会社予想は、決算短信1ページ目の「（今期の）連結業績予想」の"通期"の数字を中央の①に入力します。今期予想の数字は、決算短信1ページ目の下部に記載されています（2ページ目にページ送りされていることもあります）。

同様に中間決算の予想が記載されている場合は、その数字を入力します（下記参照）。

3. 2022年 5月期の連結業績予想（2021年 6月 1日～2022年 5月31日）

（％表示は、通期は対前期、四半期は対前年同四半期増減率）

	売上高		営業利益		経常利益		親会社株主に帰属する当期純利益		1株当たり当期純利益
	百万円	％	百万円	％	百万円	％	百万円	％	円 銭
第2四半期(累計)	② 367,250	—	16,200	—	② 17,460	—	② 11,873	—	299.83
通期	① 750,000	—	33,200	—	① 35,900	—	① 25,000	—	631.33

（注）2022年5月期の期首より、「収益認識に関する会計基準」（企業会計基準第29号）等を適用するため、当該基準に基づいた予想となっております。
　　このため、当該基準等適用前の実績値に対する増減率は記載しておりません。

上記の①を下記の「①」の列に、
②を「②」の列に入力する

今期会社予想

	期初 ②	①	前期比	1Q
売上高	367,250	750,000	103.2%	367,
経常利益	17,460	35,900	100.2%	17,
純利益	11,873	25,000	92.1%	11,
株数／EPS	千株	39,599	634.6%	千株

注意点は、今期予想を開示していない企業もあることです。

例えば、新型コロナショックの直後には、合理的な業績予測が不可能という理由で、多くの企業が今期予想の開示を見送りました。このような場合は、前期決算の実績数字で代用したり、会社四季報の今期予想を使ったり、自分自身で予想を考えたりする方法で代替することになります。

「1Q」「2Q」「3Q」の数字については、決算が発表された段階で入力します。月次予想シートを新規作成している場合は、発表されている分までを入力します（例えば、第2四半期まで発表されているときには、第2四半期まで入力）。コスモス薬品の例で言えば、次のようになります。

1Q：2022年5月期　第1四半期決算
2Q：2022年5月期　第2四半期決算
3Q：2022年5月期　第3四半期決算

本書執筆時点では、第3四半期決算まで発表されているので、そこまでの数字を打ち込みます。すると、以下のようになります。

今期会社予想

	期初		前期比	1Q	据え置き	前期比	2Q	据え置き	前期比	3Q	据え置き	前期比
売上高	367,250	750,000	103.2%	367,250	750,000	103.2%		750,000	103.2%		750,000	103.2%
経常利益	17,460	35,900	100.2%	17,460	35,900	100.2%		35,900	100.2%		35,900	100.2%
純利益	11,873	25,000	92.1%	11,873	25,000	92.1%		25,000	92.1%		25,000	92.1%
株数／EPS	千株		39,599	634.6%	千株		39,599	634.6%	千株		39,599	634.6%	千株		39,599	634.6%

コスモス薬品の場合は、1Q～3Qの間で業績修正がなかったので上段中央に「据え置き」と表示されていますが、修正があった場合は、「上方修正」や「下方修正」と表示されます。

ここまで、今期会社予想の数字を入力すると、先述した「PL時系列比較ブロック」の右上の今期分の「売上」「経常利益」「純利益」に最も新しい数字が自動で反映されます（下図の太枠部分）。

「今期会社予想ブロック」に四半期のデータの反映が確認できたら、今度は「PL時系列比較ブロック」の「純資産」「自己資本」に最新の四半期決算書（今回は第3四半期決算）の数字を反映、同様に「株価」には最新の株価を入力します（下図の点線枠）。株価を入力すると、最新のEPSやPERに更新されます。

	成比	2021年	5月期	構成比	2022年	5月期	構成比
売上高	百万		726,424	百万		750,000	百万
売上原価	80.3%		581,313	80.0%			0.0%
売上総利益	19.7%		145,111	20.0%			0.0%
販管費	15.5%		111,964	15.4%			0.0%
営業利益	4.3%		33,147	4.6%			0.0%
経常利益	4.6%		35,835	4.9%		35,900	4.8%
純利益	3.1%		27,156	3.7%	会社予想	25,000	3.3%
自己資本	5.5%		170,578	50.0%		183,775	53.5%
株数／EPS	557.9	千株	39,599	633.5	千株	39,599	634.6
株価／PER	27.7	21/05/31	15,230	24.0	22/04/28	12,980	20.5

	株価	売上	経常	株価	売上	経常	株価
増収増益率	0.3%	106.1%	113.5%	98.4%	103.2%	100.2%	85.2%
3期前比較	0.3%	118.9%	131.3%	177.5%	122.7%	131.5%	151.3%

今期会社予

	前期比	2Q	据え置き	前期比	3Q	据え置き	前期比
売上高	103.2%		750,000	103.2%		750,000	103.2%
経常利益	100.2%		35,900	100.2%		35,900	100.2%
純利益	92.1%		25,000	92.1%		25,000	92.1%
株数／EPS	634.6%	千株	39,599	634.6%	千株	39,599	634.6%

「純資産」「自己資本比率」は（467ページの点線枠部分）、455ページの「④純資産」「⑤自己資本比率」と同様、決算書1ページ目から入力しますが、前回の四半期決算で入力済みの場合は、書き換えとなるため、入力を忘れやすい点に注意してください。

　なお「PL時系列比較ブロック」の上記以外の「売上原価」「売上総利益」「販管費」「営業利益」については、期末の数字がわかるまでは空欄にしておきます（経過は、後に紹介する四半期決算ブロックで見ることができるため、四半期ごとでの入力は行いません）。

　今期会社予想ブロックの株数については、PL時系列比較ブロックと同様に決算短信2ページ目の「期末発行済株式数 − 期末自己株式数」の数字を入力します（459ページ参照）。これらを入力すると、次ページのようなシートになります。
　これまでの決算推移と今期予想が4期分並んだことがわかりますね。このように、シートに入力し、参照・分析を繰り返すことで、少しずつ実践力が身につくことと思います。

PL時系列比較

	2019年 5月期	構成比	2020年 5月期	構成比	2021年 5月期	構成比	2022年 5月期	構成比
売上高	611,137	百万	684,403	百万	726,424	百万	750,000	百万
売上原価	489,353	80.1%	549,419	80.3%	581,313	80.0%		0.0%
売上総利益	121,784	19.9%	134,984	19.7%	145,111	20.0%		0.0%
販管費	97,008	15.9%	105,890	15.5%	111,964	15.4%		0.0%
営業利益	24,775	4.1%	29,094	4.3%	33,147	4.6%		0.0%
経常利益	27,292	4.5%	31,562	4.6%	35,835	4.9%	35,900	4.8%
純利益	19,185	3.1%	21,435	3.1%	27,156	3.7%	会社予想 25,000	3.3%
自己資本	126,289	46.2%	145,675	45.5%	170,578	50.0%	183,775	53.5%
株数／EPS	千株 39,600	964.9%	千株 39,599	557.9%	千株 39,599	633.5%	千株 39,599	634.6
株価／PER	19/05/31 8,580	17.8	20/05/31 15,470	27.7	21/05/31 15,230	24.0	22/04/28 12,980	20.5

	売上	経常	株価	売上	経常	株価	売上	経常	株価	売上	経常	株価
増収増益率	—		—	112.0%	115.6%	180.3%	106.1%	113.5%	98.4%	103.2%	100.2%	85.2%
3期前比較	100.0%	100.0%	100.0%	112.0%	115.6%	180.3%	118.9%	131.3%	177.5%	122.7%	131.5%	151.3%

今期会社予想

	期初		前期比	1Q	据え置き	前期比	2Q	据え置き	前期比	3Q	据え置き	前期比
売上高	367,250	750,000	103.2%	367,250	750,000	103.2%		750,000	103.2%		750,000	103.2%
経常利益	17,460	35,900	100.2%	17,460	35,900	100.2%		35,900	100.2%		35,900	100.2%
純利益	11,873	25,000	92.1%	11,873	25,000	92.1%		25,000	92.1%		25,000	92.1%
株数／EPS	千株	39,599	634.6%	千株	39,599	634.6%	千株	39,599	634.6%	千株	39,599	634.6%

月次情報

前期	4月	5月	6月	7月	8月	9月	10月	11月	12月	1月	2月	3月
全店	0.0%	0.0%	0.0%	0.0%	0.0%	0.0%	0.0%	0.0%	0.0%	0.0%	0.0%	0.0%
既存店	0.0%	0.0%	0.0%	0.0%	0.0%	0.0%	0.0%	0.0%	0.0%	0.0%	0.0%	

今期	4月	5月	6月	7月	8月	9月	10月	11月	12月	1月	2月	3月
全店												
既存店												

全店累計	0.0%	0.0%	0.0%	0.0%	0.0%	0.0%	0.0%	0.0%	0.0%	0.0%	0.0%	0.0%
推定売上	0	0	0	0	0	0	0	0	0	0	0	0
進捗率	0.0%	0.0%	0.0%	0.0%	0.0%	0.0%	0.0%	0.0%	0.0%	0.0%	0.0%	0.0%

店舗数												
店舗増減												
営業日	30	31	30	31	31	30	31	30	31	31	28	31
全店営業日	0	0	0	0	0	0	0	0	0	0	0	0

四半期決算

前期	1Q累計		構成比	2Q累計		構成比	3Q累計		構成比	4Q累計		構成比
売上高		0	百万		0	百万		0	百万		0	百万
経常利益		0	—		0	—		0	—		0	—
純利益		0	—		0	—		0	—		0	—

今期	1Q累計		構成比	2Q累計		構成比	3Q累計		構成比	4Q累計		構成比
売上高			百万			百万			百万			百万
売上原価			—			—			—			—
売上総利益			—			—			—			—
販管費			—			—			—			—
営業利益			—			—			—			—
経常利益			—			—			—			—
純利益			—			—			—			—

今期	1Q累計		構成比	2Q累計		構成比	3Q累計		構成比	4Q累計		構成比
売上高		0	百万		0	百万		0	百万		0	百万
売上原価		0	—		0	—		0	—		0	—
売上総利益		0	—		0	—		0	—		0	—
販管費		0	—		0	—		0	—		0	—
営業利益		0	—		0	—		0	—		0	—
経常利益		0	—		0	—		0	—		0	—
純利益		0	—		0	—		0	—		0	—

営業日数		0			0			0			0	
平均日販		0			0			0			0	
平均販管費		0	—		0	—		0	—		0	—

3）月次情報ブロック

いよいよ月次情報の入力です。この**月次情報ブロック**も現在進行形で企業から発表される月次情報を入力して、決算結果の予想に利用するためのものです。毎月、月次が発表されたタイミングで入力していきましょう。

月次情報が非公開の場合は、このブロックを飛ばして次に進んでください（この場合、決算書のみでの分析になります）。

月次予想シートでは、店舗数など月次 Web で取り扱っていない情報も入力するため、検索エンジンで「●●（※企業名を入れる）　月次（情報）」などを入力して企業の IR サイトで公開されている一次情報を調べます。

それでは、コスモス薬品の月次データ入力を始めましょう。最初にシート右側半分の前期分の月次情報を入力します。今回（2022 年 4 月末）、コスモス薬品の月次は次ページの上段のようになっていました。

打ち込む数字は「全店（全店売上）」と「既存店（既存店売上）」「店舗数（月末店舗数）」「店舗増減（新規出店数 − 閉店店舗数）」です（枠囲み部分）。

月次情報の「前期分」については、473 ページの太枠部分の「月次情報（前期）」のところに入力します。455 ページの「②決算月」で「5（月期）」と入力しているので、自動で「6 月」から始まるようになっているか、まず確認しましょう。

また、月次 Web と同様に、月次予想シートでは、月次の数値を「100%」基準としていることに注意してください。

月次営業速報に関するお知らせ

2022年5月期（2021年6月1日〜2022年5月31日） ※今期分

	6月	7月	8月	9月	10月	11月	12月	1月	2月	3月	4月	5月
全店売上高前年比（％） ※ 新会計基準に前年値を遡及	100.1	104.9	100.9	103.4	109.4	104.9	105.2	108.1	110.5	110.4		
全店売上高前年比（％） ※ 前年値の遡及なし	98.3	103.1	99.1	101.4	107.3	102.8	103.3	106.1	108.3	108.4		
既存店売上高前年比（％） ※ 新会計基準に前年値を遡及	95.8	100.5	96.3	98.2	103.6	98.7	99.1	101.8	103.4	102.6		
新 規 出 店 数	4	5	4	5	15	11	9	6	7	16		
閉 店 店 舗 数	0	0	1	1	0	0	1	1	1	0		
月 末 店 舗 数	1,134	1,139	1,142	1,146	1,161	1,172	1,180	1,185	1,191	1,207		

2021年5月期（2020年6月1日〜2021年5月31日） ※前期分

	6月	7月	8月	9月	10月	11月	12月	1月	2月	3月	4月	5月
全店売上高前年比（％）	114.7	112.4	117.9	100.9	116.0	111.0	110.7	110.4	96.6	99.0	92.5	98.1
既存店売上高前年比（％）	110.5	107.7	112.7	97.5	112.5	107.8	107.6	107.1	93.2	95.9	88.7	94.0
新 規 出 店 数	7	4	4	3	7	11	0	4	2	4	18	14
閉 店 店 舗 数	0	0	0	2	0	0	0	1	0	3	0	0
月 末 店 舗 数	1,065	1,069	1,073	1,074	1,081	1,092	1,092	1,095	1,097	1,098	1,116	1,130

　コスモス薬品では、例えば前期の6月分の全店売上を「114.7」と表記しているので、そのまま打ち込めばよいのですが、企業によっては、今回のコスモス薬品のような表記ではなく、100％からの増減値（0％基準）で表示するケースもあります（※「114.7」ではなく、「+14.7」というように表記するケースがあります）。

　増減表示タイプ（0％基準）の場合、Excelには、「100」を足して打ち込みます。例えば、ある企業の既存店売上が「+6.1（％）」であったとしたら、「6.1」でなく、「106.1」を入力します。

　同様に、ある企業のある月間の既存店売上が「− 6.3（％）」ならば、「100」を基準にするわけですから、「（100 − 6.3 =）93.7（％）」を入力します。数式で「=100 - 6.3」と入力するとExcelで自動計算してくれます。

PL時系列比較

	2019年 5月期	構成比	2020年 5月期	構成比	2021年 5月期	構成比	2022年 5月期	構成比
売上高	611,137	百万	684,403	百万	726,424	百万	750,000	百万
売上原価	489,353	80.1%	549,419	80.3%	581,313	80.0%		0.0%
売上総利益	121,784	19.9%	134,984	19.7%	145,111	20.0%		0.0%
販管費	97,008	15.9%	105,890	15.5%	111,964	15.4%		0.0%
営業利益	24,775	4.1%	29,094	4.3%	33,147	4.6%		0.0%
経常利益	27,292	4.5%	31,562	4.6%	35,835	4.9%	35,900	4.8%
純利益	19,185	3.1%	21,435	3.1%	27,156	3.7%	会社予想 25,000	3.3%
自己資本	126,289	46.2%	145,675	45.5%	170,578	50.0%	183,775	53.5%
株数／EPS	千株 39,600	964.9	千株 39,599	557.9	千株 39,599	633.5	千株 39,599	634.6
株価／PER	19/05/31 8,580	17.8	20/05/31 15,470	27.7	21/05/31 15,230	24.0	22/04/28 12,980	20.5

	売上	経常	株価	売上	経常	株価	売上	経常	株価	売上	経常	株価
増収増益率	—	—	—	112.0%	115.6%	180.3%	106.1%	113.5%	98.4%	103.2%	100.2%	85.2%
3期前比較	100.0%	100.0%	100.0%	112.0%	115.6%	180.3%	118.9%	131.3%	177.5%	122.7%	131.5%	151.3%

今期会社予想

	期初		前期比	1Q	据え置き	前期比	2Q	据え置き	前期比	3Q	据え置き	前期比
売上高	367,250	750,000	103.2%	367,250	750,000	103.2%		750,000	103.2%		750,000	103.2%
経常利益	17,460	35,900	100.2%	17,460	35,900	100.2%		35,900	100.2%		35,900	100.2%
純利益	11,873	25,000	92.1%	11,873	25,000	92.1%		25,000	92.1%		25,000	92.1%
株数／EPS	千株	39,599	634.6%	千株	39,599	634.6%	千株	39,599	634.6%	千株	39,599	634.6%

月次情報

前期	6月	7月	8月	9月	10月	11月	12月	1月	2月	3月	4月	5月
全店	0.0%	0.0%	0.0%	0.0%	0.0%	0.0%	0.0%	0.0%	0.0%	0.0%	0.0%	0.0%
既存店	0.0%	0.0%	0.0%	0.0%	0.0%	0.0%	0.0%	0.0%	0.0%	0.0%	0.0%	0.0%

今期	6月	7月	8月	9月	10月	11月	12月	1月	2月	3月	4月	5月
全店	0	0	0	0	0	0	0	0	0	0	0	0
既存店	0	0	0	0	0	0	0	0	0	0	0	0
全店累計	0.0%	0.0%	0.0%	0.0%	0.0%	0.0%	0.0%	0.0%	0.0%	0.0%	0.0%	0.0%
推定売上	0	0	0	0	0	0	0	0	0	0	0	0
進捗率	0.0%	0.0%	0.0%	0.0%	0.0%	0.0%	0.0%	0.0%	0.0%	0.0%	0.0%	0.0%
店舗数	0	0	0	0	0	0	0	0	0	0	0	0
店舗増減	0	0	0	0	0	0	0	0	0	0	0	0
営業日	30	31	30	31	31	30	31	30	31	31	28	31
全店営業日	0	0	0	0	0	0	0	0	0	0	0	0

四半期決算

前期	1Q累計	構成比	2Q累計	構成比	3Q累計	構成比	4Q累計	構成比
売上高	0	百万	0	百万	0	百万	0	百万
経常利益	0	—	0	—	0	—	0	—
純利益	0	—	0	—	0	—	0	—

今期	1Q累計	構成比	2Q累計	構成比	3Q累計	構成比	4Q累計	構成比
売上高	0	百万	0	百万	0	百万	0	百万
売上原価	0	—	0	—	0	—	0	—
売上総利益	0	—	0	—	0	—	0	—
販管費	0	—	0	—	0	—	0	—
営業利益	0	—	0	—	0	—	0	—
経常利益	0	—	0	—	0	—	0	—
純利益	0	—	0	—	0	—	0	—

今期	1Q累計	構成比	2Q累計	構成比	3Q累計	構成比	4Q累計	構成比
売上高	0	百万	0	百万	0	百万	0	百万
売上原価	0	—	0	—	0	—	0	—
売上総利益	0	—	0	—	0	—	0	—
販管費	0	—	0	—	0	—	0	—
営業利益	0	—	0	—	0	—	0	—
経常利益	0	—	0	—	0	—	0	—
純利益	0	—	0	—	0	—	0	—
営業日数	0	—	0	—	0	—	0	—
平均日販	0	—	0	—	0	—	0	—
平均販管費	0	—	0	—	0	—	0	—

月次情報（前期）

前期	6月	7月	8月	9月	10月	11月	12月	1月	2月	3月	4月	5月
全店	0	0	0	0	0	0	0	0	0	0	0	0
既存店	0	0	0	0	0	0	0	0	0	0	0	0
店舗数	0	0	0	0	0	0	0	0	0	0	0	0
店舗増減	0	0	0	0	0	0	0	0	0	0	0	0
営業日	30	31	30	31	31	30	31	30	31	31	28	31
全店営業日	0	0	0	0	0	0	0	0	0	0	0	0

四半期決算（前期）

前期	1Q累計	構成比	2Q累計	構成比	3Q累計	構成比	4Q累計	構成比
売上高	0	百万	0	百万	0	百万	726,424	百万
売上原価	0	—	0	—	0	—	581,313	80.0%
売上総利益	0	—	0	—	0	—	145,111	20.0%
販管費	0	—	0	—	0	—	111,964	15.4%
営業利益	0	—	0	—	0	—	33,147	4.6%
経常利益	0	—	0	—	0	—	35,835	4.9%
純利益	0	—	0	—	0	—	27,156	3.7%
前期	1Q累計	構成比	2Q累計	構成比	3Q累計	構成比	4Q累計	構成比
売上高	0	百万	0	百万	0	百万	726,424	百万
売上原価	0	—	0	—	0	—	581,313	80.0%
売上総利益	0	—	0	—	0	—	145,111	20.0%
販管費	0	—	0	—	0	—	111,964	15.4%
営業利益	0	—	0	—	0	—	33,147	4.6%
経常利益	0	—	0	—	0	—	35,835	4.9%
純利益	0	—	0	—	0	—	27,156	3.7%
営業日数	0	—	0	—	0	—	0	—
平均日販	0	—	0	—	0	—	0	—
平均販管費	0	—	0	—	0	—	0	—

個人的経験ですが、このような計算を暗算に頼るとまれにミスしてしまうので数式で入力することを推奨します。これらの手順で前期分の数字を入力すると、業績予想シートは以下のようになります。

月次情報（前期）

前期	6月	7月	8月	9月	10月	11月	12月	1月	2月	3月	4月	5月
全店	114.7%	112.4%	117.9%	100.9%	116.0%	111.0%	110.7%	110.4%	96.6%	99.0%	92.5%	98.1%
既存店	110.5%	107.7%	112.7%	97.5%	112.5%	107.8%	107.6%	107.1%	93.2%	95.9%	88.7%	94.0%

	6月	7月	8月	9月	10月	11月	12月	1月	2月	3月	4月	5月
店舗数	1,065	1,069	1,073	1,074	1,081	1,092	1,092	1,095	1,097	1,098	1,116	1,130
店舗増減	7	4	4	1	7	11	0	3	2	1	18	14
営業日	30	31	31	30	31	30	31	30	28	31	30	31
全店営業日	31,845	33,077	33,201	32,205	33,403	32,595	33,852	33,899	30,688	34,023	33,210	34,813

　「店舗数」「店舗増減」は、発表された月次情報に記載されている企業のみ入力します（店舗数から1店舗あたり売上を計算するのに使用します）。

　「営業日」「全店営業日」は、月次予想シート側でカレンダー日次を取得して自動計算して表示されます（定休日なしを前提で計算するので多少の誤差はあります）。

　前期分の数字を打ち込み終わったら、今期分の数字も同様に、472ページ太枠部分の「月次情報」に入力していきます。今期分の入力時には、先に入力した前期分の数字が1段上に表示されています（下図参照）。

　このように、前期と今期を比較してどうかが、一目でわかるように工夫されています。

月次情報

前期	6月	7月	8月	9月	10月	11月	12月	1月	2月	3月	4月	5月
全店	114.7%	112.4%	117.9%	100.9%	116.0%	111.0%	110.7%	110.4%	96.6%	99.0%	92.5%	98.1%
既存店	110.5%	107.7%	112.7%	97.5%	112.5%	107.8%	107.6%	107.1%	93.2%	95.9%	88.7%	94.0%

今期	6月	7月	8月	9月	10月	11月	12月	1月	2月	3月	4月	5月
全店	0	0	0	0	0	0	0	0	0	0	0	0
既存店	0	0	0	0	0	0	0	0	0	0	0	0

月次の数字データ入力が完了すると、「全店累計」「推定売上」「進捗率」は、自動計算されます。

PL時系列比較ブロックから今期会社予想ブロック、月次情報ブロックまでを打ち込んだExcelのイメージは以下のようになります。

PL時系列比較

	2019年	5月期	構成比	2020年	5月期	構成比	2021年	5月期	構成比	2022年	5月期	構成比
売上高		611,137	百万		684,403	百万		726,424	百万		750,000	百万
売上原価		489,353	80.1%		549,419	80.3%		581,313	80.0%			0.0%
売上総利益		121,784	19.9%		134,984	19.7%		145,111	20.0%			0.0%
販管費		97,008	15.9%		105,890	15.5%		111,964	15.4%			0.0%
営業利益		24,775	4.1%		29,094	4.3%		33,147	4.6%			0.0%
経常利益		27,292	4.5%		31,562	4.6%		35,835	4.9%		35,900	4.8%
純利益		19,185	3.1%		21,435	3.1%		27,156	3.7%	会社予想	25,000	3.3%
自己資本		126,289	46.2%		145,675	45.5%		170,578	50.0%		183,775	53.5%
株数／EPS	千株	39,600	964.9	千株	39,599	557.9	千株	39,599	633.5	千株	39,599	634.6
株価／PER	19/05/31	8,580	17.8	20/05/31	15,470	27.7	21/05/31	15,230	24.0	22/04/28	12,980	20.5

	売上	経常	株価	売上	経常	株価	売上	経常	株価	売上	経常	株価
増収増益率	—	—	—	112.0%	115.6%	180.3%	106.1%	113.5%	98.4%	103.2%	100.2%	85.2%
3期前比較	100.0%	100.0%	100.0%	112.0%	115.6%	180.3%	118.9%	131.3%	177.5%	122.7%	131.5%	151.3%

今期会社予想

	期初		前期比	1Q	据え置き	前期比	2Q	据え置き	前期比	3Q	据え置き	前期比
売上高	367,250	750,000	103.2%	367,250	750,000	103.2%		750,000	103.2%		750,000	103.2%
経常利益	17,460	35,900	100.2%	17,460	35,900	100.2%		35,900	100.2%		35,900	100.2%
純利益	11,873	25,000	92.1%	11,873	25,000	92.1%		25,000	92.1%		25,000	92.1%
株数／EPS	千株	39,599	634.6%	千株	39,599	634.6%	千株	39,599	634.6%	千株	39,599	634.6%

月次情報

前期	6月	7月	8月	9月	10月	11月	12月	1月	2月	3月	4月	5月
全店	114.7%	112.4%	117.9%	100.9%	116.0%	111.0%	110.7%	110.4%	96.6%	99.0%	92.5%	98.1%
既存店	110.5%	107.7%	112.7%	97.5%	112.5%	107.8%	107.6%	107.1%	93.2%	95.9%	88.7%	94.0%

今期	6月	7月	8月	9月	10月	11月	12月	1月	2月	3月	4月	5月
全店	100.1%	104.9%	100.9%	103.4%	109.4%	104.9%	105.2%	108.1%	110.5%	110.4%	0	0
既存店	95.8%	100.5%	96.3%	98.2%	107.3%	102.8%	103.3%	101.8%	108.3%	108.4%	0	0

	6月	7月	8月	9月	10月	11月	12月	1月	2月	3月	4月	5月
全店累計	100.1%	102.5%	102.0%	102.3%	103.7%	103.9%	104.1%	104.6%	105.3%	105.8%	0.0%	0.0%
推定売上	189,350	193,890	192,881	372,642	377,795	378,499	563,984	566,683	570,226	768,411	0	0
進捗率	25.2%	25.9%	25.7%	49.7%	50.4%	50.5%	75.2%	75.6%	76.0%	102.5%	0.0%	0.0%

	6月	7月	8月	9月	10月	11月	12月	1月	2月	3月	4月	5月
店舗数	1,134	1,139	1,142	1,146	1,161	1,172	1,180	1,185	1,191	1,207	0	0
店舗増減	4	5	3	4	15	11	8	5	6	16	0	0
営業日	30	31	31	30	31	30	31	31	28	31	30	31
全店営業日	33,960	35,232	35,356	34,320	35,759	34,995	36,456	36,658	33,264	37,169	0	0

4期分の業績、今期の会社予想、2期分の月次が整理されてわかりやすく表示されたと思います。

ここまで進むと、月次情報や今期会社予想から推定売上の推移が算出できるようになります。推定売上が会社予想より上であれば業績好調、下回っている場合は、挽回が必要などと把握できるようになります。

４）四半期決算ブロック

　最後は、**四半期決算ブロック**の入力です。このブロックは、PL 時系列比較ブロックと同様に PL を入力しますが、四半期決算ごとに入力する点が違います。

2021年07月12日	📄 2021年5月期　決算短信（日本基準）（連結）
2021年04月12日	📄 2021年5月期　第3四半期決算短信（日本基準）（連結）
2021年01月12日	📄 2021年5月期　第2四半期決算短信（日本基準）（連結）
2020年10月12日	📄 2021年5月期　第1四半期決算短信（日本基準）（連結）

　月次情報ブロックと同様、まずは前期の数字（ここでは 2021 年 5 月期）を入力します。入力する場所は 479 ページの「四半期決算（前期）」です（枠囲み部分）。

　なお、前期末決算については「PL 時系列比較ブロック（452 〜 463 ページ）」で入力済みなので、データが自動反映されています（479 ページの点線枠）。

　したがって、ここでは、第 1 四半期（１Q）〜第 3 四半期（３Q）が入力対象になります。

　「PL 時系列比較ブロック」と同様に、「売上高」や「売上原価」などを入力していくと（次ページ下段の枠囲み部分）、構成比は自動計算で表示されます。

　ブロック一番下の「営業日数」「平均日販」「平均販管費」は、月次情報ブロックで「店舗数」や「店舗増減」が入力されていれば、自動計算されます（日販は１日１店舗あたり売上シミュレーションです）。

476

◆前期分

四半期決算（前期）

前期	1Q累計	構成比	2Q累計	構成比	3Q累計	構成比	4Q累計	構成比
売上高	0	百万	0	百万	0	百万	726,424	百万
売上原価	0	—	0	—	0	—	581,313	80.0%
売上総利益	0	—	0	—	0	—	145,111	20.0%
販管費	0	—	0	—	0	—	111,964	15.4%
営業利益	0	—	0	—	0	—	33,147	4.6%
経常利益	0	—	0	—	0	—	35,835	4.9%
純利益	0	—	0	—	0	—	27,156	3.7%

前期	1Q累計	構成比	2Q累計	構成比	3Q累計	構成比	4Q累計	構成比
売上高	0	百万	0	百万	0	百万	726,424	百万
売上原価	0	—	0	—	0	—	581,313	80.0%
売上総利益	0	—	0	—	0	—	145,111	20.0%
販管費	0	—	0	—	0	—	111,964	15.4%
営業利益	0	—	0	—	0	—	33,147	4.6%
経常利益	0	—	0	—	0	—	35,835	4.9%
純利益	0	—	0	—	0	—	27,156	3.7%
営業日数	0	—	0	—	0	—	0	—
平均日販	0	—	0	—	0	—	0	—
平均販管費	0	—	0	—	0	—	0	—

上記（479ページ）の四角枠内に必要な数字を入力すると以下のようになる

上記の点線枠部分はPL時系列比較ブロックで「前期」分の数字を入力した時点で自動入力される

四半期決算（前期）

前期	1Q累計	構成比	2Q累計	構成比	3Q累計	構成比	4Q累計	構成比
売上高	189,161	百万	364,175	百万	541,697	百万	726,424	百万
売上原価	150,923	79.8%	290,551	79.8%	432,868	79.9%	581,313	80.0%
売上総利益	38,238	20.2%	73,623	20.2%	108,828	20.1%	145,111	20.0%
販管費	27,582	14.6%	55,330	15.2%	82,817	15.3%	111,964	15.4%
営業利益	10,655	5.6%	18,292	5.0%	26,010	4.8%	33,147	4.6%
経常利益	11,220	5.9%	19,547	5.4%	27,859	5.1%	35,835	4.9%
純利益	7,490	4.0%	13,072	3.6%	21,581	4.0%	27,156	3.7%

前期	1Q累計	構成比	2Q累計	構成比	3Q累計	構成比	4Q累計	構成比
売上高	189,161	百万	175,014	百万	177,522	百万	184,727	百万
売上原価	150,923	79.8%	139,628	79.8%	142,317	80.2%	148,445	80.4%
売上総利益	38,238	20.2%	35,385	20.2%	35,205	19.8%	36,283	19.6%
販管費	27,582	14.6%	27,748	15.9%	27,487	15.5%	29,147	15.8%
営業利益	10,655	5.6%	7,637	4.4%	7,718	4.3%	7,137	3.9%
経常利益	11,220	5.9%	8,327	4.8%	8,312	4.7%	7,976	4.3%
純利益	7,490	4.0%	5,582	3.2%	8,509	4.8%	5,575	3.0%
営業日数	98,123		98,203		99,439		102,046	
平均日販	1,927,795		1,782,175		1,803,380		1,810,242	
平均販管費	281,096	14.6%	282,559	15.9%	279,230	15.5%	285,627	15.8%

PL時系列比較

	2019年	5月期	構成比	2020年	5月期	構成比	2021年	5月期	構成比	2022年	5月期	構成比
売上高		611,137	百万		684,403	百万		726,424	百万		750,000	百万
売上原価		489,353	80.1%		549,419	80.3%		581,313	80.0%			0.0%
売上総利益		121,784	19.9%		134,984	19.7%		145,111	20.0%			0.0%
販管費		97,008	15.9%		105,890	15.5%		111,964	15.4%			0.0%
営業利益		24,775	4.1%		29,094	4.3%		33,147	4.6%			0.0%
経常利益		27,292	4.5%		31,562	4.6%		35,835	4.9%		35,900	4.8%
純利益		19,185	3.1%		21,435	3.1%		27,156	3.7%	会社予想	25,000	3.3%
自己資本		126,289	46.2%		145,675	45.5%		170,578	50.0%		183,775	53.5%
株数／EPS	千株	39,600	964.9	千株	39,599	557.9	千株	39,599	633.5	千株	39,599	634.6
株価／PER	19/05/31	8,580	17.8	20/05/31	15,470	27.7	21/05/31	15,230	24.0	22/04/28	12,980	20.5

	売上	経常	株価	売上	経常	株価	売上	経常	株価	売上	経常	株価
増収増益率	—	—	—	112.0%	115.6%	180.3%	106.1%	113.5%	98.4%	103.2%	100.2%	85.2%
3期前比較	100.0%	100.0%	100.0%	112.0%	115.6%	180.3%	118.9%	131.3%	177.5%	122.7%	131.5%	151.3%

今期会社予想

	期初		前期比	1Q	据え置き	前期比	2Q	据え置き	前期比	3Q	据え置き	前期比
売上高	367,250	750,000	103.2%	367,250	750,000	103.2%		750,000	103.2%		750,000	103.2%
経常利益	17,460	35,900	100.2%	17,460	35,900	100.2%		35,900	100.2%		35,900	100.2%
純利益	11,873	25,000	92.1%	11,873	25,000	92.1%		25,000	92.1%		25,000	92.1%
株数／EPS	千株	39,599	634.6%	千株	39,599	634.6%	千株	39,599	634.6%	千株	39,599	634.6%

月次情報

前期	6月	7月	8月	9月	10月	11月	12月	1月	2月	3月	4月	5月
全店	114.7%	112.4%	117.9%	100.9%	116.0%	111.0%	110.7%	110.4%	96.6%	99.0%	92.5%	98.1%
既存店	110.5%	107.7%	112.7%	97.5%	112.5%	107.8%	107.6%	107.1%	93.2%	95.9%	88.7%	94.0%

今期	6月	7月	8月	9月	10月	11月	12月	1月	2月	3月	4月	5月
全店	100.1%	104.9%	100.9%	103.4%	109.4%	104.9%	105.2%	108.1%	110.5%	110.4%	0	0
既存店	95.8%	100.5%	96.3%	98.2%	107.3%	102.8%	103.3%	101.8%	108.3%	108.4%	0	0
全店累計	100.1%	102.5%	102.0%	102.3%	103.7%	103.9%	104.1%	104.6%	105.3%	105.8%	0.0%	0.0%
推定売上	189,350	193,890	192,881	372,642	377,795	378,499	563,984	566,683	570,226	768,411	0	0
進捗率	25.2%	25.9%	25.7%	49.7%	50.4%	50.5%	75.2%	75.6%	76.0%	102.5%	0.0%	0.0%
店舗数	1,134	1,139	1,142	1,146	1,161	1,172	1,180	1,185	1,191	1,207	0	0
店舗増減	4	5	3	4	15	11	8	5	6	16	0	0
営業日	30	31	31	30	31	30	31	31	28	31	30	31
全店営業日	33,960	35,232	35,356	34,320	35,759	34,995	36,456	36,658	33,264	37,169	0	0

四半期決算

前期	1Q累計		構成比	2Q累計		構成比	3Q累計		構成比	4Q累計		構成比
売上高	0		百万	0		百万	0		百万	0		百万
経常利益	0		—	0		—	0		—	0		—
純利益	0		—	0		—	0		—	0		—

今期	1Q累計	構成比	2Q累計	構成比	3Q累計	構成比	4Q累計	構成比
売上高		百万		百万		百万		百万
売上原価		—		—		—		—
売上総利益		—		—		—		—
販管費		—		—		—		—
営業利益		—		—		—		—
経常利益		—		—		—		—
純利益		—		—		—		—

今期	1Q累計	構成比	2Q累計	構成比	3Q累計	構成比	4Q累計	構成比
売上高	0	百万	0	百万	0	百万	0	百万
売上原価	0	—	0	—	0	—	0	—
売上総利益	0	—	0	—	0	—	0	—
販管費	0	—	0	—	0	—	0	—
営業利益	0	—	0	—	0	—	0	—
経常利益	0	—	0	—	0	—	0	—
純利益	0	—	0	—	0	—	0	—
営業日数	0		0		0		0	
平均日販	0	—	0	—	0	—	0	—
平均販管費	0	—	0	—	0	—	0	—

月次情報（前期）

前期	6月	7月	8月	9月	10月	11月	12月	1月	2月	3月	4月	5月
全店	114.7%	112.4%	117.9%	100.9%	116.0%	111.0%	110.7%	110.4%	96.6%	99.0%	92.5%	98.1%
既存店	110.5%	107.7%	112.7%	97.5%	112.5%	107.8%	107.6%	107.1%	93.2%	95.9%	88.7%	94.0%

	6月	7月	8月	9月	10月	11月	12月	1月	2月	3月	4月	5月
店舗数	1,065	1,069	1,073	1,074	1,081	1,092	1,092	1,095	1,097	1,098	1,116	1,130
店舗増減	7	4	4	1	7	11	0	3	2	1	18	14
営業日	30	31	31	30	31	30	31	30	28	31	30	31
全店営業日	31,845	33,077	33,201	32,205	33,403	32,595	33,852	33,899	30,688	34,023	33,210	34,813

四半期決算（前期）

前期	1Q累計	構成比	2Q累計	構成比	3Q累計	構成比	4Q累計	構成比
売上高	0	百万	0	百万	0	百万	726,424	百万
売上原価	0	—	0	—	0	—	581,313	80.0%
売上総利益	0	—	0	—	0	—	145,111	20.0%
販管費	0	—	0	—	0	—	111,964	15.4%
営業利益	0	—	0	—	0	—	33,147	4.6%
経常利益	0	—	0	—	0	—	35,835	4.9%
純利益	0	—	0	—	0	—	27,156	3.7%

前期	1Q累計	構成比	2Q累計	構成比	3Q累計	構成比	4Q累計	構成比
売上高	0	百万	0	百万	0	百万	726,424	百万
売上原価	0	—	0	—	0	—	581,313	80.0%
売上総利益	0	—	0	—	0	—	145,111	20.0%
販管費	0	—	0	—	0	—	111,964	15.4%
営業利益	0	—	0	—	0	—	33,147	4.6%
経常利益	0	—	0	—	0	—	35,835	4.9%
純利益	0	—	0	—	0	—	27,156	3.7%
営業日数	0	—	0	—	0	—	0	—
平均日販	0	—	0	—	0	—	0	—
平均販管費	0	—	0	—	0	—	0	—

前期分の数字入力が終わったら、続いて今期分の数字（2022年5月期　第1、第2、第3四半期決算）を入力します。入力する場所は478ページの枠囲み部分です。

　四半期決算の四角枠内への入力が終わると、次ページの下段のようになります。四角枠以外の数字は自動的に計算されて入力されます。上段は決算書と同じ累計になっていますが、下段は1Qや2Qといった四半期期間の該当期間のみの数字が表示されます。

> 上段：四半期の累計集計
> 下段：四半期の期間集計

　下段は、1Qや2Qなど「四半期の期間業績がどうだったか」や、四半期同士を比較して「四半期の特性がどうか」を分析するときに使います。

　例えば、増収増益のケースであっても、四半期の期間だけで見た場合、1Qと比べて2Qは成長が鈍化していること（減速が嫌気されて株価が売られやすい）があります。四半期決算シートを使うと、このような変化に気づきやすくなります。

　また、四半期によって売上や利益の偏りがある場合、例えば、前期の特定四半期の業績だけ特に良くなっている場合、今期の四半期も継続される可能性があります。

　例えば、小売業の多くは、バーゲンセールのある年末・年度末商戦を含む四半期の売上が大きくなる傾向がありますし、公共事業の受注が多い会社は、売上が年度末を含む四半期に偏るといったケースです。

　月次情報を公開している企業の例では、温暖な時期に売上が偏る自

◆今期分

四半期決算

前期	1Q累計		構成比	2Q累計		構成比	3Q累計		構成比	4Q累計		構成比
売上高		0	百万		0	百万		0	百万		0	百万
経常利益		0	—		0	—		0	—		0	—
純利益		0	—		0	—		0	—		0	—

今期	1Q累計		構成比	2Q累計		構成比	3Q累計		構成比	4Q累計		構成比
売上高			百万			百万			百万			百万
売上原価												
売上総利益			—			—			—			—
販管費												
営業利益			—			—			—			—
経常利益			—			—			—			—
純利益			—			—			—			—

今期	1Q累計		構成比	2Q累計		構成比	3Q累計		構成比	4Q累計		構成比
売上高		0	百万		0	百万		0	百万		0	百万
売上原価		0	—		0	—		0	—		0	—
売上総利益		0	—		0	—		0	—		0	—
販管費		0	—		0	—		0	—		0	—
営業利益		0	—		0	—		0	—		0	—
経常利益		0	—		0	—		0	—		0	—
純利益		0	—		0	—		0	—		0	—

営業日数		0			0			0			0	
平均日販		0			0			0			0	
平均販管費		0	—		0	—		0	—		0	—

上記（478ページ）の四角枠内に必要な数字を入力すると以下のようになる

⬇

四半期決算

前期	1Q累計	構成比	2Q累計	構成比	3Q累計	構成比	4Q累計	構成比
売上高	189,161	百万	364,175	百万	541,697	百万	726,424	百万
経常利益	11,220	5.9%	19,547	5.4%	27,859	5.1%	35,835	4.9%
純利益	7,490	4.0%	13,072	3.6%	21,581	4.0%	27,156	3.7%

今期	1Q累計	構成比	2Q累計	構成比	3Q累計	構成比	4Q累計	構成比
売上高	189,409	百万	371,138	百万	558,885	百万	0	百万
売上原価	151,420	79.9%	296,944	80.0%	447,432	80.1%	0	—
売上総利益	37,988	20.1%	74,193	20.0%	111,453	19.9%	0	—
販管費	29,432	15.5%	59,214	16.0%	89,555	16.0%	0	—
営業利益	8,556	4.5%	14,979	4.0%	21,897	3.9%	0	—
経常利益	9,301	4.9%	16,494	4.4%	24,100	4.3%	0	—
純利益	6,243	3.3%	11,245	3.0%	16,455	2.9%	0	—

今期	1Q累計	構成比	2Q累計	構成比	3Q累計	構成比	4Q累計	構成比
売上高	189,409	百万	181,729	百万	187,747	百万	0	百万
売上原価	151,420	79.9%	145,524	80.1%	150,488	80.2%	0	—
売上総利益	37,988	20.1%	36,205	19.9%	37,260	19.8%	0	—
販管費	29,432	15.5%	29,782	16.4%	30,341	16.2%	0	—
営業利益	8,556	4.5%	6,423	3.5%	6,918	3.7%	0	—
経常利益	9,301	4.9%	7,193	4.0%	7,606	4.1%	0	—
純利益	6,243	3.3%	5,002	2.8%	5,210	2.8%	0	—

営業日数	104,547		105,074		106,378		0	—
平均日販	1,811,711		1,729,542		1,764,913		0	—
平均販管費	281,519	15.5%	283,440	16.4%	285,220	16.2%	0	—

上段 / 下段

転車販売店（あさひ）や、七五三の時期に売上が偏る子ども写真館（スタジオアリス）のような事例もあります。

　ここまで四半期決算ブロックの数字を Excel に反映したら入力作業はおしまいです。お疲れさまでした。

　最初は時間もかかったかと思いますが、項目は同じですので、慣れてくれば短時間で入力できるようになるでしょう。

5）年度更新について

　最後に業績予想シートの年度更新について補足しておきます。

　決算年度が新しくなったら（この例の場合は 2023 年度になって期末決算が発表されたら）、Excel シートを新年度版の別ファイル名で保存した後、PL 時系列比較ブロックについては、一番古い年度の決算（3 期前）を削除して、コピー＆ペーストで 2 期前のデータを 3 期前、前期のデータを 2 期前、今期のデータを前期と変更したのち、新しい年度の数字を入力すれば、再入力の手間を省くことができます。

　このとき、今期のデータの未入力部分（売上原価・売上総利益・販管費・営業利益）や書き換え更新部分（自己資本、株数／EPS、株価／PER）を打ち込んで完成させてから前期分のデータに移行しましょう（次ページ参照）。

　今期会社予想ブロックは新たに入力しなおすので既存のデータは削除します。

　月次情報ブロックと四半期決算ブロックについては、今期のデータを前期データへコピーした後、今期分は削除します。

◆年度が新しくなったとき

PL時系列比較

	2019年	5月期	構成比	2020年	5月期	構成比	2021年	5月期	構成比	2022年	5月期	構成比
売上高		611,137	百万		684,403	百万		726,424	百万		750,000	百万
売上原価		489,353	80.1%		549,419	80.3%		581,313	80.0%			0.0%
売上総利益		121,784	19.9%		134,984	19.7%		145,111	20.0%			0.0%
販管費		97,008	15.9%		105,890	15.5%		111,964	15.4%			0.0%
営業利益		24,775	4.1%		29,094	4.3%		33,147	4.6%			0.0%
経常利益		27,292	4.5%		31,562	4.6%		35,835	4.9%		35,900	4.8%
純利益		19,185	3.1%		21,435	3.1%		27,156	3.7%	会社予想	25,000	3.3%
自己資本		126,289	46.2%		145,675	45.5%		170,578	50.0%			53.5%
株数／EPS	千株	39,600	964.9	千株	39,599	557.9	千株	39,599	633.5	千株		634.6
株価／PER	19/05/31	8,580	17.8	20/05/31	15,470	27.7	21/05/31	15,230	24.0	22/04/28		20.5

	売上	経常	株価	売上	経常	株価	売上	経常	株価	売上	経常	株価
増収増益率	−	−	−	112.0%	115.6%	180.3%	106.1%	113.5%	98.4%	103.2%	100.2%	85.2%
3期前比較	100.0%	100.0%	100.0%	112.0%	115.6%	180.3%	118.9%	131.3%	177.5%	122.7%	131.5%	151.3%

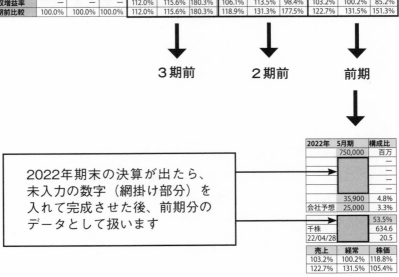

３期前　　　２期前　　　前期

2022年期末の決算が出たら、
未入力の数字（網掛け部分）を
入れて完成させた後、前期分の
データとして扱います

6）まとめ

最後に、業績予想シート入力の注意点についてまとめておきます。

【全ブロック共通】
◎入力する数字は半角にする

【PL 時系列比較ブロック】
◎資料は本決算の決算短信
◎4期分を入力（※今期分がすべて完成するのは、
　来期になって今期分の期末決算が出たとき）

【今期会社予想ブロック】
◎資料は四半期の決算短信
◎「通期と中間期（予想）」の数字を入力する
◎PL 時系列比較ブロック（今期分）の純資産、
　自己資本比率、株価を合わせて書き換えておく

【月次情報ブロック】
◎資料は各企業の月次情報
◎前期分と今期分（発表されているところまで）を
　入力する
◎「100」を基準（企業によっては各月の売上を
　「＋5.3」や「▲2.7」のように表すことがある。

前者の場合は「105.3」と入力し、後者の場合は「=100
‐2.7」と入力する）

【四半期決算ブロック】
◎資料は四半期の決算短信
◎前期分（１Ｑ～４Ｑ）と今期分（発表されている
　ところまで）を入力する

【はっしゃん式】業績予想シート（コスモス薬品）

PL時系列比較

	2019年	5月期	構成比	2020年	5月期	構成比	2021年	5月期	構成比	2022年	5月期	構成比
売上高		611,137	百万		684,403	百万		726,424	百万		750,000	百万
売上原価		489,353	80.1%		549,419	80.3%		581,313	80.0%			0.0%
売上総利益		121,784	19.9%		134,984	19.7%		145,111	20.0%			0.0%
販管費		97,008	15.9%		105,890	15.5%		111,964	15.4%			0.0%
営業利益		24,775	4.1%		29,094	4.3%		33,147	4.6%			0.0%
経常利益		27,292	4.5%		31,562	4.6%		35,835	4.9%		35,900	4.8%
純利益		19,185	3.1%		21,435	3.1%		27,156	3.7%	会社予想	25,000	3.3%
自己資本		126,289	46.2%		145,675	45.5%		170,578	50.0%		183,775	53.5%
株数／EPS	千株	39,600	964.9	千株	39,599	557.9	千株	39,599	633.5	千株	39,599	634.6
株価／PER	19/05/31	8,580	17.8	20/05/31	15,470	27.7	21/05/31	15,230	24.0	22/04/28	12,980	20.5

	売上	経常	株価	売上	経常	株価	売上	経常	株価	売上	経常	株価
増収増益率	—	—	—	112.0%	115.6%	180.3%	106.1%	113.5%	98.4%	103.2%	100.2%	85.2%
3期前比較	100.0%	100.0%	100.0%	112.0%	115.6%	180.3%	118.9%	131.3%	177.5%	122.7%	131.5%	151.3%

今期会社予想

	期初		前期比	1Q	据え置き	前期比	2Q	据え置き	前期比	3Q	据え置き	前期比
売上高	367,250	750,000	103.2%	367,250	750,000	103.2%		750,000	103.2%		750,000	103.2%
経常利益	17,460	35,900	100.2%	17,460	35,900	100.2%		35,900	100.2%		35,900	100.2%
純利益	11,873	25,000	92.1%	11,873	25,000	92.1%		25,000	92.1%		25,000	92.1%
株数／EPS	千株	39,599	634.6%	千株	39,599	634.6%	千株	39,599	634.6%	千株	39,599	634.6%

月次情報

前期	6月	7月	8月	9月	10月	11月	12月	1月	2月	3月	4月	5月
全店	114.7%	112.4%	117.9%	100.9%	116.0%	111.0%	110.7%	110.4%	96.6%	99.0%	92.5%	98.1%
既存店	110.5%	107.7%	112.7%	97.5%	112.5%	107.8%	107.6%	107.1%	93.2%	95.9%	88.7%	94.0%

今期	6月	7月	8月	9月	10月	11月	12月	1月	2月	3月	4月	5月
全店	100.1%	104.9%	100.9%	103.4%	109.4%	104.9%	105.2%	108.1%	110.5%	110.4%	0	0
既存店	95.8%	100.5%	96.3%	98.2%	107.3%	102.8%	103.3%	101.8%	108.3%	108.4%	0	0
全店累計	100.1%	102.5%	102.0%	102.3%	103.7%	103.9%	104.1%	104.6%	105.3%	105.8%	0.0%	0.0%
推定売上	189,350	193,890	192,881	372,642	377、795	378,494	563,984	566,683	570,226	768,411	0	0
進捗率	25.2%	25.9%	25.7%	49.7%	50.4%	50.5%	75.2%	75.6%	76.0%	102.5%	0.0%	0.0%
店舗数	1,134	1,139	1,142	1,146	1,161	1,172	1,180	1,185	1,191	1,207	0	0
店舗増減	4	5	3	4	15	11	8	5	6	16	0	0
営業日	30	31	31	30	31	30	31	31	28	31	30	31
全店営業日	33,960	35,232	35,356	34,320	35、759	34、995	36、456	36,658	33,264	37,169	0	0

四半期決算

前期	1Q累計	構成比	2Q累計	構成比	3Q累計	構成比	4Q累計	構成比
売上高	189,161	百万	364,175	百万	541,697	百万	726,424	百万
経常利益	11,220	5.9%	19,547	5.4%	27,859	5.1%	35,835	4.9%
純利益	7,490	4.0%	13,072	3.6%	21,581	4.0%	27,156	3.7%

今期	1Q累計	構成比	2Q累計	構成比	3Q累計	構成比	4Q累計	構成比
売上高	189,409	百万	371,138	百万	558,885	百万	0	百万
売上原価	151,420	79.9%	296,944	80.0%	447,432	80.1%	0	—
売上総利益	37,988	20.1%	74,193	20.0%	111,453	19.9%	0	—
販管費	29,432	15.5%	59,214	16.0%	89,555	16.0%	0	—
営業利益	8,556	4.5%	14,979	4.0%	21,897	3.9%	0	—
経常利益	9,301	4.9%	16,494	4.4%	24,100	4.3%	0	—
純利益	6,243	3.3%	11,245	3.0%	16,455	2.9%	0	—

今期	1Q累計	構成比	2Q累計	構成比	3Q累計	構成比	4Q累計	構成比
売上高	189,409	百万	181,729	百万	187,747	百万	0	百万
売上原価	151,420	79.9%	145,524	80.1%	150,488	80.2%	0	—
売上総利益	37,988	20.1%	36,205	19.9%	37,260	19.8%	0	—
販管費	29,432	15.5%	29,782	16.4%	30,341	16.2%	0	—
営業利益	8,556	4.5%	6,423	3.5%	6,918	3.7%	0	—
経常利益	9,301	4.9%	7,193	4.0%	7,606	4.1%	0	—
純利益	6,243	3.3%	5,002	2.8%	5,210	2.8%	0	—
営業日数	104,547		105,074		106,378		0	—
平均日販	1,811,711		1,729,542		1,764,913		0	—
平均販管費	281,519	15.5%	283,440	16.4%	285,220	16.2%	0	—

486

月次情報（前期）

前期	6月	7月	8月	9月	10月	11月	12月	1月	2月	3月	4月	5月
全店	114.7%	112.4%	117.9%	100.9%	116.0%	111.0%	110.7%	110.4%	96.6%	99.0%	92.5%	98.1%
既存店	110.5%	107.7%	112.7%	97.5%	112.5%	107.8%	107.6%	107.1%	93.2%	95.9%	88.7%	94.0%

	6月	7月	8月	9月	10月	11月	12月	1月	2月	3月	4月	5月
店舗数	1,065	1,069	1,073	1,074	1,081	1,092	1,092	1,095	1,097	1,098	1,116	1,130
店舗増減	7	4	4	1	7	11	0	3	2	1	18	14
営業日	30	31	31	30	31	30	31	30	28	31	30	31
全店営業日	31,845	33,077	33,201	32,205	33,403	32,595	33,852	33,899	30,688	34,023	33,210	34,813

四半期決算

前期	1Q累計	構成比	2Q累計	構成比	3Q累計	構成比	4Q累計	構成比
売上高	189,161	百万	364,175	百万	541,697	百万	726,424	百万
売上原価	150,923	79.8%	290,551	79.8%	432,868	79.9%	581,313	80.0%
売上総利益	38,238	20.2%	73,623	20.2%	108,828	20.1%	145,111	20.0%
販管費	27,582	14.6%	55,330	15.2%	82,817	15.3%	111,964	15.4%
営業利益	10,655	5.6%	18,292	5.0%	26,010	4.8%	33,147	4.6%
経常利益	11,220	5.9%	19,547	5.4%	27,859	5.1%	35,835	4.9%
純利益	7,490	4.0%	13,072	3.6%	21,581	4.0%	27,156	3.7%

前期	1Q累計	構成比	2Q累計	構成比	3Q累計	構成比	4Q累計	構成比
売上高	189,161	百万	175,014	百万	177,522	百万	184,727	百万
売上原価	150,923	79.8%	139,628	79.8%	142,317	80.2%	148,445	80.4%
売上総利益	38,238	20.2%	35,385	20.2%	35,205	19.8%	36,283	19.6%
販管費	27,582	14.6%	27,748	15.9%	27,487	15.5%	29,147	15.8%
営業利益	10,655	5.6%	7,637	4.4%	7,718	4.3%	7,137	3.9%
経常利益	11,220	5.9%	8,327	4.8%	8,312	4.7%	7,976	4.3%
純利益	7,490	4.0%	5,582	3.2%	8,509	4.8%	5,575	3.0%
営業日数	98,123		98,203		99,439		102,046	
平均日販	1,927,795		1,782,175		1,803,380		1,810,242	
平均販管費	281,096	14.6%	282,559	15.9%	279,230	15.5%	285,627	15.8%

～第3節～
成長経過を見える化する 3期分析シート

　3期分析シートは、先ほど入力した業績予想シートを"見える化"して3つのグラフに再構成したシートです。

　「コラム②　成長率と未来の株価の話」でも述べたように、投資における成功は、**「投資先の企業が持続的に成長して、売上と利益をどれだけ増やすか」**で決まります。そして、その要素には、これまでの実績部分に、将来への期待が加算されます。

　3期分析シートは、「過去3年間＋今期の推移」を見える化し、持続的に成長していくかどうか、将来への期待を分析するシートです。

　3期分析シートの上部には「PL 時系列比較データ」、シートの中部には「3期比較データ（※3期前からの比較データ詳細)」が表示されています。そして、シートの下部には、「利益率グラフ」「効率性グラフ」「成長率グラフ（3期前比較)」の3種類のグラフが表示されます。

　本節では、見える化したグラフ（利益率・効率性グラフ）を中心に解説します。

1）利益率グラフと将来性

　企業の未来を予測するうえで利益率はとても重要な指標です。利益

【はっしゃん式】3期分析シート（コスモス薬品）

PL時系列比較

	2019年	5月期	構成比	2020年	5月期	構成比	2021年	5月期	構成比	2022年	5月期	構成比
売上高		611,137	百万		684,403	百万		726,424	百万		750,000	百万
売上原価		489,353	80.1%		549,419	80.3%		581,313	80.0%		0	—
売上総利益		121,784	19.9%		134,984	19.7%		145,111	20.0%		0	—
販管費		97,008	15.9%		105,890	15.5%		111,964	15.4%		0	—
営業利益		24,775	4.1%		29,094	4.3%		33,147	4.6%		0	—
経常利益		27,292	4.5%		31,562	4.6%		35,835	4.9%		35,900	4.8%
純利益		19,185	3.1%		21,435	3.1%		27,156	3.7%	会社予想	25,000	3.3%
自己資本		126,289	46.2%		145,675	45.5%		170,578	50.0%		183,775	51.0%
株数／EPS	千株	39,600	482.4	千株	39,599	557.9	千株	39,599	633.5	千株	39,599	634.6
株価／PER	19/05/31	8,580	17.8	20/05/31	15,470	27.7	21/05/31	15,230	24.0	22/04/28	12,980	20.5

3期比較データ

売上				売上増収率			前期比	売上増収率			3期前比較
3期前	2期前	前期	(今期)	3期前	2期前	前期	(今期)	3期前	2期前	前期	(今期)
売上 会社名 611,137	684,403	726,424	750,000	—	112.0%	106.1%	103.2%	100.0%	112.0%	118.9%	122.7%

経常利益				経常増益率			前期比	経常増益率			3期前比較
3期前	2期前	前期	(今期)	3期前	2期前	前期	(今期)	3期前	2期前	前期	(今期)
経常利益 会社名 27,292	31,562	35,835	35,900	—	115.6%	113.5%	100.2%	100.0%	115.6%	131.3%	131.5%

株価（期末株価）				株価上昇率			前期比	株価上昇率			3期前比較
3期前	2期前	前期	(今期)	3期前	2期前	前期	(今期)	3期前	2期前	前期	(今期)
株価 会社名 8,580	15,470	15,230	12,980	—	180.3%	98.4%	85.2%	100.0%	180.3%	177.5%	151.3%

理論株価				理論株価上昇率			前期比	理論株価上昇率			3期前比較
3期前	2期前	前期	(今期)	3期前	2期前	前期	(今期)	3期前	2期前	前期	(今期)
理論株価 会社名 8,938	10,300	11,864	11,764	—	115.2%	115.2%	99.2%	100.0%	115.2%	132.7%	131.6%

時価総額				時価総額増加率			前期比	時価総額増加率			3期前比較
3期前	2期前	前期	(今期)	3期前	2期前	前期	(今期)	3期前	2期前	前期	(今期)
時価総額 会社名 339,768	612,592	603,093	513,995	—	180.3%	98.4%	85.2%	100.0%	180.3%	177.5%	151.3%

EPS（経常*70%）				EPS増加率			前期比	EPS増加率			3期前比較
3期前	2期前	前期	(今期)	3期前	2期前	前期	(今期)	3期前	2期前	前期	(今期)
EPS 会社名 482.4	557.9	633.5	634.6	—	115.6%	113.5%	100.2%	100.0%	115.6%	131.3%	131.5%

粗利率				販管費比率			前期比	経常利益率			3期前比較
3期前	2期前	前期	(今期)	3期前	2期前	前期	(今期)	3期前	2期前	前期	(今期)
利益率 会社名 19.9%	19.7%	20.0%	0.0%	15.9%	15.5%	15.4%	0.0%	4.5%	4.6%	4.9%	4.8%

PER（経常*70%）				ROE（経常*70%）			前期比	ROA（経常*70%）			3期前比較
3期前	2期前	前期	(今期)	3期前	2期前	前期	(今期)	3期前	2期前	前期	(今期)
割安効率性 会社名 17.8	27.7	24.0	20.5	15.1%	15.2%	14.7%	13.7%	7.0%	6.9%	7.4%	7.3%

利益率・効率性グラフ

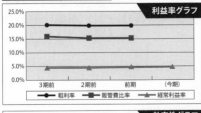

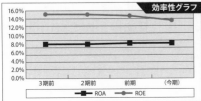

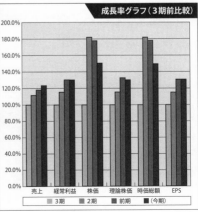

率とその内訳は、「利益率・効率性グラフ」左上の「利益率グラフ」で確認します。利益率グラフは、「粗利率（売上総利益率）」「販管費比率」「経常利益率」の関係を見える化します。

利益率が上昇傾向の場合、売上の増加以上に利益が増えることになり、逆に利益率が低下傾向ならば、売上が増えても利益が伸び悩んだり、減少することになります。なお、売上と利益と利益率の関係は次ページの通りです。

持続的な成長企業の場合は、次のような状況が長期間続く傾向が見られます（以下の「①」と「②」のいずれかの改善が続くパターンも多い）。

①粗利率（売上総利益率）が持続的に上昇
②販管費比率が持続的に低下
③「①＋②」の結果、経常利益率が持続的に上昇

これは、第5章のランチェスターの法則でも解説したように、**売上規模が拡大するほど、規模の経済（スケールメリット）が働いて利益が出やすくなる**ためです。

逆に、利益率が下がっている場合は、スケールメリットが働かない「何らかの問題」をはらんでいることになります。その理由は、数字上では「粗利率（売上総利益率）」か「販管費比率」の変化に現れやすく、グラフで確認できます。

利益率の低下が続く企業は、上昇傾向に変化するまで投資対象では

◆売上と利益と利益率の関係

売上 100 で利益が 10 の企業をベースに考えると……

①利益率が上昇

売上が増えると利益はそれ以上に増える

例）利益率 10% → 20% の場合
売上が 100 から 200 に増えると、利益は 10 から 40 へと 4 倍になる

②利益率が横ばい

売上に比例して利益も増える

例）利益率 10% → 10% の場合
売上が 100 から 200 に増えると、利益は 10 から 20 へと 2 倍になる

③利益率が低下

売上が増えても利益は増えない（減る）可能性

例）利益率 10% → 5% の場合
売上が 100 から 200 に増えても、利益は 10 から 10 へと横ばい

ありません。投資を考える場合は、**「今後、利益率が上昇に転じるか
どうか」**の根拠を決算説明資料などから確認しておく必要があります。
例えば、さらなる成長のための積極的な先行投資で一時的に利益率が
低下したのであれば、来期は挽回できるかもしれません。

◎粗利益率（売上総利益）の低下の例
・販売不振や値下げで売上が減った
・売上原価が上がった（原料や輸送費の増加など）

◎販管費比率の上昇の例
・広告宣伝費や人件費が増えた

利益率の捉え方は、企業の成長ステージによっても異なります。

成長初期で利益率が低い場合は、その内容を確認して**「将来的に改
善可能か」**を調べるとよいでしょう。例えば、粗利益率（売上総利益
率）は高水準であるものの、シェア拡大のため広告宣伝費を大量投下
しているようなケースです。

現在は販管費が増加し、利益率が低くなっていますが、ブランドが
定着して広告宣伝費を削減できるようになると、利益率の改善が見込
めます。ただし、企業側の見通しが甘いと想定外の失敗もあるので注
意が必要です。

このような成長初期の分析手法については、第5章のキャズム理論
でも学習しました。

一方で、**成長中期以降の利益率低下は、投資対象から外すサイン**に
なりえます。初期のころと違って、低下した利益率を回復させることは

容易ではないからです。これも、第5章のブルーオーシャン戦略のところで、ブルーオーシャンのレッドオーシャン化などで学習しました。

2）効率性グラフと持続的成長

効率性や持続的成長の観点からは、ROA は 5% 以上、ROE なら 8% 以上（小資本では 10% 以上）が目安となります。そしていずれも上昇傾向が望ましい姿です。

ROA、ROE には、「ROA・ROE の分子となる利益が上下にブレやすい指標である」という理由から、1期だけで判断しにくいという問題があります。

> ROA（%）＝ 純利益 ÷ 総資産（純資産＋負債）
> ROE（%）＝ 純利益 ÷ 純資産

その点、3期前からの推移を見ることができる「効率性グラフ」を参考にすれば、長期的な視野で判断しやすくなるでしょう。

ROA と ROE の考え方については、「第6章 第6節」で詳しく解説していますので、確認してください。

3）成長率グラフと3期前比較

489 ページ下段の右側の成長率グラフは、3期前からの成長実績を％単位で示します。このグラフを見るときは、利益率や効率性の推移と併せて見るとよいでしょう。

成長企業への投資では、以下の**成長率グラフの6つの項目が年を追うごとに、すべて右肩上がりになるのが理想**です。

①売上
②経常利益
③株価
④理論株価
⑤時価総額
⑥EPS

これから成長していくタイプの企業に投資する場合は、現時点でまだそうなっていなくても、これから右肩上がりを形成していくことが大切です。

また、成長企業であっても前年に比べて突出して業績が良かったり悪かったりする年がある場合（特にコロナ禍で多いケースです）は、次の年に反動で急に良くなったり、伸び悩んだりしますので、複数年の大きな流れとして捉えるようにしましょう。

各6項目について解説します。

<u>①売上（連続増収となり、毎年増えていくこと）</u>
　売上は、持続的成長の実績としては、最も重要な要素です。先行投資のため、**利益が出ていない場合でも、売上だけは増加することが重要**です。
　ただし、特需だった年の翌年などの要因で一時的に減少することはありえます。このような場合は、複数年の流れで見極める必要があります（ここでは、第5章のような定性分析も有効です）。

②経常利益（連続増益となり、毎年増えていくこと）

　経常利益の伸びは、企業価値（理論株価）に直結します。ただし、成長企業の場合は、先行投資により一時的に利益が減少することもありますし、成長初期の場合は赤字のまま先行投資している場合もあります。

　経常利益そのものが増加していても、ROEや利益率が低下してくると（この場合、利益の伸びが鈍くなっていることが多い）、期待が下がることになるので、「①利益率グラフ」や「②効率性グラフ」を併せて確認しましょう。

③株価（他の５項目と連動して右肩上がりになること）

　株価は投資家のパフォーマンスに直結する指標です。外部環境や先行期待に左右されて大きく変動しますので、最もブレが大きくなるパラメータです。

　そのため、場合によっては、期待が先行して極端に上昇しているケースや、逆に業績と連動せず低迷しているケースもあるでしょう。参考指標として適正価格の目安となる理論株価と比較するようにします。

　株価については、投資家の期待通りに動いてくれないことも少なくありませんので、以下のコラムなども参考に、企業価値の考え方とは別視点での投資判断も必要になるでしょう。

　　　◎コラム⑤　絶対に損をしないこと
　　　◎コラム⑥　銘柄によって投資難易度は違うという考え方
　　　◎コラム⑧　利大損小と３年保有ルールの話
　　　◎コラム⑩　成長株の長期保有と利大損小サイクル

④理論株価（株価と連動しつつ、連続して右肩上がりになること）

　理論株価は、第6章 第7節でも解説したように、ROE ベースの理論 PER からはじき出された適正株価です。チェックポイントは、以下の2点です。

　　　・連続して右肩上がりになっているか
　　　・株価と連動しているか

　持続的な成長株の理論株価は右肩上がりです。右肩上がりになっていない場合は、成長株の条件から外れますが、まだ利益の出ていないスタートアップの初動を狙う場合などはその限りではありません。

　株価と理論株価の連動性も重要です。もし、**連動していない場合、月次情報や決算書などの結果から理論株価が上昇しても、株価が連動して上昇するという根拠が希薄**なことになります。ただし、こちらも成長初動の場合は、連動していないことも少なくありません。
　その3タイプについて説明しておきます。

【株価が大きく上昇しているのに理論株価が上昇しない場合】
　株価が割高な期待先行型で下落リスクを示しています。このタイプは、好業績でも織り込み済みで株価が下落することがあります。

【株価が理論株価と比較して割安で放置されている場合】
　市場から評価されていない不人気株です。このタイプは、評価されるきっかけ（カタリスト）がないと簡単には上昇しません。

【成長の初動で赤字や低収益の場合】
　理論株価は ROE ベースで計算される指標であるため、利益が少な

い場合は極端に評価が低くなります。一方で売上の伸びは考慮されていません。

　成長企業で売上が大きく伸びていて、将来性が期待されている場合は、理論株価が上昇する前に売上に連動して株価が上昇するパターンもあります。売上の伸び（3年で2倍成長のメドになる年25%以上が望ましい）を見ておきましょう。

⑤時価総額（他の5項目と連動して右肩上がりになること）

　時価総額は、基本的に株価と連動する指標です。ただし、増資やMSワラントによる新株発行で発行済み株式数が変わったときは、株価とズレる場合があります。

　会社全体の時価評価を示すため、同業他社との比較に便利な指標です。

⑥EPS（他の5項目と連動して右肩上がりになること）

　経常利益の70%から算出した、（みなし）1株純利益です。経常利益と連動しますが、増資やMSワラントなどで株主資本が希薄化している場合は、利益と比べて伸びないことがあります。

4）3期前からの成長率の目安を考える

　「コラム②　成長率と未来の株価の話」で触れたように、3年で1.5倍を狙うなら150%、2倍を狙うなら200%が必要となります。

　ただし、今の成長率が150%や200%になっている必要はありません。これから成長が加速して、目標に到達できるかという期待の話になります。

5）コスモス薬品の分析

　それでは、前節でデータ入力したコスモス薬品を例に3期分析シートで定量分析をしてみましょう。

　改めて最初に、コスモス薬品のビジネスモデルの概要を押さえておきます（ホームページの会社情報の中から一部抜粋して整理）。

◎小商圏（商圏人口1万人）をターゲットとしたメガドラッグストアを多店舗展開するビジネスモデル
◎「EDLP（Everyday Low Price）」という毎日安い戦略を実施
◎医薬品・化粧品、日用雑貨や生鮮食品など、日常の暮らしに必要な消耗品を揃えたストア

　このシートの評価期間のドラッグストアは、コロナ禍で特需的な売上があったことを考慮しておきます（将来、コロナウィルスの懸念がなくなったときにどうなるかを考えておく必要があります）。

　まず、利益率を見てみます（次ページ上段）。
　粗利益率（売上総利益）に関しては、20％前後で、微増ながらも上向き傾向にあります。また、販管費比率を見ると、若干ながら、その数値は下がっています。経常利益率に関しては、5％前後で横ばいです。
　これらのことから、費用を抑えることで販管費比率を下げつつ、利益を確保していることがわかります。

　次に、効率性を確認します（次ページ下段）。
　ROE は少し下がり気味ですが、14% 前後と高水準で、ROA は上昇しています。この ROE の低下は、コロナ禍の特需で高 ROE になっ

◆利益率グラフ

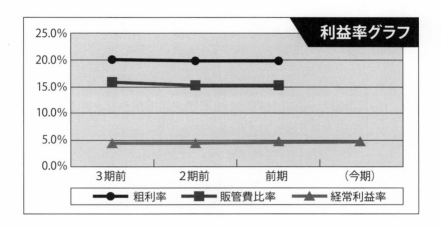

◆効率性グラフ

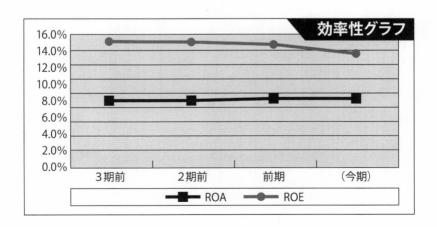

た反動と考えると、影響は少ないレベルですが、継続するようであれば注意が必要でしょう。

　最後に成長性を確認します。売上や経常利益、EPSは順調に伸びているものの今期は頭打ち気味です。株価と理論株価、時価総額は今期に入って減少傾向になりました。2期前に株価と時価総額が急上昇している（コロナショックの特需と考えられます）ため、その後で反落していますが、おおむねバランスの良い成長企業であると言えるでしょう。

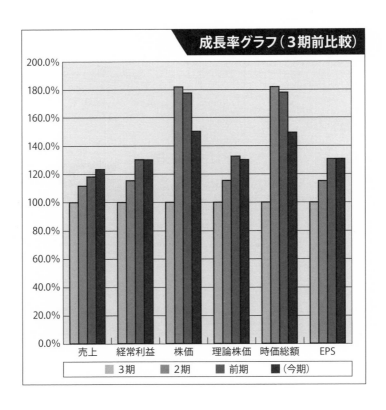

いかがでしょうか。コスモス薬品は、消費者の生活に密着した"安定性"のあるビジネスモデルを展開しているので、積極的にビジネスを広げている点は好感が持てます。

　ただし、コロナ禍の特需で株価や時価総額が急上昇した点を考えると、その反動には留意する必要があります。

　また、日本国内でのみ成長し続けている店舗型ビジネスである点を踏まえると、現在1200店舗ですから、成長限界を考えておく必要があります（第3章 第7節を参照）。

はっしゃんコラム⑨　決算書 XBRL と Python

　みなさんは、決算書を PDF 形式の文書で見ることが多い
と思いますが、決算書には、もう1種類の文書形式がありま
す。それは、XBRL という文書形式です。

　XBRL は、XML というデータ記述言語の拡張規格で、決
算書の財務諸表を記述するためのデータ形式です。日本では、
2008 年から決算短信が XBRL 形式でも提供されるようにな
りました。

　この XBRL ファイルは、誰でも入手が可能で、月次情報
の入手先として第3章で紹介した TDnet の適時開示情報閲
覧サービスでも公開されています。

　XBRL 形式の決算書は、デジタル形式で扱いやすいよう、
売上や利益などの科目がタグ付けされ、Python（パイソン）
などのプログラミング言語と組み合わせると、データベース
化してさまざまなプログラム分析が可能になります。

　第6章 第7節で紹介した理論株価チャートもプログラム
で 20 ファイル分の XBRL データから理論株価を計算して作
成したものです（次ページ上段参照）。

　本書で紹介している定量分析は、Excel を使った基礎的な
内容ですが、XBRL や Python を使うと、大量のデータを使っ
たビッグデータ分析も可能になります。

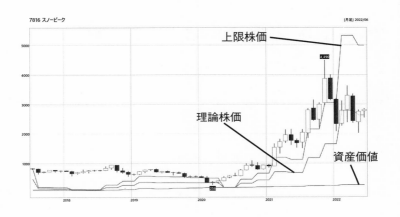

7816 スノーピーク [月足] 2022/06

上限株価

理論株価

資産価値

　例えば、はっしゃんの場合ですと、全上場企業3600社の決算書を四半期単位で過去数年分データベース化しているので、約10万ファイル分の決算書をプログラム分析していることになります。

　また、定量分析に時間がかかるというのも間違いです。本書で学ぶ内容はその第一歩であり、ExcelやPythonでプログラムできるようになると大幅に効率化できます（効率的に分析できることと、投資で勝つことは別ですが）。

　そういう意味では、投資家もプログラム言語を学ぶ価値はあるでしょう。会計や金融の知識が、ある程度、投資に優位に働くのと同様に、プログラマーにも優位性があるわけです。

　本書の先にあるステップとして、参考までに紹介させていただきました。

進捗率を先取りする月次分析シート

１）前期から今期にかけての流れを読む

　まずは、シート上半分の「月次情報ブロック」と「月次情報グラフブロック」で「全店売上と既存店売上がどのように推移しているか」「前期と比べてどうか」を確認します。

　月次情報グラフブロックは、全店売上と既存店売上を前期と今期で見える化しています。

◆月次売上の好調・不調の目安

絶好調：前期、今期とも 100％ 以上で今期のほうが数字が高い

　好調：前期、今期とも 100％ 以上で今期のほうが数字が低い

　復調：前期は 100％ 未満だが、今期は 100％ 超

　不調：前期は 100％ 超だが、今期は 100％ 未満

絶不調：前期、今期とも 100％ 未満

※上記に加えて、会社予想の数値も合わせて見ておきます。

【はっしゃん式】月次分析シート（コスモス薬品）

月次情報

前期	6月	7月	8月	9月	10月	11月	12月	1月	2月	3月	4月	5月
全店	114.7%	112.4%	117.9%	100.9%	116.0%	111.0%	110.7%	110.4%	96.6%	99.0%	92.5%	98.1%
既存店	110.5%	107.7%	112.7%	97.5%	112.5%	107.8%	107.6%	107.1%	93.2%	95.9%	88.7%	94.0%
店舗数	1,065	1,069	1,073	1,074	1,081	1,092	1,092	1,095	1,097	1,098	1,116	1,130
店舗増減	7	4	4	1	7	11	1,081	3	2	1	18	14
営業日	30	31	31	30	31	30	31	31	28	31	30	31
全店営業日	31,845	33,077	35,201	32,205	33,403	32,595	33,852	33,899	30,688	34,023	33,210	34,813

今期	6月	7月	8月	9月	10月	11月	12月	1月	2月	3月	4月	5月
全店	100.1%	104.9%	100.9%	103.4%	109.4%	104.9%	105.2%	108.1%	110.5%	110.4%		
既存店	95.8%	100.5%	96.3%	98.2%	107.3%	102.8%	103.3%	101.8%	108.3%	108.4%		
店舗数	1,134	1,139	1,142	1,146	1,161	1,172	1,180	1,085	1,191	1,207		
店舗増減	4	5	3	4	15	11	8	5	6	16		
営業日	30	31	31	30	31	30	31	31	28	31	30	31
全店営業日	33,960	35,232	35,356	34,320	35,759	34,995	36,456	36,658	33,264	37,169		

月次情報グラフ

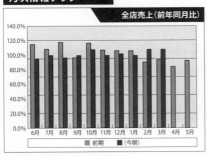

全店売上（前年同月比）

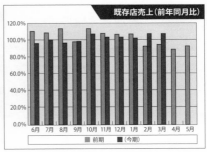

既存店売上（前年同月比）

今期予想・進捗率データ

	期初		前期比	1Q		前期比	2Q		前期比	3Q		前期比
売上高	367,250	750,000	103.2%	367,250	750,000	103.2%		750,000	103.2%		750,000	103.2%
経常利益	17,460	35,900	100.2%	17,460	35,900	100.2%		35,900	100.2%		35,900	100.2%
純利益	11,873	25,000	92.1%	11,873	25,000	92.1%		25,000	92.1%		25,000	92.1%

月別	6月	7月	8月	9月	10月	11月	12月	1月	2月	3月	4月	5月
中間予想	367,250	367,250	367,250	367,250	367,250	367,250	367,250	-	-	-	-	-
通期予想	750,000	750,000	750,000	750,000	750,000	750,000	750,000	750,000	750,000	750,000	750,000	750,000
推定売上	189,350	193,890	192,881	372,642	377,795	378,499	563,984	566,683	570,226	768,411		
中間進捗率	51.6%	52.8%	52.5%	101.5%	102.9%	103.1%	-	-	-	-		
通期進捗率	25.2%	25.9%	25.7%	49.7%	50.4%	50.5%	75.2%	75.6%	76.0%	102.5%		

売上進捗グラフ

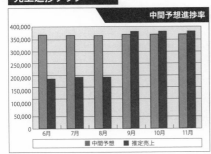

中間予想進捗率

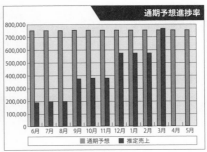

通期予想進捗率

前期と今期を併せて見る理由は、前期に特需があった場合（コロナ禍でマスクが飛ぶように売れたなど）は、今期は控えめになるなど、表裏一体であるからです。好調や不調を２期分で見て、より本質的な実力値を測ります。

　月次分析シートでは、店舗数や月次の推定売上など、一般の投資家が見ている情報よりも詳細な情報を算出できます。
　以下、月次情報ブロックで分析できる項目です。

①店舗数：前期と今期の店舗数の推移です
②店舗増減：前期と今期の店舗数の増減値推移です
③営業日：Excel のカレンダー機能から計算した該当月の営業日数です
④全店営業日：店舗数に営業日をかけた数字です。１カ月あたりに営業した全店舗の営業日数の目安になります

２）今期予想と月次進捗率

　「今期の売上目標に対して、月次売上が順調に進捗しているか」を確認します。ここでは、月次売上の進捗率が今期売上目標を超えていることが好ましくなります。
　シート下半分の、「今期予想・進捗率データブロック」と「売上進捗グラフブロック」を合わせて見ていきましょう。
　まず確認するのが次の２点です。

◎推定売上
◎進捗率（中間進捗率と通期進捗率）

　月次分析シートには、月次情報と会社予想の数字から月ごとの推定

売上や進捗率を計算する機能が搭載されています。

　推定売上とは、月次の進捗率と会社予想の売上高を組み合わせて、今期の推定売上として算出したものです。この数字が会社予想を上回っていると好調、下回っていると不調となります。

　中間進捗率と通期進捗率は、今期予想売上高に対する進捗率なので100%を超えれば、目標達成圏であることを示します。

期初からの3カ月	25%以上で目標達成圏（中間決算は50%以上で目標達成圏）
1Q決算後の3カ月	50%以上で目標達成圏（中間決算は100%以上で目標達成圏）
2Q決算後の3カ月	75%以上で目標達成圏
3Q決算後の3カ月	100%以上で目標達成圏

　目標と進捗との差が大きいケースでは、上方修正や下方修正を予見できる場合、株価にも大きな影響を与えます（一般的に上方修正や下方修正は、1回出ると2回、3回と続けて出る傾向があるため、その予見から株価も変動しやすくなります）。

　ここで知っておくべきポイントは、上場企業には、以下のように「業績予想の開示後、新たに算出された売上や利益が直近予想と乖離している」と判明した場合、修正の適時開示が義務付けられている点です。

◎売上が10%以上変動する場合
◎営業利益、経常利益、純利益が30%以上変動する場合

　この基準から月次分析シートで数字を追っていると、推定売上が会社予想を10%以上上回った場合など、上方修正や下方修正を事前予

測できる場合があります。

　また、売上進捗グラフブロックでは、中間予想や通期予想に対する推定売上の伸びを見える化して確認できます。

　月次から算出された推定売上は、業績予想シートにも自動計算されています。この数字を使うと、まだ入力していない未来の決算の売上が推定売上になった場合に、売上原価や販管費はどうなるのか考えて、シミュレーションできる（下図のように、業績予想シートの「四半期決算ブロック」の４Ｑ累計に予想数値を入力します）ので試してみてください。

3Q累計	構成比	4Q累計	構成比
541,697	百万	726,424	百万
27,859	5.1%	35,835	4.9%
21,581	4.0%	27,156	3.7%

3Q累計	構成比	4Q累計	構成比
558,885	百万	768,411	百万
447,432	80.1%	615,174	80.1%
111,453	19.9%	153,237	19.9%
89,555	16.0%	120,641	15.7%
21,897	3.9%	32,273	4.2%
24,100	4.3%	35,347	4.6%
16,455	2.9%	26,894	3.5%

3）コスモス薬品の分析

　最初に、月次情報グラフで全店売上と既存店売上を確認します。次ページの「月次情報グラフ」を見ると、まず前期の前半はコロナ特需で全店・既存店とも110％以上を何回も記録するなど好調だったこと、後半には落ち着いたことがわかります。

　一方、今期の全店はすべて100％超となっていて好調が続いている

反面、既存店は前半に 100% 割れが 3 回あり不調のようです。

　さらに、全店が 100% を超えている場合でも月次情報グラフで前期と今期の数字同士を比較すると、前期の全店を超えているのは 9 月のみであることがわかります。

　ただし、この期間は前述のように、前年がコロナ特需であったことを考慮する必要があり、不調というより特需の反動と考えるほうが妥当でしょう。

　既存店の売上は 1 月まで前期から数字を落としていましたが、後半に入って 2 月以降になると、コロナ 2 巡目となって前年の数字が100% 割れと低くなっており、挽回してきたことがわかります。

月次情報グラフ

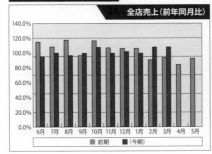

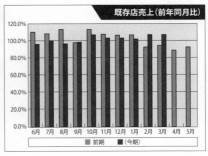

　次に、売上目標と進捗率を考慮します。510 ページの「今期予想・進捗率データブロック」を見てください。今期の予想が 750,000（百万円）で前年度 103.2% の売上目標を見込んでいます。

　その目線で、510 ページの「月次情報ブロック」の全店売上を見てみます。今期（2022 年度）の 6 月と 8 月は目標（103%）に到達していませんが、ほかはすべてクリアしています。

続いて、店舗数を確認しておきます。6〜3月で70店舗以上を新規出店していることがわかります。店舗数は1134店から1207店へ増加し、比率でいうと6.4%の増加（73÷1134）です。売上が3%増の目標ですから、ここまで6.4%増の新店だけで今期目標が計算できている状態です（厳密には稼働期間も考慮する必要があります）。

月次情報

前期	6月	7月	8月	9月	10月	11月	12月	1月	2月	3月	4月	5月
全店	114.7%	112.4%	117.9%	100.9%	116.0%	111.0%	110.7%	110.4%	96.6%	99.0%	92.5%	98.1%
既存店	110.5%	107.7%	112.7%	97.5%	112.5%	107.8%	107.6%	107.1%	93.2%	95.9%	88.7%	94.0%
店舗数	1,065	1,069	1,073	1,074	1,081	1,092	1,092	1,095	1,097	1,098	1,116	1,130
店舗増減	7	4	4	1	7	11	1,081	3	2	1	18	14
営業日	30	31	31	30	31	30	31	31	28	31	30	31
全店営業日	31,845	33,077	35,201	32,205	33,403	32,595	33,852	33,899	30,688	34,023	33,210	34,813

今期	6月	7月	8月	9月	10月	11月	12月	1月	2月	3月	4月	5月
全店	100.1%	104.9%	100.9%	103.4%	109.4%	104.9%	105.2%	108.1%	110.5%	110.4%		
既存店	95.8%	100.5%	96.3%	98.2%	107.3%	102.8%	103.3%	101.8%	108.3%	108.4%		
店舗数	1,134	1,139	1,142	1,146	1,161	1,172	1,180	1,085	1,191	1,207		
店舗増減	4	5	3	4	15	11	8	5	6	16		
営業日	30	31	31	30	31	30	31	31	28	31	30	31
全店営業日	33,960	35,232	35,356	34,320	35,759	34,995	36,456	36,658	33,264	37,169		

このように、新規出店で増やした分は、その後の売上に加算されていきますから、前年比で後半になるほど数字が良くなる期待ができそうです。

さらに、「今期予想・進捗率データ」を確認します。

今期予想・進捗率データ

	期初		前期比	1Q		前期比	2Q		前期比	3Q		前期比
売上高	367,250	750,000	103.2%	367,250	750,000	103.2%		750,000	103.2%		750,000	103.2%
経常利益	17,460	35,900	100.2%	17,460	35,900	100.2%		35,900	100.2%		35,900	100.2%
純利益	11,873	25,000	92.1%	11,873	25,000	92.1%		25,000	92.1%		25,000	92.1%

月別	6月	7月	8月	9月	10月	11月	12月	1月	2月	3月	4月	5月
中間予想	367,250	367,250	367,250	367,250	367,250	367,250	367,250	-	-	-	-	-
通期予想	750,000	750,000	750,000	750,000	750,000	750,000	750,000	750,000	750,000	750,000	750,000	750,000
推定売上	189,350	193,890	192,881	372,642	377,795	378,499	563,984	566,683	570,226	768,411		
中間進捗率	51.6%	52.8%	52.5%	101.5%	102.9%	103.1%	-	-	-	-	-	-
通期進捗率	25.2%	25.9%	25.7%	49.7%	50.4%	50.5%	75.2%	75.6%	76.0%	102.5%	-	-

今期予想・進捗率データブロックの進捗率は、売上目標に対する進捗率なので、100%を超えていれば目標達成圏であることを示します。

　コスモス薬品の中間進捗率は6月から11月まですべて目標を上回ったペースで着地しています（507ページの表参照）。

　通期進捗率でも6月から3月までは、前半の9月を除いて目標を超えるペースが続いています。1年の5分の4が過ぎた段階で、102.5%の進捗率という具合に、会社予想を超えています。後半の伸びを考えると固い数字と言えそうです。

　売上進捗グラフブロックでは、これらを見える化して確認できます。

売上進捗グラフ

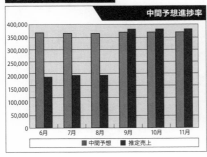
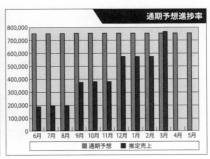

　このように、月次情報をより詳しく見ることで、実際に売上目標を達成できそうか、上方修正が期待できるか、下方修正しそうだから逃げたほうがよさそうかなど、近い将来の業績を数字で先取りすることができます。

～第5節～
四半期特性を読む四半期分析シート

1）四半期特性と業績変化

　四半期分析シートでは、損益計算書（PL）を前期と今期に分け、それぞれの四半期期間（1Q～4Q）に分解して四半期の特性や業績変化を確認します。

　さらに、月次情報の特徴を活かして、日販という1店舗1日あたりの数字を確認できることも特徴です。

2）四半期決算ブロック（上段）

　四半期決算が期間単位でまとめて表示され、前期と今期を並べて比較することができます。

3）四半期比較データブロック（下段）

　項目単位で四半期データを前期と今期で比較します。1店舗1日あたりのデータでも比較できます。

　対象項目は、「売上」「売上原価」「粗利（売上総利益）」「販管費」「経常利益」「営業日数」およびそれぞれの比率となります。

【はっしゃん式】四半期分析シート（コスモス薬品）

四半期決算

前期	1Q期間	構成比	2Q期間	構成比	3Q期間	構成比	4Q期間	構成比
売上高	189,161	百万	175,014	百万	177,522	百万	184,727	百万
売上原価	150,923	79.8%	139,628	79.8%	142,317	80.2%	148,445	80.4%
売上総利益	38,238	20.2%	35,385	20.2%	35,205	19.8%	36,283	19.6%
販管費	27,582	14.6%	27,748	15.9%	27,487	15.5%	29,147	15.8%
営業利益	10,655	5.6%	7,637	4.4%	7,718	4.3%	7,137	3.9%
経常利益	11,220	5.9%	8,327	4.8%	8,312	4.7%	7,976	4.3%
純利益	7,490	4.0%	5,582	3.2%	8,509	4.8%	5,575	3.0%
営業日数	98,123		98,203		98,439		102,046	
平均日販	1,927,725		1,782,175		1,803,380		1,810,242	
平均販管費	281,096	14.6%	282,559	15.9%	279,230	15.5%	285,627	15.8%

今期	1Q期間	構成比	2Q期間	構成比	3Q期間	構成比	4Q期間	構成比
売上高	189,409	百万	181,729	百万	187,747	百万	0	百万
売上原価	151,420	79.9%	145,524	80.1%	150,488	80.2%	0	—
売上総利益	37,988	20.1%	36,205	19.9%	37,260	19.8%	0	—
販管費	29,432	15.5%	29,782	16.4%	30,341	16.2%	0	—
営業利益	8,556	4.5%	6,423	3.5%	6,918	3.7%	0	—
経常利益	9,301	4.9%	7,193	4.0%	7,606	4.1%	0	—
純利益	6,243	3.3%	5,002	2.8%	5,210	2.8%	0	—
営業日数	104,547		105,074		106,378		37,169	0
平均日販	1,811,711		1,729,542		1,764,913		0	0
平均販管費	281,519	15.5%	283,440	16.4%	285,220	16.2%	0	0

四半期比較データ

売上	前期	今期	前期比	四半期売上シェア 前期	今期	前期比	平均日販 前期	今期	1日1店平均 前期比
1Q期間	189,161	189,409	100.1%	26.0%	—	—	1,927,795	1,811,711	94.0%
2Q期間	175,014	181,729	103.8%	24.1%	—	—	1,782,175	1,729,542	97.0%
3Q期間	177,522	187,747	105.8%	24.4%	—	—	1,803,380	1,764,913	97.9%
4Q期間	184,727	0	0.0%	25.4%	—	—	1,810,242		0.0%

売上原価	前期	今期	前期比	売上原価率 前期	今期	前期比	平均原価 前期	今期	1日1店平均 前期比
1Q期間	150,923	151,420	100.3%	79.8%	79.9%	0.2%	1,538,100	1,448,344	94.2%
2Q期間	139,628	145,524	104.2%	79.8%	80.1%	0.3%	1,421,838	1,384,973	97.4%
3Q期間	142,317	150,488	105.7%	80.2%	80.2%	0.0%	1,445,745	1,414,660	97.8%
4Q期間	148,445	0	0.0%	80.4%	—	—	1,454,694		0.0%

粗利（売上総利益）	前期	今期	前期比	粗利率 前期	今期	前期比	平均粗利 前期	今期	1日1店平均 前期比
1Q期間	38,238	37,988	99.3%	20.2%	20.1%	-0.2%	389,695	363,358	93.2%
2Q期間	35,385	36,205	102.3%	20.2%	19.9%	-0.3%	360,327	344,568	95.6%
3Q期間	35,205	37,260	105.8%	19.8%	19.8%	0.0%	357,634	350,262	97.9%
4Q期間	36,283	0	0.0%	19.6%	—	—	355,557		0.0%

販管費	前期	今期	前期比	販管費比率 前期	今期	前期比	平均販管費 前期	今期	1日1店平均 前期比
1Q期間	27,582	29,432	106.7%	14.6%	15.5%	1.0%	281,096	281,519	100.2%
2Q期間	27,748	29,782	107.3%	15.9%	16.4%	0.5%	282,559	283,440	100.3%
3Q期間	27,487	30,341	110.4%	15.5%	16.2%	0.7%	279,230	285,220	102.1%
4Q期間	29,147	0	0.0%	15.8%	—	—	285,627		0.0%

経常利益	前期	今期	前期比	経常利益率 前期	今期	前期比	平均経常利益 前期	今期	1日1店平均 前期比
1Q期間	11,220	9,301	82.9%	5.9%	4.9%	-1.0%	114,346	88,965	77.8%
2Q期間	8,327	7,193	86.4%	4.8%	4.0%	-0.8%	84,794	68,457	80.7%
3Q期間	8,312	7,606	91.5%	4.7%	4.1%	-0.6%	84,439	71,500	84.7%
4Q期間	7,976	0	0.0%	4.3%			78,161	0	0.0%

営業日数	前期	今期	前期比
1Q期間	98,123	104,547	106.5%
2Q期間	98,203	105,074	107.0%
3Q期間	98,439	106,378	108.1%
4Q期間	102,046	37,169	36.4%

どの期間の売上が大きいか、どの期間に利益を上げているかを見ることで、四半期特性や特需などの歪みを検証し、予測精度を高めることができます。

①前期と今期を比較する

「売上」「売上原価」「粗利（売上総利益）」「販管費」「経常利益」「営業日数」について、前期と今期の数字を並べて、前期比を確認することができます。

ちなみに「営業日数」は、店舗数を掛けたものです。ここまで分析できるのは、本シートくらいではないかと思います。

②四半期期間の「率」を確認する

四半期売上シェアについては、前期と今期の売上四半期シェアを比較します。

売上原価率、粗利率、販管費比率、経常利益率については、前期と今期の数字を率で並べて、前期比を確認できます。

ここで、売上原価率や粗利率、販管費比率が、大きく変動（1％以上）している場合は、原因を特定しておいたほうがよいでしょう。会社によっては、決算説明資料で言及されていることもあります。

それぞれについて、前期と今期の変化を四半期単位で確認します（詳細は次ページ参照）。

③1日あたりや1店舗1日あたりの平均で見る

「平均日販」「平均原価」「平均粗利」「平均販管費」「平均経常利益」については、1日あたり、および1店舗1日あたり平均で前期と今期を比較します。

【前期と今期で変化している場合】

　一時的な変化か、連続的な変化かを決算書や決算説明資料から突き止める必要があります。

◎**一時的な変化**

　特需や大きなマイナスイベントの影響は一時的です。

◎**連続的な変化**

　スケールメリットによる変化は続くことが期待できます。

【四半期の期間内で変化している場合】

　一時的な変化か、四半期特性かを確認します。

◎**一時的な変化**

　特需や大きなマイナスイベントの影響は一時的です。

◎**四半期特性**

　年末商戦や年度末商戦の影響は、毎年の恒常的なものです。ここは、前期と今期が同じ特性であれば、恒常的と考えられます。

四半期比較データブロックで特に注目すべきは「平均日販」や「平均原価」「平均販管費」といった月次情報から算出されたデータです。

　一般的に、企業の売上高は○○億円のような大きな数字になっています。また、月次情報の全店売上高は、前年度比の比率になっていますが、この分析シートでは、平均日販（1店舗1日あたりの売上高や利益）を算出可能です。

　○○億のように大きな数字よりも平均日販のように1店舗1日あたりの売上金額にしたほうが数字も身近で理解しやすくなります。

　より「現場の感覚に近い」「消費者に近い」視点で見ることができるでしょう。

4）コスモス薬品の分析

　前期1Qの売上が突出しているのがわかります。これは前述したように、コロナ禍での特需の影響と見ることができるでしょう。2Q～4Qは1Qよりも売上が減少しています。

　今期1Q期間だけを見ると、特需だった前期と比べて売上が100.1％（次ページ太枠部分）とほぼ横ばいで経常利益は82.9％（次ページ太枠部分）と減少していますが、これは販管費が106.7％（次ページ太枠部分）と増加したためとわかります。

　今期は店舗数も増えて経費が増加しましたが、前期1Qがコロナ特需であったため、今期より少ない店舗数で同程度の売上だったこと、そのため利益率も高かったとわかります。

　2Q～3Q期間になると、今期売上が103.8％、105.8％と増え（次ページ点線枠部分）、前期の特需効果が縮小して新店効果が入ったこと

四半期比較データ

売上	売上			四半期売上シェア		
売上	前期	今期	前期比	前期	今期	前期比
1Q期間	189,161	189,409	100.1%	26.0%	—	—
2Q期間	175,014	181,729	103.8%	24.1%	—	—
3Q期間	177,522	187,747	105.8%	24.4%	—	—
4Q期間	184,727	0	0.0%	25.4%	—	—

売上原価	売上原価			売上原価率		
売上原価	前期	今期	前期比	前期	今期	前期比
1Q期間	150,923	151,420	100.3%	79.8%	79.9%	0.2%
2Q期間	139,628	145,524	104.2%	79.8%	80.1%	0.3%
3Q期間	142,317	150,488	105.7%	80.2%	80.2%	0.0%
4Q期間	148,445	0	0.0%	80.4%	—	—

粗利	粗利（売上総利益）			粗利率		
粗利	前期	今期	前期比	前期	今期	前期比
1Q期間	38,238	37,988	99.3%	20.2%	20.1%	-0.2%
2Q期間	35,385	36,205	102.3%	20.2%	19.9%	-0.3%
3Q期間	35,205	37,260	105.8%	19.8%	19.8%	0.0%
4Q期間	36,283	0	0.0%	19.6%		

販管費	販管費			販管費比率		
販管費	前期	今期	前期比	前期	今期	前期比
1Q期間	27,582	29,432	106.7%	14.6%	15.5%	1.0%
2Q期間	27,748	29,782	107.3%	15.9%	16.4%	0.5%
3Q期間	27,487	30,341	110.4%	15.5%	16.2%	0.7%
4Q期間	29,147	0	0.0%	15.8%		

経常利益	経常利益			経常利益率		
経常利益	前期	今期	前期比	前期	今期	前期比
1Q期間	11,220	9,301	82.9%	5.9%	4.9%	-1.0%
2Q期間	8,327	7,193	86.4%	4.8%	4.0%	-0.8%
3Q期間	8,312	7,606	91.5%	4.7%	4.1%	-0.6%
4Q期間	7,976	0	0.0%	4.3%		

営業日数	営業日数		
営業日数	前期	今期	前期比
1Q期間	98,123	104,547	106.5%
2Q期間	98,203	105,074	107.0%
3Q期間	98,439	106,378	108.1%
4Q期間	102,046	37,169	36.4%

がわかります。

　ただし、売上原価率が＋0.3%（2Q）、±0%（3Q）、粗利率が－0.3%（2Q）、±0%（3Q）、販管費比率が＋0.5%（2Q）、+0.7%（3Q）の増加となり、経常利益率は－0.8%（2Q）、－0.6%（3Q）と減少傾向です（以上、前ページ点線枠部分）。

　今後も新店効果で売上増が見込めることを考えると、4Qでは、粗利率をいかに高めてコストを削減し、利益を確保するかが重要になりそうです。

　最後に今期の1店舗1日あたりの数字を示す平均日販も見ておきましょう。次のようになっています（1Q期間の数字、次ページの枠囲み参照）。

平均日販：181.1万円
日販原価：144.8万円
日販総利益： 36.3万円
日販販管費： 28.1万円
日販経常利益： 8.9万円

　いかがでしょうか？　1店舗1日あたりの数字に直すと、家計レベルに近くなってイメージが掴みやすくなったのではないでしょうか。

　コスモス薬品は、1店舗1日約181万円を売り上げ、売上原価を差し引いた粗利益で36.3万円が残り、28.1万円を販管費（人件費や広告宣伝費など）として使い、最後に約8.9万円の経常利益（税引前利益）が残ったというわけです。

平均日販		1日1店平均	
前期		今期	前期比
1,927,795		1,811,711	94.0%
1,782,175		1,729,542	97.0%
1,803,380		1,764,913	97.9%
1,810,242		0	0.0%

平均原価		1日1店平均	
前期		今期	前期比
1,538,100		1,448,344	94.2%
1,421,838		1,384,973	97.4%
1,445,745		1,414,660	97.8%
1,454,694		0	0.0%

平均粗利		1日1店平均	
前期		今期	前期比
389,695		363,358	93.2%
360,327		344,568	95.6%
357,634		350,262	97.9%
355,557		0	0.0%

平均販管費		1日1店平均	
前期		今期	前期比
281,096		281,519	100.2%
282,559		283,440	100.3%
279,230		285,220	102.1%
285,627		0	0.0%

平均経常利益		1日1店平均	
前期		今期	前期比
114,346		88,965	77.8%
84,794		68,457	80.7%
84,439		71,500	84.7%
78,161		0	0.0%

1店舗1日あたりの利益がわずか8.9万円というのは、ちょっと驚きかもしれません。8.9万円程度の買い物は、少ない額ではありませんが、誰もが経験するレベルです。しかし、これを毎日1年間積み重ねれば、年間で3212万円になり、それを1200店舗分合計すると、実に385億円になるわけです。

1店舗1日あたり利益	8.9万円
1店舗1カ月あたり利益	272万円
1店舗1年あたり利益	3212万円
1200店舗1年あたり利益	385億円

　1店舗1日あたりの利益がわずか8.9万円、この視点で考えると、その利益の0.5%を増やすことの難しさや尊さが理解できてくるのではないでしょうか。

　コスモス薬品は、1店舗1日あたり、わずか8.9万円の利益を毎日1200店舗以上のお店で積み重ねて稼いでいる会社なのです。

　コスモス薬品の事例からは、月次情報や決算書から導き出される数字を整理・分析して特徴を掴み、消費者視点から根拠を持って投資することの優位性もまた、おわかりいただけると思います。

同業他社比較シートで
ライバルと比較する

　第5節までは、月次予想シートを使い、ひとつの企業に絞った時系列分析を学習しました。本節は、ライバル企業との比較分析について紹介します。

　時系列の比較が特定企業の絶対的な評価を見るのに対し、同業他社比較では、競合企業同士を並べて相対的な特徴や強み・弱みを探り、長期的な展望を俯瞰します。

1）同業他社比較シート

　同業他社比較分析は、月次予想シートと同様に、Excel の同業他社比較テンプレートを使ったデータ入力からスタートします。

　月次予想シートには4種類のシートがありましたが、同業他社比較シートは入力兼分析用シート1枚のみの構成になっています。そして、この同業他社比較シートで最大4社までの比較が可能です（522～523ページ参照）。

　それでは、445ページからテンプレートをダウンロードして同業他社比較を始めましょう。

【はっしゃん式】同業他社比較シート

4社比較

	1111 A社		2222 B社		3333 C社		4444 D社	
売上高		百万		百万		百万		百万
売上原価		—		—		—		—
売上総利益		—		—		—		—
販管費		—		—		—		—
営業利益		—		—		—		—
経常利益		—		—		—		—
純利益		—		—		—		—
発行株数／EPS	千株	0.0	千株	0.0	千株	0.0	千株	0.0
株価／PER	22/03/31	0.0	22/03/31	0.0	22/03/31	0.0	22/03/31	0.0

	純資産	純資産	負債	純資産	純資産	負債	純資産	純資産	負債	純資産	純資産	負債
バランスシート(百万)			0			0			0			0
BPS／PBR		0.0	0.0		0.0	0.0		0.0	0.0		0.0	0.0
ROA／ROE／資本比率	0.0%	0.0%	0.0%	0.0%	0.0%	0.0%	0.0%	0.0%	0.0%	0.0%	0.0%	0.0%

	営業	投資	財務	営業	投資	財務	営業	投資	財務	営業	投資	財務
キャッシュフロー(百万)												
OCFM／現金残／FCF	0.0%			0.0%			0.0%			0.0%		

	売上	経常	純利益	売上	経常	純利益	売上	経常	純利益	売上	経常	純利益
今期会社予想(百万)												
前期比	0.0%	0.0%	0.0%	0.0%	0.0%	0.0%	0.0%	0.0%	0.0%	0.0%	0.0%	0.0%

	資産価値	事業価値	理論株価	資産価値	事業価値	理論株価	資産価値	事業価値	理論株価	資産価値	事業価値	理論株価
理論株価	0	0	0	0	0	0	0	0	0	0	0	0
事業比率／上昇余地			0.0%			0.0%			0.0%			0.0%

4社比較グラフ

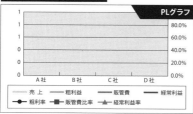

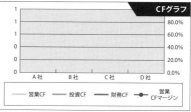

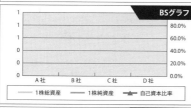

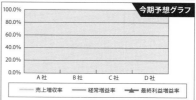

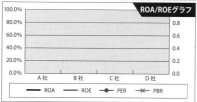

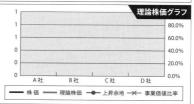

4社比較データ

売 上				1株総資産				営業CF			
A社	B社	C社	D社	A社	B社	C社	D社	A社	B社	C社	D社
0	0	0	0	0	0	0	0	0	0	0	0

粗利益				1株純資産				投資CF			
A社	B社	C社	D社	A社	B社	C社	D社	A社	B社	C社	D社
0	0	0	0	0	0	0	0	0	0	0	0

販管費				自己資本比率				財務CF			
A社	B社	C社	D社	A社	B社	C社	D社	A社	B社	C社	D社
0	0	0	0	0	0	0	0	0	0	0	0

経常利益				ROA(経常×70%)				営業CFマージン			
A社	B社	C社	D社	A社	B社	C社	D社	A社	B社	C社	D社
0	0	0	0	0	0	0	0	0	0	0	0

粗利益率				ROE(経常×70%)				売上増収率			
A社	B社	C社	D社	A社	B社	C社	D社	A社	B社	C社	D社
0	0	0	0	0	0	0	0	0	0	0	0

販管費比率				PER(経常×70%)				経常増益率			
A社	B社	C社	D社	A社	B社	C社	D社	A社	B社	C社	D社
0	0	0	0	0	0	0	0	0	0	0	0

経常利益率				PBR				最終利益増益率			
A社	B社	C社	D社	A社	B社	C社	D社	A社	B社	C社	D社
0	0	0	0	0	0	0	0	0	0	0	0

株 価				理論株価				上昇余地			
A社	B社	C社	D社	A社	B社	C社	D社	A社	B社	C社	D社
0	0	0	0	0	0	0	0	0	0	0	0

								事業価値比率			
A社	B社	C社	D社	A社	B社	C社	D社	A社	B社	C社	D社
0	0	0	0	0	0	0	0	0	0	0	0

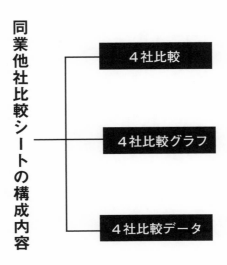

同業他社比較シートの構成内容

- 4社比較
- 4社比較グラフ
- 4社比較データ

２）４社比較ブロックにデータを入力する

　最初に４社比較ブロックへのデータ入力から開始します。４社比較ブロックは、データを入力すると同時に、整理して比較しやすいよう一覧性を高める役割を担っています。

　４社比較ブロックは次の６つのセクションに分かれています。

①損益計算書（PL）
②株価と発行済み株式数
③バランスシート（BS）
④キャッシュフロー（CF）
⑤今期会社予想
⑥理論株価

　決算書には、第１、第２、第３の四半期決算と本決算がありますが、同業他社比較シートを使う場合は、本決算同士を比較するのが基本になります。本決算の発表時期は、企業の決算月度によって異なる点に注意してください。

　また、同業他社比較シートでは、対象企業のファンダメンタルズ比較を重視しますので、最新業績から変化を予想する月次情報は入力しません。

　本書で入力するのは、執筆時点で最新のドラッグストア業界４社の決算書です。決算書は、各社のWEBサイトのIRページから探しましょう。

◎コスモス薬品 2021 年 5 月期 決算短信

◎ウエルシアホールディングス 2022 年 2 月期 決算短信

◎ゲンキー ドラッグストア 2021 年 6 月期 決算短信

◎ツルハホールディングス 2021 年 5 月期 決算短信

①損益計算書（PL）データの入力

　月次予想シートの PL 7 項目と同じ内容になっていますので、決算書の損益計算書（PL）から同じように数字を拾って入力します（枠囲み部分）。

　すでに月次予想シートでデータ入力している企業同士を比較する場合は、データをコピーして入力の手間を省くこともできます。

4社比較

	3349 コスモス		3141 ウエルシア		9267 ゲンキー		3391 ツルハ	
売上高	726,424	百万	1,025,947	百万	142,376	百万	919,303	百万
売上原価	581.313	80.0%	705,002	68.7%	112,086	78.7%	652,581	71.0%
売上総利益	145,111	20.0%	320,944	31.3%	30,289	21.3%	266,721	29.0%
販管費	111,964	15.4%	277,925	27.1%	23,994	16.9%	218,344	23.8%
営業利益	33,147	4.6%	43,018	4.2%	6,294	4.4%	48,377	5.3%
経常利益	35,835	4.6%	47,590	4.6%	6,601	4.6%	47,688	5.2%
純利益	27,156	3.7%	26,452	2.6%	4,831	3.4%	29,520	3.2%

発行株数／EPS	千株	0.0	千株	0.0	千株	0.0	千株	0.0
株価／PER	22/03/31	0.0	22/03/31	0.0	22/03/31	0.0	22/03/31	0.0

	純資産	純資産	負債	純資産	純資産	負債	純資産	純資産	負債	純資産	純資産	負債
バランスシート(百万)			0			0			0			0
BPS／PBR	0.0	0.0		0.0	0.0		0.0	0.0		0.0	0.0	
ROA／ROE／資本比率	0.0%	0.0%	0.0%	0.0%	0.0%	0.0%	0.0%	0.0%	0.0%	0.0%	0.0%	0.0%

	営業	投資	財務	営業	投資	財務	営業	投資	財務	営業	投資	財務
キャッシュフロー(百万)												
OCFM／現金残／FCF	0.0%		0.0	0.0%		0.0	0.0%		0.0	0.0%		0.0

	売上	経常	純利益	売上	経常	純利益	売上	経常	純利益	売上	経常	純利益
今期会社予想(百万)												
前期比	0.0%	0.0%	0.0%	0.0%	0.0%	0.0%	0.0%	0.0%	0.0%	0.0%	0.0%	0.0%

	資産価値	事業価値	理論株価	資産価値	事業価値	理論株価	資産価値	事業価値	理論株価	資産価値	事業価値	理論株価
理論株価	0	0	0	0	0	0	0	0	0	0	0	0
事業比率／上昇余地		0.0%	0.0%		0.0%	0.0%		0.0%	0.0%		0.0%	0.0%

②株価と発行済み株式数

　株価と発行済み株式数も、月次予想シートと同じ構成です。データを入力していきましょう。

　発行済み株式数は、決算短信２ページ目の「期末発行済株式数」から「期末自己株式数」を引いた数字を千株単位で入力します。

　株価は、Yahoo! ファイナンスなどの株式サイトで調べることができます。

4社比較

	3349 コスモス		3141 ウエルシア		9267 ゲンキー		3391 ツルハ	
売上高	726,424	百万	1,025,947	百万	142,376	百万	919,303	百万
売上原価	581,313	80.0%	705,002	68.7%	112,086	78.7%	652,581	71.0%
売上総利益	145,111	20.0%	320,944	31.3%	30,289	21.3%	266,721	29.0%
販管費	111,964	15.4%	277,925	27.1%	23,994	16.9%	218,344	23.8%
営業利益	33,147	4.6%	43,018	4.2%	6,294	4.4%	48,377	5.3%
経常利益	35,835	4.9%	47,590	4.6%	6,601	4.6%	47,688	5.2%
純利益	27,156	3.7%	26,452	2.6%	4,831	3.4%	29,520	3.2%
発行株数／EPS	千株 39,599	633.5	千株 208,556	159.7	千株 15,177	304.5	千株 48,537	687.8
株価／PER	22/03/31 14,830	23.4	22/03/31 3,005	18.8	22/03/31 4,545	14.9	22/03/31 7,760	11.3

	純資産	純資産	負債	純資産	純資産	負債	純資産	純資産	負債	純資産	純資産	負債
バランスシート(百万)		0			0			0			0	
BPS／PBR	0.0	0.0		0.0	0.0		0.0	0.0		0.0	0.0	
ROA／ROE／資本比率	0.0%	0.0%	0.0%	0.0%	0.0%	0.0%	0.0%	0.0%	0.0%	0.0%	0.0%	0.0%

	営業	投資	財務	営業	投資	財務	営業	投資	財務	営業	投資	財務
キャッシュフロー(百万)												
OCFM／現金残／FCF	0.0%		0.0	0.0%		0.0	0.0%		0.0	0.0%		0.0

	売上	経常	純利益	売上	経常	純利益	売上	経常	純利益	売上	経常	純利益
今期会社予想(百万)												
前期比	0.0%	0.0%	0.0%	0.0%	0.0%	0.0%	0.0%	0.0%	0.0%	0.0%	0.0%	0.0%

	資産価値	事業価値	理論株価	資産価値	事業価値	理論株価	資産価値	事業価値	理論株価	資産価値	事業価値	理論株価
理論株価	0	0	0	0	0	0	0	0	0	0	0	0
事業比率／上昇余地		0.0%	0.0%		0.0%	0.0%		0.0%	0.0%		0.0%	0.0%

③バランスシート（BS）

　バランスシート（BS）は、入力項目が月次予想シートと少し違っています。決算書1ページ目から総資産と純資産を入力しましょう。他の項目は自動計算されます。

　なお、本テンプレートでは、自己資本比率を簡略化して「純資産÷総資産」で計算します。厳密には、少数株主持分などが反映されていませんが、評価に大きな影響はありません。

4社比較

	3349 コスモス			3141 ウエルシア			9267 ゲンキー			3391 ツルハ		
売上高	726,424	百万		1,025,947	百万		142,376	百万		919,303	百万	
売上原価	581.313	80.0%		705,002	68.7%		112,086	78.7%		652,581	71.0%	
売上総利益	145,111	20.0%		320,944	31.3%		30,289	21.3%		266,721	29.0%	
販管費	111,964	15.4%		277,925	27.1%		23,994	16.9%		218,344	23.8%	
営業利益	33,147	4.6%		43,018	4.2%		6,294	4.4%		48,377	5.3%	
経常利益	35,835	4.9%		47,590	4.6%		6,601	4.6%		47,688	5.2%	
純利益	27,156	3.7%		26,452	2.6%		4,831	3.4%		29,520	3.2%	
発行株数／EPS	千株	39,599	633.5	千株	208,556	159.7	千株	15,177	304.5	千株	48,537	687.8
株価／PER	22/03/31	14,830	23.4	22/03/31	3,005	18.8	22/03/31	4,545	14.9	22/03/31	7,760	11.3

	純資産	純資産	負債	純資産	純資産	負債	純資産	純資産	負債	純資産	純資産	負債
バランスシート(百万)	341,318	170,578	170,740	463,048	207,886	255,162	90,795	32,166	58,629	537,027	276,528	260,499
BPS／PBR		4,307.6	3.4		996.8	3.0		2,119.4	2.1		5,697.3	1.4
ROA／ROE／資本比率	7.3%	14.7%	50.0%	7.2%	16.0%	44.9%	5.1%	14.4%	35.4%	6.2%	12.1%	51.5%

	営業	投資	財務	営業	投資	財務	営業	投資	財務	営業	投資	財務
キャッシュフロー(百万)												
OCFM／現金残／FCF	0.0%		0.0	0.0%		0.0	0.0%		0.0	0.0%		0.0

	売上	経常	純利益	売上	経常	純利益	売上	経常	純利益	売上	経常	純利益
今期会社予想(百万)												
前期比	0.0%	0.0%	0.0%	0.0%	0.0%	0.0%	0.0%	0.0%	0.0%	0.0%	0.0%	0.0%

	資産価値	事業価値	理論株価	資産価値	事業価値	理論株価	資産価値	事業価値	理論株価	資産価値	事業価値	理論株価
理論株価	0	0	0	0	0	0	0	0	0	0	0	0
事業比率／上昇余地		0.0%	0.0%		0.0%	0.0%		0.0%	0.0%		0.0%	0.0%

④キャッシュフロー（CF）

　キャッシュフロー計算書（CF）は、月次予想シートにはなかった項目です。決算書１ページ目から営業 CF、投資 CF、財務 CF、期末現金残高の数字を入力しましょう。

4社比較

	3349 コスモス		3141 ウエルシア		9267 ゲンキー		3391 ツルハ	
売上高	726,424	百万	1,025,947	百万	142,376	百万	919,303	百万
売上原価	581.313	80.0%	705,002	68.7%	112,086	78.7%	652,581	71.0%
売上総利益	145,111	20.0%	320,944	31.3%	30,289	21.3%	266,721	29.0%
販管費	111,964	15.4%	277,925	27.1%	23,994	16.9%	218,344	23.8%
営業利益	33,147	4.6%	43,018	4.2%	6,294	4.4%	48,377	5.3%
経常利益	35,835	4.9%	47,590	4.6%	6,601	4.6%	47,688	5.2%
純利益	27,156	3.7%	26,452	2.6%	4,831	3.4%	29,520	3.2%

発行株数/EPS	千株 39,599	633.5	千株 208,556	159.7	千株 15,177	304.5	千株 48,537	687.8
株価/PER	22/03/31 14,830	23.4	22/03/31 3,005	18.8	22/03/31 4,545	14.9	22/03/31 7,760	11.3

	純資産	純資産	負債	純資産	純資産	負債	純資産	純資産	負債	純資産	純資産	負債
バランスシート(百万)	341,318	170,578	170,740	463,048	207,886	255,162	90,795	32,166	58,629	537,027	276,528	260,499
BPS/PBR		4,307.6	3.4		996.8	3.0		2,119.4	2.1		5,697.3	1.4
ROA/ROE/資本比率	7.3%	14.7%	50.0%	7.2%	16.0%	44.9%	5.1%	14.4%	35.4%	6.2%	12.1%	51.5%

	営業	投資	財務	営業	投資	財務	営業	投資	財務	営業	投資	財務
キャッシュフロー(百万)	27,875	-19,381	-5,507	16,228	-37,088	-7,282	12,075	-8,829	-1,953	76,459	-30,204	13,207
OCFM/現金残/FCF	3.8%	55,108	8,494	1.6%	22,837	-20,860	8.5%	7,913	3,246	8.3%	116,398	46,255

	売上	経常	純利益	売上	経常	純利益	売上	経常	純利益	売上	経常	純利益
今期会社予想(百万) 前期比	0.0%	0.0%	0.0%	0.0%	0.0%	0.0%	0.0%	0.0%	0.0%	0.0%	0.0%	0.0%

	資産価値	事業価値	理論株価	資産価値	事業価値	理論株価	資産価値	事業価値	理論株価	資産価値	事業価値	理論株価
理論株価	0	0	0	0	0	0	0	0	0	0	0	0
事業比率/上昇余地		0.0%	0.0%		0.0%	0.0%		0.0%	0.0%		0.0%	0.0%

⑤今期会社予想

　今期会社予想の項目は、月次予想シートと少し入力の仕方が異なります。決算短信1ページ目末尾（※2ページ目にページ送りされている場合もあります）の今期会社予想の数字から、売上高、経常利益（または税引前利益）、純利益を入力してください。前期比の伸び率が自動計算されます。

　また、この項目に限り、本決算発表後の第1～第3四半期決算までに業績の上方修正や下方修正があった場合は、最新の業績予想を入力するようにしてください。

4社比較

	3349 コスモス		3141 ウエルシア		9267 ゲンキー		3391 ツルハ	
売上高	726,424	百万	1,025,947	百万	142,376	百万	919,303	百万
売上原価	581.313	80.0%	705,002	68.7%	112,086	78.7%	652,581	71.0%
売上総利益	145,111	20.0%	320,944	31.3%	30,289	21.3%	266,721	29.0%
販管費	111,964	15.4%	277,925	27.1%	23,994	16.9%	218,344	23.8%
営業利益	33,147	4.6%	43,018	4.2%	6,294	4.4%	48,377	5.3%
経常利益	35,835	4.9%	47,590	4.6%	6,601	4.6%	47,688	5.2%
純利益	27,156	3.7%	26,452	2.6%	4,831	3.4%	29,520	3.2%

発行株数／EPS	千株	39,599	633.5	千株	208,556	159.7	千株	15,177	304.5	千株	48,537	687.8
株価／PER	22/03/31	14,830	23.4	22/03/31	3,005	18.8	22/03/31	4,545	14.9	22/03/31	7,760	11.3

	純資産	純資産	負債	純資産	純資産	負債	純資産	純資産	負債	純資産	純資産	負債
バランスシート(百万)	341,318	170,578	170,740	463,048	207,886	255,162	90,795	32,166	58,629	537,027	276,528	260,499
BPS/PBR		4,307.6	3.4		996.8	3.0		2,119.4	2.1		5,697.3	1.4
ROA/ROE/資本比率	7.3%	14.7%	50.0%	7.2%	16.0%	44.9%	5.1%	14.4%	35.4%	6.2%	12.1%	51.5%

	営業	投資	財務	営業	投資	財務	営業	投資	財務	営業	投資	財務
キャッシュフロー（百万）	27,875	-19,381	-5,507	16,228	-37,088	-7,282	12,075	-8,829	-1,953	76,459	-30,204	13,207
OCFM/現金残/FCF	3.8%	55,108	8,494	1.6%	22,837	-20,860	8.5%	7,913	3,246	8.3%	116,398	46,255

	売上	経常	純利益	売上	経常	純利益	売上	経常	純利益	売上	経常	純利益
今期会社予想(百万)	750,000	35,900	25,000	1,110,000	51,600	28,400	160,000	6,800	4,720	956,000	51,367	28,280
前期比	3.2%	0.2%	-7.9%	8.2%	8.4%	7.4%	12.4%	3.0%	-2.3%	4.0%	7.7%	-4.2%

	資産価値	事業価値	理論株価	資産価値	事業価値	理論株価	資産価値	事業価値	理論株価	資産価値	事業価値	理論株価
理論株価	0	0	0	0	0	0	0	0	0	0	0	0
事業比率／上昇余地		0.0%	0.0%		0.0%	0.0%		0.0%	0.0%		0.0%	0.0%

⑥理論株価

理論株価セクションには、入力欄はありません。ここまでのデータ入力ができていると自動計算されるようになっています。

4社比較

	3349 コスモス			3141 ウエルシア			9267 ゲンキー			3391 ツルハ		
売上高		726,424	百万		1,025,947	百万		142,376	百万		919,303	百万
売上原価		581.313	80.0%		705,002	68.7%		112,086	78.7%		652,581	71.0%
売上総利益		145,111	20.0%		320,944	31.3%		30,289	21.3%		266,721	29.0%
販管費		111,964	15.4%		277,925	27.1%		23,994	16.9%		218,344	23.8%
営業利益		33,147	4.6%		43,018	4.2%		6,294	4.4%		48,377	5.3%
経常利益		35,835	4.9%		47,590	4.6%		6,601	4.6%		47,688	5.2%
純利益		27,156	3.7%		26,452	2.6%		4,831	3.4%		29,520	3.2%
発行株数／EPS	千株	39,599	633.5	千株	208,556	159.7	千株	15,177	304.5	千株	48,537	687.8
株価／PER	22/03/31	14,830	23.4	22/03/31	3,005	18.8	22/03/31	4,545	14.9	22/03/31	7,760	11.3

	純資産	純資産	負債	純資産	純資産	負債	純資産	純資産	負債	純資産	純資産	負債
バランスシート(百万)	341,318	170,578	170,740	463,048	207,886	255,162	90,795	32,166	58,629	537,027	276,528	260,499
BPS／PBR		4,307.6	3.4		996.8	3.0		2,119.4	2.1		5,697.3	1.4
ROA／ROE／資本比率	7.3%	14.7%	50.0%	7.2%	16.0%	44.9%	5.1%	14.4%	35.4%	6.2%	12.1%	51.5%

	営業	投資	財務	営業	投資	財務	営業	投資	財務	営業	投資	財務
キャッシュフロー(百万)	27,875	-19,381	-5,507	16,228	-37,088	-7,282	12,075	-8,829	-1,953	76,459	-30,204	13,207
OCFM／現金残／FCF	3.8%	55,108	8,494	1.6%	22,837	-20,860	8.5%	7,913	3,246	8.3%	116,398	46,255

	売上	経常	純利益	売上	経常	純利益	売上	経常	純利益	売上	経常	純利益
今期会社予想(百万)	750,000	35,900	25,000	1,110,000	51,600	28,400	160,000	6,800	4,720	956,000	51,367	28,280
前期比	3.2%	0.2%	-7.9%	8.2%	8.4%	7.4%	12.4%	3.0%	-2.3%	4.0%	7.7%	-4.2%

	資産価値	事業価値	理論株価	資産価値	事業価値	理論株価	資産価値	事業価値	理論株価	資産価値	事業価値	理論株価
理論株価	3,446	8,447	11,893	797	2,602	3,399	1,696	3,604	5,300	4,558	8,806	13,364
事業比率／上昇余地		71%	-19.8%		76.5%	13.1%		68.0%	16.6%		65.9%	72.2%

3）4社比較ブロックのデータ入力後

ここまでのデータ入力が完了すると、上記のように4社分の決算データが4社比較ブロックに整理されました。各社の違いが比較しやすく並べて表示されていますね。

さらに、次ページ上段と541ページを見るとわかるように「4社比較」の下の「分析用グラフ（4社比較グラフ）」にデータが反映されます。

また、分析用グラフ下には、各セクションのグラフ表示用の詳細データ（4社比較データ）が配置されています（541ページ＆次ページ下段）。それぞれの項目ごとに数字が並べ直されているので、項目と数字から4社比較を確認するときに活用してください。

4社比較グラフ

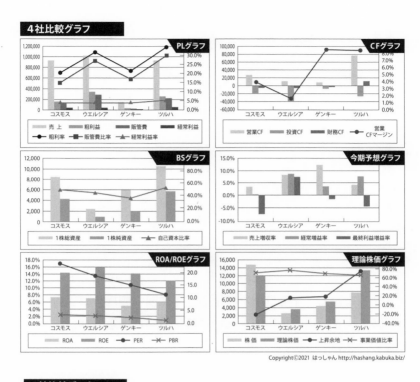

4社比較データ

売　上				1株総資産				営業CF			
コスモス	ウエルシア	ゲンキー	ツルハ	コスモス	ウエルシア	ゲンキー	ツルハ	コスモス	ウエルシア	ゲンキー	ツルハ
726,424	1,025,947	142,376	919,303	8,619	2,220	5,982	11,064	27,875	16,228	12,075	76,459

粗利益				1株純資産				投資CF			
コスモス	ウエルシア	ゲンキー	ツルハ	コスモス	ウエルシア	ゲンキー	ツルハ	コスモス	ウエルシア	ゲンキー	ツルハ
145,111	320,902	30,289	266,721	4,308	997	2,119	5,697	-19,381	-37,088	-8,829	-30,204

販管費				自己資本比率				財務CF			
コスモス	ウエルシア	ゲンキー	ツルハ	コスモス	ウエルシア	ゲンキー	ツルハ	コスモス	ウエルシア	ゲンキー	ツルハ
111,964	277,925	23,994	218,344	50.0%	44.9%	35.4%	51.5%	-5,507	-7,282	-1,953	13,207

経常利益				ROA (経常*70%)				営業CFマージン			
コスモス	ウエルシア	ゲンキー	ツルハ	コスモス	ウエルシア	ゲンキー	ツルハ	コスモス	ウエルシア	ゲンキー	ツルハ
35,835	47,590	6,601	47,688	7.3%	7.2%	5.1%	6.2%	3.8%	1.6%	8.5%	8.3%

粗利益率				ROE (経常*70%)				売上増収率			
コスモス	ウエルシア	ゲンキー	ツルハ	コスモス	ウエルシア	ゲンキー	ツルハ	コスモス	ウエルシア	ゲンキー	ツルハ
20.0%	31.3%	21.3%	29.0%	14.7%	16.0%	14.4%	12.1%	3.2%	8.2%	12.4%	4.0%

販管費比率				PER (経常*70%)				経常増益率			
コスモス	ウエルシア	ゲンキー	ツルハ	コスモス	ウエルシア	ゲンキー	ツルハ	コスモス	ウエルシア	ゲンキー	ツルハ
15.4%	27.1%	16.9%	23.8%	23.4	18.8	14.9	11.3	0.2%	8.4%	3.0%	7.7%

経常利益率				PBR				最終利益増益率			
コスモス	ウエルシア	ゲンキー	ツルハ	コスモス	ウエルシア	ゲンキー	ツルハ	コスモス	ウエルシア	ゲンキー	ツルハ
4.9%	4.6%	4.6%	5.2%	3.4	3.0	2.1	1.4	-7.9%	7.4%	-2.3%	-4.2%

株　価				理論株価				上昇余地			
コスモス	ウエルシア	ゲンキー	ツルハ	コスモス	ウエルシア	ゲンキー	ツルハ	コスモス	ウエルシア	ゲンキー	ツルハ
14,830	4,545	4,545	7,760	11,893	3,399	5,300	13,364	-19.8%	13.1%	16.6%	72.2%

								事業価値比率			
コスモス	ウエルシア	ゲンキー	ツルハ	コスモス	ウエルシア	ゲンキー	ツルハ	コスモス	ウエルシア	ゲンキー	ツルハ
0	0	0	0	0	0	0	0	71.0%	76.5%	68.0%	65.9%

4）ドラッグストア4社の比較分析

　同業他社比較シートには、次の6種類のグラフが用意されています。

① PLグラフ
② BSグラフ
③ ROA／ROE グラフ
④ CFグラフ
⑤ 今期予想グラフ
⑥ 理論株価グラフ

　それぞれドラッグストア業界4社の比較を事例に説明します。
　同業他社比較では、**それぞれの指標は、企業の個性を表す指標であり、単純に大きいほうが良い、高いほうが良いとは限らない**ことに注意してください。
　例えば、同じ企業の時系列比較であれば、売上や利益は大きいほうが良く、利益率は高いほうが良くなります。
　しかし、同業他社間の場合は、優劣ではなく相違点です。例えば、**売上は、小さいほうが成長余地が大きい**という考え方もできるわけです。

① PL グラフ

　月次予想シートの利益率グラフに「売上」「粗利益」「販管費」「経常利益」が追加されたグラフです。売上や利益は企業規模によって異なるので、企業の規模感を俯瞰するためのものになります。
　ここで、主に見るのは、月次予想シートと同様、「販管費比率」や「利益率」になります。

　コスモス薬品とゲンキーの2社は粗利益率（売上総利益率）が低く、

ウエルシアとツルハの2社は高めであることがわかります。

　一方で、コスモス薬品とゲンキーの2社は、販管費比率がウエルシア、ツルハよりも低いです。

　そして、経常利益率は各社5％付近で横並びになっているのがわかります。このことから、各社、利益率は拮抗していて互角であるものの、コスモス薬品とゲンキーの2社は、より薄利多売を追求しているタイプの会社（食料品の販売比率が大きいのも、その原因かもしれません）であることがわかります。

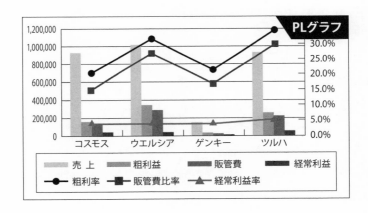

　ここで「厚利少売」と「薄利多売」の違いの例について説明しておきます。

（厚利少売）

　50円で仕入れた商品を定価100円で売ります。利益は50円で粗利益率（売上総利益）は50％です。

（薄利多売）

　50円で仕入れた商品をディスカウント60円で売ります。利益は10

円で粗利益率（売上総利益率）は 16.7% です。

一見すると利益率の高い厚利少売のほうが優れているように感じますが、そうとは限りません。例のケースでは、薄利多売タイプが厚利少売の 5 倍以上の数を売ってしまえば、利益率は低くても、規模の利益では薄利多売が優勢（利益率は低くても回転率が上がることでROE で優位になる）になります。

同じドラッグストア業界でも粗利益率や販管費比率に差があるように、これらはビジネスモデルの違いを意味するものです。

損益計算書（PL）についての詳細は「第 6 章　第 3 節」も参照してください。

② BS グラフ

バランスシートの総資産と純資産、自己資本比率を一覧するグラフです。

1 株総資産や 1 株純資産は、それぞれ総資産、純資産を発行済み株式数で割ったものなので、企業の資産規模や発行済み株式数によって違います。

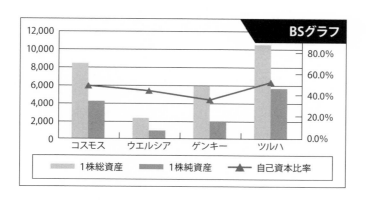

ここでは、自己資本比率を比較することで、総資産に占める純資産の割合から各社の資本施策を確認します。

【自己資本比率が高い】
借金が少なくリスクを取っていないので、収益面のレバレッジ効果が少ない

【自己資本比率が低い】
借金が多くリスクを取っているので、収益面でレバレッジ効果が期待できる

　ドラッグストア4社では、各社40〜50%程度の自己資本比率のなかで、ゲンキー1社が30%台になっています。相対的に資本リスクを大きく取っていることがわかります。

　このように「ライバル企業と比べて相対的に数字が異なるところを探す」のも同業他社分析の目的のひとつです。ゲンキーの場合は、4社で一番規模の小さい会社ですが、リスクを取って、成長を加速しようとしているようです。

　バランスシート（BS）についての詳細は、「第6章　第4節」も参照してください。

③ ROA ／ ROE グラフ

　月次予想シートの効率性グラフを拡張したグラフで、PERとPBRも表示されるようになっています。

　ROAとROEは、それぞれ資産効率と資本効率を表す指標です。これらの数字が大きいほど、持続的成長が期待でき、株価的にも評価

されやすくなることについては「第6章　第6節」で説明しました。

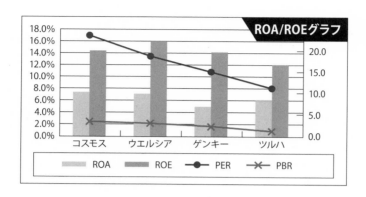

　ドラッグストア4社では、以下の順にPERやPBRが高くなってい
るようです。

> **コスモス薬品 ＞ ウエルシア ＞ ゲンキー ＞ ツルハ**

　これらは、ROEとおおむね連動していますが、コスモス薬品につ
いては、ROEがウエルシアより低くなっているものの、市場評価は
高いことがわかります。

　また、ゲンキーは、ROAは最も低い水準にあるものの、レバレッ
ジ効果でROEがウエルシアやコスモス薬品に並ぶ水準に引き上げら
れているのがわかります。これを資産効率で劣ると見るのか、資本効
率に優れていると見るのかは、評価が分かれるところでしょう。

　薄利多売のところで、利益率が高いだけでは、必ずしもその会社が

優れているとは限らないという話をしました。ROAやROEも同様で、他の項目も含めての相対比較で、**まずは違いを捉える**ようにします。

④ CF グラフ

キャッシュフロー計算書から現金収支の動向を俯瞰するグラフです。

営業 CF でしっかり利益を稼いでいる（プラス）か、投資 CF で成長のための投資活動をしている（マイナス）か、財務 CF はどうなっているか（通常マイナスで資金調達時はプラス）を確認します。営業CF マージンでは、現金の収益力を比較できます。

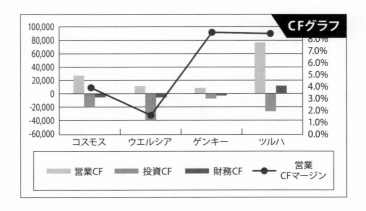

ドラッグストア4社とも、投資 CF がマイナスで投資に積極的であることがわかります。また、企業規模に比べてウエルシアの営業 CFが少ないのが気がかりですが、投資 CF では営業 CF を上回って4社で最大水準です。

営業 CF マージンは、全社プラスですが、差があります。ゲンキーとツルハが高水準で、会計利益以上に現金収支で強みを持っていることがわかります。

また、ツルハは、4社中で営業CFが突出して高く、かつ財務CFもプラスになっています。この違いが気になる場合は、決算書を詳しく調べていくことになるでしょう。

　キャッシュフロー計算書（CF）についての詳細は「第6章　第5節」も参照してください。

⑤今期予想グラフ

　今期会社予想を俯瞰するグラフです。

　業績と株価が連動して右肩上がりの銘柄への投資という前提条件を考えると、売上、経常利益、純利益すべてプラスだと好ましいです。また、できるだけ伸び率の高いほうが高評価になります。

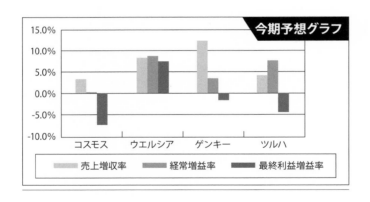

　ドラッグストア4社の場合、コロナ禍の特需に対する反動という問題があるので、各社とも苦戦の予想になっています。

　売上の伸びは全社プラスです。なかでもゲンキーの伸び率の高さが目立ちます。まだ規模が小さく、他社よりも自己資本比率が低めでリスクを取った経営をしていましたね。

経常利益の伸びも全社プラスです。４社の中では、ウェルシアとツルハの伸びが高いようです。これらの会社は、粗利益率が高いタイプの２社でした。逆に、薄利多売タイプの２社は苦戦という感じでしょうか。

　純利益の伸びは、ウエルシアを除いてマイナスと苦戦しているのが感じられます。

⑥理論株価グラフ

　資産価値と事業価値で表される理論株価と、その上昇余地を確認できるグラフです。

　事業価値比率とは、理論株価に占める事業価値の割合を示したものです。この値が高いほど、収益力に優れた会社ということになります（高 ROE ほど高くなります）。

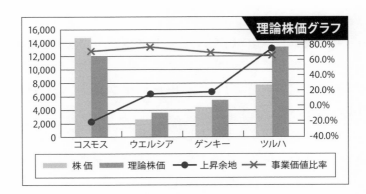

　理論株価は、決算書の会社予想をベースに計算されています。そして、統計的に適正となる水準の株価を示していますので、「理論値より上か下か」で今期予想に対する市場の期待度がわかります。

なお、株価は長期的には理論株価に収斂しますが、短期的には、株価が理論株価まで上昇するとは限りませんので注意してください。

ドラッグストア４社の場合は、コスモス薬品のみが上昇余地マイナスとなっていて、理論株価よりも割高です。これは市場評価が高いことを示します（人気企業のほとんどの株価は、理論株価より割高になります）。

一方で、ウエルシアとゲンキーの２社は若干の上昇余地がありますが、おおむね適正評価の水準。ツルハは上昇余地が大幅プラスと不人気状態に陥っていることがわかります。

ツルハのみ突出した不人気が、一時的なものであれば投資チャンスかもしれません。一方で、これが今後、業績が悪化するサインかもしれません。このあたりは投資家が個別に分析・判断していくことになります。

⑦まとめ

コスモス薬品は、ROEが２位、今期の成長力では劣るものの、市場から高く評価されています。

ウエルシアは、規模でトップ。ROEもトップで、市場評価もコスモス薬品に次いでいます。

ゲンキーは、売上成長が突出して、営業CFマージンも高く、リスクをとった経営を指向していますが、市場評価が高いわけではありません。投資チャンスかもしれません。

ツルハは、規模で２位ですが、ROEは最下位。株価も理論株価と比べて割安で人気がありません。

このようにライバル企業同士を比較したうえで、投資先を絞り込んでいきましょう。

【はっしゃん式】同業他社比較シート

4社比較

	3349 コスモス		3141 ウエルシア		9267 ゲンキー		3391 ツルハ	
売上高	726,424	百万	1,025,947	百万	142,376	百万	919,303	百万
売上原価	581,313	80.0%	705,002	68.7%	112,086	78.7%	652,581	71.0%
売上総利益	145,111	20.0%	320,944	31.3%	30,289	21.3%	266,721	29.0%
販管費	111,964	15.4%	277,925	27.1%	23,994	16.9%	218,344	23.8%
営業利益	33,147	4.6%	43,018	4.2%	6,294	4.4%	48,377	5.3%
経常利益	35,835	4.9%	47,590	4.6%	6,601	4.6%	47,688	5.2%
純利益	27,156	3.7%	26,452	2.6%	4,831	3.4%	29,520	3.2%
発行株数／EPS	39,599 千株	633.5	208,556 千株	159.7	15,177 千株	304.5	48,537 千株	687.8
株価／PER	22/03/31 14,830	23.4	22/03/31 3,005	18.8	22/03/31 4,545	14.9	22/03/31 7,760	11.3

	純資産	負債		純資産	負債		純資産	負債		純資産	負債	
バランスシート(百万)	341,318	170,578	170,740	463,048	207,886	255,162	90,795	32,166	58,629	537,027	276,528	260,499
BPS/PBR	4,307.6	3.4		996.8	3.0		2,119.4	2.1		5,697.3	1.4	
ROA/ROE/資本比率	7.3%	14.7%	50.0%	7.2%	16.0%	44.9%	5.1%	14.4%	35.4%	6.2%	12.1%	51.5%

	営業	投資	財務	営業	投資	財務	営業	投資	財務	営業	投資	財務
キャッシュフロー(百万)	27,875	-19,381	-5,507	16,228	-37,088	-7,282	12,075	-8,829	-1,953	76,459	-30,204	13,207
OCFM/現金比率・FCF	3.8%	55,108	8,494	1.6%	22,837	-20,860	8.5%	7,913	3,246	8.3%	116,398	46,255

	売上	経常	純利益	売上	経常	純利益	売上	経常	純利益	売上	経常	純利益
今期会社予想(百万)	750,000	35,900	25,000	1,110,000	51,600	28,400	160,000	6,800	4,720	956,000	51,367	28,280
前期比	3.2%	0.2%	-7.9%	8.2%	8.4%	7.4%	12.4%	3.0%	-2.3%	4.0%	7.7%	-4.2%

	資産価値	事業価値	理論株価	資産価値	事業価値	理論株価	資産価値	事業価値	理論株価	資産価値	事業価値	理論株価
理論株価	3,446	8,447	11,893	797	2,602	3,399	1,696	3,604	5,300	4,558	8,806	13,364
事業比率/上昇余地	71%	-19.8%		76.5%	13.1%		68.0%	16.6%		65.9%	72.2%	

4社比較グラフ

PLグラフ — 売上・粗利益・販管費・経常利益／粗利率・販管費比率・経常利益率（コスモス・ウエルシア・ゲンキー・ツルハ）

CFグラフ — 営業CF・投資CF・財務CF／営業CFマージン（コスモス・ウエルシア・ゲンキー・ツルハ）

BSグラフ — 1株総資産・1株純資産・自己資本比率（コスモス・ウエルシア・ゲンキー・ツルハ）

今期予想グラフ — 売上増収率・経常増益率・最終利益増益率（コスモス・ウエルシア・ゲンキー・ツルハ）

ROA/ROEグラフ — ROA・ROE・PER・PBR（コスモス・ウエルシア・ゲンキー・ツルハ）

理論株価グラフ — 株価・理論株価・上昇余地・事業価値比率（コスモス・ウエルシア・ゲンキー・ツルハ）

4社比較データ

売 上				1株純資産				営業CF			
コスモス	ウエルシア	ゲンキー	ツルハ	コスモス	ウエルシア	ゲンキー	ツルハ	コスモス	ウエルシア	ゲンキー	ツルハ
726,424	1,025,947	142,376	919,303	2,220	8,619	5,982	11,064	27,875	16,228	12,075	76,459

粗利益				1株投資CF				投資CF			
コスモス	ウエルシア	ゲンキー	ツルハ	コスモス	ウエルシア	ゲンキー	ツルハ	コスモス	ウエルシア	ゲンキー	ツルハ
145,111	320,924	30,289	266,721	4,308	997	2,119	5,697	-19,381	-37,088	-8,829	-30,204

販管費				自己資本比率				財務CF			
コスモス	ウエルシア	ゲンキー	ツルハ	コスモス	ウエルシア	ゲンキー	ツルハ	コスモス	ウエルシア	ゲンキー	ツルハ
111,964	277,925	23,994	218,344	50.0%	44.9%	35.4%	51.5%	-5,507	-7,282	-1,953	13,207

経常利益				ROA(経常*70%)				営業CFマージン			
コスモス	ウエルシア	ゲンキー	ツルハ	コスモス	ウエルシア	ゲンキー	ツルハ	コスモス	ウエルシア	ゲンキー	ツルハ
35,835	47,590	6,601	47,688	7.3%	7.2%	5.1%	6.2%	3.8%	1.6%	8.5%	8.3%

粗利益率				ROE(経常*70%)				売上増収率			
コスモス	ウエルシア	ゲンキー	ツルハ	コスモス	ウエルシア	ゲンキー	ツルハ	コスモス	ウエルシア	ゲンキー	ツルハ
20.0%	31.3%	21.3%	29.0%	14.7%	16.0%	14.4%	12.1%	3.2%	8.2%	12.4%	4.0%

販管費比率				PER(経常*70%)				経常増益率			
コスモス	ウエルシア	ゲンキー	ツルハ	コスモス	ウエルシア	ゲンキー	ツルハ	コスモス	ウエルシア	ゲンキー	ツルハ
15.4%	27.1%	16.9%	23.8%	23.4	18.8	14.9	11.3	0.2%	8.4%	3.0%	7.7%

経常利益率				PBR				最終利益増益率			
コスモス	ウエルシア	ゲンキー	ツルハ	コスモス	ウエルシア	ゲンキー	ツルハ	コスモス	ウエルシア	ゲンキー	ツルハ
4.9%	4.6%	4.6%	5.2%	3.4	3.0	2.1	1.4	-7.9%	7.4%	-2.3%	-4.2%

株 価				理論株価				上昇余地			
コスモス	ウエルシア	ゲンキー	ツルハ	コスモス	ウエルシア	ゲンキー	ツルハ	コスモス	ウエルシア	ゲンキー	ツルハ
14,830	4,545	4,545	7,760	11,893	3,399	5,300	13,364	-19.8%	13.1%	16.6%	72.2%

								事業価値比率			
コスモス	ウエルシア	ゲンキー	ツルハ	コスモス	ウエルシア	ゲンキー	ツルハ	コスモス	ウエルシア	ゲンキー	ツルハ
0	0	0	0	0	0	0	0	71.0%	76.5%	68.0%	65.9%

5）アパレル業界4社の比較分析

　続いて、本書でも何回か登場したファーストリテイリング、良品計画、ワークマン、スノーピークのアパレル業界4社を比較してみましょう。

　採用した決算短信は下記の通りです。業績修正は2022年4月まで反映しています。

　　・ファーストリテイリング 2021年8月期 決算短信
　　・良品計画 2021年8月期 決算短信
　　・ワークマン 2021年3月期 決算短信
　　・スノーピーク 2021年12月期 決算短信

① PL グラフ

　ファーストリテイリングの規模の大きさが他3社を圧倒していることがわかります。

　一方で利益率を見ると、ワークマンが粗利益率（売上総利益率）が低水準ながら販管費比率を抑えて収益力トップになります。スノーピークも粗利益率（売上総利益率）が高く、経常利益率は、ワークマンに次ぐ2位に付けています。

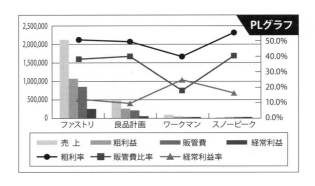

② BS グラフ

　資産の規模ではファーストリテイリングが圧倒的です。

　自己資本比率では、ワークマンが80.3%とトップ。スノーピークも高い水準ですが、ファーストリテイリングや良品計画は、2社よりも借金を活用したビジネスをしているようです。

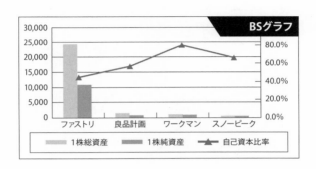

③ ROA ／ ROE グラフ

　スノーピークとワークマンの2社がROEが高く、効率面で優れているとわかります。ファーストリテイリングと良品計画の2社は、ROAは低めですが、資産レバレッジ効果でROEを引き上げています。

　PERやPBRからは、スノーピークとファーストリテイリングの市場評価が高いことがわかります。

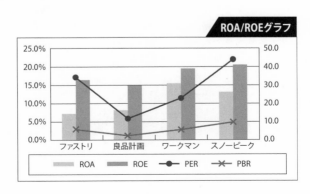

④ CF グラフ

　ファーストリテイリングが規模面で圧倒的ですが、各社とも営業CF はプラスで投資 CF はマイナス。財務 CF はスノーピークのみプラスです。

　営業 CF マージンでは、ファーストリテイリングとワークマンの2社が強く、良品計画とスノーピークは弱くなっています。

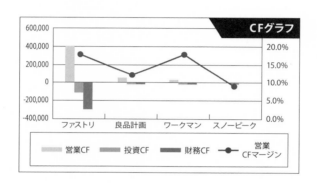

⑤ 今期予想グラフ

　こちらはスノーピークの圧勝。ファーストリテイリングやワークマンも成長を示していますが、良品計画はマイナスと厳しい状況のようです。

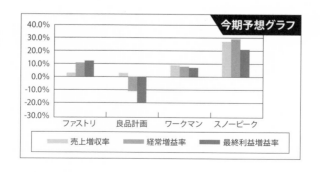

⑥理論株価グラフ

　株価、理論株価ともファーストリテイリングが桁違いです。

　上昇余地は、ファーストリテイリングとスノーピークはマイナスで適正水準より高評価、良品計画とワークマンは適正水準より低い評価です。

　事業価値比率は、ワークマンとスノーピークが優秀です。

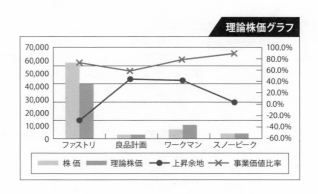

⑦まとめ

　ファーストリテイリングは規模で圧倒的。ROE は３位ですが、他社と比べると人気があり、株価が理論株価に先行しています。

　良品計画は、業績不振で評価も低め。評価指標的にも見劣りしています。

　ワークマンは、ROE や経常利益率、営業 CF マージンで優良な評価になっていますが、市場評価は低め。今期予想の伸びの低さが不人気の要因でしょうか。

　スノーピークは、成長力トップ。ROE はじめ、評価指標もトップクラスで、市場期待を集めていることがわかります。

【はっしゃん式】同業他社比較シート

4社比較

	9983 ファストリ		7453 良品計画		7564 ワークマン		7816 スノーピーク	
売上高	2,132,992	百万	452,335	百万	105,815	百万	25,713	百万
売上原価	1,059,036	49.7%	231,355	51.1%	64,055	60.5%	11,574	45.0%
売上総利益	1,073,955	50.3%	220,980	48.9%	41,760	39.5%	14,138	55.0%
販管費	818,427	38.4%	179,887	39.8%	17,804	16.8%	10,319	40.1%
営業利益	249,011	11.7%	42,447	9.4%	23,955	22.6%	3,819	14.9%
経常利益	265,872	12.5%	45,369	10.0%	25,409	24.0%	4,035	15.7%
純利益	169,847	8.0%	33,903	7.5%	17,039	16.1%	2,725	10.6%

	発行株数／EPS		千株	発行株数／EPS		千株	発行株数／EPS		千株	発行株数／EPS		千株
	0	102,145	1,822.0	263,029	120.7	81,610	217.9	37,827	74.7
株価／PER	22/03/31	62,990	34.6	22/03/31	1,431	11.9	22/03/31	5,010	23.0	22/03/31	3,305	44.3

	純資産	負債	純資産	負債	純資産	負債	純資産	負債
バランスシート(百万)	2,509,976	1,116,484	1,393,492	393,357	214,871	178,486	112,876	90,593	22,283	21,318	13,849	7,469
BPS/PBR	10,930.4	5.8	816.9	1.8	1,110.1	4.5	366.1	9.0
ROA/ROE/資本比率	7.4%	16.7%	44.5%	8.1%	14.8%	54.6%	15.8%	19.6%	80.3%	13.2%	20.4%	65.0%

	営業	投資	財務	営業	投資	財務	営業	投資	財務	営業	投資	財務
キャッシュフロー(百万)	428,968	-82,597	-302,985	61,447	-13,538	-15,162	21,319	-4,540	-4,206	2,664	-1,733	84
OCFM/現金残/FCF	20.1%	1,177,736	346,371	13.6%	135,011	47,909	20.1%	40,813	16,779	10.4%	3,814	931

	売上	経常	純利益	売上	経常	純利益	売上	経常	純利益	売上	経常	純利益
今期会社予想(百万)	2,200,000	293,200	190,000	470,000	40,500	27,000	114,445	27,200	18,155	32,700	5,221	3,300
前期比	3.1%	10.3%	11.9%	3.9%	-10.7%	-20.4%	8.2%	7.0%	6.5%	27.2%	29.4%	21.1%

	資産価値	事業価値	理論株価	資産価値	事業価値	理論株価	資産価値	事業価値	理論株価	資産価値	事業価値	理論株価
理論株価	8,744	31,807	40,552	654	1,330	1,983	888	5,903	6,791	293	2,536	2,829
事業比率/上昇余地		78.4%	-35.6%		67.0%	38.6%		86.9%	35.6%		89.6%	-14.4%

4社比較グラフ

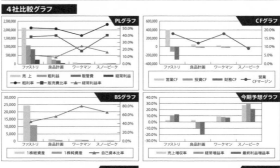

Copyright©2021 はっしゃん. http://hashang.kabuka.biz/

4社比較データ

売　上				1株総資産				営業CF			
ファストリ	良品計画	ワークマン	スノーピーク	ファストリ	良品計画	ワークマン	スノーピーク	ファストリ	良品計画	ワークマン	スノーピーク
2,132,992	452,335	105,815	25,713	24,573	1,495	1,383	564	428,968	61,447	21,319	2,664

粗利益				1株純資産				投資CF			
ファストリ	良品計画	ワークマン	スノーピーク	ファストリ	良品計画	ワークマン	スノーピーク	ファストリ	良品計画	ワークマン	スノーピーク
1,073,955	220,980	41,760	14,138	10,930	817	1,110	366	-82,597	-13,538	-4,540	-1,733

販管費				自己資本比率				財務CF			
ファストリ	良品計画	ワークマン	スノーピーク	ファストリ	良品計画	ワークマン	スノーピーク	ファストリ	良品計画	ワークマン	スノーピーク
818,427	179,887	17,804	10,319	44.5%	54.6%	80.3%	65.0%	-302,985	-15,162	-4,206	84

経常利益				ROA(経常*70%)				営業CFマージン			
ファストリ	良品計画	ワークマン	スノーピーク	ファストリ	良品計画	ワークマン	スノーピーク	ファストリ	良品計画	ワークマン	スノーピーク
265,872	45,369	25,409	4,035	7.4%	8.1%	15.8%	13.2%	20.1%	13.6%	20.1%	10.4%

粗利益率				ROE(経常*70%)				売上増収率			
ファストリ	良品計画	ワークマン	スノーピーク	ファストリ	良品計画	ワークマン	スノーピーク	ファストリ	良品計画	ワークマン	スノーピーク
50.3%	48.9%	39.5%	55.0%	16.7%	14.8%	19.6%	20.4%	3.1%	3.9%	8.2%	27.2%

販管費比率				PER(経常*70%)				経常増益率			
ファストリ	良品計画	ワークマン	スノーピーク	ファストリ	良品計画	ワークマン	スノーピーク	ファストリ	良品計画	ワークマン	スノーピーク
38.4%	39.8%	16.8%	40.1%	34.6	11.9	23.0	44.3	10.3%	-10.7%	7.0%	29.4%

経常利益率				PBR				最終利益増益率			
ファストリ	良品計画	ワークマン	スノーピーク	ファストリ	良品計画	ワークマン	スノーピーク	ファストリ	良品計画	ワークマン	スノーピーク
12.5%	10.0%	24.0%	15.7%	5.8	1.8	4.5	9.0	11.9%	-20.4%	6.5%	21.1%

株　価				理論株価				上昇余地			
ファストリ	良品計画	ワークマン	スノーピーク	ファストリ	良品計画	ワークマン	スノーピーク	ファストリ	良品計画	ワークマン	スノーピーク
62,990	1,431	5,010	3,305	40,552	1,983	6,791	2,829	-35.6%	38.6%	35.6%	-14.4%

								事業価値比率			
								ファストリ	良品計画	ワークマン	スノーピーク
								78.4%	67.0%	86.9%	89.6%

【全体イメージ】

546

６） 縦の比較と横の比較

　本節では、ライバル企業の決算書や株価指標を比較して、それぞれ
の違いを探る分析方法を紹介しました。月次情報や決算書を時系列で
見るのを「縦の比較」とすると、ライバル企業との比較は、「横の比較」
と言えるでしょう。

　縦の時系列比較で業績の持続的成長を見ると同時に、横の同業他社
比較で、他社との相違点や強み、弱みを見ることで、投資根拠を確認
するようにしましょう。

　ライバル企業を見ることで、投資先について客観視する余裕が生ま
れますし、場合によってはライバル企業のほうが魅力的という発見に
つながることもあるでしょう。
　ライバル同士の関係は、時間が経過することで変わっていきますの
で、各社の本決算が発表されるタイミングをメドにチェックするとよ
いと思います。

　同業他社比較シートは、第５章で学習した定性分析を補完する客観
的データとして活用することもできます。
　最初は、どう評価してよいかわかりにくいかもしれませんが、回数
を重ねて、各社の変化や成長を現在進行形で体験することで、身につ
いてくることもあるでしょう。
　ここから先は、実践の積み重ねになりますので、自分なりのやり方
を探していってください。

はっしゃんコラム⑩
成長株の長期保有と利大損小サイクル

　第2章で見てきたように株価が大きく上昇するのは、月次売上の数字が100%から110%、120%、130%とランクアップしたり、120%程度の好調な数字が連続して何年も続いて成長期待が高まるケースです。決算書では、増収増益が続いて、利益率やROEが上昇する傾向があります。

　月次情報や決算で株価が動くときは、実際に業績好調の裏付けがあって将来の業績期待が高まるため、好調が続く間は、何年間も継続することが少なくありません。これは、業績に貢献しない材料での株価上昇が短期間で終わりがちなのと対照的です。

（長く上昇し続ける株）
業績の裏付けがある成長株

（短期で終わる株）
業績に関係のない材料株

そこで、月次情報や決算で業績変化を狙って未来の成長株候補に長期投資する投資法が有効になります。次のフロー図が、その概念図となります。

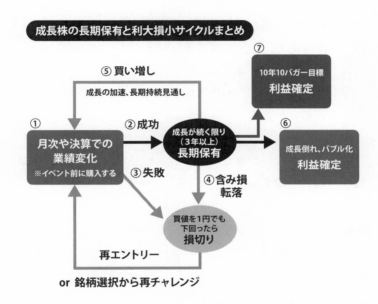

それぞれのフローについて説明します。

①月次情報や決算の発表前に業績好調が期待できる銘柄を購入しておきます。

②成功して株価が上昇すれば、成長が続く限り、長期保有します。

　保有のメドは３年保有ルール（コラム⑧を参照）を適用し、

利大の戦略を徹底しましょう。

③失敗して株価が買値を下回った場合は1円損切りルール（コラム⑤を参照）を適用します。

　この場合、損切り後に適正価格まで待って再エントリーするか、銘柄選択からやり直します。

④保有中に業績悪化や外的要因の変化から含み損に転落した場合も損切りします。

⑤保有中に含み益が増えた場合は、成長が続きそうであれば買い増しOKです。

⑥成長ステージが終わったと判断した場合は、利益を確定します。理論株価と比較してバブル的に大きく上昇した場合も同様です。

　長期保有で大きく上昇した株価が、成長倒れやバブル崩壊で元に戻ってしまうこともあるので、月次や決算チェックは続けていきましょう。

　株価が理論株価を上回っている割高な状態から下落に転じた場合の利確は、下落率の2倍のポジションを外すことを目安にします。

・**直近高値からの下落率が25%以上：50%利益確定**
・**直近高値からの下落率が50%以上：100%利益確定**

⑦順調なら成長が続く限り長期保有を続けて、10年で10倍株以上を目指しましょう。

　この方法をうまく実践できるようになると、ポートフォリオに含み損はなくなり、長期保有銘柄の含み益がどんどん増えていくことになりますが、コロナショック後に起こったパラダイムシフトのように、社会情勢変化の影響を受けることもあります。

　競合他社が新たなイノベーションを実現した場合には、投資の前提条件と考えていた優位性が失われてしまうかもしれません。

　本章のExcelテンプレートで作ったような成長のシナリオを前提としつつ、変化には柔軟に対応していきましょう。

おわりに

　最後までお読みいただきありがとうございました。

　株式投資には、どうしても「運の要素」がありますが、人生もまた同じことです。

受験、就職、結婚、子宝、寿命

　運の要素が絡まない人生などあるでしょうか。そのなかで、より良い結果を望むとすれば、投資でも仕事でも同じこと。それは、

スキル × 運 × 時間 = 結果

という計算式で出てきます。

　幸運を掴むためにはスキルを向上させ、あきらめず時間をかけて継続することが重要です。投資でも仕事でも運良く好結果が出ることがありますが、失敗は突き詰めると100% 実力不足です。

　はっしゃん自身も、たくさんの失敗と成功を繰り返してきました。成功した事例では、多くの幸運に恵まれてラッキーだった点が多いものです。

　失敗では、回避するチャンスがあったのに、できなかった反省点が必ずあります。

　ビギナーズラックという言葉があります。ラッキーと感じるうちはビギナーで、スキルが向上してくると、運が良かったのではなく、報

われたと感じるようになります。

　逆に失敗した場合でも、運が悪かっただけで終わるのはビギナーです。失敗を受け入れて反省し、改善したい気持ちになれば、新たな闘志が湧いてくるものです。

　旅行などで初めて歩く道は新鮮で、新しい発見に満ちていると思いますが、知らないがゆえの不安もあります。毎日歩いている道はそうではありません。

　はっしゃんは、ラッキーと感じること、失敗からの反省、新しいチャレンジや未経験から感じる不安に愛着を覚えます。それは、自分にまだ成長余地が残されている証明だからです。

　投資家として、銘柄に投資するということは、単にお金を預ける・儲けるだけではなく、その会社や業界について繰り返し学んで理解し、ひとつの知恵・あるいはスキルを身につけるということです。

　投資家として成長するためには、どの銘柄でどれだけ儲かったかだけではなく、投資した銘柄から何を学べたか、これからの自分にとって、どれだけプラスになっているかも重要です。

　お金は使えばなくなりますが、身につけたスキルは一生残ります。月次情報や決算書、定性分析のスキルは、投資以外でも活用できるでしょう。マイペースでいいですから、少しずつスキルアップしながらスロートレードを実践してみませんか？

　本書が皆さんの新たなチャレンジへの布石となりましたら幸いです。

2022 年 6 月 はっしゃん投資家 Vtbuer

◆著者紹介：はっしゃん

　投資家 Vtuber。従業員持株会をきっかけに株式投資を始める。

　サラリーマン兼業投資家として月次情報分析をしながら割安成長株に長期保有するスタイルで1億円を達成。現在は独立起業し、理論株価や月次情報などの客観的な投資データを各種メディアで発信する。監修する理論株価 Web や月次 Web は、個人投資家に人気のサイトになっており、twitter や YouTube などでも活躍。

　著書に『成長株集中投資で3億円』（総合法令出版）、『決算書3分速読からの10倍株の探し方』（KADOKAWA）などがある。

Twitter：https://twitter.com/trader_hashang
YouTube：https://www.youtube.com/kabubiztv

2022年8月4日　第1刷発行

現代の錬金術師シリーズ ⑯⑧
月次情報で"伸びる前"に買う
割安成長株投資入門
──「持続的に成長を続ける企業」を探して、「割安な時期」に買い、長く保有する方法

著　者	はっしゃん
発行者	後藤康徳
発行所	パンローリング株式会社
	〒 160-0023　　東京都新宿区西新宿 7-9-18-6F
	TEL 03-5386-7391　FAX 03-5386-7393
	http://www.panrolling.com
	E-mail　info@panrolling.com
装　丁	パンローリング装丁室
組　版	パンローリング制作室
印刷・製本	株式会社シナノ

ISBN978-4-7759-9183-1

マーク・ミネルヴィニ

ウォール街で30年の経験を持つ伝説的トレーダー。数千ドルから投資を始め、口座残高を数百万ドルにした。1997年、25万ドルの自己資金でUSインベスティング・チャンピオンシップに参加、155%のリターンを上げ優勝。自らはSEPAトレード戦略を使って、5年間で年平均220%のリターンを上げ、その間に損失を出したのはわずか1四半期だけだった。

ミネルヴィニの
勝者になるための思考法

定価 本体2,800円+税　ISBN:9784775973011

自分を変えて、内なる力を最大限に引き出す

マーク・ミネルヴィニは本書で、自身の体験から得たどんな場合にも自分の力を最大限に発揮する手法を紹介している。ビジネスであれ、株式トレードであれ、スポーツであれ、オリンピックに向けたトレーニング法であれ、最高のパフォーマンスを発揮して、自分の夢を実現するために必要なことのすべてが書かれている。

ミネルヴィニの成長株投資法

定価 本体2,800円+税　ISBN:9784775971802

USインベスティングチャンピオンシップの優勝者！

ミネルヴィニのトレード法の驚くべき効果を証明する160以上のチャートや数多くのケーススタディと共に、世界で最も高パフォーマンスを達成した株式投資システムが本書で初めて明らかになる。

株式トレード 基本と原則

定価 本体3,800円+税　ISBN:9784775972342

生涯に渡って使えるトレード力を向上させる知識が満載！

株式投資のノウハウに本気で取り組む気持ちさえあれば、リスクを最低限に維持しつつ、リターンを劇的に増やす方法を学ぶことができるだろう。

あなたのトレード判断能力を大幅に鍛える
エリオット波動研究

一般社団法人日本エリオット波動研究所【著】

定価 本体2,800円＋税　ISBN:9784775991527

基礎からトレード戦略まで網羅したエリオット波動の教科書

エリオット波動理論を学ぶことで得られるのは、「今の株価が波動のどの位置にいるのか（上昇波動や下落波動の序盤か中盤か終盤か）」「今後どちらの方向に動くのか（上昇か下落か）」「どの地点まで動くのか（上昇や下落の目標）」という問題に対する判断能力です。エリオット波動理論によって、これまでの株価の動きを分析し、さらに今後の株価の進路のメインシナリオとサブシナリオを描くことで、それらに基づいた「効率良いリスク管理に優れたトレード戦略」を探ることができます。そのためにも、まずは本書でエリオット波動の基本をしっかり理解して習得してください。

稼げる投資家になるための
投資の正しい考え方

上総介(かずさのすけ)【著】

定価 本体1,500円＋税　ISBN:9784775991237

投資で真に大切なものとは？
手法なのか？ 資金管理なのか？ それとも……

投資の基本原則とは何か。陥りやすい失敗とは何か。攻撃するときの考え方とは何かなど、本書では、全6章30話からなる投資の正しい考え方を紹介しています。その際、歴史の面からの事例も紹介しています。これは「真の理解をするためには、歴史の事象を学ぶことが最適である」という著者の持論によるものです。何事も、土台がしっかりしていなければ、いくら上物を豪華にしても、長くは保ちません。あせらず、ゆっくり、投資の基礎を固めることから始めてみてはどうでしょうか。「正しい考え方」が身につけば、特殊な投資テクニックなどがなくても、投資の基本を忠実に行うことで稼げるようになっていきます。

スピード出世銘柄を見逃さずにキャッチする
新高値ブレイクの成長株投資法

10倍株との出合い方を学ぶ

ふりーパパ, DUKE。【著】

定価 本体2,800円+税　ISBN:9784775991633

買った瞬間に「含み益」も大げさではない！
ファンダメンタルの裏付けがある「新高値」の
威力とは？

「新高値」を使った成長株投資を行うと、極めて重要な「投資の時間効率」が格段に向上する。ファンダメンタル分析だけで石の上にも3年的な“我慢の投資”から解放されるのだ。スピード出世する銘柄に出合いやすい点は大きなメリットになる。「新高値」を付けるときには、会社のファンダメンタルズに大きな変化が起きている可能性も高い。つまり、業績を大きく変えるような「何らかの事象が起こっていること」を察知しやすいというメリットも「新高値」を使った成長株投資にはある。

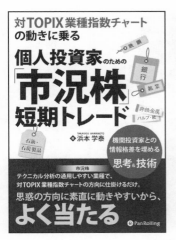

対TOPIX業種指数チャートの動きに乗る
個人投資家のための
「市況株」短期トレード

浜本学泰【著】

定価 本体2,000円+税　ISBN:9784775991558

対TOPIX業種指数チャートの動きに乗る、当たりまくりの短期トレード

個人投資家は、機関投資家が苦手な分野で勝負する必要がある。それこそが、「市況株」の短期でのテクニカルトレードだ。TOPIXの方向を確認し、オリジナルの対TOPIX業種指数チャートを見て、どの業種が強いか、弱いかを知り、その業種内の銘柄（ほぼ決まっている）をトレードする。短期前提ならば、選んだ素直に動きやすいという特徴があるから、「エントリーした途端に大きく逆行してしまった」というような悩みが起こりにくい。当てにいかずに、「動いた」という事実に乗るだけのトレード法だ！

小次郎講師流 目標利益を
安定的に狙い澄まして獲る

真・トレーダーズバイブル

小次郎講師【著】

定価 本体2,800円+税　ISBN:9784775991435

エントリー手法は、資金管理とリスク管理とセットになって、はじめてその効果を発揮する。

本書では、伝説のトレーダー集団「タートルズ」のトレードのやり方から、適切なポジション量を導き出す資金管理のやり方と、適切なロスカットをはじき出すリスク管理のやり方を紹介しています。どんなに優れたエントリー手法があったとしても、資金管理(適切なポジション量)とリスク管理(どこまでリスクを許容すべきか)が構築されていないと、その効果を十二分に発揮できません。何をすべきか(どういうトレードルールを作るべきか)。その答えを本書の中で明かしています。

小次郎講師流テクニカル指標を計算式から学び、
その本質に迫る

真・チャート分析大全

小次郎講師【著】

定価 本体2,800円+税　ISBN:9784775991589

安定的に儲けるためにはチャート分析が不可欠である

チャート分析について勉強すると、すぐに「どこが買いポイント、どこが売りポイント」というところにばかり興味がいきます。しかし、それだけの研究はお勧めしません。

すべてのチャート分析手法、テクニカル指標は、過去の相場の達人たちの経験と知恵の結晶です。相場の先人たちが何をポイントに相場を見ていたのかを本書では学べます。